新世纪普通高等教育经济学类课程规划教材

U0734929

经济法通论

JINGJIFA TONGLUN

主　编　姜大儒

副主编　丁利明

大连理工大学出版社

图书在版编目(CIP)数据

经济法通论 / 姜大儒主编. — 大连 ：大连理工大
学出版社，2016.8(2018.6 重印)
新世纪普通高等教育经济学类课程规划教材
ISBN 978-7-5685-0394-5

Ⅰ. ①经… Ⅱ. ①姜… Ⅲ. ①经济法－中国－教材
Ⅳ. ①D922.29

中国版本图书馆 CIP 数据核字(2016)第 123356 号

大连理工大学出版社出版
地址：大连市软件园路 80 号 邮政编码：116023
发行：0411-84708842 邮购：0411-84708943 传真：0411-84701466
E-mail：dutp@dutp.cn URL：http://dutp.dlut.edu.cn
大连力佳印务有限公司印刷 大连理工大学出版社发行

幅面尺寸：185mm×260mm 印张：18.75 字数：433 千字
2016 年 8 月第 1 版 2018 年 6 月第 2 次印刷

责任编辑：白 璐 责任校对：王凌翀
封面设计：张 莹

ISBN 978-7-5685-0394-5 定 价：45.00 元

前言

《经济法通论》是新世纪普通高等教育教材编审委员会组编的经济学类课程规划教材之一。

2014年10月23日中国共产党第十八届中央委员会第四次全体会议通过的《中共中央关于全面推进依法治国若干重大问题的决定》明确指出:"社会主义市场经济本质上是法治经济。使市场在资源配置中起决定性作用和更好发挥政府作用,必须以保护产权、维护契约、统一市场、平等交换、公平竞争、有效监管为基本导向,完善社会主义市场经济法律制度。"这是对我国社会主义市场经济实践经验的总结,也是对社会主义市场经济本质的准确、清晰界定。搞市场经济离不开法治,法治是市场经济的本质属性和内在要求,是市场经济的制度基础和制度保障。

社会主义市场经济中的法治要通过法律对经济活动中各种经济关系的调整来实现,现代市场经济的法律调整仅靠单一的法律部门是无法完成的,经济法是社会主义市场经济综合法律调整模式中的一个不可或缺的重要法律部门,是社会主义市场经济法律体系中的一个重要组成部分。在规范市场主体、市场交易行为、市场秩序及宏观调控方面,经济法的作用是不可替代的。社会主义市场经济体制下的企业和政府机关需要的经济管理人才,必须既要懂经济又要懂法律。掌握和运用经济法知识,是对新时期经济管理人才的基本要求。经济法课程是高等院校经济学类专业和管理学类专业普遍开设的必修课和基础课之一。本教材正是为高等院校经济学与管理学专业开设经济法课程而编写的教材。

鉴于本教材的教学对象是非法学专业的学生,因此在内容与体系上与法学专业学生使用的经济法教材有一定差异。本教材从规范市场主体和市场交易行为的实用角度出

新世纪

发，不纠缠经济法基础理论上的争议，不在理论上做过多过深的分析研究，不局限于法律体系内部经济法与民法、商法等其他法律部门的划分，将原属于其他法律部门的合同法、个人独资企业法、合伙企业法、公司法、企业破产法、工业产权法内容纳入本教材。

按党的十八届四中全会提出的社会主义市场经济法律制度体系要求，本教材分为五大板块：经济法基础；市场主体法（企业法律制度概说、个人独资企业法律制度、合伙企业法律制度、公司法律制度、企业国有资产法律制度、企业破产法律制度）；市场交易法（合同法律制度、工业产权法律制度）；市场监管法（反不正当竞争法律制度、反垄断法律制度、消费者权益保护法律制度、产品质量法律制度、招标投标法律制度、价格法律制度）；宏观调控法（银行法律制度）。

本教材突出前沿，内容求新。各章均依据现行法律和法规，反映法学研究前沿成果和经济体制改革成果。本教材从第三章开始，每章结尾都附有该章所依据和涉及的主要法律、法规目录，以方便学生课下查阅和自学。

本教材由大连民族大学姜大儒任主编；由大连民族大学丁利明任副主编；大连民族大学金利锋、张殿军，Goncentrix 大连有限公司姜霓参与了部分章节的编写。具体编写分工如下：姜大儒编写第一、三、四、五、八、十、十一、十二、十三章，丁利明编写第六、七、九章，金利锋编写第十四、十五章，张殿军编写第十六章，姜霓编写第二章。

尽管我们在教材的特色建设方面做出了许多努力，但由于经验和水平有限，所以教材中仍有可能存在疏漏之处，恳请各相关教学单位和读者在使用过程中给予关注并提出改进意见，以便我们进一步修订和完善。

编　者
2016 年 8 月

所有意见和建议请发往：dutpbk@163.com
欢迎访问教材服务网站：http://www.dutpbook.com
联系电话：0411-84708445　84708462

目　录

第一章

经济法基础

第一节 市场经济与法治

一、市场经济

(一)市场经济的概念

1992年10月召开的中国共产党的"十四大"明确提出,中国经济体制改革的目标是建立社会主义市场经济体制。社会主义市场经济理论是建设有中国特色社会主义理论的重要组成部分,对于我国现代化建设事业具有重大而深远的意义。

市场经济(Market Economy)是计划经济的对称,是以市场作为配置社会经济资源方式或手段的一种经济形态。市场经济本质上可以概括为:"以维护产权、促进平等和保护自由的市场制度为基础,以自由选择、平等交换、自愿合作为前提,以分散决策、自发形成、自由竞争为特点,以市场机制为导向的社会资源配置的经济形态。"[①]市场经济区别于计划经济等其他资源配置方式,在于市场经济体系下,产品和服务的生产及销售完全由市场的自由价格机制所引导,而不是由国家所引导。市场通过产品和服务的供给和需求产生复杂的相互作用,进而达成自我组织的效果。市场经济的支持者通常主张人们所追求的私利其实是一个社会最好的利益。

迄今为止,人类社会大体上经历了三种经济形态,即自然经济、计划经济和市场经济。所谓自然经济,是以农业为基础的自给自足的封闭式经济;所谓计划经济,是指在工农业发展水平较自然经济有了一定的提高,但总水平仍然较低的情况下,主要以国家计划指挥生产和分配产品的经济;市场经济又分为早期自由市场经济和现代市场经济两种类型。早期自由市场经济完全依赖市场对社会资源进行配置;而现代市场经济则在一定程度上发挥国家对市场的干预作用,其中宏观调控的手段仍然发挥一定作用,但已不再居主导地位。

---

① 熊德平.社会主义市场经济与所有制关系探索[J].扬州大学学报(人文社会科学版),2002,(3):82.

（二）市场经济的特征

1. 自主性

自主性是指在市场经济体系中，所有商品的生产者、销售者和服务者，都是独立的市场主体，对自己的生产经营活动拥有不受任何单位和个人非法干预的自主权。市场主体自主经营、自负盈亏、自我约束、自我发展。市场配置资源的自由机制决定了市场经济的自主性。

2. 平等性

平等性是指参与市场经济活动的不同市场主体之间，法律地位平等、市场参与机会平等。法律地位平等是指市场主体不论其法律类型和所有制形式如何，不论其经济规模大小，法律面前一律平等。市场参与机会平等是指市场向所有人平等开放经济机会，市场只考虑每个人的成就和才能，而不考虑他们的背景或出身。平等性还要求市场主体在从事市场活动时应奉行等价交换原则以确保权利与义务的对等。这意味着在市场经济条件下，市场主体在享有权利的同时，还必须承担相应的义务，反之亦然。这种市场主体权利义务的对等性，在经济领域否定了等级特权，客观上摒弃了市场主体在经济领域之外所拥有的身份和等级优势。

3. 竞争性

竞争性是指市场主体在市场上通过自由竞争获取资源和利润，同时承担相应的责任和风险。任何资源都是有限的，正是由于资源有限、机会有限，当人们都想趋利避害的时候，就产生了竞争。供给不足，大家都想买到，就产生了需求方之间的竞争；需求不足，卖方希望买方优先购买自己的产品，就产生了供给方之间的竞争。市场供求关系最终决定并形成了价格，竞争又促进了市场的活跃和价格的变化。在价格机制的作用下，市场能够自发调节社会资源的配置，自我实现市场供求关系的平衡，一般无须借助外部的力量。

4. 开放性

开放性是指生产要素、商品与服务可以自由地跨地区、跨国界流动和流通，从而实现最优资源配置和最高经济效率。

5. 法治性

法治性是指市场经济要接受法律的规范、引导、制约、保障，严格按照法律运作，国家、政府、社会、市场主体都要用法治思维和法律手段解决市场经济发展中存在的问题。市场经济不是无政府的绝对自由的经济，市场经济要有完善的市场经济法律体系和健全的法律与经济互动机制，民商事活动和私权利得到充分保护，国家对市场的监管和宏观调控法律化，社会经济可持续发展和社会基本公平得到有效保障。自然经济依赖伦理，计划经济依赖政府的指令性计划，而市场经济则依赖法律。现代市场经济以法律为纽带，以市场为中心，把国家（政府）、社会组织（企业）和个人的活动及行为紧密广泛地与市场经济的各个环节联结在一起，以充分获取和实现经济活动的效益，所以市场经济又称法治经济。

二、法治

（一）法治的概念

法治（Rule of Law），是人治的对称，要了解什么是法治必须首先知道什么是人治。

所谓人治,就是一种依靠领导者或统治者的意志和能力来管理国家和社会,处理社会公共事务的治国方式。法治则是指法的统治、法的治理,即按照法律来治理国家,管理社会,规范行为。法治是对人治的否定。在法治国家中,法律是社会的最高准则和最高权威,法律至上。人民将法律作为社会的最高价值予以遵守和信仰,任何人或任何组织机构都不得凌驾于法律之上,权力从属于法律,法律之下无特权,一切权力都要受到法律的制约,法律面前人人平等。

法治的核心价值是公正。公正是法治的生命线、法治的标准、法治的状态,法治则是公正的载体。法治的基本功能是规范和约束公权力、保障私权利。法治的基本理念要求立法机关要反映民意、对政府权力进行制衡。政府机关要依法行政,司法机关要依法独立公正行使审判权和检察权,即独立司法、依法裁判。在法治的框架下,市场主体遵从“法无禁止即可为”,政府则以“法定职责必须为、法无授权不可为”为依据。法律是治国之重器,良法是善治之前提。法治是良法之治、公正之治,法律的权威源自人民的内心拥护和真诚信仰。

（二）法治与法制的区别

法治又不同于法制,二者主要区别如下:

第一,法制（Rule by Law）是法律制度的简称,法制侧重于形式意义上的法律制度及其实施,是一个中性的概念,不必然包含权力从属于法律的含义。而法治强调的是法的统治,奉行法律至上,主张一切权力都要受到法律的制约。

第二,法制也讲求依法治理国家,但在法治国家中,法律仅仅是政府管理国家、管理社会即政府统治的工具。法制不具有法治的目的和实质意义上的内涵。法制与人治并不对立,而法治与人治必然对立。法治为人们提供一个寻求公正的平台和框架,法治与其说是要求人民守法,毋宁说是更侧重于对公权力的控制和约束,否则法治与法制就难以区分。建设法治国家的关键,在于有没有守法的政府,而不是有没有守法的民众。没有守法的政府,一定不会有守法的民众。在法治国家中,法律应成为治理国家所依照的对象,而不是政府统治的工具。法律若被当成下政府统治的工具,就会带来法律精神和法律稳定性的缺失,造成执法的随意性,使得民众迷信熟人、迷信关系、迷信权力而不信仰法律。

第三,法制是在法律出现时就已经存在的,早在奴隶社会初期就产生了。而现代法治则是资产阶级革命的产物,是资本主义时代才产生并建立的,只有资本主义社会和社会主义社会才存在。

第四,法制与民主、自由和人权等价值观没有必然联系,它可以为支持这些价值观的制度服务,也可以为反对这些价值观的制度服务。而法治都是与一定的民主、自由和人权价值观相联系的。在现代社会,民主通常是法治的政治基础,自由和人权则是法治所要保障和维护的价值观。

（三）法治思想的起源

法治思想最早起源于古希腊和古罗马的法治理论,萌芽于资产阶级启蒙运动,形成于资产阶级革命过程中。

从历史上看,法治理论的萌芽最早出自柏拉图（Plato,约前 427 年～前 347 年）的名篇《法律篇》，"服从法律统治"是他的法治观核心。亚里士多德（Aristotélēs，前384～前322年）后来发展了这一思想，他在《政治学》中第一次提出"法治"这一概念："所谓法治，应包含两重意义，已成立的法律获得普遍的服从，而大家所服从的法律又应该是本身制定的良好的法律"。"普遍服从良法"的观念成为一项法治的原则，被后来的西塞罗（Marcus Tullius Cicero，前106年～前43年）发展为"权力从属于法律"的公法观点。公元13世纪的英国，在著名法官柯克与国王詹姆士一世的争论中，柯克提出"国王受制于上帝和法律"的论断，这在实质上触及了现代法治的基本内涵，即法律至上。

到了近代，英国著名的思想家、自然法学家洛克（John Locke，1632～1704）从权利和平等的视角来表达"法治"，认为在自然法的指导下，人人有权获得天赋权利，国家必须以正式公布的法律进行统治，法律面前人人平等。洛克对法治社会有一个简单的概括："个人可以做任何事情，除非法律禁止；政府不能做任何事情，除非法律许可"。法国著名的启蒙思想家孟德斯鸠（Baron de Montesquieu，1689～1755）将近代法治理论做了制度化设计，形成了立法权、司法权和行政权的三权分权理论。他的法治思想以分权学说为基础，主张任何权力与自由都有边界并受制约。另外，法国思想家卢梭（Jean－Jacques Rousseau，1712～1778）依其社会契约论阐述了他的法治思想。

自由资本主义时期，19世纪末英国著名法学家戴雪（Albert Venn Diecy，1835～1922）提出了法治的思想，主要内容是：政府的权力要受到法律的控制，公民的自由和权利要得到法律的保护，政府与公民法律支配平等，受同样的法律和同样的法院管辖。

英国著名思想家哈耶克（Friedrich August Hayek，1899～1992）主张，任何法治均要从预设规则着手，"法治的意思就是指政府在一切活动中都应受到事前规定并宣布的规则的约束——这种规则使得一个人有可能十分肯定地预见到当局在某一情况中会怎样使用它的强制权力，和根据对此的了解计划他自己的个人事务"。

中国古代虽然也有关于法治的表述，但与西方法治只是形式相似，其精神内核方面有本质的区别。中国历史上只有法制，没有法治。

卢梭说过："一切法律之中最重要的法律既不是铭刻在大理石上，也不是铭刻在铜表上，而是铭刻在公民们的内心里，它形成了国家的真正的宪法"。法律的权威源自人民的内心拥护和真诚信仰，只有当文本上的法律成为人们内心中的法律时，这才是真正的法治状态。人们对法的信仰及由此所决定的守法程度反映了国家的法治程度。法治之所以是人类所追求的一种理想的社会状态，就在于法治能够保障每个社会成员的安全与自由，在于人们信仰通过法律能实现公平与正义。法治是世界上所有民主与文明国家的社会治理模式，是一种以人为本的高度文明的社会精神和社会秩序，是社会走向现代文明的标志。法治是一种正义、科学、文明的选择，是一种强国之略。法治立国、法治稳国、法治救国、法治强国，是人类文明发展的经验总结。走向法治不只是中国的发展目标，也是当今世界公认的价值追求。

综上所述，法治思想的起源和现代法治理念都来源于西方，虽然如此，在中国语境下法治又必须符合中国的社会制度。资本主义法治思想在反对封建专制、建立资本主义制度中起到了积极的推动作用，对人类的法治文明的发展做出过重要贡献。资本主义法治思想的一些有益思想和观点，对社会主义法治建设具有一定的借鉴意义。但资本主义法治思想是建立在资本主义生产关系基础之上的,服从于资产阶级民主法治建设。因此,在借鉴国外法治有益经验的同时,必须认清社会主义法治理念和资本主义法治思想的根本区别,但决不照搬外国法治理念和模式。

(四)社会主义法治理论的产生与发展

鉴于高等院校的基础必修课教材《思想道德修养与法律基础》中对社会主义法治的一般理论已有详尽阐述,本书不再赘述。这里只对社会主义法治理论的产生与发展进程做基本的概括和简单介绍。

中国学术界第一次明确提出要实行依法治国是在 1979 年。中国社会科学院法学研究所的李步云与他人合作在 1979 年 9 月发表论文《论以法治国》,在国内首次系统地提出了以法治国的理论框架与制度构想。

依法治国作为治国的基本方略首次被提升到执政党和国家政治层面,是在 1997 年 9 月的中共"十五大"。"十五大"报告提出,实行依法治国,建设社会主义法治国家,从此将"依法治国"确立为执政党领导人民治理国家的基本方略。

所谓治国方略是一国治国的理论和指导思想,也是治国的行动准则,包括目标、具体要求等。依法治国成为治国的基本方略,说明法治已经成为我们党和政府治国理政的基本方式,法治已经成为社会主义国家文明的制度基石。

1999 年 3 月,九届全国人大二次会议将"依法治国"写入宪法,从而使"依法治国"从党的意志转化为国家意志。

2002 年 11 月,中共"十六大"报告从发展社会主义政治民主的高度,指出"要把坚持党的领导、人民当家做主和依法治国有机统一起来"。

2007 年 10 月,中共"十七大"报告提出,以科学发展观为统领,将深入落实依法治国基本方略列入全面建设小康社会的奋斗目标。

2012 年 11 月,中共"十八大"报告将"全面推进依法治国"确立为推进政治建设和政治体制改革的重要任务,对"加快建设社会主义法治国家"做了重要部署,用依法治国推进国家治理体系和治理能力现代化,依法治国在国家治理体系和治理能力现代化建设中的地位更为突显。

2014 年 10 月,中共十八大四中全会首次以"依法治国"为主题,会后发布的《中共中央关于全面推进依法治国若干重大问题的决定》,提出了新时期中国法治建设的总目标,即建设中国特色社会主义法治体系,建设社会主义法治国家。这就是,在中国共产党领导下,坚持中国特色社会主义制度,贯彻中国特色社会主义法治理论,形成完备的法律规范体系、高效的法治实施体系、严密的法治监督体系、有力的法治保障体系,形成完善的党内法规体系,坚持依法治国、依法执政、依法行政共同推进,坚持法治国家、法治政府、法治社会一体建设,实现科学立法、严格执法、公正司法、全民守法,促进国家治理体系和治理能力现代化。这是中国共产党执政 60 多年来,第一次全面系统地提出法治建设的总目标,相对于中共"十五大"时提出的"依法治国、建设社会主义法治国家",在内涵和外延上更加丰富,层次上更加立体,将依法治国放到了推动国家治理现代化的战略层面。这意味着法治已成为执政党的最高追求、国家治理的基本内涵和市场经济的最高信仰。

依法治国的真正实现还需要一个漫长的过程。中国几千年来都是人治,要改变"权大于法、情大于法"的观念,保证国家各项工作都依法进行,让法治真正成为各级官员的思维方式和工作方式,成为一种社会文明,成为一种理想的社会状态,还需要执政党的着力推进,更需要制度建设的尽快完善。

三、市场经济与法治的关系

2014年10月23日中国共产党第十八届中央委员会第四次全体会议通过的《中共中央关于全面推进依法治国若干重大问题的决定》明确指出:"社会主义市场经济本质上是法治经济。使市场在资源配置中起决定性作用和更好发挥政府作用,必须以保护产权、维护契约、统一市场、平等交换、公平竞争、有效监管为基本导向,完善社会主义市场经济法律制度。"这是对我国社会主义市场经济实践经验的总结,也是对社会主义市场经济本质的准确清晰界定。

总体而言,市场经济与法治之间的关系是经济基础和上层建筑之间的关系,二者之间存在着相伴相生、相互作用的天然内在逻辑联系。市场经济是一只看不见的手,体现的是个体理性;法治则是一只看得见的手,体现的是集体理性。市场经济决定法治的必要性和形式,而法治反过来保护、规范和促进市场经济的运作。对于市场经济而言,法治是市场经济的本质属性,是市场经济的一个重要特征。法治是市场经济发展的内在要求,是市场经济的必然产物。市场逻辑本身要求法治,没有法治作为制度基础,就没有市场经济。而对于法治而言,市场经济则是法治的"催生剂",是法治形成和发展的经济动因。市场经济发育的过程就是一个法治不断完善的过程,市场经济发展到哪里,法治就需要跟进到哪里。市场经济的发展、市场逻辑的拓展,对于法治基本价值的孕育、演进和发展,起到了不可或缺的作用。

具体而言,市场经济与法治二者之间关系的实质是法治对市场经济发展的作用。市场经济之所以离不开法治,其理由在于:

其一,契约精神和财产权的确认和保护、市场秩序和市场规则的建立和维护需要法治。市场经济制度建立在契约精神和财产权的确认和保护的基础之上,没有这二者,就没有商品交换和市场经济。市场经济活动需要市场秩序,市场秩序的建立与维护则需要市场规则的约束和引导。法治的基本价值和基本功能就是维护社会秩序,是对契约精神和财产权的确认和保护,这些都恰好契合了市场经济的内在要求。就好比数以万计的行人、车辆一起上路,就必须制定交通规则。市场经济是一个由千千万万的组织和个人参与的过程,因此必然要求对人们的行为做出明确的规范,对市场经济秩序进行约束和引导。市场规则主要包括市场准入规则、市场竞争规则和市场交易规则。市场秩序、市场规则只有通过法治才能实现。

其二,经济自由和竞争自由的保障需要法治。市场经济是自由的经济,没有自由就无法竞争,每个市场主体就无法实现寻求利润最大化的目标。经济自由包括市场主体的设立、解散及破产的自由、人身自由、财产自由、商品生产、分配及交换的自由、契约自由、竞争的自由等。市场经济中的自由,无法通过自我保护去实现,它会受到多方面因素的破坏,诸如相对的市场经济主体对竞争自由的侵犯,自身对于契约自由的滥用,政府或者国家对于个体自由的不当干预等。任何一方面的放任,都可能毁坏整个自由。要制约其中的每一因素,都必须有法治。正如亚里士多德所说:"法律不应该被看作是对自由的奴役,法律应当是对自由的拯救。"①

其三,市场免受政府的不当干预需要法治。要想保证市场经济的自主性、平等性、开放性,要保证市场自由的逻辑不被破坏,就要防止政府的不当干预。法治的核心要义就是约束和限制公权力,保障私权利。市场经济所对应的政府必须是法治的政府、有限的政府。政府要依法行政。政府没有超越法律之外的任何权力,"权力法授、程序法定、行为法限、责任法究"。市场能做到的、社会能做到的,政府一律退出。一个无限的政府、无所不管的政府,必然压抑组织和个人的活力和经济的生命力。只有通过法治约束政府的行为,才能保证市场在资源配置中起决定性作用,避免政府对市场的非法干预,防止政府官员利用权力寻租而滋生腐败。

其四,市场失灵的矫正需要法治。市场不是万能的,市场存在失灵和失效。市场失灵导致社会公共利益受损、社会经济秩序紊乱。要矫正市场失灵,只有依靠国家运用法治的力量和手段对市场进行必要的干预。例如,运用《反不正当竞争法》《反垄断法》《产品质量法》对市场进行监管;运用《银行法》《财政法》《税法》对市场进行宏观调控去矫正市场失灵。

四、社会主义市场经济的法律体系

(一)社会主义市场经济法律体系的法律部门构成

社会主义市场经济中的法治要通过法律对经济活动中各种经济关系的调整来实现,法律对经济关系的调整过程就是实现市场经济法治的过程。法律调整是指法律对经济关系的规范,包括整顿和调控两个方面。整顿是指法律对经济关系的梳理和整理,调控是指法律对经济关系的调节和控制。

由于经济关系具有错综性和复杂性,现代市场经济的法律调整仅靠单一的法律部门是无法完成的。其调整模式必须是一种综合的法律调整模式,它要由宪法、民法、商法、经济法、行政法、刑法、劳动法、环境保护法等不同的法律部门共同来完成。

(二)社会主义市场经济法律体系的法律类别

自1992年我国社会主义市场经济体制建立以来,我国市场经济立法的步伐不断加快,一系列有关市场经济的法律陆续出台,与社会主义市场经济相适应的法律体系已初步建立起来。

1982年颁布的《宪法》作为国家的根本大法,是建立社会主义市场经济法律体系的基础和依据。1993年将"国家实行社会主义市场经济"明确写入了宪法,从根本上确立了社会主义市场经济的合法地位。1998年《宪法修正案》规定:"允许私营经济在法律规定的范围内存在和发展。私营经济是社会主义公有制经济的必要补充。国家保护私营经济的合法权利和利益,对私营经济实行引导、监督和管理。"

社会主义市场经济的法律体系具体包括如下内容:

---

① 亚里士多德著,吴寿彭译:《政治学》,商务印书馆1965年版,第199页。

在财产权的确认与保护方面,有《宪法》、《民法通则》、《物权法》、《侵权责任法》、《商标法》、《专利法》、《著作权法》、《保险法》、《海商法》等。

在规范市场主体方面,有《个人独资企业法》、《合伙企业法》、《公司法》等。

在规范市场交易行为方面,有《合同法》、《票据法》、《证券法》、《担保法》等。

在规范市场秩序方面,有《标准化法》、《反不正当竞争法》、《反垄断法》、《消费者权益保护法》、《产品质量法》、《广告法》、《食品安全法》、《药品管理法》、《招标投标法》、《价格法》、《拍卖法》等,规范涉外市场秩序有《海关法》、《进出口商品检验法》等。

在规范市场宏观调控方面,有《预算法》、《审计法》、《会计法》、《对外贸易法》、《税收征收管理法》、《个人所得税法》、《企业所得税法》、《价格法》、《中国人民银行法》、《商业银行法》等。

在规范劳动和社会保障方面,有《劳动法》、《劳动合同法》、《社会保险法》等。

第二节　经济法的概念和调整对象

一、市场失灵与矫正

市场失灵(Market Failure)是指市场机制在某些领域不能发挥作用或不能起有效作用的情况。市场失灵的具体表现是:(1)市场在提供公共物品和维护公共利益方面存在明显不足;(2)市场竞争的失灵,即不正当竞争和垄断;(3)市场不能实现公正的收入分配;(4)市场调节本身存在一定的自发性、盲目性、滞后性;(5)负外部性,即某一主体在生产和消费活动的过程中,对其他主体造成的损害。如化工厂,将废水不加处理排放到下水道、河流、江湖,造成农作物歉收、农业减产,给环境和居民的生活带来危害,而受到损害的其他主体又无法从化工厂那里得到补偿。

市场失灵使市场机制失去了其优化资源配置的作用,导致各方利益关系失衡,社会公共利益受损,经济秩序紊乱,经济运行的整体效率降低。

市场本身无法解决市场失灵的问题,市场失灵的后果决定了人们需要依靠市场以外的力量即国家的力量来干预市场、矫正市场失灵问题。在法治的环境下,国家干预市场、矫正市场失灵必须依法进行。

二、经济法的概念和调整对象

关于对经济法的概念如何表述的问题,国内学术界有不同的说法和表述方式。① 我们认为,经济法就是国家为了矫正市场失灵而制定的调整需要由国家干预的、具有全局性

---

① 当前法学界对经济法概念的表述方式具有代表性的主要有李昌麒教授的"国家干预说"、杨紫烜教授的"国家协调说"、漆多俊教授的"国家调节说"、张守文教授的"国家调制说"等。本书是为非法学专业学生编写使用的教材,对经济法概念在理论上的学术争议不做详细介绍。本书的经济法概念,采用了学术界影响力较大的李昌麒教授的"国家干预说",参见李昌麒教授主编的《经济法学》,法律出版社,2008年第二版,第53页。

和社会公共性的经济关系的法律规范的总称。所谓国家干预,是指国家对市场的监管与宏观经济调控。具体来说,就是指国家依据法律,对市场经济活动的过问、介入、引导、协调、控制、干涉和制止。归根结底是对市场失灵的矫正。国家干预市场的目的一是为了矫正市场失灵,平衡协调各方利益关系,维护社会公共利益,实现社会公正;二是为了使经济运行符合客观规律,保障整体经济效益的提高,促进国民经济健康、稳定、可持续发展。国家只有在市场机制不发挥作用、市场不能自律即市场失灵的时候才能对市场进行干预。国家干预绝不能影响市场机制作用的正常发挥,国家干预必须是依法干预和适度干预,不能过度干预。国家干预不能损害市场机制、不能侵犯合法的企业财产权和私人财产权。市场失灵是国家干预市场的边界和分水岭。

经济法是社会主义法律体系中一个独立和十分重要的法律部门,经济法有自己独立的区别于民商法、行政法等其他法律部门的调整对象和调整手段。经济法不调整市场当中所有的经济关系,仅调整因市场失灵而需要国家干预的、具有全局性和社会公共性的那部分经济关系。市场失灵是国家运用经济法手段干预市场的边界和尺度,是经济法定义的逻辑起点。经济法所调整的经济关系可以细分为因市场失灵而需要政府调控的市场主体关系、需要政府监管的经济关系和需要政府宏观调控的经济关系。依据经济法所调整的经济关系的具体范围,经济法体系内的法律规范由规范市场主体的法律规范、规范市场秩序的法律规范和宏观调控的法律规范所组成。

第二章

企业法律制度概说

第一节　企业与企业法

一、企业的概念、特征与沿革

(一)企业的概念

"企业"(Enterprise)一词在英语中的原意为企图冒险、干一番事业,后来用以指经营组织或经营体。日本用汉字将其意译为"企业",并传入中国。[①] 企业是经济学上的概念,不是法律上的概念。所以尽管有关法律条文使用了这一概念,但法律并没有明确界定它的含义。

为了明确企业与其他社会组织的区别,构建明晰的现代企业法律体系,有必要从法学的角度了解企业概念的内涵和外延。

鉴于企业的本质属性和基本功能,我们认为:"企业,是指依法设立并具备一定的组织形式,以营利为目的,独立从事生产经营活动的经济组织。"企业是与立法机关、政府机关、司法机关、社会团体、事业单位性质完全不同的一种社会组织形式。

(二)企业的特征

1. 企业必须依法设立

企业必须依法设立有两层含义:一是企业必须依照法律规定的设立条件和设立程序才能成立,并取得权利能力和行为能力。历史上曾经短暂出现过企业可以自由设立的情形,但现在已经不复存在。当前各国政府对企业的设立或采取核准制或采取注册制,都有必要的宽严不同的法律要求。我国对企业设立采取注册制与核准制相结合的制度,我国对企业设立的条件要严格和苛刻一些。企业设立所依据的法律,因各国企业立法体系的不同而有相当大的差别,即使在同一个国家,不同的企业类型一般也应适用不同的企业立法。如在我国,公司依据《公司法》的规定设立;合伙企业依据《合伙企业法》的规定设立;

---

① 史际春、温烨、邓峰著:《企业和公司法》,中国人民大学出版社,2001年版,第2页。

个人独资企业则依据《个人独资企业法》的规定设立。法律不仅规定了企业设立的程序，也规定了各类企业设立的条件。一般来讲，企业要有自己的名称和固定的办公场所，要有独立支配的财产，要有健全的组织机构。法人企业还要有章程，能以自己的名义起诉、应诉、承担相应的民事责任等。二是企业必须依法选择其组织形式，如设立公司企业、合伙企业还是个人独资企业。企业只能在法律规定的范围内选择自己的组织形式，不能超越法定范围自定组织形式。

2. 企业具有组织性

企业是现代社会中人们进行生产经营活动的基本单位，它是由一定的生产要素有机结合而组成的集体。企业的这一特征使它与从事营利性活动的公民个人、个体工商户区别开来。

3. 企业的存在及其活动具有连续性和独立性

企业的存在及其活动具有连续性是指企业活动不是一次性的或短期的生产经营和服务性活动。企业的存在及活动是以年为单位的，任何个人单独或联合的短期的商业行为都不能认定为企业的行为。这一特征又将企业与流动摊贩、临时合伙、一次性交易等非连续性、非稳定性行为区分开来，为社会经济的稳定有序发展提供了保障。

企业的存在及其活动具有独立性是指企业的活动以企业的名义进行，企业的内部机构不能对外代表企业。此外，独立性还表现在企业的决策和民事责任的承担方面。企业管理机构有权独立对企业业务做出决定而不受其他主体的干扰，法人企业独立承担民事责任，非法人企业不完全独立承担民事责任。

4. 企业是以营利为目的的经济组织

企业生产经营的目的是为了营利，即为了获得利益并将所得利益分配给成员。企业的生产经营活动就是将资金、劳力、技术、管理、原材料等各类生产要素融为一体，生产商品或提供商业服务以求营利的综合过程。这一特征显然区别于国家机关（立法机关、执法机关、司法机关）、事业单位（学校、医院）、社会团体、军队等。但也有些企业从事政策性或公益性经营，如政府设立的水、电、煤气等公用企业、军工企业、造币厂、政策性银行等，这类企业不以营利为目的或主要不以营利为目的，其经营的目的是为了追求某种社会效益。

5. 企业具有独立或相对独立的法律人格

这个特征是针对企业法律地位而言的。不同的企业类型，其法律地位各不相同。其中公司企业属法人企业，具有独立的法律人格；个人独资企业和合伙企业则属自然人企业，不具有独立的法律人格。

（三）企业的沿革

企业的雏形产生并存在于农业文明时代。在畜牧业与农业的第一次分工时期，以家庭为主体的手工业和冶炼、制陶等联合形式的手工工场开始出现。在欧洲的罗马时代开始出现了完整的独资、合资的企业经营形态。到了中世纪，欧洲地中海沿岸国家不仅有许多的独资和合伙性的商业团体，还出现了公司。最早出现的公司是无限公司，之后又出现了两合公司。到了 1600 年，在英国出现了专门与东印度进行贸易的最早的股份有限公司——东印度公司，1602 年荷兰也成立了东印度公司。19 世纪末 20 世纪初，资本主义发展到垄断阶段以后，股份有限公司得到了空前规模的发展，在这一历史时期，为适应竞争和垄断的需要,资本集中的趋势比以往任何时期都更加强烈,单个资本已经无法适应发展的形势。为加快资本集中,占据垄断地位,资本家便通过大量地发行股票、合资经营等形式集资,股份有限公司这种企业组织形式被广泛采用。在这一时期,不仅出现了卡特尔、辛迪加、托拉斯、康采恩等遍布西方各国主要工业部门的垄断组织,而且还产生了一种新型的公司组织形式,即股东人数有限、股东均负有限责任、出资转让有限制的有限责任公司。在各种公司形式中,有限责任公司出现最晚。1892年德国率先颁布了《有限责任公司法》。这一时期,公司类型和公司制度已日趋完备,现代企业制度在发达国家已经确立。第二次世界大战后,股份有限公司发展更加迅猛,母公司、子公司等形成了多层次的控股公司系统,在国际上形成了跨国公司体系。

二、企业的分类

依照不同的标准可以对企业进行不同的分类。对企业进行分类,便于从不同的角度和不同的层面去认识和了解企业的特性,同时也为企业立法提供一个基本的理论依据。由于我国当前处于体制转型的特殊时期,很多人对企业的概念和分类及其所承担的责任形式认识模糊。

(一)按企业投资人的出资方式和承担财产责任形式的不同划分(又称按企业的法律形式划分)

企业可以分为:(1)公司;(2)合伙企业;(3)个人独资企业。

这种分类方法是西方国家通行的企业法律形态分类标准,一直为各国商法沿用。这一标准已成为划分现代企业法律形态的主要标准,是比较科学的分类方法。实行市场经济的国家,关于企业的立法,都是按照这个思路进行的。

(二)按企业生产资料所有制性质的不同来划分

企业可以分为:(1)国家出资企业(即国有企业);(2)集体企业(含城镇集体企业、乡村集体企业);(3)私营企业;(4)联合企业(混合所有制企业)。

这种分类方法主要为实行计划经济的社会主义国家所采用。长期以来我国一直采用这一分类标准,并根据这个标准确定了企业立法体系。例如,我国相继制定了《全民所有制工业企业法》、《城镇集体所有制企业条例》、《乡村集体所有制企业条例》、《私营企业暂行条例》等法律、法规。

这种分类标准和立法思路存在很多弊端:一是强调行政管理,从企业设立、经营,到关停并转和破产,许多方面都强调行政审批和管理,限制了企业的自主经营、自负盈亏。二是不利于不同性质企业间的公平竞争、优胜劣汰。三是重复立法,影响法律的统一和尊严。法律法规层次繁多、内容雷同、相互交叉甚至矛盾。法律法规难以覆盖所有企业,有相当部分的企业处于无法可依的局面。比如,我们有全民所有制工业企业法,但没有全民所有制商业、外贸、建筑、物资等企业法。再比如,我国制定了《企业破产法》,但只适用于国有企业,至于集体企业和私营企业、涉外企业的破产操作基本上无法可依。

我国决定实行社会主义市场经济体制以后,立法机关根据国情,并借鉴国外成功经验,及时修正立法思路,并按出资方式和承担财产责任形式的分类标准来进行立法。迄今为止,我们已经制定了《公司法》、《合伙企业法》、《个人独资企业法》,这样,企业立法就覆盖了所有的企业类型。

通过对上述企业分类的第一种标准和第二种标准进行比较,可以看出,第一种划分标准是现代市场经济的要求,也是建立现代企业制度和现代企业法律体系的需要。

（三）按企业投资是否具有涉外因素来划分

企业可以分为:(1)内资企业:全部由中国内地投资者投资。(2)涉外企业(又称外商投资企业、"三资企业"):包括中外合资经营企业、中外合作经营企业、外商独资企业三种形式。涉外企业是指依照中国的法律规定,在中国境内由内地投资者和外国投资者共同举办或者仅由外国投资者举办的企业。这里的中国内地投资者包括中国内地的公司、企业和其他经济组织(也包括个人)。外国投资者包括外国的公司、企业和其他经济组织或个人,也包括中国港澳台地区的投资者。

这种分类标准应该说是我国对外开放吸引外资的产物。1979 年以来,我国相继颁布了《中外合资经营企业法》、《中外合作经营企业法》、《外资企业法》等法律法规。当前我国企业立法体系已经形成了内资企业法和涉外企业法两个法律体系。

（四）按企业法律地位的不同来划分

企业可以分为:(1)法人企业:符合法人条件,依法取得法人资格的企业。例如,公司是典型的法人企业。(2)非法人企业:不符合法人条件,依法不能取得法人资格的企业,即自然人企业。例如,个人独资企业、合伙企业等。

这种分类可以直接反映出企业的法律地位,明确企业与投资人的财产关系和责任关系。

上述四种企业的分类都与我国企业立法的体系有直接的关系。

（五）按企业主要营业性质的区别来划分

企业可以分为:工业企业、商业企业、交通运输企业、金融企业、邮电、农村、水利地质勘探、建筑安装、外贸、物资、保险、旅游、餐饮等企业。

（六）按企业生产经营规模的大小来划分

企业可以分为:大型企业、中型企业和小型企业。其中国有大中型企业是国民经济的骨干力量,大型企业又往往发展为企业集团。

三、企业法

企业法是调整企业在设立、组织、活动、终止过程中发生的经济关系的法律规范的总称。

企业法是由调整有关企业的特定经济关系的全部法律规范所组成的,不能简单地把企业法理解为某一部企业法律、某一部企业法规或者它们的总和。世界上没有任何一个国家制定过名称叫作"企业法"的法律,都是针对企业生命过程中发生的某种特定的经济关系而制定的法律,如日本的《中小企业基本法》。我国目前的企业法就包含了《全民所有制工业企业法》、《公司法》、《合伙企业法》、《个人独资企业法》等法律规范。

四、我国企业立法的历史和现状

(一)新中国建立初期至"文化大革命"前的企业立法

中华人民共和国成立后,废除了国民党政府颁行的一切法律,人民政府积极兴办工商业,建立了一批新的国有工商企业。同时,在一段时间内,发展改造民族工商业,发展集体企业,促进经济的发展。为确立各类企业的地位及与政府的关系,尤其是管理好国营企业,在1979年以前,国家曾制定了大量的法律、法规,达170余件。如1950年颁布的《私营企业暂行条例》、《关于国营、公营工厂建立工厂管理委员会的指示》;1954年颁布的《公私合营工业企业暂行条例》。

1956年对私营经济的社会主义改造完成后,私营公司和公私合营公司不复存在。自此至1979年,传统的公司形式在我国消失。从1957年到"文化大革命"前,我国颁布了若干企业法规,并根据这些法规,按行业或者产业组建和发展了一些后来被称为"行政性公司"(如糖酒公司、五金公司、外贸公司)的兼具生产经营和行政管理职能的国有公司。1957年颁布《关于改进工业管理体制的规定》,1958年颁布《关于工业企业下放的几项决定》和《关于企业实行利润留成的几项规定》,1961年中共中央制定颁布了《国营工业企业工作条例(草案)》(即"工业七十条"),是当时一部重要的企业管理文件,在当时的条件下,起到了一部工业企业基本法规的作用。

(二)改革开放后至《公司法》颁布前的企业立法

1978年以后,以党的十一届三中全会为标志,我国实现了党的工作重点向经济建设的战略性重点转移,我国进入了社会主义现代化建设的新时期。全面的农村和城市的经济体制改革开始进行,这一时期企业立法得到迅速发展。城市的改革完全以企业改革为中心,企业立法与经济体制改革密切相连,着眼于转换企业经营机制,增强国有企业的活动和吸引外资,归纳起来,主要有以下几方面内容(部分法律法规):

1. 关于全民所有制企业的立法

1986年颁布《全民所有制工业企业厂长工作条例》、《全民所有制工业企业职工代表大会条例》、《中华人民共和国企业破产法(试行)》;1988年颁布《全民所有制工业企业法》、《全民所有制工业企业承包经营责任制暂行条例》、《全民所有制小型工业企业租赁经营责任制暂行条例》;1992年颁布《全民所有制工业企业转换经营机制条例》。其中1988年颁布的《全民所有制工业企业法》是目前为止我国企业的一部基本法律,发挥了重要作用。

2. 关于集体所有制企业和私营企业的立法

1988年颁布《私营企业暂行条例》;1990年颁布《中华人民共和国乡村集体所有制企业条例》;1991年颁布《中华人民共和国城镇集体所有制企业条例》等。

3. 关于涉外企业的立法

1979年通过,1990年修改《中外合资经营企业法》;1983年颁布《中外合资经营企业法实施条例》;1986年颁布《外资企业法》、《关于鼓励外商投资的规定》;1988年颁布《中外合作经营企业法》;1990 年颁布《外资企业法实施细则》;1995 年颁布《中外合作经营企业法实施细则》。

4.关于企业登记管理的立法

1982 年颁布《工商企业登记管理条例》;1988 年颁布《中华人民共和国企业法人登记管理条例》及其《实施细则》;1991 年颁布《企业名称登记管理规定》。

5.关于股份制试点企业的立法

1993 年颁布《股份制企业试点办法》、《股份有限公司规范意见》、《有限责任公司规范意见》《股票发行与交易管理暂行条例》等。

(三)《公司法》颁布后的企业立法

1993 年 12 月 29 日,第八届全国人大常委会第五次会议通过了《中华人民共和国公司法》,自 1994 年 7 月 1 日起施行。《公司法》的颁布,不仅是我国企业立法的重大成就,更重要的是,它对我国的经济体制改革具有深远意义,标志着我国经济体制改革进入了一个新阶段,同时也为建立适应市场经济需要的现代企业法律体系奠定了基础。

《公司法》实行后,又颁布了一系列与《公司法》配套的法规、行政规章,主要包括:1994 年颁布的《公司登记管理条例》、《关于股份有限公司境外募集股份及上市的特别规定》;1995 年颁布的《关于设立外商投资股份有限公司若干问题的暂行规定》;1996 年颁布的《关于股份有限公司境内上市外资股的规定》等。

《公司法》的颁布为我国的企业立法提出了一个不同于以往的按企业生产资料所有制形式立法的新的立法思路,就是按企业投资人的出资方式和承担财产责任形式为标准进行企业立法,预示着一个全新的企业立法体系的建立。在这一思路下,1997 年,最高立法机关通过了《合伙企业法》。1999 年又通过了《个人独资企业法》。

(四)我国企业立法的特点

通过以上对我国企业立法的历史和现状的分析,我们会发现我国企业立法有以下几个特点:

1.企业立法服务于我国的经济体制改革尤其是企业改革

企业改革的每一步进程都会有相关的法律、法规产生。企业改革 20 多年来,改革的目标和方向越来越明确,改革的理论越来越成熟,相关的企业立法也越来越完善。以全民所有制企业为例,从扩大企业自主权开始,进一步扩权,建立企业法人制度(体现两权分离的理论),建立破产制度,完善登记制度,实行承包经营责任制和租赁经营,完善企业经营机制和实行股份制改革等,每一步改革进程都会有重要的法律文件产生,其他如私营企业的产生、外资企业的进入等无不反映了对外开放、对内搞活的总趋势与相关立法的配套进行。

2.企业立法与所有制关系和行业标准联系在一起,难解难分

在《公司法》颁布以前,传统的企业立法体系体现了计划经济体制下的以所有制为主、以行业为辅的格局特征。我国旧的经济体制基本上沿袭了原苏联的模式,在经济结构中以生产资料所有制关系来划分企业的类型。这种情况造成企业立法以所有制来进行,不同所有制的企业、不同的行业由国家制定不同的立法,使立法本身丧失了规范性和科学性,也产生了大量宏观调控政策的随意性和短期性。这种做法与世界发达国家以企业的法律形式(又称企业的法律形态)立法的结构大相径庭,也与我国推行社会主义市场经济的目标相悖离。《公司法》、《合伙企业法》、《个人独资企业法》的颁布,为我国提出了一种新的企业立法标准,即按企业的法律形式来立法,原来的情况正在发生改变。

3. 我国的企业立法在立法技术上的缺陷

由于旧体制中国家对不同的产业行业建立不同的管理机构进行管理,不同行业的产业政策性法律文件多如牛毛,致使企业立法有数不清的临时性规定,法律本身被人为地复杂化了,透明度不高。各部门的企业立法难以衔接,甚至相互矛盾、重复、可操作性差。

第二节　现代企业制度与我国企业立法

一、我国的企业制度改革与现代企业制度

(一)我国企业制度改革的历程

企业制度是企业产权制度、财务会计制度、组织制度和管理制度的统称与总和,一般是由经济制度决定的。在社会主义制度下,企业制度应该体现社会主义生产关系的不断发展和不断完善。

企业制度主要应包含以下几方面内容:(1)一国企业的基本法律类型;(2)一国企业生产资料的所有权与经营权归谁所有,企业是否拥有法人财产权(即企业法人独立支配财产的权利);(3)一国企业的利润如何分配;(4)一国政府和企业的关系;(5)一国企业与出资者之间的关系(即企业的出资者是否以其出资额为限对企业的债务承担责任)。

根据以上内容,企业制度可以划分为传统企业制度和现代企业制度。

所谓传统企业制度是指生产社会化程度低,生产力发展程度小,空间联系范围有限,商品化、市场化有限,企业财产的各种权能集中在一个自然人身上,只适应落后的生产力和生产方式的企业制度。

所谓现代企业制度是指同社会化大生产和现代市场经济规则相适应的一种企业制度。

企业制度是一国经济体制的基础,建立社会主义市场经济体制,必须在构造市场经济体制宏观框架的同时,塑造和完善企业制度,只有这样,市场经济体制的根基才能牢固。随着生产力的不断发展,生产社会化程度的提高,企业的生产、资本规模不断扩大、技术化、专业化要求的不断提高,传统企业制度开始向现代企业制度演变。

在改革开放的30多年里,我国政府始终把企业改革作为经济体制改革的中心环节。我国的企业制度改革可以分为两个阶段:

第一阶段是从1978年年底到1992年之前,我国的企业改革基本上是沿着放权让利、两权分离、改革企业经营方式,对国有企业实行承包经营和租赁经营,使国有企业成为自主经营、自负盈亏的商品生产者和经营者的思路进行的。改革的举措虽然在短时间内确实起到了提高经济效益的效果,但很快便显露出"三角债"严重、承包企业短期行为等问题,企业活力仍然不足。导致改革效果不明显的原因有两个:一是承包和租赁使企业与政

府之间的关系成为一种合同关系,改革设计者最初的愿望是通过合同关系落实企业的权利,解决国家与企业之间的关系。然而合同关系要求当事人双方法律地位平等,而实际上作为发包方的政府本身既拥有行政管理权,又代表国家拥有企业的所有权,其双重身份使它根本不可能与承包者法律地位平等,反而使企业与政府之间的关系更多地具有了"人治"的味道。二是企业的产权关系模糊。在法律上,建立合同关系的前提条件必须明晰产权,否则合同关系的建立就没有根基。所以,无论怎样放权让利,无论采取承包还是租赁的经营方式,企业的经营权都无法落实,没有从根本上改变企业和职工吃"大锅饭"、国有资产流失、企业经济效益差的问题。因此,深化企业改革,必须解决这一深层次矛盾。首先必须明晰产权,进行产权制度改革,在此基础上建立一种新的企业制度,探索一条公有制与经济相结合的有效途径。

第二阶段是1992年至今,企业改革进入了建立现代企业制度的新阶段。1993年11月党的十四届三中全会通过了《关于建立社会主义市场经济体制若干问题的决定》,明确提出经济体制改革的总体目标是建立社会主义市场经济体制,国有企业改革方向是建立现代企业制度。

(二)我国国有企业的现代企业制度

我国的现代企业制度概括起来,有以下四个基本特征:

第一,产权明晰。企业中,国有资产所有权属于国家,企业拥有全部法人财产权,成为法人实体。这就需要用法律界定出资者与企业之间的关系,即产权关系。企业的设立必须有明确的出资者,出资者享有企业的产权,国家是企业国有资产的产权主体,而企业则拥有法人财产权。

第二,权责明确。企业与出资者权限责任划分明确。对于法人企业,企业以其全部财产依法自主经营、自负盈亏。对出资者承担资产保值增值的责任,并独立对外承担债务责任。出资者则按投入企业的资本额享有所有者的权益,即享有资产受益、重大决策和选择管理者等权利。

第三,政企分开。即政府和企业的职责要分开,政府不直接干涉企业的生产经营活动,企业按市场需求组织生产经营。同时政府的社会经济管理职能和国有资产所有者职能也要分开。

第四,管理科学。建立起科学的企业内部领导体制和组织管理制度,形成激励和约束相结合的经营机制。

现代企业制度的主要形式是公司制,因为公司这种企业类型可以很好地体现上述现代企业制度的基本特征。

为什么公司制就能够很好地体现现代企业制度的基本特征?这就要从公司本身属性即它的基本特征说起。

公司制企业在产权制度上的特点,是实行出资人所有权和企业法人财产权的分离。一个股份有限公司可以有成千上万个股东,为解决股权分散而企业经营权必须集中的矛盾,便出现了出资人所有权与企业法人财产权相分离的产权制度。股东对企业财产拥有出资人所有权,按个人投资的多少享有资本收益(股息和红利),并作为一个整体(通过股东大会)决定公司的大政方针。企业则通过法律认可,成为享有民事权利和承担民事责任的法人,拥有法人财产权。根据这种法人财产权,企业可以独立自主地支配出资人集资建立起来的全部法人财产,直接享有财产的占有权、使用权、收益权和处分权。对企业财产拥有出资人所有权的股东,作为个人,不仅不能直接干预企业的经营活动,而且也不能直接从企业收回他的投资。他只能通过出卖股权,找到一个替代他的新的投资者,才能收回他的投资,而他最初投入企业的资金仍掌握在企业法人手里。

建立在上述这种产权制度之上的股份有限公司,是通过股东大会、董事会、监事会和经理班子这样的组织结构来领导企业的生产经营的。

股东大会是公司的权力机构,拥有以出资人所有权为基础的最高决定权,负责制定和修改公司章程,审议和批准公司的预算、决算、收益分配等重大事项。

董事会是公司的决策及执行机构,拥有以企业法人财产权为基础的经营决策权,负责制定公司的生产经营决策和任免公司经理等。董事会人选由股东大会选出,董事长为公司的法定代表人,一般不兼任经理。

监事会是公司的监督机构,由股东大会选出,对股东大会负责,依照法律和公司章程对董事会和经理的活动进行监督。

经理班子依据同董事会的委托代理关系,依照公司章程和董事会的授权拥有企业经营权,负责公司日常经营活动的组织与指挥。各部门经理向总经理负责,总经理向董事会负责。

国有企业通过建立公司制的现代企业制度,在经营机制上会出现哪些变化呢?

第一,可以克服原来国有企业中所谓"所有者虚位"的不足,使企业产权关系明晰。改制前,国家作为国有资产所有者的权利由谁代表和行使,是不明确的。从中央到省、市、县、乡镇各级行政机构,从部、局到专业公司各级业务主管部门,都被视为国有资产所有者的代表,都可以代表国家作为发包方同企业签订经营承包合同,而这些机构对企业盈亏却没有经济责任,产权关系实际上是不明晰的。在建立现代企业制度的过程中,为了加强对企业中国有资产的管理,国务院于 2003 年 5 月 27 日发布了《企业国有资产监督管理暂行条例》,决定实行国家统一所有、政府分级监管、企业自主经营的国有资产管理体系,在国务院,省、自治区、直辖市,设区的市、自治州三级人民政府,分别设立国有资产监督管理机构,即国有资产管理委员会,简称"国资委"。"国资委"是国有资产所有权的代表部门,"国资委"根据授权,依法履行出资人职责,依法对企业国有资产进行监督管理。"国资委"不行使政府的社会公共管理职能,而政府的其他机构和部门则不再履行企业国有资产出资人的职责,这样,产权关系自然就清晰了。

第二,可有效地实现政企分开,使企业的自主经营权得到落实。改制前,我国早就提出要实行所有权和经营权的分离,使国有企业成为自主经营、自负盈亏的商品生产者和经营者。但实际上,企业的自主经营权总是很难落实。这是因为,经营权是由所有权派生出来的。企业没有所有权的依托,其自主经营权终难落实。在建立了统一的国有资产管理体系以后,国家作为国有资产所有者和国民经济管理者的双重身份,从机构上和职能上明明白白地区别开来了。同时,公司制的改造,使出资人所有权和企业法人财产权分离开来,企业的自主经营权有了法人财产权的依托。这样,既有利于实现政企分开,又有利于落实企业的自主经营权。

第三，建立了权责明确、相互制约的领导体制。改制前，国有企业的领导制度主要是厂长负责制。厂长负责的是企业的经营权，但大政方针的决策权却横向分散掌握在计委、经委、各个业务主管部、局等领导机构手里。决策机构和执行机构、决策人员和执行人员的职责不清，缺乏相互制约和监督的机制。实行公司制改造后，建立了股东大会、董事会、监事会、经理班子等多层次的组织结构和权力机构，并明确规定他们的权责和相互关系，各司其职，各负其责，相互制约，形成层次分明、逐级负责、纵向授权的领导体制。

第四，在企业内部建立起适应于社会化生产和经营需要的，激励机制和约束机制紧密结合的，经营战略决策、财务会计、质量管理、人才开发、营销管理等方面的科学管理体制。

从以上几个方面的变化看出，通过公司制的改造，就有可能进一步转换国有企业的经营机制，建立起产权明晰、权责明确、政企分开、管理科学的现代企业制度，实现企业制度的创新。

为了配合建立现代企业制度的要求，国家制定了《公司法》、《全民所有制工业企业转换经营机制条例》、《企业国有资产监督管理暂行条例》等法律法规，为企业改革提供了法律保障。

二、我国当前的企业立法体系及其完善

现代企业制度是我国经济体制改革的方向和目标，这意味着我们必须适时调整现有企业立法体系，以新的标准和模式重新构造适应市场经济要求的现代企业立法体系。

我国当前的企业立法体系，是三种企业立法体系并存：

（一）按投资人的出资方式和承担财产责任的形式为标准

(1)《公司法》

(2)《合伙企业法》

(3)《个人独资企业法》

(4)《国有国营企业法》（未制定）

(5)《股份合作企业法》（未制定）

（二）按生产资料所有制性质为标准

(1)《全民所有制工业企业法》

(2)《城镇集体所有制企业条例》

(3)《乡村集体所有制企业条例》

(4)《私营企业暂行条例》

（三）按投资者是否具有涉外因素为标准

(1)内资企业法

(2)涉外企业法（《中外合资经营企业法》、《中外合作经营企业法》、《外资企业法》）

其中第二种按生产资料所有制性质立法的模式，是过去计划经济体制遗留下的产物，因为在过去那种体制下，这种立法模式便于国家区分不同的所有制企业，采取不同的待遇和政策，落实国家指定性计划。但在市场经济条件下，要求市场主体之间遵循市场经济规律，按照平等、自愿、有偿的原则建立经济关系，而不再是依据国家的指定性计划。另外，

随着改革的逐步深入，所有制和行业的界限早就打破，现代企业类型如公司逐渐出现并增多，原来的那种依生产资料所有制标准进行企业立法的调整范围已远远不能囊括新出现的现代企业类型，适应不了新形势的需要，不可避免地出现法律调整的漏洞。

随着《公司法》、《合伙企业法》和《个人独资企业法》的相继颁布，标志着依投资人的出资方式和承担财产责任形式为标准的新的企业立法体系的出现。但是同时也带来了新的问题：原有的按生产资料所有制立法和新的立法标准即两种企业立法体系之间，代表着新旧不同的两种所有制经济体制，相互内容之间必然会存在重复、交叉、矛盾和冲突的现象，极不利于企业法制的统一，也给实践带来了混乱。到底执行哪个法律，比如《公司法》和《全民所有制工业企业法》之间是什么关系，谁也说不清。

鉴于此，法学界有人主张，应该遵循市场经济的规律性的要求，服从建立现代企业制度体制改革的目标，以投资人的出资方式和承担财产责任的形式作为唯一标准来构筑我国的现代企业法律体系。按其他标准进行企业立法的模式均应舍弃。

具体而言，我国现代企业的立法体系应该包括《公司法》、《合伙企业法》、《个人独资企业法》、《国有国营企业法》、《股份合作企业法》。其中《公司法》是主要构成部分，是主干。对原来的那种按生产资料所有制为标准的企业立法体系，应该进行清理、调整、修改或干脆废止。现行的全民所有制企业、集体所有制企业、私营企业、外商投资企业、联营企业中符合《公司法》规定条件的，经改造后成为规范化的公司，适用《公司法》；不符合《公司法》规定条件的，则适用其他有关的企业立法。原来生产资料所有制企业立法中关于企业设立、宗旨、组织机构、经营、合并、分立、解散、清算、破产等内容，可以统一归并到上述《公司法》等企业立法中；而有关全民所有制企业中国有资产的管理、国家和企业之间的关系、集体所有制企业所承担的社会义务、外商投资企业的优惠措施等各类企业中的特殊问题，则应制定相应的专门法律如：国有资产管理法、中小企业保护法、外商投资保护法等加以规定。这样就真正形成了一个科学、统一、规范的现代企业立法体系。

第三节　企业社会责任

一、企业社会责任的概念和起源

企业社会责任（Corporate Social Responsibility，CSR）是当前理论界较为关注的课题之一。关于何谓企业的社会责任，目前尚无统一的说法，在《公司法》修订之前，各种有关企业的法律对企业责任并无明确规定。2005年10月27日修订后的《公司法》第五条规定："公司从事经营活动，必须遵守法律、行政法规，遵守社会公德、商业道德，诚实守信，接受政府和社会公众的监督，承担社会责任。"虽然《公司法》首次在法律条文中规定了企业的社会责任，但仅仅是一个原则性条款，旨在宣示一种价值取向和行为标准，对企业社会责任的概念、性质、内容以及企业不履行社会责任所要承担的法律后果等，并没有明确地予以规定。

公司是企业的一种，公司的社会责任实际上也可替换在其他类型的企业身上，因此这里阐述的企业的社会责任，包括了公司、合伙企业和个人独资企业在内所有企业的社会责任。

一般而言,企业社会责任是指企业在追求企业投资人利益最大化之外,对企业的非投资人利益相关者所负有的责任。也有人认为:企业的社会责任是指企业在谋求股东利润最大化之外所负有的维护和增进社会利益的义务。在英美等国,企业的社会责任理念主要是针对公司,特别是大型股份有限公司权力的膨胀以及由此所产生的道德风险等现实情况而形成的,故企业社会责任在这些国家被具体化为公司社会责任。①

企业社会责任理论发源于美国,1924年由美国学者谢尔顿首先提出公司社会责任的概念。谢尔顿提出把公司社会责任与公司满足和公司内外各种利益相关人需要的责任联系起来,并认为公司社会责任更多的包含许多道德因素在内。这种崭新的公司价值论主张将社会效益作为衡量公司目标的一项重要价值尺度,至少应与公司营利尺度并重。美国学者早期对公司社会责任的认识侧重于道德伦理的层次。从20世纪80年代初起,美国开展了一场针对公司治理结构的大讨论。美国的部分州也进行了公司治理结构改革的实践,并在公司法中增设了一些保护非股东利害关系人的条款,从而使公司社会责任转向了法律层次。目前美国已有近30个州相继在公司法中加入了公司的社会责任内容,日本和德国也对公司法做了部分修改,以突出对利益相关者的保护。从美国开始,越来越多的西方国家纷纷对公司法进行修改,加强了对公司行为的限制,强调了公司对社会责任的承担。

二、企业社会责任的地位

企业社会责任的地位是指企业投资人利益和其他社会利益之间关系的问题,也就是企业对投资人的责任和企业的社会责任何者优先。

在企业社会责任的地位问题上,目前有三种不同的观点,即企业投资人利益优先,企业社会责任优先,综合论。

本教材赞同企业社会责任优先的观点,企业社会责任应优先于企业对投资人的责任。其原因就在于企业应当是保护多数利害关系者利益的实体,而不仅仅是为投资人利益服务。企业不能将活动局限于狭小的企业目的中,而应当与广泛的社会目的相适应,承担广泛的社会责任。在各种利益主体利益关系纷繁交织的现代社会,企业的经营者已经不仅仅是投资人利益的代表,而是若干不同利害关系群体利益的调整者。经营者在进行重要决策时,必然要对投资人、雇员、消费者等各个利害关系人的各种利益进行平衡。

三、企业社会责任的本质属性

企业社会责任是侵犯社会公众利益应承担的一种法律责任而非道德责任,企业社会责任具有社会公众利益属性。

现代汉语中的"责任"一词包含两种递进的理解:(1)分内应做的事;(2)不利后果。而法律责任通常指由特定法律事实所引发的特殊义务,即违反第一性义务而引起的第二性义务。从这一角度讲,企业社会责任是违背了不侵犯社会公众利益的第一性义务而引发的第二性义务。

---

① 李昌麒.经济法学.中国政法大学出版社,2002:186.

之所以认为企业社会责任的本质属性属于法律责任而非道德责任，原因在于：第一，企业社会责任如果不是法律责任，就会产生一个悖论，即有责任又无法追究。第二，对以营利为主要目的的企业来说，依靠道德教化和社会观念的影响，都无异于与虎谋皮。第三，从法律角度来说，企业社会责任无法追究，对社会公共利益保护则没有任何实质意义。第四，我国新修订的《公司法》第五条已明确规定，从法律上确立了公司社会责任。据此，我们认为"企业社会责任"的内涵是指法律责任，即违反第一性义务而引发的第二性义务。

四、企业社会责任的内容

（一）对国家的责任

依据《税法》的规定向国家缴纳税收，是企业的一项重要社会责任。企业要按照法律规定及时足额地向国家纳税。企业可以合理合法地避税，但绝不能偷逃税款，因为前者是企业的合法权益，而后者则是企业不承担社会责任的不法行为。所有企业都应该充分认识到依法纳税是自己应该履行的法定的社会责任。

（二）对企业职工的责任

企业职工是企业人力资本的所有者，在现代社会中，一方面，拥有知识和技能的职工是企业竞争制胜的决定性因素。另一方面，企业职工的利益也与企业的经营绩效息息相关，特别是在大型股份制公司中，职工与公司的关系甚至比中小股东与公司的关系还要紧密，在公司经营绩效下降时，股东完全可用"以脚投票"的方式来解除自己与公司的关系，而职工一般不会采用辞职的方式来解除与公司的关系。因为辞职会带来失业、专业知识和业务特长得不到发挥以及人际关系利益损失等不利后果。职工是企业重要的利益相关者，他们的利益应该得到企业的优先保护。

保障职工的生命、健康和确保职工的工作与收入待遇，这不仅关系到企业的持续健康发展，而且也关系到社会的发展与稳定。为了应对国际上对企业社会责任标准的要求，也为了使"以人为本"和构建和谐社会的目标落到实处，企业必须承担起保护职工生命、健康和确保职工待遇的责任。企业要遵纪守法，爱护职工，搞好劳动保护，不断提高职工工资水平并保证按时发放，要多与职工沟通，多为职工着想。

（三）对债权人的责任

市场经济是信用经济，由于企业投资人投入的资本金往往不能满足企业开展经营活动的需要，企业常常要借助银行的贷款，或通过先进货后付款的方式进行负债经营。对于公司来说，由于法人制度和有限责任制度的确立，公司股东依法并不直接对债权人承担责任，而仅以自己的投资来承担有限责任，这其实是在鼓励投资的同时把本应由股东承担的风险转嫁给了债权人，公司经营的好坏，直接决定了债权人的债权能否得到实现。所以公司应对债权人承担社会责任，责任内容包括及时准确地披露公司信息、不滥用公司人格、严格依合同约定偿还债务等。

（四）对消费者的责任

在市场经济条件下，企业的价值和利润能否实现，很大程度上取决于消费者的选择。消费者是企业产品的最终使用者，产品和服务的好坏直接关系到消费者的切身利益，而且,相对于经济实力强大的企业而言,消费者在客观上处于一种社会弱者的地位,现实生活中侵害消费者权益的事件时常发生。因此,企业对消费者的责任是企业社会责任的一项重要内容。企业对消费者的责任主要包括为消费者提供安全可靠的产品或服务,保障消费者的知情权、自主选择权等方面。

(五)对节约资源、保护环境的责任

地球上的资源是有限的,环境保护是关系到全人类利益的事业,是关系到全人类可持续发展的大事,全人类都应责无旁贷地付诸努力。对社会有重大影响的大企业更应积极履行自己对节约资源、保护环境所应尽的责任。20世纪以来,由于资源、环境问题日趋严重,世界各地兴起了很多环境保护运动。从这些环境保护运动中我们认识到,并不是全人类都能平等地分享大自然给我们带来的好处,而是区分不同群体的。强势群体过度开采资源,造成环境污染问题,而弱势群体只能无奈地忍受。种族间的不平等、经济地位的悬殊、工业活动的数量、城市结构等因素都影响着环境资源的公平实现。在环境保护正义运动的推动下,人们日益认识到企业在环境问题上的消极作用。破坏环境的人往往并不承担环境恶化的后果,同样,掠夺自然资源对自然环境造成毁灭性破坏的强势人群也往往并不需要担负生态危机与自然反扑的后果(至少不需要立即承担)。环境破坏的恶果常常落到处于弱势地位的国家、地区或群体的头上。环境问题不仅仅关乎人类自身的生存发展,而且也关系到整个生物界的生死存亡。世界上的物种每天都在以惊人的速度减少,生物的多样性受到严重破坏。因此,人类应该摒弃人类中心主义,具有生态良知,与大自然达成和谐的统一。在经济高速发展的过程中,企业对资源、环境的破坏尤为突出和严重。企业在生产、经营中不可避免地会对周边环境产生不利影响,我们不能苛求所有的企业不对环境产生任何不利影响,但是应尽量追求对环境的影响最小化。资源浪费、环境破坏的最大制造者既然是企业,那么企业应当主动地参与到节约资源、保护环境这项事业中来。

我国虽然制定了环境保护方面的法律,但是单靠这些法律来保障企业对资源、环境方面应尽的责任是远远不够的,因为法律不可能把所有的问题都考虑周全。所以企业除了积极承担法律规定了的责任之外,还应主动承担法律规定以外的一系列环保社会责任。其表现为以下一些方面:其一,合理利用资源,厉行节约。地球上很多资源,如石油、煤炭、金属等都是不可再生资源,人类应格外珍惜这些不可再生资源,延长它们的使用年限,所以必须合理利用,提高效率。掠夺性利用是破坏生态平衡的重要因素。其二,自觉有效地处理"三废",防止环境污染。工业废物是环境破坏的主要因素,因此企业在排放"三废"时应进行有效处理,如花钱购置良好的废物处理装置以达到此目的。其三,慷慨解囊,资助环保事业。

(六)对所在社区的责任

企业的经营活动对所在社区及其居民亦产生重大影响。虽然企业在社区落户一方面可以为当地居民提供就业机会,拉动当地经济的增长,但另一方面也可能造成当地公共交通、教育、用水、用电等公共资源的紧张。企业的生产经营更有可能污染当地的环境,危害居民的身心健康,企业如果扩建还可能要动迁居民,影响居民的安居。所以,企业应对其所在社区及其居民承担一定的社会责任。

五、企业社会责任的国际认证——SA8000

SA8000 即"社会责任标准",是 SOCIAL ACCOUNTABILITY 8000 的英文简称,是全球第一个社会责任认证国际标准。其宗旨是确保企业所生产的产品或提供的服务,皆符合社会责任标准的要求,企业在获取利润的同时也要承担对环境和利益相关者的责任,赋予市场经济以人道主义。SA8000 标准适用于世界各地、任何行业、不同规模的公司。其依据与 ISO9000 质量管理体系及 ISO14000 环境管理体系一样,皆为一套可被第三方认证机构审核的国际标准。SA8000 自 1997 年问世以来,受到了公众极大的关注,在欧美工商界引起了强烈反响。专家们认为,SA8000 是继 ISO9000、ISO14000 之后出现的又一个重要的国际性标准,并迟早会转化为 ISO 标准。通过 SA8000 认证将成为国际市场竞争中的又一重要武器。

截至 2002 年 8 月 26 日,全世界共有 27 个国家的 150 家组织获得了 SA8000 认证证书。这 150 家组织涉及 28 个行业,主要包括服装、纺织、玩具、化妆品、家用器皿、化工、食品等。从企业的经营范围来看,包括设计、研发、生产、加工、销售、安装、服务等各个方面。截至 2003 年 8 月,我国通过 SA8000 认证的 40 多家企业中,珠三角地区的企业就占据 30 多家。但是目前中国仍有很多企业的生产条件很难达到 SA8000 的要求。

SA8000 标准的主要内容包括:(1)公司不应使用或者支持使用童工;(2)公司不得使用或支持使用强迫性劳动,也不得要求职工在受雇起始时交纳"押金"或寄存身份证件;(3)公司任何情况下都不能经常要求职工一周工作超过 48 小时,每周加班时间不超过 12 小时,应保证加班能获得额外津贴;(4)公司支付给职工的工资不应低于法律或行业的最低标准,必须足以满足职工基本需求,对工资的扣除不能是惩罚性的;(5)为所有职工提供安全卫生的生活环境,包括干净的浴室、洁净安全的宿舍、卫生的食品存储设备等。

第四节　企业市场准入制度

一、市场准入与市场准入制度

(一)市场准入的概念

市场准入(Market Access),是指国家对企业或其他市场主体进入某领域或地方的市场从事生产、经营活动施加的一种限制或禁止。[1] 市场准入是国家对市场基本的、初始的干预,是政府管理市场、干预经济的制度安排,是国家意志干预市场的表现,是国家经济职能的组成部分,是国家对企业进入市场(国内、国际)所设立的标准、范围与尺度。

这里所说的"市场"是指具体的市场,包括特定的产品、服务、项目、行业和产业、地域、某个特定的国家的市场等,如煤炭、电力、石油市场、城市出租车市场、三峡工程项目、保险市场、中国市场、中国香港地区市场等。

---

① 潘静成、刘文华.经济法,3 版.北京:中国人民大学出版社,2008:127.

通常而言,市场准入标准的确定,取决于政府管理经济的意图与偏好。好的市场准入标准的确立与实施,一定有助于规范市场竞争秩序和提高市场竞争效率,有利于国家、社会和人民群众的长远利益、有利于经济的可持续发展。

(二)市场准入制度

市场准入制度是有关国家和政府准许自然人和法人进入市场,从事商品生产经营活动的条件和程序规则的各种制度和规范的总称。

市场准入本身是一种制度化的安排,主要是通过各种法律制度表现出来。因此市场准入制度就是指国家制定的调整在市场准入过程中形成的各种社会关系的相关法律规范。例如,《产业政策法》、《国家安全法》、《产品质量法》、《标准化法》、《消费者权益保护法》、《外国人投资法》、《自然资源法》、《环境保护法》等有关法律法规,均是市场准入制度的法律表现。市场准入制度是国家对市场进行干预的基本制度,它作为政府对市场进行监管的第一环节,既是政府监管市场的起点,又是一系列现代市场经济条件下的一项基础性的、极为重要的经济法律制度。

关于市场准入和市场准入制度,要注意从以下几个方面去把握理解:

第一,市场准入通常是指企业及其产品的市场准入,但也可能是针对自然人、政府等的准入。比如政府有关部门授予律师、会计师、医师等执业资格,未取得资格者不得在市场中执业;给个体出租车颁发营运证,无营运证者不得营运;中央政府对地方政府的投资加以控制等;也可能是针对部分消费群体的准入,比如未成年人不得购买香烟,不得进入KTV、酒吧、网吧等娱乐场所等。

第二,在市场准入条件下,企业和产品符合规定条件的准入,不符合规定条件的禁止进入。市场准入不是一概地禁止市场主体进入市场、不开放市场,更不同于市场开放。市场开放是指放开市场目标,企业等市场主体可以自由进入,无须政府许可或审批、特许。在市场准入条件下,限制或禁止是一种常态,当市场主体取得许可或特许即可解除这种状态,进入特定的市场。

第三,市场准入是对货物、劳务和资本进入市场的一种许可制度,是有关国家和政府准许自然人和企业进入市场,从事商品生产经营活动的先决条件和程序规则,是国家对市场进行干预的基本制度。它作为政府管理的第一环节,既是政府管理市场的起点,又是一系列后续管理措施实施的基础。一方面,市场主体是否具备从事商品生产经营所必需的基本条件,对其后续的市场经营活动往往具有决定性的影响;另一方面,进入市场后维持作为市场主体必须具备的基本条件仍然是国家对市场主体进行监督管理的基本内容。

第四,市场准入制度在形式上均表现为各类企业的设立条件、注册、登记管理、产品生产许可、产品质量认证等法律法规。在政府和企业之间即管理主体与被管理主体之间不存在自由协商的余地。因此市场准入所体现的政府和企业之间的法律关系不是平等主体之间的关系,而是国家为行使其经济职能对市场进行管理和干预、对企业进行监管的一种纵向关系。企业市场准入法律制度是市场经济条件下国家干预的手段和结果,是经济法的重要组成部分。

第五,市场准入制度是商品经济发展到一定历史阶段,随着市场对人类生活的影响范围和程度日益拓展和深化,为了保护社会公共利益的需要而逐步建立和完善起来的一种市场规则。

二、市场准入的方法

对企业的生产经营活动实行市场准入,就要有一定的方法或手段。市场准入的方法或手段归纳起来,主要有许可、标准、工商登记三大类,此外还有行业管理、国家垄断等特殊方法。以下主要介绍许可和标准两类。

(一)许可(Permission)

许可是使用得最为广泛的市场准入方法,包括批准、注册、核准、登记、资源认可等任何具有审批性质的政府规制方法。

许可具有政府审批性质,许可不同于产品质量认证,也不同于不具有审批性质的企业登记。

(二)标准(Standard)

按汉语词典的解释,标准是用作衡量或依据的原则或规范,一种尺度。

根据 GB3935.1—83《标准化基本术语第一部分》的规定,"标准是对重复性事物和概念所做的统一规定。它以科学、技术和实践经验的综合成果为基础,经有关方面协调一致,由主管机构批准。以特定形式发布,作为共同遵守的准则和依据。"

国际标准化组织于 1983 年 7 月发布的 ISO 第二号指南(第四版)对标准的定义为:"由有关各方根据科学技术成就与先进经验,共同合作起草,一致或基本上同意的技术规范或其他公开文件,其目的在于促进最佳的公共利益,并由标准化团体批准。"

标准的制定和应用已遍及人们生产、生活和工作的各个领域,如工业、农业、矿业、建筑、能源、信息、交通运输、水利、科研、教育、贸易、文献、劳动安全、社会安全、广播、电影、电视、测绘、海洋、医药、卫生、环境保护、金融、土地管理等。

标准有着很重要的作用。其作用在于有利于获得最佳秩序和社会效益;有利于保障安全和人民的身体健康,保护消费者利益,保护环境;有利于合理利用国家资源,推广科学技术成果,提高经济效益;有利于产品的通用互换,使产品技术上先进,经济上合理;有利于促进对外经济技术合作和对外贸易。

标准有不同的种类。

按照标准化对象,通常把标准分为技术标准、管理标准和工作标准三大类。

技术标准是指对标准化领域中需要协调统一的技术事项所制定的标准。技术标准又包括基础技术标准、产品标准、工艺标准、检测试验方法标准及安全、卫生、环保标准等。

管理标准是指对标准化领域中需要协调统一的管理事项所制定的标准。管理标准包括管理基础标准、技术管理标准、经济管理标准、行政管理标准、生产经营管理标准等。

工作标准是指对工作的责任、权利、范围、质量要求、程序、效果、检查方法、考核办法所制定的标准。工作标准一般包括部门工作标准和岗位(个人)工作标准。

按标准制定的部门或者单位以及适用范围的不同,又可分为国际标准、国家标准、行业标准、地方标准和企业标准。根据《中华人民共和国标准化法》的规定,国家标准、行业标准又分为强制性标准和推荐性标准。

市场准入方法中所涉及的标准主要是产品标准,安全、卫生、环保标准中的强制性标准。不符合强制性标准的产品,国家禁止生产、销售和进口。推荐性标准,国家鼓励企业自愿采用。企业对有国家标准或者行业标准的产品,可以向国务院标准化行政主管部门或者国务院标准化行政主管部门授权的部门申请产品质量认证。认证合格的,由认证部门授予认证证书,准许在产品或者包装上使用规定的认证标识。已经取得认证证书的产品不符合国家标准或者行业标准的,以及产品未经认证或者认证不合格的,不得使用认证标识出厂销售。

产品符合强制性标准的要求是进入市场的必备条件。随着市场经济的发展,国家依法加强了对产品质量的技术监督,产品是否符合强制性标准则是判定产品合格的重要内容之一。强制性标准实施后,国家有关部门会按照标准的要求检查产品质量,进行监督抽查。如果生产企业对强制性标准不了解,有可能成为不合格产品,由此可能会给企业带来不利的影响,甚至造成严重的损失。

政府有关部门或有关社会组织制定种种标准,达不到最低的强制性标准,就无法进入特定的领域或地区从事经营活动,从而构成市场准入。标准制定以后,还需要通过相关的产品质量认证、监察、处罚等来加以实施。

产品质量认证往往是和有关标准集合在一起的,通过了某种产品质量认证,就意味着符合某种标准,可以放心、安全地使用,如著名的 CCC 认证和 QS 认证。

市场准入中的权利主体是国家,义务主体或者说市场准入所要规制和限制的对象是企业或其他市场主体的生产经营活动,市场准入的目的是通过设置市场准入壁垒,规范市场竞争秩序、提高市场竞争效率、保护社会公共利益。所以说,市场准入制度是现代市场经济条件下一项必不可少的、基础性的、极为重要的经济法律制度。

三、市场准入的法律原则

不同国家或同一国家的不同历史发展时期,由于经济发展水平、政治经济制度、文化历史背景等方面存在差异,政府对企业进入市场的态度也大不相同,相关立法也存在较大差异。根据学术界的研究,世界各国企业市场准入的法律原则(立法原则)可以概括为以下几种。

(一)自由原则

自由原则是指国家对企业进入市场采取不干预政策,当事人可以自由设立企业,无须履行任何法律上的手续。一般认为,这种情况仅发生在早期自由资本主义的企业萌芽时期。现代企业都必须依法设立,才能合法地存在及从事生产经营活动。

(二)行政许可原则

行政许可(Administrative Permission)原则是指除了需要符合法律规定的条件之外,还需要报请政府主管行政机关审核批准,审核批准后再向工商登记机关申请登记,企业方能成立。

根据这一原则,企业进入市场,首先必须由政府部门进行审批,其次才能进行注册登记。由此可见,这一原则的特点是可以防止企业滥设,同时也有利于贯彻政府的相关经济政策,但如果行政许可的适用范围太大,则不利于企业的及时设立。因此,在现代国家中,这种设立原则的适用范围呈缩小的趋势。由于处于转型经济时期,我国相当一部分企业仍然采用这一原则设立(如经营烟草批发业务的企业、股份公司、外商投资企业等)。今后改革的方向要尽量减少行政审批的范围,使行政审批真正成为市场准入控制的手段。

(三)准则原则

准则原则又称"登记主义",是指设立企业不需要报有关政府主管行政机关审核批准,只要符合法律规定的条件,即可向工商登记机关申请登记,工商登记机关经审查合格后授予其合法主体的资格。

我国的有限公司、合伙企业、个人独资企业、个体工商户一般实行这一原则。

20世纪以后,各国公司的设立普遍采用了这一原则。准则原则的特点是程序简便,便于企业及时设立。在现代,为了防止因采取这一原则而滥设公司和利用公司欺诈,许多国家严格规定公司设立的条件,规定公司的最低资本额、股东和董事等的资格,加重发起人的责任,学理上将其称为"严格准则主义"。各国普遍抛弃了单纯的准则原则,但英美法系国家对企业设立一般没有最低注册资本的要求。

(四)特许原则

特许原则是指以专门法律或命令的方式准许企业设立的法律原则。

采用这种方式设立企业主要有以下几种情况:一是由国家元首发布命令设立企业(如英国16世纪的股份有限公司的设立);二是经国家特许的方式设立企业(如荷兰17世纪股份有限公司的设立);三是由国家立法机关制定特别法律由政府行政机关特许设立企业(如我国由国务院决定设立的行业总公司、投资公司以及其他一些军工、航天、能源、交通等关系到国计民生的国有企业)。

特许原则的特点是对企业设立限制过于严格,因此在现代国家中,适用范围较窄,一般只适用于国家垄断、公用事业等重要企业的设立。

从我国现行立法规定来看,根据企业的不同情况,我国目前分别采用行政许可原则、准则原则和特许原则,属于一种混合模式,即一般市场准入采取准则原则,特殊市场则采取行政许可原则或特许原则。

第五节　企业工商登记管理

一、工商登记的概念、性质及其基本法律依据

(一)工商登记的概念

所谓工商登记就是政府在对申请者进入市场的条件进行审查的基础上,通过注册登记,确认申请者从事市场生产经营活动的资格,使其获得实际营业权的各项活动的总称。

(二)工商登记的性质

工商登记是国家对企业或个人的市场主体资格予以认可的行为,是一切企业或个人合法从事市场经营活动的必经程序。只有履行了工商登记手续,取得了营业执照,企业或

个人才能取得实际的营业权,成为合法的市场经营主体,才能进入市场,从事登记范围内的生产经营活动。未经登记取得营业执照而擅自以市场经营主体的名义从事生产经营活动的,构成非法经营。

（三）工商登记的基本法律依据

工商登记必须依法进行。工商登记的基本法律依据包括《城乡个体工商户管理暂行条例》、《个人独资企业登记管理办法》、《合伙企业登记管理办法》、《公司登记管理条例》、《企业法人登记管理条例》、《企业名称登记管理规定》等。

二、工商登记的基本功能

（一）规范市场主体行为,使市场主体普遍具备从事市场经营活动的能力

在现代社会,一方面,人们普遍依赖市场获得生活来源;另一方面,经济技术的发展,对从事市场经营活动者又提出了更高的要求。市场主体从事某种生产经营活动,必须具备从事该种活动的基本条件和能力,否则,社会公众的普遍利益就得不到保障,市场也不可能正常运转。登记制度使每一市场主体在进入市场之前,都必须具备作为市场主体的基本条件,否则不能入场,从而为稳定市场秩序,保证市场功能的充分发挥奠定了基础。

（二）掌握市场主体的基本情况,保证国家对市场经营活动进行有效的管理与监督

国家要对市场主体的经营活动进行有效的管理与监督,必须掌握市场主体的基本情况,根据不同市场主体的具体情况,采取适当的管理措施。如果没有工商登记等市场准入制度,国家便不可能全面了解市场主体,更谈不上有效地管理和监督市场主体合法经营。

（三）公开市场主体的基本情况,保护消费者和其他市场经营主体的利益

市场主体进入市场从事生产经营活动,需要与众多的消费者和其他市场主体发生关系,市场主体的信誉、经营能力和资信状况等,与消费者和其他市场主体的利益有紧密的联系。允许一个没有任何技术条件和生产能力的经营者进入市场,不可能期望他能为消费者提供高质量的商品和服务。一个没有任何资产和信誉的经营者,也不可能履行各种市场交易过程中的义务,承担各种责任,让其进入市场对其他经营者而言,无疑是一个潜在的威胁。通过工商登记,将市场主体的基本状况告知公众,让消费者和其他经营者在与其进行交易时,对交易对象有一个基本的了解,在此前提下,市场交易活动才能有序地进行。

三、工商登记机关及其管辖

工商登记的登记机关是国家各级工商行政管理部门。根据申请登记的市场主体的类别、规模、隶属关系的不同分别由不同级别的工商行政管理部门进行登记。其中,经国务院或国务院授权部门批准的全国性企业、企业集团、经营进出口业务的企业(即中央级国有企业),由国家工商行政管理局登记注册。"三资企业"由国家工商行政管理局或国家工商行政管理局授权的地方工商行政管理局核准登记注册。全国性企业的子公司、经省级

人民政府或其授权的部门批准设立的企业、企业集团、有进出口业务的企业,由省、自治区、直辖市工商行政管理局核准登记注册。其他企业由所在市、县(区)的工商行政管理局核准登记注册。

非法人组织和个体工商户的营业登记一般由所在市、县、区的工商行政管理局负责进行。

四、工商登记的基本类型

(一)企业登记

1. 企业法人登记

拟设定的企业符合法人条件的公司,可以申请企业法人登记,领取企业法人营业执照。通过企业法人登记后,申请登记的企业即可获得企业法人资格,并作为独立的法人取得合法营业权。

2. 营业登记

不具备法人条件的经济组织(个人独资企业、合伙企业、企业法人的分支机构如分公司等),不能申请企业法人登记,但可以申请营业登记,领取营业执照。通过营业登记后,申请登记的企业即可获得营业资格,取得合法营业权。

(二)个体工商户营业登记

自然人个人或家庭从事工商经营活动,可以申请营业登记,经审核批准后,发给个体工商户营业执照,获得营业资格,取得合法营业权。

五、工商登记主要事项

根据《企业法人登记管理条例》和《公司登记管理条例》的规定,企业登记的主要事项包括企业的名称、住所、有限责任公司股东或股份有限公司发起人的姓名或名称、法定代表人、注册资金(非公司企业)或注册资本(公司)、企业类型、经营范围、经营方式、经营场所、经营期限、从业人数、分支机构等。登记事项发生变更的应当及时办理变更登记手续。

六、工商登记程序

(一)申请与受理

申请人向有管辖权的工商登记机关提交设立登记申请书及其他相关文件和证件,申请人类型不同,要求提交的文件也有所区别。例如,有限公司与股份公司、非法人组织、个体工商户之间所提供的文件是有差别的。

申请人提出申请后,由受理申请的登记机关进行初步审查,审查申请人是否属于应当登记的范围,相关文件和手续是否齐备等。

(二)审查

工商登记机关受理申请后,对申请人提交的申请材料进行全面的审查。审查的内容主要包括两个方面:一是申请人提交的材料是否真实、合法、有效。二是申请人是否具备法律规定的应予注册登记的各项条件。在审查、核实以上材料的基础上,根据法律规定判断申请人是否符合法律规定的登记条件。

（三）核准

经审查符合核准注册条件的,应当出具核准通知书,通知申请人亦经核准注册;不符合登记条件的不予核准,并通知申请人。

（四）发照

经审查核准的,登记机关通知申请人领取营业执照。领取营业执照后,申请登记的企业或公司即告成立,并取得合法的市场主体资格。申请人凭营业执照刻制印章,开立银行账户,申请纳税登记,并开业从事登记范围内的生产经营活动。

关于工商行政管理部门需要审查的企业设立的条件和企业的名称等问题在此不做赘述,将在后面的个人独资企业法、合伙企业法、公司法的有关内容中进行详细阐述。

第三章

个人独资企业法律制度

第一节　个人独资企业法概述

一、个人独资企业的概念与特征

（一）个人独资企业的概念

个人独资企业（Individual Proprietorship），又称独资企业，是指依照《个人独资企业法》规定的条件和程序设立的，由一个自然人投资，财产为投资个人所有的非法人企业。

个人独资企业是与合伙企业、公司并列的一种基本企业形态，从生产资料所有性质上看，个人独资企业属于私营企业的性质。个人独资企业是所有企业类型中最简单、最古老的一种形式。它产生于人类社会的第一次分工时期，人类为维持其生存并满足物质生活的多方面要求，某些以体现、展示个人技能为特征的产品制造开始出现，如冶炼和制陶业的出现。在这一时期，一部分人从集体的围猎和耕作中分离出来，进行专业化的产品生产，并把它们用于交换，个人以此为生，这便是最原始的个人独资企业。这一简单的商品生产和商业服务的经营形态经久不衰，在商业文明极度发展的今天仍然繁荣昌盛。个人独资企业的产生和发展往往与投资者的个人职业选择及谋生手段相符合，如投资者决定开一家餐馆或美容院，他便是餐馆或美容院的业主，他有权决定该餐馆或美容院的所有事务，并对其成败负全部责任。个人独资企业的全部财产及盈利归投资个人所有，投资人也要承担企业的全部亏损，当企业对外所欠的债务用企业的资产不足以偿还时，投资者要以其他个人财产偿还，即便是倾家荡产。个人独资企业的债务，实际上是投资人个人的债务，因此，个人独资企业的商业信誉较好。

在当今社会，尽管以公司为代表的大企业得到了充分的发展，在社会经济生活中始终占据着主导地位，放眼望去，各种各样的公司，比比皆是，但由于个人独资企业具有设立简便、经营灵活、纳税简单的特点，因此仍然是众多小企业所普遍采用的一种企业类型。

（二）个人独资企业的特征

1. 个人独资企业是由一个自然人投资设立的企业

设立个人独资企业的投资人只能是一个自然人，法人不能成为个人独资企业的投资人、国家机关、国家授权投资的机构或者国家授权的部门以及其他企业、事业单位等也不能作为个人独资企业的投资人。这一点不同于合伙企业和公司。合伙企业的投资人虽然也包括自然人，但至少为两人，而公司的投资者则既可以是自然人，也可以是法人，包括一人公司。

这里所说的自然人，是法律上的概念。在法律上，人分为两类：一类是自然人，即自然界中基于自然规律出生的人；另一类是法律人，即"法人"，是法律拟制的人。自然人是有生命的人，法人则是一种团体，是法律赋予其人格的团体人。

在中国法律上，中国公民都是自然人，但自然人并不一定是中国公民，自然人包括中国公民，也包括外国公民和无国籍人。我国《民法通则》规定，公民从出生时起到死亡时止，具有民事权利能力，依法享有民事权利，承担民事义务。公民的民事行为能力则依据自然人的分类，区分为完全民事行为能力人、限制民事行为能力人和无民事行为能力人。从法理上讲，自然人参加民事法律关系活动，以具有民事权利能力为前提。作为个人独资企业的投资人，是否应同时具备民事权利能力和民事行为能力问题，各国规定不一。有的国家并不要求个人独资企业的投资人必须具备民事行为能力，只要具有权利能力即可；有的国家则规定必须同时具备民事权利能力和民事行为能力。我国现行《个人独资企业法》条文本身对此未做明确规定。但根据《民法通则》和其他有关法律规定，无民事行为能力和限制行为能力的自然人不能作为个人独资企业的投资人。

2. 个人独资企业的财产为投资人个人所有

由于个人独资企业的财产只来源于投资人的个人投资，因此个人独资企业的财产归企业的投资人所有，即谁投资谁所有。而个人独资企业的投资人只是一个人，他所做的投资是个人财产，并不涉及个人以外的财产，并不出现投资人以外的他人作为投资主体，所以个人独资企业的财产仅为投资人个人所有。这一特点反映了个人独资企业的基本财产关系。《个人独资企业法》所确立的这种财产关系，也是《宪法》原则的体现，我国《宪法》明确规定，公民的合法私有财产不受侵犯。《民法通则》规定，财产所有权是指所有人依法对自己的财产享有占有、使用、收益和处分的权利。因此，个人独资企业的投资人对其投资的企业的财产享有占有、使用、收益和处分的财产所有权。就是说个人独资企业投资人所投资企业的财产，就是个人的财产，其经营成果归其个人所有，一个企业完全为一个人所拥有，他的全部财产权利归属于一个人。

3. 个人独资企业不具有法人资格

个人独资企业与公司不同，是由一个自然人出资，投资人对企业债务承担无限责任，在权利义务上，企业和个人是融为一体的，企业的责任即投资人个人的责任，企业的财产即投资人个人的财产，企业本身没有独立的财产。因此，个人独资企业不具有法人资格，也无独立承担民事责任的能力。个人独资企业虽然不具有法人资格，但却是独立的民事行为主体，可以以自己的名义从事民事活动。

4. 个人独资企业的投资人对企业的债务承担无限责任

所谓无限责任是指当企业因各种原因解散或者企业存续期间企业的资产不足以清偿到期债务时，投资人作为债务人，要以自己出资财产以外的其他个人全部财产对企业债务负清偿责任。

个人独资企业的投资人之所以对企业的债务承担无限责任,其原因在于个人独资企业的投资人是一个自然人,企业为投资人一人所拥有,对企业的出资多少,是否追加资金或减少资金,采取什么样的经营方式投资人均拥有决定权。企业的收益为投资人个人所有,企业的风险和债务当然也均应由其个人承担。并且由于个人独资企业的财产与其投资人的个人财产是不可分离的,企业如果负有债务,投资人的个人财产势必就要作为偿付债务的标的。或者说,个人独资企业的投资人,用于个人投资企业的财产和其他个人财产,都一起构成了清偿企业债务的基础,作为清偿债务的保证。

5. 个人独资企业的内部机构设置简单,经营管理方式灵活

个人独资企业的投资人既是企业的所有者,也是企业的经营者,法律对其内部机构和经营管理方式不像公司和其他企业那样加以严格的规定。

二、个人独资企业的优势及其局限性

(一)优势

个人独资企业的基本特点,决定了这种企业形式的优势,也决定了它的局限性。个人独资企业历史悠久,几千年前它已经存在,在历史上,农业、商业、手工业、渔业、家庭作坊等多数采用这种形式。

1. 设立容易

由于是一个人投资,个人决策即可设立,无须与其他人在一起按照议事程序制定章程。申请登记也比较简单。

2. 规模较小灵活多样

个人独资企业为一人出资,一般都规模较小,或者说,绝大多数是小规模的经营,能适应市场迅速多样的变化,以多样化的经营适应市场多样的需要。

3. 个人经营效率较高

个人独资企业往往是集所有者与经营者于一体,业主自行决定经营事项,效率高、行动快,这种运营方式使个人独资企业更易于贴近市场,更富有竞争力。

4. 吸纳劳动力扩大就业市场

个人独资企业布点多、面广、数量大,可以吸纳一大批人就业,服务于社会,也为自己谋利。据统计,截至 1998 年年底,全国共有个体工商业户 3 120.2 万户,从业人员多达 6 114.4 万人;在企业登记系统登记的由个人投资的独资企业 44.17 万户,也有数百万的从业人员,这两项数字中将有相当大的一部分按《个人独资企业法》的规定转变为个人独资企业,那将是一个很可观的从业人数。可以预测,今后会有相当一批人采用个人独资企业这种形式进行就业。

5. 有利于扩大社会投资

举办个人独资企业,从事生产经营,就是将社会闲散资金转入投资领域,这种投资的数额会随着个人独资企业所发挥的作用和企业素质的提高而有所变化。

6. 有利于适应产品和服务创新的需要

个人独资企业规模小,又比较灵活,在市场竞争中以创新求生存,用创新来满足社会的多样化需要,争取市场空间;同时,现代科学技术的发展,现代生产工具日趋小型化,也为个人独资企业在产品和服务方面提供了发展的机会,这对国民经济发展同样是必要的。

（二）局限性

1. 投资人经营管理知识和能力上的限制

个人独资企业的所有权及经营管理权都集中在投资人一人身上,企业的进退往往受投资人经营管理知识和能力状况的影响;同时也要看到,个人的精力、经验都是有限的,这种限制也会影响企业的发展。

2. 经营规模上的限制

个人独资企业由一个自然人投资,个人的资金在大多数情况下都是有限的,这就限制了企业的规模,即使个人资金雄厚,可以充实资金,但企业形式本身的特点也限制了这种投资的积极性。

3. 投资人承担无限责任的限制

承担无限责任对维护个人独资企业的信誉和保护债权人的利益是有利的,但它是一种严格的责任,把投资人的个人财产与企业的风险紧紧地捆绑在一起。因而会有一种情况,就是投资人在一定的条件下不愿让自己的个人财产承担这么大的风险,所以有的就采取了公司形式来分散风险、限制风险,即不愿使个人独资企业有更大的规模,避免使风险集中于自己一身。个人独资企业规模的取舍,并不是一种个人的愿望,而是受这种企业形式的财产责任制度制约,投资人会从自己的利益出发来考虑如何选择。

4. 投资人自然状况的限制

个人独资企业的存续时间与投资人的自然状况紧密相连,投资人可以自行决定终止其经营,也可能由于投资人健康不良而停业,或者出于投资人的其他原因关闭,这种不稳定性是存在的。

个人独资企业作为一种法定的企业形式,有其优势也有其局限性,它在社会经济生活中是不可缺少的一个组成部分。个人独资企业的存在和发展,对生产力的发展和人民生活是有益的。党的"十五大"指出,公有制为主体、多种所有制经济共同发展,是我国社会主义初级阶段的一项基本经济制度;非公有制经济是我国社会主义市场经济的重要组成部分;对个体、私营等非公有制经济要继续鼓励、引导,使之健康发展。党的十五届三中全会《关于农业和农村工作若干重大问题的决定》中指出,在积极发展公有制经济的同时,采取灵活有效的政策措施,鼓励和引导农村个体、私营等非公有制经济有更大的发展。这里所指的个体经济,毫无疑问是包括个人独资企业的,个人独资企业是个体经济的重要组成部分,也是个体经济的重要组织形式。

第二节　个人独资企业的设立

一、个人独资企业的设立条件

个人独资企业的设立,应当符合法律所规定的条件。就其设立的条件和程序来看,比合伙企业和公司更容易和宽松。

个人独资企业的设立条件反映了这种企业类型的本质属性。

根据《个人独资企业法》的规定,设立个人独资企业应当具备下列条件:

(一)投资人为一个自然人,且只能是中国公民

这是设立个人独资企业的最重要的条件,限定其投资人只能是一个人并且必须是自然人。如果投资人是两个或两个以上,那就是共同投资,而不是个人独资;如果投资人不是自然人而是法人,那也不是个人投资,即使是一个法人独自设立的,也不属于个人独资企业。

自然人本身并无国籍的含义,既包括中国公民,也包括外国公民和无国籍人。但是作为我国个人独资企业的投资人,只能是中国公民,外商独资企业不适用《个人独资企业法》,而适用《外资企业法》。

在现实生活中有这样一种情况:有不少家庭,尤其是夫妻之间,财产并没有分割,而是共同所有,在这种情况下,夫妻一方如果设立个人独资企业,法律允许以家庭共有财产作为个人出资,但需要在申请企业设立登记时予以明确,即需要夫妻未出资的一方予以明确认可,以免将来产生纠纷。这样在未来承担企业的债务时,有个明确的界定。之所以允许这样做,是因为投资人用作投资的财产来源,在《个人独资企业法》条文中未作规定,并未禁止以家庭共有财产作为个人投资。而且在中国以家庭共有财产作为背景,开办个人独资企业的情况十分普遍,关键是只能以一个自然人的名义投资,并明确有关的法律关系。

(二)有合法的企业名称

企业名称是企业所享有的一种人格权,也是企业对外交往的标志。企业必须有相应的名称,或称商号、商业名称,以表达与其他企业的区别,使自己的企业是有可识别性。企业名称应当符合申请标准,个人独资企业也不例外。个人独资企业的名称应当符合国家工商行政管理局颁发的《个人独资企业登记管理办法》的有关规定。我国法律对个人独资企业名称的确定,采取比较宽松的原则,既可用投资人的姓名作为企业名称,也可以自行选择其他名字做商号,但不能超出法律许可的范围。投资人到工商行政管理部门注册个人独资企业名称时,要注意以下三个问题:

第一,个人独资企业名称要与其责任形式相符。由于个人独资企业的投资人须对企业债务承担无限责任,因此,在企业名称中不得使用"有限"、"有限责任"或者"公司"字样,个人独资企业的名称可以叫厂、店、部、中心、商行、工作室等。这样就避免了个人独资企业在名称上与其他责任形式的企业相混淆。

第二,个人独资企业名称要与其营业状况相符。不得在企业名称上误导、甚至蒙骗消费者,要有利于促进交易安全、维护市场秩序,如不得使用"国际"、"中国"等字样。

第三,个人独资企业名称不得含有法律禁止的内容和文字。

(三)有投资人申报的出资

这项条件在法律上有四层含义:

一是个人独资企业投资人根据企业的经营需要来申报出资。

二是出资的数额由投资人自行决定,法律上没有规定出资的最低限额。这一点与设立公司不同,设立公司必须要有规定数额的注册资本。之所以这样规定,是因为个人独资企业的投资人以其财产对企业债务承担无限责任,投入企业的财产与投资人的其他个人财产难以分开,随时可以增加也可以减少。无限责任的责任形式本身就是对交易安全的一种保障,债权人可以通过追究投资人个人的财产责任来保障自己的债权实现。因此没有必要在法律上对个人独资企业的出资数额做出限制,规定出资最低限额没有什么现实意义。人们常说的"一元钱也可以当个人独资企业的老板",就是从这个意义上说的。

三是资金来源不限。《个人独资企业法》仅规定要有出资,但对资金来源未做规定,但根本前提是资金来源必须合法。资金来源可以是个人财产,也可以是家庭共有财产,以家庭共有财产出资的,投资人应当在设立(变更)登记申请书上予以注明。资金来源当然也可以是向亲朋好友借来的,或者支持的,也可以是银行贷款等,都是允许的。

四是出资的形式未做规定,允许灵活多样,可以是现金,也可以实物、土地使用权、知识产权或者其他财产权利出资,以货币以外的形式出资的,应当折算成货币数额。

此外,投资人申报的出资额应当与企业的生产经营规模相适应。

(四)有固定的生产经营场所和必要的生产经营条件

生产经营场所包括企业的住所和与生产经营相适应的处所。住所是企业的主要办事机构所在地,是企业的法定地址。固定的生产经营场所和必要的生产经营条件是企业开展经营活动的物质基础。只有具备一定的物质基础,才能保证企业实际运行起来,而不是一个空壳。规定这样的条件,有利于提高这类企业的素质,稳定经营,便利于交易的相对人,也可以与一般的小型商贩区别开来。

(五)有必要的从业人员

从业人员是企业开展经营活动必不可少的人的要素和条件,关于从业人员的人数,法律并没有做具体规定,由企业视经营的范围和规模情况而定。从业人员的身份,一般有三种,一是投资人本身;二是参与企业生产经营活动的投资人的亲属;三是企业雇用的职工。

二、个人独资企业的设立程序

个人独资企业的设立程序,是设立个人独资企业的所有必经法律程序,是个人独资企业设立行为的准则,必须遵守。

(一)提出申请

申请设立个人独资企业,由投资人或者其委托的代理人向个人独资企业所在地的登记机关提出设立申请。

申请设立登记,应当向登记机关提交下列文件:(1)投资人签署的个人独资企业设立申请书,设立申请书应当载明的事项有:企业的名称和处所、投资人的姓名和居所、投资人的出资额和出资方式、经营范围。个人独资企业投资人以个人财产出资或者以其家庭共有财产为个人出资的,应当在设立申请书中予以明确。(2)投资人身份证明,主要是身份证和其他有关证明材料。(3)企业处所证明和生产经营场所使用证明等文件,如土地使用证明、房屋产权证或租赁合同等。(4)委托代理人申请设立登记的,应当提交投资人的委托书和代理人的身份证明或者资格证明。(5)国家工商行政管理局规定应当提交的其他文件。从事法律、行政法规规定需要报经有关部门审批的业务的,应当提交有关部门的批准文件。

(二)工商登记

登记机关自收到设立申请文件之日起15日内,对符合《个人独资企业法》规定条件的予以登记,发给营业执照;对不符合《个人独资企业法》规定条件的,不予登记,并发给企业登记驳回通知书。个人独资企业的营业执照的签发日期,即为个人独资企业成立日期,在领取个人独资企业营业执照前,投资人不得以个人独资企业名义从事经营活动。

(三)分支机构登记

个人独资企业设立分支机构,应当由投资人或者其委托的代理人向分支机构所在地的登记机关申请设立登记。分支机构的登记事项应当包括:分支机构的名称、经营场所、负责人姓名和居所、经营范围及方式。个人独资企业申请设立分支机构,应当向登记机关提交下列文件:

(1)分支机构设立登记申请;

(2)登记机关加盖印章的个人独资企业营业执照复印件;

(3)经营场所证明;

(4)国家工商行政管理局规定提交应当的其他文件。分支机构从事法律、行政法规规定报经有关部门审批的业务,还应当提交有关部门的批准文件。

个人独资企业投资人委派分支机构负责人的,应当提交投资人委派分支机构负责人的委托书及其身份证明。委托代理人申请分支机构设立登记的,应当提交投资人的委托书和代理人的身份证明或者资格证明。

登记机关自收到按规定提交的全部文件之日起15日内,做出核准登记或者不予登记的决定。核准登记的,发给营业执照;不予登记的发给登记驳回通知书。个人独资企业分支机构申请变更登记、注销登记,比照本办法关于个人独资企业申请变更登记、注销登记的有关规定办理。个人独资企业应当在其分支机构经核准设立、变更或者注销登记之后15日内,将登记情况报该分支机构隶属的个人独资企业的登记机关备案。个人独资企业向登记机关备案,应当提交下列文件:(1)分支机构登记机关加盖印章的分支机构营业执照复印件、变更登记通知书或者注销登记通知书;(2)国家工商行政管理局规定提交的其他文件。分支机构经核准登记后,应将登记情况报该分支机构隶属的个人独资企业的登记机关备案。分支机构的民事责任由设立分支机构的个人独资企业承担。

第三节　个人独资企业的投资人

一、个人独资企业投资人的资格限制

根据我国《民法通则》、《个人独资企业法》及其他相关法律的规定,个人独资企业的投资人必须是具有中国国籍的享有完全民事行为能力且从事商业活动不受法律限制的自然人。

下列人员不得设立个人独资企业：

1.外国人及中国港、澳、台地区的居民。

2.法律、行政法规禁止从事营利性活动的人。如立法机关、政府机关、司法机关的工作人员,商业银行的工作人员及现役军人等。

3.无民事行为能力或限制民事行为能力的人。这些人无法辨别事物的真伪,不能有效地控制自己的思想和行为,不能独立地承担民事责任,因此不能成为个人独资企业的投资人。①

4.对企业的破产负有个人责任的企业法人代表或者对因违法经营被吊销营业执照负有个人责任的企业的法人代表、投资者及其他人员,自相关事实发生起未满三年者。

5.个人负债较多,未能及时偿还者。

二、个人独资企业投资人的权利义务和责任

（一）权利

权利包括:(1)对企业资产及运营收益享有完全的所有权,即可以依法占有、使用、受益、处分;(2)对企业的生产经营活动有完全的决策权、指挥权、管理权;(3)有将其全部营业收入及财产转让、赠送,以遗嘱方式处分的权利;(4)有为扩大其经营规模而收购、并入其他企业的权利和设置分支机构的权利;(5)依法申请贷款的权利;(6)依法取得土地使用权的权利;(7)拒绝摊派的权利。摊派是指在法律、法规的规定之外,以任何方式要企业提供财力、物力和人力的行为,摊派是一种违法行为,国家禁止任何单位向企业摊派。

这些权利说明,个人独资企业并不是独立的财产所有权主体,个人独资企业的财产与投资人的个人财产没有明确的界限。

（二）义务

义务包括:依法开展经营活动;建立财务会计制度;按时缴纳税收;维护职工的合法权益,搞好安全生产,做好环境保护工作等。

（三）责任

个人独资企业的投资人对企业债务承担无限责任。这一点是个人独资企业与有限责任公司和股份有限公司不同的地方。正因为如此,当个人独资企业的财产不足以清偿债务时,投资人应当以其个人的其他财产予以清偿。如果个人独资企业投资人在申请企业设立登记时,明确以其家庭共有财产作为个人出资的,应当依法以家庭共有财产对企业债务承担无限责任。

---

① 甘培忠.企业与公司法学.北京:北京大学出版社,2001:47.

第四节 个人独资企业的事务管理和工商管理

一、个人独资企业的事务管理

（一）个人独资企业事务管理的方式

个人独资企业投资人可以自行管理企业事务，也可以委托或者聘用其他具有民事行为能力的人负责企业的事务管理，即委托他人管理。

个人独资企业的投资人集企业的所有权和经营权于一身，两权没有实现分离。所以上述两种管理方式都不会改变投资人与个人独资企业在财产权利和责任承担方面的关系。

作为第二种管理方式，投资人委托或者聘用他人管理个人独资企业事务，应当与委托人或者被聘用的人员签订书面合同。明确委托的具体内容、授予的权利范围、受托人或者被聘用人应履行的义务、责任及所得报酬等。这样规定的目的是为了保护投资人、受托人和第三人的正当权益。

这里需要特别指出的是，投资人对受托人或者被聘用的人员职权的限制，不得对抗善意第三人。所谓第三人，即交易相对人，是指受托人或被聘用的人员以外与企业发生经济业务关系的人。所谓善意第三人，是指第三人在就有关经济业务事项交往中，没有从事与受托人或者被聘用的人员串通、故意损害投资人利益的人。所谓不得对抗善意第三人，就是指个人独资企业的投资人与受托人或者被聘用的人员之间有关权利义务的限制只对受托人或者被聘用的人员有效，对第三人并无约束力，受托人或者被聘用的人员超出投资人的限制与善意第三人的有关业务交往应当有效。但如果第三人已经明知受托人或被聘用人员的具体职权，则投资人的不得对抗权不在此限。

为了保护投资人的合法权益，《个人独资企业法》还专门规定了受托人或者被聘用人员的义务和责任：

1. 受托人或者被聘用人员应当履行诚信、勤勉义务，按照与投资人签订的合同负责个人独资企业的事务管理，如违反合同，给投资人造成损害的，应当承担民事赔偿责任。

2. 受托人或者被聘用人员不得有下列行为：①利用职务上的便利，索取或者收受贿赂；②利用职务或者工作上的便利侵占企业财产；③挪用企业的资金归个人使用或者借贷给他人；④擅自将企业资金以个人名义或者以他人名义开立账户储存；⑤擅自以企业财产提供担保；⑥未经投资人同意，开展与本企业相竞争的业务；⑦未经投资人同意，同本企业订立合同或者进行交易；⑧未经投资人同意，擅自将企业商标或者其他知识产权转让给他人使用；⑨泄漏本企业的商业秘密；⑩法律、行政法规禁止的其他行为。

（二）个人独资企业事务管理的内容

1. 会计事务管理

个人独资企业应当依法设置会计账簿，进行会计核算。

2. 用工管理事务

个人独资企业雇用职工的，应当依法与职工签订劳动合同，保障职工的劳动安全，按时、足额发放职工工资；不得雇用"童工"；生产有害身体健康的产品时，要经过有关部门许可，要有必要的劳动保护措施；不得擅自延长劳动时间。

3. 社会保险事务

个人独资企业应当按照国家规定参加社会保险，为职工缴纳社会保险费。社会保险是指职工在年老、患病、丧失劳动能力、失业、工伤、生育等情况下有权获得物质帮助，其基本生活能得到保障的一种社会保障制度。社会保障基金由国家、企业和职工三者共同负担。根据我国的法律、法规规定，我国目前设有五种强制性的社会保险，即养老保险、工伤保险、医疗保险、失业保险和企业职工生育保险。

(1)养老保险。养老保险是指劳动者在离休、退休后由社会给予物质帮助的一种制度。

(2)工伤保险。工伤保险是指企业职工在工作中遭受事故伤害和患职业病后进行治疗、经济补偿和职业康复的制度。根据有关规定，企业应按照国家和当地人民政府的规定参加工伤保险，按时足额缴纳工伤保险费。

(3)医疗保险。医疗保险是指企业和职工分别依照一定比例向社会保险机构缴纳医疗保险费，设立医疗保险基金，职工患病时由社会保险机构按规定支付医疗费用的制度。

(4)失业保险。失业保险是指企业和职工依法缴纳一定的失业保险金，职工失业后由社会保险机构向失业者支付保险金，以维持失业者生活保障的一种制度。

(5)企业职工生育保险。企业职工生育保险是指企业为本单位职工向保险机构缴纳一定的生育保险费用，在职工生育后，由保险机构支付有关保险费的制度。

二、个人独资企业的工商管理

(一)个人独资企业变更登记的工商管理

根据国家行政管理局《个人独资企业登记管理办法》的规定，个人独资企业存续期间登记事项发生变更的，应当在做出变更决定之日起15日内，依法向登记机关申请办理变更登记。个人独资企业变更企业名称、企业住所、经营范围及方式，应当在做出变更决定之日起15日内，向原登记机关申请变更登记。个人独资企业申请变更登记，应当向登记机关提交下列文件：(1)投资人签署的变更登记申请书；(2)国家工商行政管理局规定提交的其他文件。从事法律、行政法规规定须报经有关部门审批的业务的，应当提交有关部门的批准文件。委托代理人申请变更登记的，应当提交投资人的委托书和代理人的身份证明或者资格证明。

登记机关应当在收到按规定提交的全部文件之日起15日内，做出核准登记或者不予登记的决定。予以核准的，换发营业执照或者发给变更登记通知书；不予核准的，发给企业登记驳回通知书。个人独资企业变更住所跨登记机关辖区的，应当向迁入地登记机关申请变更登记。迁入地登记机关受理的，由原登记机关将企业档案移送迁入地登记机关。个人独资企业因转让或者继承致使投资人变化的，个人独资企业可向原登记机关提交转让协议书或者法定继承文件，申请变更登记。个人独资企业改变出资方式致使个人财产与家庭共有财产变换的，个人独资企业可向原登记机关提交改变出资方式文件，申请变更登记。

(二)个人独资企业年度信息公示制度

2014年10月1日起,原国家工商行政管理总局颁发的《企业年度检验办法》废止,2014年8月7日国务院发布的《企业信息公示暂行条例》开始生效。这意味着实施了20多年的企业年度检验制度被废除了,改为年度信息公示制度。原《企业年度检验办法》和《个人独资企业登记管理办法》规定的包括个人独资企业在内的所有企业以及个体工商户不再接受一年一度的工商行政管理部门的年度检验。年度信息由企业通过企业信用信息公示系统报送并公示,工商部门不再进行审核,不再要求企业提交审计报告。若企业不及时报送年度信息,工商部门不进行吊销营业执照的行政处罚,而采取信用约束措施,督促企业履行职责,在督促的前提下,企业依然不履行职责,工商部门会把该企业放在经营异常名录里面。当企业改正了自己的行为,履行年度信息公示义务后,工商部门还可以再把该企业移出经营异常名录。

企业年度信息公示制度的出现,意味着我国将从主要依靠行政审批管理企业,转向更多地依靠建立透明诚信的市场秩序来规范企业。企业年度信息公示制度可以促进企业诚信自律,扩大社会监督,营造公平竞争的市场环境。这是推进政府简政放权、放管结合的重大举措,是建设服务型政府的内在要求,使中国第一次在现代商事登记管理制度构建上走在了世界的前列,将成为中国社会信用体系建设的里程碑。

(三)个人独资企业营业执照的禁忌事项

个人独资企业营业执照分为正本和副本,正本和副本具有同等法律效力。个人独资企业根据业务需要,可以向登记机关申请核发若干营业执照副本。个人独资企业营业执照遗失的,应当在报刊上声明作废,并向登记机关申请补领。营业执照毁损的,应当向登记机关申请更换。个人独资企业应当将营业执照正本放置在企业住所的醒目位置。任何单位和个人不得伪造、涂改、出租、转让营业执照。任何单位和个人不得承租、受让营业执照。

第五节　个人独资企业的解散和清算

一、个人独资企业的解散

(一)企业解散的概念

企业解散,是指企业终止生产经营活动,使其民事主体资格消灭的行为,是企业生命的结束。

企业解散是相对于企业设立而言的,从法理上讲,企业因设立而取得民事主体资格,因解散而终止其民事主体资格,通俗地说,就是企业因设立而"生",因解散而"灭"。企业解散后,其民事权利能力和民事行为能力消灭,主体资格随即丧失,原投资人不得再以企业名义对外从事生产经营活动。

企业解散是企业的投资人或国家机关做出的一个关于永久性停止企业生存的决定以及该决定实施的过程。正如企业的设立需要以完成开业登记并领取营业执照来体现,企业的彻底消亡也需以完成注销登记并吊销营业执照为前提。正因为如此,企业解散不同于企业破产和歇业。

（二）个人独资企业解散的原因

由于个人独资企业的解散直接影响到企业债权人和债务人的切身利益,因此必须具备法定事由或原因。根据《个人独资企业法》的规定,个人独资企业的解散既包括自行解散,也包括强制解散。

1. 自行解散

（1）投资人决定解散

投资人决定解散即个人独资企业的投资人决定解散企业。由于个人独资企业只有一个投资人,因此,投资人可以自行决定企业解散的问题。而不像公司和合伙企业,决定企业解散要经过一定的程序和其他投资人同意。只要投资人自己决定,企业就可以解散。

（2）投资人死亡或者被宣告死亡,无继承人或者继承人决定放弃继承

投资人死亡是指其生理死亡。投资人被宣告死亡是指在法律上推定其死亡,从而发生与生理死亡相同的法律后果。对于个人独资企业的投资人来讲,其死亡或者被宣告死亡后,如果投资人有继承人,并且继承人接受继承,那么个人独资企业作为遗产,按继承法的规定由投资人的继承人继承。如果投资人没有继承人,或者虽有继承人,但继承人明确表示放弃继承,个人独资企业因无人继承而导致没有新的投资人,个人独资企业就应当宣告解散。

2. 强制解散

（1）被依法吊销营业执照

营业执照是个人独资企业依法成立和从事生产经营的标志。个人独资企业被依法吊销营业执照,当然就不能再从事生产经营活动。因此,该个人独资企业应当解散。

（2）法律、行政法规规定的其他情形

这是法律上的一种概括式的规定,主要是为了避免列举不全。如果有关其他法律、行政法规规定了个人独资企业解散的情形,一旦这种情形出现,个人独资企业就应当解散。

二、个人独资企业的清算

（一）企业清算的概念

企业清算,是指企业解散后,依据法定程序了结企业未了结的事务,收回债权、清偿债务,使企业归于消灭的一种活动和制度的总称。简单地说,企业的清算就是依法清理企业债权债务的行为。

企业清算,是企业解散后的必然法律后果,企业解散后,为了终结企业现存的各种法律关系,必须依法对企业的财产进行清理,收回债权,清偿债务。如果有剩余财产,依法进行分配。清算结束后,企业作为经济实体的资格就消灭了。企业解散后,无论是自行解散,还是强制解散,都必须依法进行清算。因此,企业清算是企业解散后的一项法律规定的必经程序,不经此程序,企业无法正常注销,企业的投资者也就不能从中得以解脱。

（二）个人独资企业清算的方式

1. 投资人自行清算

投资人自行清算即个人独资企业的投资人自己对企业进行清算。《个人独资企业法》规定,投资人自行清算的,应当在清算前15日内书面通知债权人,无法通知的,应当予以公告。债权人应当在接到通知之日起30日内,未接到通知的应当在公告之日起60日内,向投资人申报其债权。

2. 债权人申请人民法院指定清算人进行清算

这是《个人独资企业法》对个人独资企业债权人一项权利的规定。因为个人独资企业的解散和清算,直接关系到债权人的利益。如果债权人出于各种考虑,不想让投资人自行清算,而要求由法院指定清算人进行清算,这种要求也是应当的。至于法院可以指定什么样的人作为清算人,即清算人的资格问题,《个人独资企业法》未做明确规定。一般可以指定注册会计师、律师等专业人员作为清算人。

（三）个人独资企业清算的内容和程序

个人独资企业清算工作的主要内容包括:通知或者向债权人公告,接受债权人的债权申报,对债权进行审查,进行财产清理、财产分配等。

《个人独资企业法》主要规定了投资人自行清算的具体程序,而对由债权人申请人民法院指定清算人进行清算的未做明确规定。

三、个人独资企业清算中的财产清偿顺序

财产清偿,是个人独资企业清算的核心内容。财产清偿应当依照下列顺序进行:一是所欠职工工资和社会保险费用;二是所欠税款;三是其他债务。把所欠职工工资和社会保险费用以及所欠国家税收列为优先受偿顺序是我国现行立法的一大重要特点,这一原则在《公司法》以及《合伙企业法》等法律中都得到了体现。这是由我们国家的性质决定的,对于维护国家利益和职工、债权人的合法权益是完全必要的。

在个人独资企业清算期间,个人独资企业不得开展与清算目的无关的经营活动。在按以上规定的顺序清偿债务前,投资人不得转移、隐匿财产。

个人独资企业解散后,原投资人对个人独资企业存续期间的债务仍应承担偿还责任,但债权人在5年内未向债务人提出偿债请求的,该责任消灭。由于个人独资企业的投资人对企业债务承担无限责任,因此个人独资企业财产不足以清偿债务的,投资人应当以其个人的其他财产予以清偿。

个人独资企业清算结束后,投资人或者人民法院指定的清算人应当编制清算报告,并于15日内到工商行政管理机关办理注销登记。

⟫⟫本章相关法律依据 ◀◀

1.《中华人民共和国个人独资企业法》,1999年8月30日第九届全国人大常务委员会第十一次会议通过。

2.《个人独资企业登记管理办法》,2000年1月13日国家工商行政管理局发布。

3.《企业信息公示暂行条例》,2014年8月7日国务院发布。

第四章

合伙企业法律制度

第一节 合伙企业法概述

一、合伙企业的概念

合伙企业(Partnership Enterprise)是指依照《合伙企业法》设立的由自然人、法人、其他组织作为合伙人订立合伙协议、共同出资、合伙经营、共享收益,合伙人对企业债务承担无限连带责任或有限责任的非法人企业。

二、合伙企业的分类

《合伙企业法》根据合伙人对合伙企业债务承担的财产责任形式,将合伙企业划分为普通合伙企业和有限合伙企业两类。

（一）普通合伙企业

普通合伙企业(General Partnership Enterprise)是由普通合伙人组成,合伙人对合伙企业债务承担无限连带责任。《合伙企业法》对普通合伙人承担责任的形式有特别规定的,从其规定(指特殊的普通合伙企业)。

1.一般普通合伙企业

一般普通合伙企业的所有合伙人对合伙企业债务承担无限连带责任。无限连带责任包括两种,即无限责任和连带责任。无限责任在上一章中已经介绍过,此处不再赘述。所谓连带责任是指企业的所有合伙人都必须对企业债务负全部清偿责任,合伙人不得以其出资比例或利益分配比例限制承担清偿责任的范围。企业的债权人既可以向全体合伙人主张债务的清偿,也可以向某个合伙人主张全部债务的清偿,合伙人不得以合伙人之间事先存在按比例偿还的约定为由,对债权人限制各合伙人偿还的具体数额。在某个合伙人清偿了超出其责任比例的债务后,即获得债权人的资格,可以要求其他合伙人按照出资比例或约定比例分担债务。无限连带责任是对内连带,对外无限。

2.特殊普通合伙企业

在特殊普通合伙企业中,当一个合伙人或者数个合伙人在执业活动中因故意或者重大过失造成合伙企业债务时,应当承担无限责任(指一个合伙人)或者无限连带责任(指数个合伙人），其他无过错的合伙人以其在合伙企业中的财产份额为限承担责任，即有限责任。

这里的有限责任是指在企业发生对外负债的情况下，对企业债务无过错的合伙人仅以其在合伙企业中应有的财产份额为限承担责任（不包括以使用权出资的财产），而不涉及个人的其他财产，不用该合伙人在合伙企业财产以外的个人其他财产对合伙企业债务承担责任。

这种特殊普通合伙企业的设立，仅限于以专业知识和专门技能为客户提供有偿服务的一些专业服务机构，如会计师事务所。非企业性质的专业服务机构如律师事务所、医师诊所等，可以适用《合伙企业法》关于特殊普通合伙企业合伙人承担责任的规定。特殊普通合伙企业的执业风险介于原有的"有限责任制"和"合伙制"之间，实际上是在特定情况下斩断了连带风险，同时也提高了专业服务机构的公信力。

特殊普通合伙企业，是 20 世纪 90 年代以后在国际上出现的一种新的合伙企业形式。许多国家的专业服务机构，如普华永道、德勤、安永、毕马威等国际知名的会计师事务所普遍采用这种合伙企业形式。特殊普通合伙企业能够最大限度地调动合伙人的主观能动性，吸引更多的优秀人才加盟，减轻非直接责任者的"或有风险"。

（二）有限合伙企业

有限合伙企业（Limited Partnership Enterprise）是由普通合伙人和有限合伙人组成，普通合伙人对合伙企业债务承担无限连带责任，有限合伙人以其认缴的出资额为限对合伙企业债务承担责任，即有限责任。

有限合伙企业出现债务风险时，首先以企业财产承担责任，如果企业财产不足以偿付，普通合伙人将对债务承担无限连带责任。与特殊普通合伙企业不同，有限合伙企业中的有限合伙人不管对合伙企业债务是否具有过错，均以其认缴的出资额为限对合伙企业债务承担责任。

与普通合伙企业和公司比较，有限合伙企业具有如下优点：

（1）税收较公司模式优惠，有利于获利。

（2）鼓励技术创新，鼓励风险投资，有利于加强技术与资本相结合，促进经济发展。

（3）有利于中小企业的发展和融资。

（4）"资合"与"人合"相融合。

三、合伙企业的特征

（一）合伙企业不具有法人资格

合伙企业拥有的是相对独立的企业财产，合伙企业没有完全独立的企业财产，而且普通合伙人承担无限连带责任，因此不具备法人资格。

（二）合伙人可以是自然人、法人或其他组织

合伙人（Partner）不仅限于自然人，法人或其他组织都可以成为合伙企业的合伙人。法人参与合伙，可以使公司等企业法人利用合伙企业灵活、合作简便、成本较低的优势，在开发新产品、新技术中与创新型中小企业进行合作，还可以促进大企业与具有特定优势的中小企业通过设立合伙企业进行合作。

　　此外,《合伙企业法》规定,外国企业或者个人在中国境内设立合伙企业的管理办法由国务院规定。这意味外国人以及中国港澳台地区同胞可以在中国大陆兴办合伙企业,这是不同于《个人独资企业法》的地方。

(三)以合伙协议为法律基础

　　合伙协议是合伙人为自己订立的契约,是合伙人建立合伙关系,确定合伙人各自的权利义务,使合伙企业得以设立的前提,是合伙企业成立的法律基础。如果没有合伙协议,合伙人之间就不能形成合伙关系,合伙企业便不能成立,同时也无法运作。

(四)合伙人共同出资、合伙经营、共享收益、共担风险

　　所谓共同出资,是指合伙人按《合伙企业法》的规定,在合伙协议中以约定的出资方式共同出资,有钱的出钱,有力的出力,有东西的出东西。所谓合伙经营,是指合伙人对执行合伙事务享有同等的权利,但并非要求所有合伙人都必须参与合伙企业事务的具体执行,合伙企业的所有合伙人可以委托一个或者数个合伙人对外代表合伙企业,执行合伙企业事务。不参与合伙企业事务具体执行的其他合伙人,仍然有权监督执行事务合伙人执行合伙企业事务的情况,有权对合伙企业的生产经营管理提出批评建议。所谓共享收益,是指合伙人有权按各自的出资比例或合伙协议的约定分享合伙企业的收益,不能把全部盈利分配给部分合伙人或者由部分合伙人承担全部亏损。合伙人只负盈不负亏或只负亏不负盈是违背合伙企业特性和合伙企业设立宗旨的。所谓共担风险,是指合伙企业中的所有合伙人均对合伙企业债务共同承担债务风险,但不同合伙企业类型的合伙人之间承担的债务风险有所不同。例如,普通合伙企业中的所有合伙人对合伙企业债务均承担无限连带责任;而有限合伙企业中的普通合伙人对合伙企业债务承担无限连带责任,有限合伙企业中的有限合伙人则对合伙企业债务承担有限责任等。普通合伙人的债务风险要大一些,有限合伙人的债务风险则要小一些。

四、《合伙企业法》的适用范围

　　《合伙企业法》只适用于以自然人、法人或其他组织为合伙人的普通合伙企业和特殊合伙企业。未形成企业组织形式的个人合伙和法人合伙(法人之间的松散联营)不适用该法。

　　非企业性质的合伙型的专业服务机构如合伙律师事务所、合伙医生诊所,适用本法关于特殊普通合伙企业合伙人承担责任的规定。

第二节　普通合伙企业

一、普通合伙企业的设立

(一)普通合伙企业的设立条件

1.有两个或两个以上合伙人,合伙人为自然人的,应当具有完全民事行为能力

普通合伙企业的合伙人至少为两人,这是最低的限额。《合伙企业法》没有规定合

企业合伙人数的最高限额。此外,作为合伙企业的合伙人,还必须具备合法资格:首先,合伙人为自然人的,必须是具备完全民事行为能力的自然人,但法律法规规定禁止从事营利性活动的人不得成为合伙企业的合伙人,如国家公务员、商业银行工作人员、法官、检察官等;其次,国家机关不得成为合伙企业的合伙人;最后,国有独资公司、国有企业、上市公司以及公益性的事业单位、社会团体不得成为普通合伙企业中的合伙人,除此之外的其他类型的公司均可以成为普通合伙企业的合伙人,即普通合伙人。

2. 有书面合伙协议

合伙协议(Partnership Agreement)是合伙企业设立的法律基础。合伙协议依法由全体合伙人协商后以书面形式订立。订立合伙协议、设立合伙企业,应当遵循自愿、平等、公平、诚实信用原则。

合伙协议应当载明下列事项:

(1)合伙企业的名称和主要经营场所的地点;(2)合伙目的和合伙经营范围;(3)合伙人的姓名或者名称、住所;(4)合伙人出资的方式、数额和缴付期限;(5)利润分配、亏损分担方式;(6)合伙企业事务的执行;(7)入伙与退伙;(8)争议解决办法;(9)合伙企业的解散与清算;(10)违约责任。

合伙协议经全体合伙人签名、盖章后生效。合伙人按照合伙协议享有权利,履行义务。

修改或者补充合伙协议,应当经全体合伙人一致同意。但是,合伙协议另有约定的除外。

合伙协议未约定或者约定不明确的事项,由合伙人协商决定。协商不成的,依照《合伙企业法》和其他有关法律、行政法规的规定处理。

3. 有合伙人认缴或者实际缴付的出资

合伙协议生效后,合伙人应当按照合伙协议约定的出资方式、数额和缴付出资的期限,履行出资义务。合伙人在出资时要注意以下六个问题:(1)合伙人可以用货币、实物、知识产权、土地使用权或者其他财产权利等出资方式出资,也可以用劳务出资。其他财产权利是指债权(企业债券、国库券)、股权等。所谓劳务出资,是指合伙人以自己未来付出的能够给合伙企业带来利益的劳务,或者自己已经付出的确实给合伙企业带来利益的劳务。劳务,即劳动作为,具体如管理行为、经验、技术等。(2)合伙人缴付出资的期限由合伙人在合伙协议中约定。可以在合伙企业登记之前一次缴齐,也可以在合伙企业登记之前和登记之后分期缴纳。(3)合伙人对于自己用于缴纳出资的财产或者财产权应当拥有合法的处理权,合伙人不得将自己无权处理的财产或者财产权用于缴纳出资。(4)对以非货币财产出资需要评估作价的,可以由全体合伙人协商确定,也可以由全体合伙人委托法定评估机构评估。合伙人以劳务出资,其评估办法由全体合伙人协商确定,并在合伙协议中载明。这是因为,劳务出资的内容、形式多种多样,如何评估,如何与其他合伙人的出资方式相区分,都较为具体、复杂,不宜统一规定,因而由全体合伙人共同协商确定评估方法。(5)以非货币财产出资的,依照法律、行政法规的规定,需要办理财产权转移手续的,应当依法办理。(6)合伙企业无最低注册资本数额限制,即合伙企业无注册资本要求。这一点与个人独资企业相同,但与公司不同。其原因在于合伙企业没有法人资格,合伙人对企业债务承担无限连带责任,就是说企业的债务偿还不限于合伙财产。合伙人不仅用合伙财产也用合伙个人财产承担债务清偿责任。这就意味着合伙人不仅应以其投入合伙企业的财产作为对企业债务的担保,而且还要以其拥有的个人全部财产作为对企业债务的担保。这样的话,就没有必要规定注册资本了。

4.有合伙企业的名称和生产经营场所

就合伙企业而言,其名称不仅应当与公司和个人独资企业区别开来,而且应当与其他合伙企业区别开来。因此,合伙企业的名称应当与其责任形式及其所从事的营业相符合。合伙企业名称中不得使用"有限"或"有限责任"及"公司"等字样。合伙企业名称中应当标明"普通合伙"字样。

与公司和个人独资企业一样,合伙企业要经常、持续地从事生产经营活动,就必须具备一定的生产经营场所。

所谓经营场所,是指合伙企业从事生产经营活动的所在地。合伙企业一般只有一个经营场所,即在企业登记机关登记的营业地点,但它也可以在主要经营场所之外有多个经营场所。经营场所对于合伙企业的重要意义不仅仅在于它从事经营的空间范围,还在于它的法律意义。合伙企业的经营场所往往就是债务履行地,是确定工商登记管辖、决定诉讼管辖、决定法律文书送达的处所。此外,经营场所对于合伙企业的特殊意义还在于,有无固定的经营场所往往是区分合伙企业与非合伙企业的重要标志,这对确定法律的管辖权有重要价值。合伙企业由《合伙企业法》调整,非企业型合伙则由《民法通则》调整。当合伙企业有一个以上的经营场所时,则以合伙协议中载明的主要经营场所的地点作为确定法律管辖的依据。

5.法律、行政法规规定的其他条件

《合伙企业法》没有规定的而其他法律、行政法规有规定的关于合伙企业设立的条件,按其他法律、行政法规规定办理。

(二)普通合伙企业的设立登记

普通合伙企业的设立登记程序,应按如下步骤登记:

(1)向企业登记机关即工商行政管理部门提交相关文件;

(2)企业登记机关自收到申请登记文件之日起30日内做出是否登记的决定。

合伙企业设立分支机构,应当向分支机构所在地的企业登记机关申请登记,领取营业执照。

二、普通合伙企业财产

(一)普通合伙企业财产的构成

合伙企业财产是为经营合伙事务所集合的各种财产的总称,包括合伙企业存续期间合伙人的出资、以合伙企业名义取得的收益和依法取得的其他财产。

1.合伙人的出资

根据《合伙企业法》的规定,合伙人可以用货币、实物、知识产权、土地使用权或者其他财产权利出资,也可以用劳务出资。当合伙人的出资转入合伙企业时,就构成了合伙企业的财产。

在合伙企业存续期间,合伙人依照合伙协议的约定或者全体合伙人的决定,可以增加对合伙企业的出资,以用于扩大经营规模或者弥补亏损。

2. 合伙企业的收益

以合伙企业名义取得的收益,归属合伙企业成为合伙企业财产的一部分。合伙企业的收益包括以下六部分:(1)营业利润;(2)以企业名义购买的各种财产;(3)获得的受赠财产;(4)获得的赔偿;(5)在经营过程中形成的无形资产,如商号、商誉;(6)以企业名义取得的各种知识产权。

3. 其他

依法取得的其他财产。

(二)普通合伙企业财产的性质

1. 共有财产

合伙人以所有权出资的财产,包括合伙企业在存续期间以自己名义取得所有权的财产,其法律性质认定为全体合伙人共有财产。

共有财产的所有权归合伙企业的全体合伙人,不再属于出资的合伙人个人。全体合伙人共同享有共有财产的占有、使用、收益、处分的权利,即共有权。在合伙企业存续期间,全体合伙人不分份额的共同管理,共同使用共有财产。因此,共有财产同时也是共用财产。

2. 共用财产

合伙人以使用权或收益权出资的财产,包括合伙企业在存续期间以自己的名义取得使用权的财产(如合伙企业租赁的房屋),其法律性质认定为全体合伙人共用财产。

共用财产的所有权仍归出资的合伙人个人所有,合伙企业的全体合伙人对共用财产不享有所有权,只享有共同占有和使用的权利,即共用权。因此,共用财产未必是共有财产。

合伙人以现金或消耗物(如砖、瓦、灰、砂石、钢材、水泥等)出资时,是将出资财产的所有权投入合伙企业,其出资财产直接构成合伙企业的共有财产;合伙人以不动产出资时,多以使用权投入合伙企业,如房屋等;合伙人以技术出资时,投入合伙企业的既可以是使用权,也可以是所有权,由出资人自行决定。

区分合伙人的出资财产是共有财产还是共用财产的法律意义在于:

第一,合伙人退伙或合伙企业解散时,对出资财产的处理不同。如果出资财产为合伙企业共有财产,合伙人退伙或合伙企业解散时,该合伙人无权要求返还其出资原物,而仅能与其他合伙人一起,以分割共有财产的形式来收回出资财产。如果出资财产为合伙企业共用财产,则合伙人退伙或合伙企业解散时,该合伙人有权要求返还其出资原物。在返还了出资原物后,合伙人还有权与其他合伙人一道参与对合伙企业共有财产的分割。

第二,当合伙企业和合伙人个人负担债务时,对出资财产的处理不同。

(三)普通合伙企业财产的分割、转让及出质

1. 分割

合伙企业财产的分割是指将企业的财产按约定的比例在合伙人之间进行分配和处分。

合伙企业进行清算前,合伙人不得请求分割企业的财产,但《合伙企业法》另有规定的除外。一般来说,合伙企业只有进入解散清算的程序后,合伙人才可以对企业的财产进行分割。

《合伙企业法》另有规定的"除外"情况,是指在合伙企业进行清算前,因某些因素的变化而有必要分割合伙企业财产的情况,主要包括以下几种:

(1)在合伙企业存续期间,合伙人将其在合伙企业中的财产份额部分或全部转让时,需要分割其财产份额;

(2)经其他合伙人一致同意,合伙人将其在合伙企业中的财产份额出质时,需要分割其财产份额;

(3)合伙人退伙时,需要分割其财产份额。

除此之外,在合伙企业清算前,合伙人一律不得分割合伙企业财产。合伙人在合伙企业清算前私自转移或者处分合伙企业财产的,合伙企业不得以此对抗善意第三人。

2. 转让

合伙企业财产的转让是指合伙人将自己在合伙企业中的全部或部分财产份额转让给予他人。

合伙企业财产的转让,按转让对象的不同可以分为向合伙人以外的人转让和合伙人之间的内部转让。

合伙企业财产转让的直接结果是引起原合伙人人数的变更、增加或减少。

合伙企业是以合伙人相互之间的人身信任关系为基础的,具有很强的人合色彩,合伙人的相对稳定是合伙企业事务顺利进行的重要前提。合伙企业财产的随意转让,会引起合伙人的变更或增加,从而影响合伙人之间的人身信任关系和合伙企业的设立基础,影响合伙企业以及其他合伙人的切身利益,影响合伙企业今后的发展关系。

因此,《合伙企业法》对合伙企业财产的转让做出了若干限制性的规定:

(1)除合伙协议另有约定外,合伙人向合伙人以外的人转让其在合伙企业中的全部或部分财产份额时,须经其他合伙人一致同意;

(2)合伙人内部之间转让其在合伙企业中的全部或者部分财产份额时,应当通知其他合伙人;

(3)合伙人向合伙人以外的人转让其在合伙企业中的财产份额时,在同等条件下,其他合伙人有优先购买权,但是,合伙协议另有约定的除外。

合伙人以外的人依法受让合伙人在合伙企业中的财产份额的,经修改合伙协议即成为合伙企业的合伙人,依照《合伙企业法》和修改后的合伙协议享有权利、履行义务。

3. 出质

合伙企业财产的出质,是指合伙人将自己在合伙企业中的财产份额作为担保的一种方式质押给他人。

合伙人以其在合伙企业中的财产份额出质的,须经其他合伙人一致同意。未经其他合伙人一致同意,其出质行为无效,由此给善意第三人造成损失的,由行为人依法承担赔偿责任。

《合伙企业法》这样规定的目的是因为合伙企业财产的出质,可能导致该财产份额依法发生权利转移,合伙企业财产会减少,影响合伙企业生产经营的物质条件,影响合伙企业以及其他合伙人的切身利益。

三、合伙事务的执行

合伙事务的执行,是指为了实现设立合伙企业的目的而进行的业务活动。执行合伙企业事务的范围不仅包括合伙企业的法律行为(如对外签订合同),还包括各类日常实际事务工作,如组织生产、会计与财务管理、通信联系、与客户的谈判等。

至于订立或变更合伙协议、增加或减少合伙人之间的出资数额、接受新合伙人或批准原合伙人退伙等涉及合伙企业的基本建设或人事关系的法律行为则不属于合伙事务执行的范畴。

(一)合伙事务的执行方式

合伙事务的执行方式,有以下两种具体方式:

1.由合伙协议约定,全体合伙人共同执行合伙事务(分工负责制)。全体合伙人共同执行合伙事务时,所有合伙人对执行合伙事务享有同等的权利。

2.由合伙协议约定或全体合伙人在无约定的情况下经全体合伙人决定,委托一名或者数名合伙人执行合伙事务。

作为合伙人的法人、其他组织执行合伙事务的,由其委派的代表执行。

当合伙企业委托一名或数名合伙人执行合伙事务时,其他未接受委托的合伙人不再执行合伙事务。

合伙人可以将合伙事务委托一名或数名合伙人执行,但并不等于所有的合伙事务都可以委托给部分合伙人决定。除合伙协议另有约定外,合伙企业的下列事务必须经全体合伙人一致同意:

(1)改变合伙企业的名称;

(2)改变合伙企业的经营范围、主要经营场所的地点;

(3)处分合伙企业的不动产;

(4)转让或者处分合伙企业的知识产权和其他财产权利;

(5)以合伙企业名义为他人提供担保;

(6)聘任合伙人以外的人担任合伙企业的经营管理人员。

(二)合伙人在执行合伙事务中的权利和义务

1.合伙人在执行合伙事务中的权利

(1)全体合伙人共同执行合伙事务时,所有合伙人对执行合伙事务享有同等的权利,均有权对外代表合伙企业。

(2)一名或者数名合伙人执行合伙事务时,执行合伙事务的合伙人(或称合伙企业事务的执行人),对外代表合伙企业,其法律行为对其他合伙人具有法律效力。

(3)不执行合伙事务的合伙人有权监督执行事务合伙人执行合伙事务的情况。

(4)合伙人为了解合伙企业的经营状况和财务状况,有权查阅合伙企业会计账簿等财务资料。

（5）合伙人分别执行合伙事务的,执行合伙事务合伙人可以对其他合伙人执行的事务提出异议。提出异议时,应当暂停该项事务的执行。如果发生争议,按照合伙协议约定的表决办法处理。合伙协议未约定或者约定不明确的,实行合伙人一人一票并经全体合伙人过半数通过的表决办法。

受委托执行合伙事务的合伙人不按照合伙协议或者全体合伙人的决定执行事务的,其他合伙人可以决定撤销该委托。

2.合伙人在执行合伙事务中的义务

（1）执行合伙事务合伙人应当定期向其他合伙人报告事务执行情况以及合伙企业的经营情况和财务状况,其执行合伙事务所产生的收益归合伙企业所有,所产生的费用和亏损由合伙企业承担。

（2）合伙人不得自营或者同他人合作经营与本合伙企业相竞争的业务,即合伙人应履行"竞业禁止"的义务。

（3）除合伙协议另有约定或者经全体合伙人一致同意外,合伙人不得同本合伙企业进行交易。

（4）合伙人不得从事损害本合伙企业利益的活动。

（三）合伙事务表决办法

合伙人对合伙企业有关事项做出决议,按照合伙协议约定的表决办法处理。合伙协议未约定或者约定不明确的,实行合伙人一人一票并经全体合伙人过半数通过的表决办法。

（四）普通合伙企业的利润分配和亏损分担

普通合伙企业的利润分配和亏损分担,由合伙人按照合伙协议约定的比例分配和分担;合伙协议未约定或者约定不明确的,由合伙人协商决定;协商不成的,由合伙人按照实缴出资比例分配和分担;无法确定出资比例的,由合伙人平均分配和分担。

合伙协议不得约定将全部利润分配给部分合伙人或者由部分合伙人承担全部亏损。

（五）普通合伙企业的增资和减资

合伙人按照合伙协议的约定或者经全体合伙人决定,可以增加或者减少对合伙企业的出资。

（六）普通合伙企业经营管理人员的职责

合伙企业可以对外聘任经营管理人员,被聘任的合伙企业的经营管理人员应当在合伙企业授权范围内履行职务。

被聘任的合伙企业的经营管理人员,超越合伙企业授权范围履行职务,或者在履行职务过程中因故意或者重大过失给合伙企业造成损失的,应依法承担赔偿责任。

四、普通合伙企业与第三人的关系

普通合伙企业与第三人的关系,是指有关普通合伙企业的对外关系。普通合伙企业在经营的过程中,必然要与普通合伙企业以外的第三人发生关系。它涉及普通合伙企业与善意第三人的关系、普通合伙企业与其债权人的关系以及普通合伙企业与合伙人个人的债务清偿关系等问题。

(一)普通合伙企业与善意第三人的关系

合伙人执行合伙事务的权利和对外代表合伙企业的权利,都会受到一定的内部限制。如果这种内部限制对第三人发生效力,必须以第三人是非善意第三人为前提条件,否则该内部限制不对该第三人发生抗辩力。

为此《合伙企业法》规定,合伙企业对合伙人执行合伙事务以及对外代表合伙企业权利的限制,不得对抗善意第三人。

这里所指的合伙人,是指在合伙企业中有合伙事务执行权与对外代表权的合伙人;所谓限制,是指合伙企业对合伙人所享有的事务执行权与对外代表权权利能力的一种界定;所谓对抗,是指合伙企业否定第三人的某些权利和利益,拒绝承担某些责任;所谓善意第三人,是指本着合法交易的目的,诚实地通过合伙企业的事务执行人,与合伙企业之间建立民事、商事法律关系的法人、非法人团体或自然人。如果第三人与合伙企业事务执行人之间恶意串通,损害合伙企业的利益,则不属于善意第三人。保护善意第三人的利益是为了维护经济往来的交易安全,这是一项被广泛认同的法律原则。

合伙企业事务的执行人以及不执行合伙企业事务的合伙人,超越权限范围执行合伙企业事务的,都不能对抗善意第三人,其他合伙人不得以此为由拒绝履行与善意第三人的合同。

合伙企业事务的执行人以及不执行合伙企业事务的合伙人因此给其他合伙人造成损失的,要赔偿损失。

(二)普通合伙企业与其债权人的关系

合伙企业对自己的债务,应先以其全部财产进行清偿,合伙企业不能清偿到期债务的,各合伙人承担无限连带责任。合伙企业财产不足以清偿合伙企业债务的部分,要由各合伙人用个人的其他财产来承担清偿责任。

各合伙人对于无限连带责任的具体分担办法,按照合伙事务执行中有关合伙企业的利润分配和亏损分担的规定执行。即由合伙人按照合伙协议约定的比例分担;合伙协议未约定或者约定不明确的,由合伙人协商决定;协商不成的,由合伙人按照实缴出资比例分担;无法确定出资比例的,由合伙人平均分担。

合伙人由于承担无限连带责任,清偿数额超过上述规定的亏损分担比例的,有权向其他合伙人追偿。

(三)普通合伙企业与合伙人个人的债务清偿关系

在合伙企业存续期间,可能发生个别合伙人因不能偿还其私人债务而被追索的情况。由于合伙人在合伙企业中拥有财产利益,合伙人的债权人可能向合伙企业提出各种清偿请求。为了保护合伙企业和其他合伙人的合法权益,同时也为保护债权人的合法权益,《合伙企业法》做出如下规定:

1.合伙人发生与合伙企业无关的债务,相关债权人不得以其债权抵销该合伙人对合伙企业的债务,也不得代位行使合伙人在合伙企业中的权利。

2.合伙人的自有财产不足以清偿其与合伙企业无关的债务的,该合伙人可以以其从合伙企业中分取的收益用于清偿,债权人也可以依法请求人民法院强制执行该合伙人在合伙企业中的财产份额用于清偿。

人民法院强制执行合伙人的财产份额时,应当通知全体合伙人,其他合伙人有优先购买权。其他合伙人未购买,又不同意将该财产份额转让给他人的,依照《合伙企业法》的规定为该合伙人办理退伙结算,或者办理削减该合伙人相应财产份额的结算。

五、入伙和退伙

(一)入伙

1.入伙的概念

入伙是指在合伙企业存续期间,不具有合伙人身份的自然人、法人和其他组织加入合伙企业,取得合伙人身份的法律行为。

2.入伙的条件和程序

(1)新合伙人入伙,除合伙协议另有约定外,应当经全体合伙人一致同意,未获得一致同意的,不得入伙。

(2)合伙人入伙,应当订立书面入伙协议,入伙协议应当以原合伙协议为基础,并对原合伙协议事项做相应变更。

(3)订立入伙协议时,原合伙人应当就原合伙企业经营状况和财务状况向新合伙人如实履行告知义务。

3.新合伙人的权利和责任

新入伙的合伙人与原合伙人享有同等权利,承担同等责任。入伙协议另有约定的,从其约定。即如果原合伙人愿意以更优越的条件吸引新合伙人入伙,或者新合伙人愿意以较为不利的条件入伙,也可以在入伙协议中另行约定。新合伙人对入伙前合伙企业的债务承担无限连带责任。

(二)退伙

1.退伙的概念

退伙是指合伙人在合伙企业存续期间退出合伙企业,从而丧失合伙人资格的法律事实。

2.退伙的种类

基于退伙的原因的不同,退伙可以分为自愿退伙、法定退伙和除名退伙三种情况。

(1)自愿退伙

自愿退伙,又称声明退伙,是合伙人基于自愿的意思表示退伙。自愿退伙又分为以下两种类型:

　　①协议退伙

　　合伙协议约定合伙期限的,在合伙企业存续期间,有下列情形之一的,合伙人可以退伙:第一,合伙协议约定的退伙事由出现;第二,经全体合伙人一致同意;第三,发生合伙人难以继续参加合伙的事由;第四,其他合伙人严重违反合伙协议约定的义务。

　　②通知退伙

　　通知退伙必须同时具备以下三项条件,方可退伙:第一,合伙协议未约定合伙企业的经营期限;第二,退伙不会给合伙企业的事务执行造成不利影响;第三,退伙人要提前30日通知其他合伙人。

　　合伙人违反上述协议退伙和通知退伙的规定而擅自退伙的,应当赔偿由此给合伙企业造成的损失。

　　(2)法定退伙

　　法定退伙,又称当然退伙,是指合伙人因出现法律明确规定的事由而退伙。

　　合伙人有下列情形之一的属于法定退伙:

　　①作为合伙人的自然人死亡或者被依法宣告死亡;

　　②合伙人个人丧失偿债能力;

　　③作为合伙人的法人或者其他组织依法被吊销营业执照、责令关闭撤销,或者被宣告破产;

　　④法律规定或者合伙协议约定合伙人必须具有相关资格而合伙人丧失该资格;

　　⑤合伙人在合伙企业中的全部财产份额被人民法院强制执行。

　　合伙人被依法认定为无民事行为能力人或者限制民事行为能力人的,经其他合伙人一致同意,可以依法转为有限合伙人,普通合伙企业依法转为有限合伙企业。其他合伙人未能一致同意的,该无民事行为能力或者限制民事行为能力的合伙人退伙。

　　退伙事由实际发生之日为退伙生效日。

　　(3)除名退伙

　　除名退伙是指经其他合伙人一致同意,将符合法律规定除名条件的合伙人强制清除出合伙企业而发生的退伙。

　　合伙人有下列情形之一的,经其他合伙人一致同意,可以决议将其除名:

　　①未履行出资义务;

　　②因故意或者重大过失给合伙企业造成损失;

　　③执行合伙企业事务时有不正当行为;

　　④发生合伙协议约定的事由。

　　对合伙人的除名决议应当书面通知被除名人。被除名人接到除名通知之日,除名生效,被除名人退伙。被除名人对除名决议有异议的,可以自接到除名通知之日起30日内,向人民法院起诉。

　　3.退伙的法律后果

　　合伙人退伙,不影响其他合伙人之间的合伙关系,合伙企业继续存在。但是退伙会引起退伙人在合伙企业中的财产份额和民事责任的归属变动,即财产继承和退伙结算。这就是退伙引起的法律后果。

(1)财产继承

合伙人死亡或者被依法宣告死亡的,对该合伙人在合伙企业中的财产份额享有合法继承权的继承人,按照合伙协议的约定或者经全体合伙人一致同意,从继承开始之日起,取得该合伙企业的合伙人资格。

有下列情形之一的,合伙企业应当向合伙人的继承人退还被继承合伙人的财产份额:

①继承人不愿意成为合伙人;

②法律规定或者合伙协议约定合伙人必须具有相应资格,而该继承人未取得该资格;

③合伙协议约定不能成为合伙人的其他情形。

合伙人的继承人为无民事行为能力人或者限制民事行为能力人的,经全体合伙人一致同意,可以依法成为有限合伙人,普通合伙企业依法转为有限合伙企业。全体合伙人未能一致同意的,合伙企业应当将被继承合伙人的财产份额退还该继承人。

(2)退伙结算

退伙结算实际上就是财产分割。

退伙之前要进行退伙结算,退伙人不得不经退伙结算擅自处理合伙企业财产。

①合伙人退伙,其他合伙人应当与该退伙人按照退伙时合伙企业的财产状况进行结算,退还退伙人的财产份额。对于退伙人给合伙企业造成的损失负有赔偿责任的,相应扣减应当赔偿给该退伙人的份额。退伙时有未了结的合伙企业事务的,待该事务了结后进行结算。

②退伙人在合伙企业中财产份额的退还办法,由合伙协议约定或者由全体合伙人决定,可以退还货币,也可以退还实物。

③退伙人对其退伙前已发生的合伙企业债务,与其他合伙人承担无限连带责任。

④合伙人退伙时,合伙企业财产少于合伙企业债务的,退伙人应当依照合伙事务执行中有关合伙企业的利润分配和亏损分担的规定执行。即由合伙人按照合伙协议约定的比例分担;合伙协议未约定或者约定不明确的,由合伙人协商决定;协商不成的,由合伙人按照实缴出资比例分担;无法确定出资比例的,由合伙人平均分担。

六、特殊普通合伙企业

特殊普通合伙企业的设立,仅限于以专业知识和专门技能为客户提供有偿服务的一些专业服务机构。特殊普通合伙企业名称中应当标明"特殊普通合伙"字样。

合伙人在执业活动中非因故意或者重大过失造成的合伙企业债务以及合伙企业的其他债务,要由全体合伙人承担无限连带责任。

合伙人执业活动中因故意或者重大过失造成的合伙企业债务,以合伙企业财产对外承担责任后,该合伙人应当按照合伙协议的约定对给合伙企业造成的损失承担赔偿责任。

特殊普通合伙企业应当建立执业风险基金、办理职业保险。执业风险基金用于偿付合伙人执业活动造成的债务。执业风险基金单独立户管理。执业风险基金的具体管理办法由国务院另行规定。

特殊普通合伙企业的其他方面与普通合伙企业相同。

第三节 有限合伙企业

一、有限合伙企业的设立条件

1.有限合伙企业由两个以上五十个以下合伙人设立(与普通合伙企业相同,也包括自然人、法人和其他组织),但法律另有规定的除外。《合伙企业法》对有限合伙制度合伙人数量2~50人的限制,目的是为了避免有限合伙成为非法集资的工具。

2.有限合伙企业的合伙人中至少应当有一个普通合伙人(承担无限责任)。

3.国有独资公司、国有企业、上市公司以及公益性的事业单位、社会团体不得成为普通合伙人,但仍可成为有限合伙人。

4.有限合伙企业名称中应当标明"有限合伙"字样。

5.有限合伙企业合伙协议除了要符合普通合伙企业合伙协议的规定外,还应当载明下列事项:

(1)普通合伙人和有限合伙人的姓名或者名称、住所;

(2)执行合伙事务合伙人应具备的条件和选择程序;

(3)执行合伙事务合伙人权限与违约处理办法;

(4)执行合伙事务合伙人的除名条件和更换程序;

(5)有限合伙人入伙、退伙的条件,程序以及相关责任;

(6)有限合伙人和普通合伙人相互转变程序。

6.有限合伙企业的有限合伙人可以用货币、实物、知识产权、土地使用权或者其他财产权利作价出资,但不得以劳务出资,这一点与普通合伙企业不同。

7.有限合伙人应当按照合伙协议的约定按期足额缴纳出资;未按期足额缴纳的,应当承担补缴义务,并对其他合伙人承担违约责任。

8.有限合伙企业登记事项中应当载明有限合伙人的姓名或者名称及其认缴的出资数额。

二、有限合伙企业财产

有限合伙人可以将其在有限合伙企业中的财产份额出质,但是,合伙协议另有约定的除外。

有限合伙人可以按照合伙协议的约定向合伙人以外的人转让其在有限合伙企业中的财产份额,但应当提前30日通知其他合伙人。

三、有限合伙企业合伙事务的执行

1.有限合伙企业由普通合伙人执行合伙事务。执行合伙事务合伙人可以要求在合伙协议中确定执行合伙事务的报酬及报酬提取方式。有限合伙人不执行合伙事务,不得对外代表有限合伙企业。

2.有限合伙人的下列行为,不视为执行合伙事务:

(1)参与决定普通合伙人入伙、退伙;

(2)对企业的经营管理提出建议;

(3)参与选择承办有限合伙企业审计业务的会计师事务所;

(4)获取经审计的有限合伙企业财务会计报告;

(5)对涉及自身利益的情况,查阅有限合伙企业财务会计账簿等财务资料;

(6)在有限合伙企业中的利益受到侵害时,向有责任的合伙人主张权利或者提起诉讼;

(7)在执行合伙事务合伙人怠于行使权利时,督促其行使权利或者为了本企业的利益以自己的名义提起诉讼;

(8)依法为本企业提供担保。

3.有限合伙企业不得将全部利润分配给部分合伙人,但是,合伙协议另有约定的除外。

4.有限合伙人可以同本有限合伙企业进行交易,但合伙协议另有约定的除外。

5.有限合伙人可以自营或者同他人合作经营与本有限合伙企业相竞争的业务,但合伙协议另有约定的除外。

四、有限合伙企业与第三人的关系

第三人有理由相信有限合伙人为普通合伙人并与其交易的,该有限合伙人对该笔交易承担与普通合伙人同样的责任。

有限合伙人未经授权以有限合伙企业名义与他人进行交易,给有限合伙企业或者其他合伙人造成损失的,该有限合伙人应当承担赔偿责任。

有限合伙人的自有财产不足以清偿其与合伙企业无关的债务的,该合伙人可以用其从有限合伙企业中分取的收益用于清偿。债权人也可以依法请求人民法院强制执行该合伙人在有限合伙企业中的财产份额用于清偿。人民法院强制执行有限合伙人的财产份额时,应当通知全体合伙人。在同等条件下,其他合伙人有优先购买权。

五、有限合伙企业的入伙与退伙

（一）入伙

新入伙的有限合伙人对入伙前有限合伙企业的债务,以其认缴的出资额为限承担责任。

（二）退伙

有限合伙人有下列情形之一的,属于法定退伙:(1)作为有限合伙人的自然人死亡或者被依法宣告死亡;(2)作为合伙人的法人或者其他组织依法被吊销营业执照、责令关闭撤销,或者被宣告破产;(3)合伙人在合伙企业中的全部财产份额被人民法院强制执行。

作为有限合伙人的自然人在有限合伙企业存续期间丧失民事行为能力的,其他合伙人不得因此要求其退伙。

作为有限合伙人的自然人死亡、被依法宣告死亡或者作为有限合伙人的法人及其他组织终止时,其继承人或者权利承受人可以依法取得该有限合伙人在有限合伙企业中的合伙人资格。

有限合伙人退伙后,对基于其退伙前的原因发生的有限合伙企业债务,以其退伙时从有限合伙企业中取回的财产承担责任。

六、普通合伙人与有限合伙人身份的转变

有限合伙企业成立后,普通合伙人可以转变为有限合伙人,有限合伙人也可以转变为普通合伙人。

除合伙协议另有约定外,普通合伙人转变为有限合伙人,或者有限合伙人转变为普通合伙人,应当经全体合伙人一致同意。

有限合伙人转变为普通合伙人的,对其作为有限合伙人期间有限合伙企业发生的债务承担无限连带责任。

普通合伙人转变为有限合伙人的,对其作为普通合伙人期间合伙企业发生的债务承担无限连带责任。

有限合伙企业除了上述内容之外,其他与普通合伙企业规定相同。

第四节　合伙企业的解散和清算

一、合伙企业的解散

与个人独资企业一样,合伙企业的解散同样会直接影响到企业债权人和债务人的切身利益,因此也必须具备法定事由或原因。根据《合伙企业法》的规定,合伙企业的解散,包括自行解散和强制解散。

(一)自行解散

(1)合伙协议约定的经营期限届满,合伙人决定不再经营的;

(2)合伙协议约定的解散事由出现;

(3)全体合伙人决定解散;

(4)合伙人已不具备法定人数满30天;

(5)合伙协议约定的合伙目的已经实现或者无法实现。

(二)强制解散

(1)依法被吊销营业执照、责令关闭或者被撤销;

(2)出现法律、行政法规规定合伙企业解散的其他原因。

有限合伙企业仅剩有限合伙人的,应当解散;有限合伙企业仅剩普通合伙人的,转为普通合伙企业。

二、合伙企业的清算

(一)清算人的确定

合伙企业解散,应当由清算人进行清算。

合伙企业解散,清算人由全体合伙人担任;或经全体合伙人过半数同意,可以自合伙企业解散事由出现后 15 日内指定一个或者数个合伙人,或者委托第三人,担任清算人。自合伙企业解散事由出现之日起 15 日内未确定清算人的,合伙人或者其他利害关系人可以申请人民法院指定清算人。

(二)清算人的职责

清算人在清算期间履行下列职责:(1)清理合伙企业财产,分别编制资产负债表和财产清单;(2)处理与清算有关的合伙企业未了结的事务;(3)清缴所欠税款;(4)清理债权、债务;(5)处理合伙企业清偿债务后的剩余财产;(6)代表合伙企业参加诉讼或者仲裁活动。

(三)财产清偿顺序

合伙企业财产在支付清算费用后,按下列顺序清偿:(1)职工工资和劳动保险费用;(2)缴纳所欠税款;(3)合伙企业的债务。

合伙企业财产按上述顺序清偿后仍有剩余的,由各合伙人按照本章第二节合伙企业事务执行中合伙企业的利润分配办法进行分配。

(四)清算结束

清算结束后,清算人应当编制清算报告,经全体合伙人签名、盖章后,在 15 日内向企业登记机关报送清算报告,申请办理合伙企业注销登记。合伙企业注销登记是合伙企业解散、破产消灭其主体资格的法定程序。

合伙企业注销后,原普通合伙人对合伙企业存续期间的债务仍应承担无限连带责任。

▶ 本章相关法律依据 ◀

1.《中华人民共和国合伙企业法》,1997 年 2 月 23 日第八届全国人民代表大会常务委员会第二十四次会议通过,2006 年 8 月 27 日第十届全国人民代表大会常务委员会第二十三次会议修订。

2.《中华人民共和国合伙企业登记管理办法》,1997 年 11 月 19 日国务院发布。

第五章

公司法律制度

第一节　公司法概述

一、公司的概念与基本特征

（一）公司的概念

公司（Corporation/Company）是世界性的经济组织，因各国法律体系及公司法律制度不同，对公司概念的表述也就不尽相同。《中华人民共和国公司法》（以下简称《公司法》）未对公司的定义做出直接的概括性规定，与公司定义相关的规定只《公司法》第二条："本法所称公司是指依照本法在中国境内设立的有限责任公司和股份有限公司。"

根据《公司法》规定的精神，我们对公司的定义做如下的表述：公司，是指依照公司法设立的由股东出资组成的法人企业。

（二）公司的基本特征

1.公司依法设立

公司依法设立包含两层意思：一是公司的设立必须依《公司法》和其他有关的法律规定，二是公司的设立必须符合法定的公司形式。

设立公司只能在法律规定的公司形式中选择其一，不得任意创设法律未予规定的公司形式。我国《公司法》规定的公司形式只有有限责任公司和股份有限公司两种。

2.公司具有法人资格

具有法人资格，是公司与个人独资企业和合伙企业的重要区别之一。《公司法》之所以赋予公司以法人资格，最根本的原因就在于公司具备了下列成为法人企业的条件：

（1）人格独立，即以自己的名义独立进行民事活动，依法自主经营、自负盈亏、自我约束、自我发展。公司的人格独立于股东个人的人格。公司之所以人格独立，是因为公司是一个独立的组织体，有自己的名称、住所及经营场所、独立健全的组织机构、与经营规模相适应的生产经营条件与从业人员和专门的财会人员以及健全的财务制度。

（2）财产独立，即公司拥有独立的财产，公司的财产独立于公司股东的个人财产。

（3）责任独立，即公司以其财产独立承担财产责任，公司股东对公司的债务不承担连带责任。

3.公司股东承担有限责任

所谓有限责任是指在公司发生对外负债的情况下,公司应当以其全部财产对公司的债务承担责任,公司的股东则以其向公司认缴的出资额或认购的股份为限对公司承担责任。

根据有限责任的原则,公司的债务由公司自己承担,公司的债权人必须向公司请求履行,不能向股东请求履行。即使公司的全部财产不足以清偿其全部债务,股东也只能在出资额或认购的股份范围内去承担公司的债务风险。除此之外,股东对公司的债务不承担任何责任。有限责任的核心和关键是公司股东对公司的债务承担有限责任。

4.公司股东既可以是自然人也可以是法人

除其他法律、行政法规有禁止或限制的特别规定外,所有的自然人、法人都可以作为公司的股东。这一点不同于个人独资企业而与合伙企业相同。

《公司法》没有对股东的法定资格做出限制性的规定,除《民法通则》、《公务员法》、《法官法》、《检察官法》等法律法规有禁止或限制性的规定除外。

5.公司是以股东投资为基础设立的股权式企业

作为现代企业的主要形态,公司具有其特定的产权结构形式。出资人(所有权主体)一旦把自己的财产作为投资交给公司,就丧失了对这部分财产的所有权而转化为股权,出资人就成为公司的股东,股东按自己在公司中股份的大小享有权益。虽然公司解散时,股东可以通过分配剩余财产恢复其对投资的所有权,但在公司存续期间,股东对自己出资的财产不再享有占有、使用、支配和处分的权利,股东将这些权利交给了公司,公司拥有独立的法人财产权(或称公司法人所有权)。股东不能任意抽回投资,不能随意退股。股东对其股权享有收益和转让的权利。

(三)刺破公司的面纱

根据有限责任原理,公司的股东依据公司章程和法律履行了出资义务之后,便不再对公司承担任何责任。公司法人以其全部财产对公司的债务承担责任,不足以清偿的部分,债权人不得向股东请求偿还;公司破产之后,股东对公司未能清偿的债务不再承担任何责任。

公司的有限责任就如同"一层面纱",将公司与股东隔离开来,债权人不得越过公司向股东直接追索债务责任。

公司的有限责任有优点也有缺点。有限责任虽然起到了保护股东利益、鼓励投资的作用,但同时也加大了债权人的风险。在实践中,公司的有限责任往往会被股东滥用,使其成为规避法律、逃避债务、转移财产的工具。例如,用虚假出资或抽逃资本的方式设立"皮包公司"或"空壳公司"。母公司让下属子公司与人签约,然后将子公司的财产和所收到的款项通过合同方式转移到母公司来,使子公司成为空壳公司,再借口子公司有独立法人资格承担有限责任来推卸自己的责任、公司脱壳经营、虚设股东、公司法人人格形骸化等。在这种情况下,刺破公司的面纱便应运而生。

所谓"刺破公司的面纱"(又称公司法人人格否认制度),就是为解决股东滥用法人人格和有限责任这个问题,引进了无限责任法人的概念和制度。刺破公司的面纱是对具有独立法人资格的公司在具体的法律关系中如果由于股东处于不正当的目的滥用法人人格并因此给债权人利益和社会公共利益造成损害,法官可以基于公平正义的价值理念,否认该法人的独立法律人格与有限责任,责令其股东直接对法人的债务承担连带责任的一种法律制度。

(四)公司的基本功能

公司的出现开启了人类文明的新篇章,公司把科学技术(发明、创造)、人类活动、经济行为甚至文化都组织在一起,产生了新的生产力,解决了以往个人不能完成的事情。公司不仅是一种企业组织,还是一种制度、一种文化、一种生存方式和一种生活方式。公司是普通人借以创造历史的权利和通道,现代的一些大公司甚至改变了人类的历史和人们的生活方式。公司发展到今天,不再单纯地具有专门的经济作用,公司对环境、社会、信息、政治和道德等诸多方面,都产生着强大的影响,在社会的政治、经济、文化生活中扮演着极其重要的角色。

股东向公司投资就是公司向社会融资、汇聚资本的过程。通过融资,公司可以集中力量完成单个资本所不能完成的大事,从而更有效的积累和创造财富。公司还可以分散创业和投资风险,鼓励创新,增添社会经济活力,为技术创新提供平台。

二、公司的分类

公司的分类即公司的类型,依照不同的标准可以对公司进行不同的分类。由于各国公司法均采用公司类型法定义,所以研究公司分类对于深入了解公司的特点和本质,并在此基础上理解各国公司法的精神,具有重要的理论意义。同时,由于不同类型的公司在设立条件及优劣上存在差异,清晰了解公司的类型,有利于投资者在实践中合理选择和鉴别。

从世界各国公司法对公司种类的规定及有关公司法理论对公司类别的划分来看,公司一般可以做如下分类:

(一)按股东责任范围分类

按股东责任范围分类即按股东是承担有限责任还是无限责任分类。这是大陆法系国家通行的公司分类标准,我国现行公司法也主要是按照这一分类标准进行分类的。这种分类方法是公司分类中最重要的标准。

1.无限公司

无限公司是指由两个以上的股东组成的,股东对公司的债务承担无限连带责任的公司。

无限公司的主要特征包括:(1)所有的股东都对公司承担无限责任和连带责任;(2)公司股东对公司事务拥有平等的代表权和管理权;(3)无限公司比较重视股东之间的信赖和信用关系。

2.有限责任公司

有限责任公司简称有限公司,是指由50个以下的股东共同出资设立,每个股东以其出资额为限对公司承担责任,公司以其全部资产对公司债务承担责任的公司。有限责任公司是我国《公司法》规定的法定公司形式之一。

3. 两合公司

两合公司是指由无限责任股东和有限责任股东共同投资设立的公司。其主要特征是股东之间的责任不同。无限责任股东对公司债务承担无限责任,有限责任股东则仅在其出资范围内对公司债务承担责任。

4. 股份有限公司

股份有限公司简称股份公司,是指由两个以上股东共同出资设立,公司全部资本划分为等额股份,股东以其所认购的股份数额为限对公司承担责任,公司以其全部资产对公司债务承担责任的公司。股份有限公司也是我国《公司法》规定的法定公司形式之一。

5. 股份两合公司

股份两合公司是指以无限公司与股份有限公司两种形式结合所组成的公司。它是结合无限公司和股份有限公司某些特点而形成的公司类型。

上述五种公司类型中,有限责任公司和股份有限公司是当代世界各国最典型的也是被普遍采用的两种公司组织形式。

(二)按公司信用基础分类

公司信用基础是公司设立和运作的依据。公司信用基础包括股东之间的信任关系和股东之间的投资关系两种。根据公司信用基础分类,公司可以分为:

1. 人合公司

凡是公司的信用基础在于股东个人条件而不取决于公司资本的,称为人合公司。

对于此类公司而言,其设立和顺利进行经营活动的基础在于股东个人的信用,而不是公司资本的多少。对公司的债务,股东需负连带无限的清偿责任。此外,这类公司股东的结合,以相互深切了解为必要条件,股东多为亲朋好友,故此种公司大都具有家族性特点。无限公司即为典型的人合公司。

2. 资合公司

凡是公司的信用基础在于公司资本数额而不考虑股东个人信用的,称为资合公司。

此类公司的债务不能连带股东出资以外的个人财产。此种公司股东的结合,无需彼此了解,任何人均可成为公司的股东,故此种公司趋于大众化、团体化。股份公司即为典型的资合公司。

3. 人合兼资合公司

凡是公司的信用基础兼具股东个人信用和公司资本数额两个方面的,是人合兼资合公司。两合公司和股份两合公司,是典型的人合兼资合公司。

(三)按公司间因资产或股权以及因协议方式形成的控制或支配关系分类

所谓公司间因资产或股权形成的控制或支配关系,是指在两个或多个独立的公司之间,一公司是否控制或支配另一公司或多个公司的资产或股权。这种公司间因资产或股权形成的控制或支配关系在《公司法》里就叫做控股。

控股具体表现为两种情况:(1)甲乙两股东共同出资成立一家公司,甲在公司中占51%资产,乙占49%资产,就称这家公司被甲控股;(2)甲、乙、丙、丁、戊等股东成立一家公司,甲在公司中所占的股份相对数最大,超过其他股东,也称公司被甲控股,其他股东则被称为参股。

根据公司间因资产或股权以及因协议方式形成的控制或支配关系,我们可将公司分为母公司与子公司。我国《公司法》对母公司和子公司没有明确规定其法律含义,尤其是没有界定母公司对子公司所持股份的比例,也没有对相互持股问题做出限制性规定。

1. 母公司

母公司是一种控制性公司,是拥有另一公司一定比例的资产或股权达到控股程度或者通过协议方式能够对另一公司的经营进行实际控制的公司。

2. 子公司

子公司是公司股权或资产受母公司控制或通过协议方式受母公司实际控制的公司。

就法律地位而言,母公司与子公司都是相互独立的法人。

一般来说,一个母公司控制了三家以上的子公司,即可能形成集团公司或企业集团。因此母子公司也是实现企业垄断和企业联合的常见法律形式。

按照母公司对子公司的控制程度,子公司又分为全资附属子公司和非全资附属子公司。全资附属子公司的资产或股份完全由母公司控制,即当母公司拥有子公司100%的股份时,该子公司就是全资附属子公司,否则就是非全资附属子公司。

3. 母子公司关系的产生方式

(1)收购

母公司通过协议或证券市场收购已有的企业或买进另一公司的股票或股份。

母公司通过收购其他公司,使它们变为自己的子公司,是最为省力的发展子公司的方式。母公司收购子公司,该子公司的子公司就自然成为母公司的"孙公司",子公司的子公司也是自己的子公司。

收购一般分为通过协议收购和通过证券市场收购两大类。

(2)设立

一个公司的经营业务有必要扩展时,母公司可根据各种因素(包括地域分布、投资环境、资产结构、风险、税收、管理机制等)直接投资设立子公司。设立子公司,既可以将本公司的某些部分分离出去使其成为独立的公司,也可以单独在本地或异地另行融资设立子公司;既可以设立全资附属子公司,也可以同其他公司联合资本设立非全资附属子公司。

(3)订约

母公司与其他公司签订合同,使其他公司在商业上接受母公司的支配和指导,成为子公司。即前面在母公司概念里所讲的:"通过协议方式能够对另一公司的经营进行实际控制"。

(四)按公司内部的管辖系统分类

1. 总公司

总公司又称本公司,是指具有独立的法人资格,能够以自己的名义直接从事各种业务活动,并管辖所属分公司或非独立经营机构的公司。

2. 分公司

分公司是指受总公司管辖的不具有独立法人资格的公司的分支机构。

分公司在业务、资金、人事等诸多方面,均受总公司管辖,在法律和经济上都没有独立性。

分公司的特征:第一,没有自己独立的公司名称和公司章程,只能以总公司的名义进行活动;第二,没有独立于总公司的组织机构,如董事会,只有自己的业务管理人员;第三,没有自己独立的财产,其实际占有的财产全部属于总公司,并列入总公司的资产负债表;第四,分公司在经营活动中产生的债权债务关系由总公司承担,并由总公司以其全部财产对该债务负清偿责任。

三、《公司法》与《涉外企业法》的关系

《公司法》是调整公司的设立、组织、活动及终止过程中发生的经济关系的法律规范的总称,而《涉外企业法》是调整涉外企业(中外合资企业、中外合作企业和外商独资企业)的设立、组织、活动及终止过程中发生的经济关系的法律规范的总称。《涉外企业法》主要由《中外合资经营企业法》《中外合作经营企业法》和《外资企业法》三部法律组成。

涉外企业(又称"三资企业")在我国设立公司,只能采用有限责任公司形式,不能采用股份有限公司形式。

在适用法律上,涉外企业应优先适用《中外合资经营企业法》、《中外合作经营企业法》和《外资企业法》等三个涉外企业法和相关法规,只有这些法规中未做规定的事项,才能适用《公司法》的规定。

《公司法》与《涉外企业法》的关系是普通法与特别法的关系。双方都有规定的,优先适用特别法。《涉外企业法》是《公司法》的特别法,《公司法》是《涉外企业法》的普通法。

中外合作经营企业与中外合资经营企业有如下区别:

第一,中外合作经营企业是中国的企业或其他经济组织与外国企业、其他经济组织和个人依中国法律规定,在中国境内共同举办的按合同约定分配收益或产品、分担风险和亏损的企业。中外合作经营企业是契约式企业而非股权式企业。中外合作者的经营管理权和利益的分配、风险和亏损的分担均由合作企业合同约定,不依合作经营各方投资比例确定,所以无需计算合作各方的出资比例。但有法人资格的合作企业,其外方合作者的投资比例一般不得低于注册资本的25%。

第二,中外合作经营企业可以是法人企业,也可以是非法人企业。取得法人资格的合作企业,其企业组织形式为有限责任公司。不具有法人资格的合作企业,其各方的合作关系视为合伙关系,实际上是合伙企业。

第三,中外合作经营企业可以设立董事会作为其权力机构行使经营管理权(指法人企业即有限公司),也可以不设董事会只设联合管理委员会管理(指非法人企业);而中外合资经营企业设董事会。

第四,中外合作经营企业可以约定外方合作者提前收回投资,合作期满企业的原始财产及积累资产全部归中方合作者所有。

《公司法》与《涉外企业法》关于有限责任公司规定的不同之处,在于以下几个方面:

(一)股东资格

《公司法》规定,除其他法律、行政法规有禁止或限制的特别规定外,自然人、法人都可

以成为公司的股东。

而《中外合资经营企业法》和《中外合作经营企业法》则规定,设立中外合资经营企业和中外合作经营企业的中方投资者必须是公司、企业或其他经济组织,中方的自然人不能成为中外合资经营企业和中外合作经营企业的股东。

(二)出资方式

《公司法》对于公司的股东能否用银行的借贷资本出资或认购股份,没有明确规定,"法不禁止即自由"。而《中外合资经营企业合营各方出资的若干规定》中明确规定:合营企业认缴的出资必须是合营者自己所有的资金,合营企业任何一方都不能用合营企业的名义取得贷款作为自己的出资。

(三)注册资本管理

1.《公司法》对股东间的出资比例未做规定,而《中外合资企业法》规定外国合营者的投资比例一般不低于 25%。

2.《公司法》规定有限责任公司的股东向股东以外的人转让出资时,经过半数的股东同意即可,而《中外合资经营企业法》及其实施条例规定,合营一方向第三者转让出资,须经合营他方同意,并要经审批机构批准。

(四)公司内部管理机构设置

《公司法》规定,公司应设股东会、董事会或执行董事和监事会或监事,还规定了有限责任公司董事会的产生和人数限额。

中外合资经营企业和中外合作经营企业均不设股东会,中外合资经营企业设董事会,中外合作经营企业可设董事会也可以不设董事会。

中外合资经营企业和中外合作经营企业的董事由各方推荐,董事人数由各方协商确定,公司的重大问题都由董事会确定;外商独资企业的内部组织机构,则由外商自定。

(五)利润分配和承担风险

《公司法》规定,股东均按其投资比例分配利润和承担风险。《中外合资经营企业法》规定,合营各方按注册资本的比例分配利润和承担风险。《中外合作经营企业法》规定,合作各方可以按合同商定的比例分配利润和承担风险。

第二节　公司法的基本制度

一、公司的设立

(一)公司设立的概念

公司的设立,是指发起人为创设公司并使之取得法人资格,依照法定的条件和程序必须采取和完成的多种连续的准备行为。

公司的"设立"与"成立"不同。公司成立的最终标志是获得工商行政管理机关颁发的公司企业法人营业执照。

（二）公司设立的方式

1.发起设立

发起设立是指由发起人认购公司应发行的全部资本（或全部股份）而设立公司。

有限责任公司的设立必须采用发起设立方式；股份有限公司的设立则既可以采取发起设立，也可以采取募集设立方式。股份有限公司采用发起设立方式，发起人必须在 2～200 人之内，超过 200 人为募集设立。股份有限公司的发起人中须有半数以上的发起人在中国境内有住所。

以发起设立方式设立公司，则各发起人认购的全部资本（或全部股份）之和，应当等于拟设立公司发行的全部资本（或全部股本）。

2.募集设立

募集设立是指由发起人认购公司发行股份的一部分，其余部分向社会公开募集或者向特定对象募集而设立公司。此种设立方式仅适用于股份有限公司。

上述两种设立方式中提到的发起人，亦称为创办人，是指最初订立创办公司的协议，提出设立公司申请，向公司出资或认购公司股份，并对公司设立承担责任的人。设立任何公司，都必须有发起人或创办人。由于发起人都负有出资或认购公司股份的义务，在公司成立后即成为公司的首批股东。公司的发起人，可以是自然人，也可以是法人。

（三）公司设立的条件及程序

1.公司设立的条件

公司设立的条件分为一般条件和特殊条件。

一般条件，是指各类公司成立时都应具备的共性条件。我国《公司法》对公司设立的一般条件没有做明确规定，但参照《民法通则》关于法人企业设立条件的规定，公司设立的一般条件应包括：（1）依法成立；（2）有必要的财产；（3）有自己的名称、组织机构和场所；（4）能够独立承担民事责任。

特殊条件，是指针对各种不同公司类型而分别设定的条件。对于设立公司的特殊条件，我国《公司法》针对有限责任公司和股份有限公司两种不同类型，在条文中做了具体的规定。

2.公司设立的程序

公司设立的程序，是指公司发起人设立公司时必须完成的步骤与过程。

因公司类型和公司设立方式的不同，公司设立的具体程序也有所区别。一般而言，有限责任公司的设立程序比较简单，股份有限公司的设立程序则较为复杂，发起设立程序简单，募集设立程序比较复杂。

二、公司的登记管理

公司经公司登记机关依法核准登记，领取企业法人营业执照，方取得企业法人资格。未经公司登记机关核准登记的，不得以公司名义从事经营活动。

公司的登记有设立登记、变更登记、注销登记。这里仅重点介绍一下公司的设立登记。

（一）登记的管辖

公司登记实行国家、省（自治区、直辖市）、市（县）三级管辖制度。

1. 国家工商行政管理局登记管辖范围

（1）国务院授权部门批准设立的股份有限公司；（2）国务院授权投资的公司；（3）国务院授权投资的机构或者部门单独投资或者共同投资设立的有限责任公司；（4）外商投资的有限责任公司；（5）依照法律的规定或者按照国务院的规定，应当由国家工商行政管理局登记的其他公司。

2. 省、自治区、直辖市工商行政管理局登记管辖范围

（1）该级政府批准设立的股份有限公司；（2）该级政府授权投资的公司；（3）该级政府授权投资的机构或者部门单独或者共同投资设立的有限责任公司；（4）国务院授权投资的机构或者部门与其他出资人共同投资设立的有限责任公司。

3. 市、县工商行政管理局登记管辖范围

本地区内的前面所列公司以外的其他公司，具体登记管辖由省、自治区、直辖市工商行政管理局规定。

（二）设立登记的程序

1. 申请名称预先核准

申请名称预先核准，即在正式申请办理公司设立之前，应先将拟设立公司的名称依照规定向公司登记机关提出申请，待取得公司登记机关发给的企业名称预先核准通知书后，方可正式办理公司的报批或设立登记申请事项。申请名称预先核准，要向公司登记机关提交相关文件。

2. 申请设立登记

申请设立登记，要向公司登记机关提交相关文件，如公司董事长签署的设立登记申请书、公司章程、股东的法人资格证明或者自然人身份证明、企业名称预先核准通知书、必须报经其他有关政府部门审批的批准文件等。申请人向公司登记机关提交公司登记申请后，凡提交的文件符合规定的，登记机关应发给公司登记受理通知书，并在该通知书发出后30日内做出核准登记或不予登记的决定。核准登记的，应当自核准之日起15日内通知申请人，发给企业法人营业执照。不予登记的，应自做出决定之日起15日内通知申请人，发给公司登记驳回通知书。

3. 分公司登记

公司设立分公司的，应当向分公司所在地的市、县公司登记机关申请登记。核准登记的，领取营业执照。分公司的登记事项只包括公司名称、营业场所、负责人和经营范围等内容。分公司的经营范围不得超出总公司的经营范围。设立分公司也要向公司登记机关提交相关文件。

（三）证照管理

证照是指公司和分公司登记后，取得的企业法人营业执照或营业执照。这两种执照有正本和副本之分，正本和副本具有同样的法律效力。证照是国家发给公司的一种法律证件，也是证明公司身份的招牌，公司应当妥善保管好。企业法人营业执照或者营业执照的正本应当置于公司住所或者分公司营业场所的醒目位置,以便于来者看清。任何单位和个人不得伪造、涂改、出租、出借、转让。如有遗失或者毁坏的,公司应当在公司登记机关指定的报刊上声明作废,申请补领。此外,公司向有关单位提交的营业执照复印件需要公司登记机关加盖印章的,可以在复印件上加盖印章。

三、公司名称与住所

(一)公司的名称

1.公司名称的概念与特征

公司名称是公司在营业中所使用的独特称号,是使公司人格特定化的标记。公司以自己的名称区别于其他公司的营业。公司的名称如同其他法人的名称和自然人的姓名,是公司具有法律主体资格的必要条件。因此,公司名称必须在公司章程中予以明确,并依法进行登记。在确定公司名称时,必须遵守《公司法》和相关法规对于企业名称的要求。

公司名称具有唯一性、特定性和排他性三个特征。唯一性,即通常情形公司只能有一个名称。特定性,即公司名称在公司登记机关辖区内不得与已登记的同行业公司名称相同或者近似。有限责任公司、股份有限公司必须在其公司名称中分别标明"有限责任公司"、"股份有限公司"字样。排他性,即公司名称依法经登记注册,由该公司在法律规定的范围内享有专用权,禁止他人擅自使用。

2.公司名称的组成

公司名称应由以下四部分依次组成:一是公司所在行政区域;二是公司的字号(又称商号);三是公司的行业或经营特点;四是公司的组织形式。

3.公司名称的制定和使用规则

公司应当使用中文名称。公司名称不得含有法律禁止的如下内容和文字:①有损于国家、社会公共利益的;②可能对公众造成欺骗或者误解的;③外国国家(地区)名称、国际组织名称;④政党名称、党政军机关名称、群众组织名称、社会团体名称及部队番号;⑤汉语拼音字母(外文名称中使用的除外)、数字;⑥其他法律、行政法规规定禁止的。

公司在营业活动中须使用公司名称,公司原则上只能使用一个名称。

(二)公司的住所

公司的住所是指其主要办事机构所在地,也是公司最重要的生产经营场所,是公司设立和存续的必不可少的要素。

对于公司的住所,《公司法》要求必须在公司章程中载明,并作为公司登记的必要事项之一。

四、公司章程

(一)公司章程的概念和作用

公司章程是指公司必备的规定公司组织及活动基本规则的法律文件,是以书面形式固定下来的全体股东共同一致的意思表示。设立任何公司都必须依法制定公司章程。

订立公司章程既是设立公司的必备条件又是设立公司的必经程序。没有公司章程,就不能设立有限责任公司和股份有限公司。订立公司章程必须采用书面形式。

公司章程的作用有两点:第一,公司章程是规范股东之间即公司内部关系的准绳,是公司发起人或股东间的契约(合同),公司章程对公司、股东、董事、监事、高级管理人员(以下简称高管人员)均具有约束力。因此股东违反公司章程的,要对其他股东承担违约责任和赔偿责任。但要注意:一般而言,公司章程只对公司内部人员具有约束力,而不能对抗善意第三人,即对第三人无约束力。当然也不是绝对的,公司章程如经过公示(例如公司的经营范围),对第三人也具有约束力。第二,公司章程是规范公司与第三人的关系和政府对公司进行监督管理的依据。

为了维护第三人的利益和社会交易安全,公司的住所、法定代表人、注册资本、经营范围、发起人或股东的姓名等章程的主要内容,须向社会公开(公示),以供公众查阅。工商行政管理机关亦根据依法登记的章程,对公司进行管理监督。

公司章程是公司成立的基础和生存的灵魂,是公司最重要、最基本的法律文件。所以在拟订公司章程时,要求必须慎之又慎。要精心设计,反复推敲,力求全面反映法律要求,准确表达股东的共同意愿,以避免因章程引起纠纷,动摇公司成立的基础。

(二)公司章程的内容

公司章程内容又称公司章程条款。

1. 有限责任公司章程条款

根据《公司法》第二十五条规定,有限责任公司章程条款包括:(1)公司名称和住所;(2)公司经营范围;(3)公司注册资本;(4)股东的姓名或者名称;(5)股东的出资方式、出资额和出资时间;(6)公司的机构(指组织机构)及其产生办法、职权、议事规则;(7)公司的法定代表人;(8)股东会会议认为需要规定的其他事项。

2. 股份有限公司章程条款

根据新《公司法》第八十二条规定,股份有限公司章程条款包括:(1)公司名称和住所;(2)公司经营范围;(3)公司设立方式;(4)公司股份总数、每股金额和注册资本;(5)发起人的姓名或者名称、认购的股份数、出资方式和出资时间;(6)董事会的组成、职权、任期和议事规则;(7)公司的法定代表人;(8)监事会的组成、职权、任期和议事规则;(9)公司利润分配办法;(10)公司的解散事由与清算办法;(11)公司的通知和公告办法;(12)股东大会会议认为需要规定的其他事项。

(三)公司章程的生效及变更

1. 公司章程的生效

关于公司章程生效的时间,理论界存在一定的分歧。本教材认为公司章程生效的时间应当在公司获准登记成立之时,但在公司章程经股东全体同意,并签字、盖章之后,即在股东之间部分地发生效力,对参与制定公司章程的股东具有相应约束力。

设立有限责任公司,应当由全体股东共同签署所拟订的公司章程并经公司登记机关登记后方产生法律效力。

设立股份有限公司,则在发起人制定公司章程后,交由股份有限公司创立大会决议通过并经公司登记机关登记后,方产生法律效力。

根据《中外合资经营企业法》的规定,中外合资经营的有限责任公司,其章程和合同必须在登记以前获得审查批准机关的审查批准。

2. 公司章程的变更

公司章程一经制定生效,应保持其内容的稳定性,不得随意变更。但当社会经济情况或公司本身情况发生重大变化时,在不违反公司设立目的,不违反社会公共利益的前提下,可以依法变更公司章程。

变更公司章程是公司的重大事宜,应按照法定程序进行。有限责任公司变更公司章程须经代表 2/3 以上表决权的股东通过并做出决议;股份有限公司变更公司章程须由股东大会做出特别决议。

因变更公司章程导致公司登记事项需要更改的,公司应申请变更登记。

五、公司注册资本

(一)公司注册资本的概念及相关规定

公司注册资本,是指由公司章程规定的并由公司登记机关予以登记的全体公司股东(发起人)认缴的出资总额。

有限责任公司的注册资本是指在公司登记机关登记的全体股东认缴的出资额。股份有限公司采取发起设立方式设立的,注册资本为在公司登记机关登记的全体发起人认购的股本总额,在发起人认购的股份缴足前,不得向他人募集股份;采取募集方式设立的,注册资本为在公司登记机关登记的实收股本总额。

2013 年第三次修正后的《公司法》,对原公司注册资本的相关规定进行了修改,主要涉及以下三个方面:

第一,将注册资本实缴登记制改为认缴登记制。除法律、行政法规以及国务院决定对公司注册资本实缴另有规定外,取消了关于公司股东(发起人)应当自公司成立之日起两年内缴足出资,投资公司可以在五年内缴足出资的规定;取消了一人有限责任公司股东应当一次足额缴纳出资的规定。公司股东(发起人)自主约定认缴出资额、出资方式、出资期限等,并记载于公司章程。法律、行政法规以及国务院决定规定公司注册资本实行实缴的,注册资本为股东或者发起人实缴的出资额或者实收股本总额。

第二,放宽注册资本登记条件。除法律、行政法规以及国务院决定对公司注册资本最低限额另有规定外,取消了有限责任公司最低注册资本 3 万元、一人有限责任公司最低注册资本 10 万元、股份有限公司最低注册资本 500 万元的限制性规定;不再限制公司设立时股东(发起人)的首次出资比例;不再限制股东(发起人)的货币出资比例。"另有规定"主要是指《证券法》对证券公司最低注册资本的规定、《商业银行法》对商业银行最低注册资本的规定、《保险法》对保险公司最低注册资本的规定以及国际货物运输代理业管理规定有关设立国际货运代理公司最低注册资本的要求等。

第三,简化登记事项和登记文件。公司股东(发起人)实际缴纳的出资额(实收资本)不再作为公司登记事项,不再需要向登记机关提交公司注册资本的验资报告,但法律、行政法规以及国务院对公司注册资本最低限额有规定的以及以募集方式设立的股份有限公司的注册资本仍应当经验资机构验资。注册资本认缴登记制与实缴登记制的区别在于:

注册资本认缴登记制是指登记机关只登记公司股东（发起人）认缴的出资总额（注册资本），股东（发起人）实际缴纳的出资额（实收资本）由公司股东自主约定并记载于公司章程。注册资本实缴登记制则要求公司的注册资本必须由股东（发起人）按规定期限实缴到位，并经依法设立的验资机构出具验资证明文件后向登记机关申请登记。

简单地说，实缴必须是认购时实际缴付；认缴只是先认购，可以一次缴付，也可以按期分次缴付。这也意味着公司登记机关登记的公司注册资本并不等于公司对股东的实收资本。

在施行认缴登记制后，实收资本不再进行登记，将无法排除部分股东通过认缴高额注册资本而实际不予缴足的方式，来设立注册资本很高的公司的风险，而社会公众缺乏对这一弄虚作假行为的判别手段，将可能衍生社会问题。针对这一点，各地公司登记机关今后可能会允许公司选择向公司登记机关申报实收资本到位备案，公司登记机关通过统一的企业信用信息平台进行公示，交易相对人或社会公众可通过该平台对股东的实际出资情况进行查询的方式加以防范。相应地，公司在经营过程中应当充分重视自身信用建设，特别是对于纳入企业信用信息平台统计的相关事项，应当高度警惕，避免损害自身信用的不当行为。毕竟公司注册资本的大小从某个方面宣示了公司的资金实力和可以对外承担民事责任的能力。注册资本越大，股东在其认缴注册资本范围内承担的责任也越大。所以不能因为公司注册资本改为认缴制，就不切实际任意认缴。

（二）与公司注册资本相关的几个概念

1.公司资产

公司资产是指可供公司支配的公司全部财产。它既包括由股东出资构成的公司资本及其增值部分，也包括公司对外发行的债券、向银行贷款等形成的公司负债及其他股东权益。公司一经注册登记成立，就合法拥有了由股东出资构成的公司法人财产，除非公司解散，否则公司就可以无限期地使用这些财产。

公司资本则是公司资产的货币化表现。公司资本是公司生存和运作并获得预期利润的物质基础，是公司的血液，也是股东获取投资报酬的物质前提，同时还是公司清偿债务的担保。

与公司资产密切相关的另一个概念是公司净资产。公司净资产是指公司总资产减去总负债后的净额。净资产是反映公司经营状况的一个重要指标。

2.投资总额

投资总额是指股东投入公司的基本建设资金和流动资金的总和。投资总额中包括公司的借款，所以投资总额一般都大于注册资本。

六、公司股东的出资方式

公司股东的出资方式又称公司资本的构成。有限责任公司股东的出资方式包括货币和可以用货币作价并可以依法转让的非货币财产两种方式，法律、行政法规规定不得作为出资的财产除外。股份有限公司的发起人也可以用货币和可以用货币作价并可以依法转让的非货币财产出资，但股份有限公司的非发起人股东只能以货币出资，因为股份有限公司的资产要分为等额股份，股东以其认购股份的多少相应地对公司承担责任，股东购买股票当然要用钱买，所以不能用非货币方式出资。

公司的股东或者发起人不得以劳务、信用、自然人姓名、商誉、特许经营权或者设定担保的财产等作价出资。

对作为出资的非货币财产应当评估作价，核实资产，不得高估或者低估作价。法律、行政法规对评估作价有规定的，从其规定。

（一）货币

2013年第三次修正后的《公司法》，取消了原来有限责任公司全体股东的货币出资金额不得低于公司注册资本30％的规定。这就意味着一些有技术背景的创业人士不再为拿技术出资但是碍于需要30％的现金配套而在设立公司上为难，全部用技术出资或者其他可以评估作价的实物出资均可成为现实。

股东对公司的货币出资，可否以贷款或借款替代，《公司法》未做规定。

（二）实物

实物，主要是指建筑物、厂房和机器设备等有形资产。虽然《公司法》没有直接规定哪些实物可以作为股东的出资，但并非任何实物都可以作为股东的出资。股东出资的实物，应为公司生产经营所需的建筑物、设备或其他物资。股东对用以出资的实物，必须拥有所有权，并应出具拥有所有权和处置权的有效证明。租赁物及暂替他人保管的财物或虽为自己所有但已设定了担保的实物，均不得作为出资。

（三）知识产权

知识产权包括著作权、专利权、商标权。

（四）非专利技术

非专利技术即未取得专利的技术秘密、技术诀窍或其他商业秘密。

（五）土地使用权

土地使用权出资就是指股东以土地使用权作价后向公司出资而使公司获得土地使用权。土地使用权的评估作价，依照有关法律和行政法规的规定办理。

（六）其他可以用货币作价并可以依法转让的非货币财产

如债权、股权等。以股权出资的，该股权应当权属清晰、权能完整、依法可以转让。

有限责任公司股东的出资方式必须符合《公司法》的上述规定，否则不受法律的保护。公司在登记注册即公司成立后，股东不得抽逃出资。抽逃出资构成对登记机关的欺诈和交易安全的威胁，依法须受制裁，情节严重的则构成抽逃资本罪。

七、公司转投资

《公司法》对转投资的概念未做明确规定，学理上一般认为转投资是指公司作为投资主体，以公司的法人财产作为对另一企业的出资，从而使本公司成为另一企业股东的股权投资行为。

对于转投资概念的理解需要把握以下几个问题：

第一，公司转投资的目的是为了盈利。第二，转投资之后，转投资公司与被投资者各自仍然是独立的法人，不因资产的转移而丧失法人资格。第三，总公司设立分公司不属于转投资,但母公司设立子公司属于转投资。第四,转投资有两种形态:一是单向转投资,即由一公司向其他企业投资的单方行为;二是双向转投资,即双方公司相互向对方公司投资,取得和持有对方公司股份的行为,亦称相互持股或交叉持股。第五,公司转投资必须依照法律规定进行。

公司可以向其他企业转投资,但是除法律另有规定外,不得成为对所投资企业的债务承担连带责任的出资人。即公司对外投资只能承担有限责任,一般情况下不能对所投资企业承担无限连带责任。

此外,公司向其他企业转投资的,要依照公司章程的规定,由董事会或股东会、股东大会做出决议方可施行。

八、公司的法定代表人

法定代表人即代表公司法人行使职权的负责人。公司的法定代表人为一人,由自然人担任。公司的法定代表人要由公司章程规定,在董事长、执行董事或者经理中选择,并依法登记。公司法定代表人变更的,应当办理变更登记。

第三节　有限责任公司

一、有限责任公司的基本特征

(一)股东人数的限制性

有限责任公司由 50 个以下股东出资设立。我国《公司法》原则上仍强调公司股东的多元性。对有限责任公司股东做出最高人数的限制,是因为有限责任公司具有人合因素。股东须相互信任,这就决定了其股东人数不可能太多,不可能像股份有限公司那样接纳成千上万的股东。

(二)股东出资的非股份性

股份有限公司的资本,要划分成若干金额相等的股份,股东就其所认购的股份对公司负责。而有限公司的资本,不分成股份,股东按公司资本的比例来出资,其数额可以不同,股东仅以其出资额为限对公司负责。这也是有限责任公司与股份有限公司的重要区别之一。

(三)股东财产的独立性

股东或者发起人应当以自己的名义出资,即股东应用自己独立的财产出资,不能用与他人共有的财产出资。

(四)公司资本的封闭性

有限责任公司的封闭性主要表现在:(1)公司的资本只能由全体发起人认购,不能向社会公众公开募集股份,不能发行股票;(2)出资证明书不能像股票那样上市交易;(3)公司的财务会计资料无须向社会公开;(4)出资的转让有严格的限制,在向股东以外的人转让出资时,必须经全体股东过半数同意,而且在同等条件下,其他股东对所转让的出资有优先购买权。这一点不如股份公司那样自由,其目的在于最大限度地保持股东的稳定和股东之间的相互信任。

(五)公司设立和组织的简便性

有限责任公司的设立程序简便,只有发起设立,而无募集设立。除从事特殊行业的经营外,只要符合法律规定的条件,政府均给予注册,而没有烦琐的审查批准程序。《公司法》规定,股东人数较少和规模较小的有限责任公司,可以不设立董事会和监事会,只设一名执行董事和一至二名监事。因此,有限责任公司是比较适合于中小企业采用的组织形式。

(六)资合与人合的统一性

有限责任公司虽然从本质上说是一种资本的联合,要由股东出资组成。但因其股东人数有上限的规定,而且资本又具有封闭性的特点,故股东相互间又具有人身信任因素,具有人合的色彩。有限责任公司资合与人合的统一性,反映了它是集股份有限公司和无限公司的优点而形成的一种公司形式。

二、有限责任公司的设立条件和设立程序

(一)设立条件

1. 股东符合法定人数

有限责任公司的股东人数有以下三种情况:

一是由 50 人以下的自然人或法人股东出资设立的有限公司;二是由国家单独出资、由国务院或者地方人民政府委托本级人民政府国有资产监督管理机构履行出资人职责的有限公司,即国有独资公司;三是根据《外资企业法》的有关规定,外商投资者可以单独出资设立外商独资经营的有限公司。

2. 有符合公司章程规定的全体股东认缴的出资额

2013 年第三次修正后的《公司法》,取消了有限责任公司法定最低注册资本限额的规定。公司章程规定的全体股东认缴的出资额之和,经公司登记机关依法登记,即为有限责任公司的注册资本。

3. 股东共同制定公司章程

4. 有公司名称,建立符合有限责任公司要求的组织机构

公司名称是公司对外经营活动的标志,公司组织机构是公司组织生产经营活动的核心,适当的名称和机构设置对公司的设立和运作十分重要。

关于公司的组织机构,要结合设立有限责任公司所适用的法律及公司形态分别确定。

5. 有公司住所

公司住所是公司的主要办事机构所在地,也是公司最重要的生产经营场所。公司的生产经营场所可以有多个,而公司住所只能有一个。

(二)设立程序

与股份有限公司相比,有限责任公司的设立程序相对简便。其基本的设立步骤包括:

1.签订发起人协议

发起人协议是公司发起人之间就设立公司事项所达成的明确彼此之间权利义务关系的书面协议。发起人协议与公司章程不同,它重在约束、规范发起人的行为,其性质类似于合伙协议。发起人协议的内容主要包括组建公司的方案、股权的分配、缴纳出资的期限、发起人之间的职责分工等。如果公司未来设立成功,则发起人因设立公司所产生的权利义务就由公司承担;如果公司设立不成功,因设立公司所产生的对外债务,由发起人对第三人承担无限连带责任。签订发起人协议不是有限责任公司设立的必经程序。

2.订立公司章程

订立公司章程既是设立公司应当具备的条件,又是设立公司的一个必经程序。任何公司的设立均须订立公司章程,其目的是为了确定公司的宗旨、设立方式、经营范围、注册资本、组织机构以及利润分配等重大事项,为公司设立创造条件并为公司成立后的活动提供一个基本的行为规范。

3.行政审批

行政审批并非所有有限责任公司设立的必经程序,只有法律、行政法规明确规定必须报经行政审批的,才有此程序。

为了简化公司的设立程序,提高公司的设立效率,适应社会主义市场经济的要求,我国对有限责任公司的设立采用注册登记制,废止了过去长期实行的行政许可制。设立一般性的有限责任公司,在制定公司章程、缴纳出资、具备设立公司的实质要件之后,即可直接向公司注册登记机关申请注册登记。但法律、行政法规对设立公司规定必须报经有关主管部门行政审批的,在公司登记之前仍须办理行政审批手续。未经行政审批,公司不可获准登记。此类公司主要是指经营范围涉及国家许可证管理的以及国家认为应当控制的某些行业。

4.缴纳出资

缴纳出资是股东履行发起人协议或公司章程中规定的出资义务的行为。股东应按发起人协议或公司章程规定的出资方式、出资数额、出资时间恰当地履行出资义务。公司的资本来源于股东的出资,没有股东的出资行为,公司就无从成立。因此,缴纳出资是有限责任公司设立的一道关键性程序。

5.验资

根据2013年第三次修正后的《公司法》的规定,验资非有限责任公司设立的必经程序。有限责任公司登记时,不再需要提交验资报告,但法律、行政法规以及国务院对公司注册资本最低限额有规定的有限责任公司以及以募集方式设立的股份有限公司的注册资本仍需验资机构验资。

6.申请设立登记

向公司登记机关提交设立登记申请书、公司章程等文件(参见第二节公司的登记管理内容)。申请设立登记是有限责任公司设立的最后一个程序。关于公司的申请设立登记问题,在第二节"公司法的基本制度"中已有详尽论述,此处不再赘述。

三、有限责任公司股东出资额的认缴及责任

1.股东可以分期缴纳出资,但必须按公司章程规定按期足额缴纳各自所认缴的出资

额。股东以货币出资的,应当将货币出资足额存入有限责任公司在银行开设的账户;以非货币财产出资的,应当依法办理其财产权的转移手续。

对虚报注册资本的公司,公司登记机关处以虚报注册资本金额 5%以上 15%以下的罚款;对提交虚假材料或者采取其他欺诈手段隐瞒重要事实的公司,处以 5 万元以上 50 万元以下的罚款,情节严重的,撤销公司登记或者吊销营业执照。

2.股东在有限公司成立之前及成立之后,未按公司章程约定按期足额缴纳所认缴出资的,违约股东要向已按期足额缴纳出资的股东承担违约责任,并填补未按期足额缴纳的出资部分。此时违约股东产生违约责任和出资填补责任。

在有限责任公司成立之后,发现股东作为设立公司出资的非货币财产的实际价额显著低于公司章程所定价额的,该股东及公司设立时的其他股东要分别承担出资填补责任、连带责任、返还责任和违约责任。

公司的发起人、股东虚假出资,未交付或者未按期交付作为出资的货币或者非货币财产的,由公司登记机关责令改正,处以虚假出资金额 5%以上 15%以下的罚款。

3.对于股东的出资,有限责任公司应在成立后向股东签发出资证明书并置备股东名册。出资证明书也称股单,是有限责任公司记载股东出资和证明股东拥有公司股权的书面凭证。出资证明书应当载明下列事项:(1)公司名称;(2)公司成立日期;(3)公司注册资本;(4)股东的姓名或者名称、缴纳的出资额和出资日期;(5)出资证明书的编号和核发日期。出资证明书由公司盖章。

4.股东按照实缴的出资比例分取红利。公司新增资本时,原股东有权优先按照实缴的出资比例认缴出资。但是,全体股东约定不按照出资比例分取红利或者不按照出资比例优先认缴出资的除外。

5.公司成立后,股东不得抽逃出资。公司的发起人、股东在公司成立后,抽逃其出资的,由公司登记机关责令改正,处以所抽逃出资金额 5%以上 15%以下的罚款。

四、有限责任公司的股权转让与退股

公司成立后,股东之间可以相互转让其全部或者部分股权。股东向股东以外的人转让股权,应当经其他股东过半数同意。股东应就其股权转让事项书面通知其他股东、征求同意,其他股东自接到书面通知之日起满 30 日未答复的,视为同意转让。其他股东半数以上不同意转让的,不同意的股东应当购买该转让的股权(包含股东共同购买),不购买的,视为同意转让。经股东同意转让的股权,在同等条件下,其他股东有优先购买权。两个以上股东主张行使优先购买权的,协商确定各自的购买比例,协商不成的,按照转让时各自的出资比例行使优先购买权。

公司章程对股权转让另有规定的,从其规定。

特殊情况下,公司股东可以退股,即发生了《公司法》第七十四条规定的情况,股东可以请求公司按照合理价格收购其股权。

自然人股东死亡后,其合法继承人可以继承股东资格,但公司章程另有规定的除外。

五、有限责任公司的组织机构

有限责任公司的组织机构是依法行使公司决策、执行和监督权能的公司内部组织系统。

有限责任公司组织机构的设立内容反映了"分权制衡"的思想，根据三种管理权能，分设三种不同的机构，即权力机构（股东会）、经营决策与业务执行机构（董事会）和监督机构（监事会）。我国《公司法》中的这一各司其职、各负其责、协调运转、有效制衡的法人治理结构模式，借鉴了法国18世纪资产阶级杰出思想家孟德斯鸠的"三权分立、分权制衡"的思想。

（一）股东会

1. 股东会的概念、特点和职权

（1）概念

有限公司的股东会，是依照《公司法》和公司章程的规定设立的，由全体股东组成的公司权力机构。

股东会对外不代表公司，对内也不执行业务。

（2）特点

①股东会是公司的必设机构（特殊类型公司除外）。

依照股东是公司的最终利益享有者的原则，股东会是有限公司的必设机构。通过设置股东会，可以统一各股东的意见，形成"公司意志"。否则，股东的权利和意见将难以得到反映。股东会与董事会不同，股东会虽是公司的必设机构，但非常设机构。

②股东会是公司的权力机构。

所谓权力机构，即对公司最终命运拥有决定权的公司机构。从我国《公司法》对股东会职权的规定来看，显然都涉及了公司的根本利益。

（3）职权

①决定公司的经营方针和投资计划；②选举和更换非由职工代表担任的董事、监事，决定有关董事、监事的报酬事项；③审议批准董事会的报告；④审议批准监事会或者监事的报告；⑤审议批准公司的年度财务预算方案、决算方案；⑥审议批准公司的利润分配方案和弥补亏损方案；⑦对公司增加或者减少注册资本做出决议；⑧对发行公司债券做出决议；⑨对公司合并、分立、解散、清算或者变更公司形式做出决议；⑩修改公司章程；⑪公司章程规定的其他职权。

对上述所列事项，股东以书面形式一致表示同意的，可以不召开股东会会议，直接做出决定，并由全体股东在决定文件上签名、盖章。

首次股东会会议由出资最多的股东召集和主持，依照《公司法》规定行使职权。

2. 股东会的会议制度及议事规则

股东会职权的行使主要通过召开股东会会议来实现。股东会会议分为定期会议和临时会议两种。定期会议按公司章程的规定时间召开。代表1/10以上表决权的股东，1/3以上的董事，监事会或者不设监事会公司的监事，可以提议召开临时会议。

有限责任公司设立董事会的，股东会会议由董事会召集，董事长主持；董事长不能履行职务或者不履行职务的，由副董事长主持；副董事长不能履行职务或者不履行职务的，由半数以上董事共同推举一名董事主持。有限责任公司不设董事会的，股东会会议由执行董事召集和主持。董事会或者执行董事不能履行或者不履行召集股东会会议职责的，由监事会或者不设监事会的公司的监事召集和主持；监事会或者监事不召集和主持的，代表1/10以上表决权的股东可以自行召集和主持。

召开股东会会议，应当于会议召开15日前通知全体股东。但是，公司章程另有规定或者全体股东另有约定的除外。

股东会应当对所议事项的决定做成会议记录，出席会议的股东应当在会议记录上签名。

股东会会议表决权的计算采用资额主义，即"股东会会议由股东按照出资比例行使表决权"。但公司章程另有规定的除外。这一规定体现了《公司法》的任意性规范，公司章程另有约定的从约定。

股东会的议事方式和表决程序，由公司章程规定。即通过决议的表决权数或比例，无论采用半数通过或绝大多数通过标准，都应当在公司章程中明确规定。

以下事项必须经代表2/3以上表决权的股东通过：第一，对增加或减少公司注册资本、公司合并、分立、解散或者变更公司形式做出决议；第二，修改公司章程的决议。

（二）董事会

1.董事会的概念和特点

董事会是由股东会选举产生的，由董事组成的行使经营决策和管理权的并在股东会领导下的对内执行公司业务、对外代表公司的常设公司决策及执行机构。

公司的股东会与董事会的关系体现了所有权与经营权的分离。股东是公司财产的拥有者，股东会是公司的最高权力机关。但是股东会的特点和弱点，决定了公司日常的大量经营管理业务不宜也不可能由股东会来处理，需要有一个专门的机构代表股东会行使经营决策和管理的权力。

股东人数较少或者规模较小的有限责任公司，可以设1名执行董事，不设董事会。执行董事可以兼任公司经理。

执行董事的职权由公司章程规定。除《公司法》规定的特殊情况外，有限责任公司都必须设置董事会。

董事会具有以下特点：

(1)董事会是公司的常设机构。自公司成立开始，董事会就作为一个稳定的机构存在，其会议有开会、闭会、休会之分，其人员有任用和撤换的变动，但其组织始终存在，其活动不能停止。

(2)董事会是公司的执行机构。股东会做出的各项决议，必须由董事会负责主持实施和执行。

(3)董事会是公司的领导机构和经营决策机构。董事会不仅是股东会领导之下的业务执行机构，而且有独立的权限和责任。除法律和公司章程另有规定外，公司的一切业务活动和事务都应在董事会的领导下进行。董事会又拥有经营决策权，除股东会决议事项外，董事会对公司其他各事项，均可做出决定。

（4）董事会是公司的对外代表机关。董事长或执行董事为公司的对外代表。

2. 董事会的职权

董事会对股东会负责，依法行使 11 项职权：(1)召集股东会会议，并向股东会报告工作；(2)执行股东会的决议；(3)决定公司的经营计划和投资方案；(4)制订公司的年度财务预算方案、决算方案；(5)制订公司的利润分配方案和弥补亏损方案；(6)制订公司增加或者减少注册资本以及发行公司债券的方案；(7)制订公司合并、分立、解散或者变更公司形式的方案；(8)决定公司内部管理机构的设置；(9)决定聘任或者解聘公司经理及其报酬事项，并根据经理的提名决定聘任或者解聘公司副经理、财务负责人及其报酬事项；(10)制定公司的基本管理制度；(11)公司章程规定的其他职权。

3. 董事会的人数和产生方式

有限公司设置董事会的，其成员为 3～13 人，由符合条件的当选董事组成。

董事会成员的产生方式有三种：第一，股东会选举产生，即由股东会按照公司章程的规定，以一定表决权的方式选举产生公司董事，再由选出的董事组成董事会。第二，股东单方委派产生，即由股东根据公司章程或合营合同，依照其单方意志确定一定数量的董事会成员，这种方式主要适用于国有独资的有限公司和中外合资经营的有限公司。第三，职工民主选举产生。两个以上国有企业或者其他两个以上的国有投资主体投资设立的有限公司及国有独资的有限公司，其董事会成员中应当有公司职工代表。其他有限公司董事会成员中也可以有公司职工代表。董事会中的职工代表由公司职工通过职工代表大会、职工大会或者其他形式民主选举产生。

4. 董事会会议的召集和主持

董事会会议由董事长召集和主持；董事长不能履行职务或者不履行职务的，由副董事长召集和主持；副董事长不能履行职务或者不履行职务的，由半数以上董事共同推举一名董事召集和主持。

5. 董事会的议事方式和表决程序

董事会的议事方式和表决程序由公司章程规定。

有效董事会会议的参加人数或比例、有效决议的表决权数、代理人投票的效力等与表决方式和程序相关的问题，应该在公司章程中做出明确规定。

董事会应当对所议事项的决定做成会议记录，出席会议的董事应当在会议记录上签名。董事会决议的表决，实行一人一票。

6. 董事长

董事会设董事长一名，可以设副董事长。董事长、副董事长的产生办法由公司章程规定。实践中一般由董事会推选和罢免董事长和副董事长。

《公司法》未明确规定有限责任公司董事长的具体职权，按国外公司法的一般理论，董事长除对外代表公司外，主要是担负董事会会议和股东会会议的主持人职责，保证会议按既定的程序进行，而无其他特权。

7. 董事

（1）董事的概念和类型

董事是由公司股东选举产生的，是公司的决策者和公司业务的主管者。有限公司的董事类型包括：董事长、副董事长、执行董事、常务董事、普通董事。

(2)董事的任期和解除

董事的任期由公司章程规定，但每届任期不得超过三年。董事任期届满，连选可以连任。董事在任期届满之前，股东会不得无故解除其职务。

(三)经理

1. 经理的概念

经理是公司董事会聘任的依照劳动合同受雇于公司、主持公司日常管理工作的公司行政负责人。

经理不是公司的独立组织机构，它是隶属董事会的公司内部机关。经理是公司的常设辅助执行机构，是辅助董事会执行的机构。公司可以根据业务、地区、行政层次等具体情况，设置多名及不同层次的经理。如总经理、副总经理、部门经理及大区经理等。

2. 经理的职权

经理对董事会负责，依法行使 8 项职权：①主持公司的生产经营管理工作，组织实施董事会决议；②组织实施公司年度经营计划和投资方案；③拟订公司内部管理机构设置方案；④拟订公司的基本管理制度；⑤制定公司的具体规章；⑥提请聘任或者解聘公司副经理、财务负责人；⑦决定聘任或者解聘除应由董事会决定聘任或者解聘以外的负责管理人员；⑧董事会授予的其他职权。公司章程对经理职权另有规定的，从其规定。经理列席董事会会议。

(四)监事会

1. 监事会的概念和设置

监事会是对公司执行机构的业务活动进行专门监督和检查的常设公司监督机构。我国《公司法》对监事会的设置采取强制性的规定，有限责任公司经营规模较大的，设立监事会，其成员不得少于 3 人。

监事会设主席一人，由全体监事过半数选举产生。监事会主席召集和主持监事会会议。股东人数较少和规模较小的有限责任公司，可不设监事会，设 1 至 2 名监事。

2. 监事会成员的构成

监事会由股东代表和适当比例的公司职工代表组成，职工代表的比例不得低于 1/3，具体比例由公司章程规定。监事会中的职工代表由公司职工通过职工代表大会、职工大会或其他形式民主选举产生。监事会设主席一人，由全体监事过半数选举产生。监事的任期每届为 3 年。监事任期届满，连选可以连任。

为确保监督权独立、有效行使，董事、高级管理人员(指公司的经理、副经理、财务负责人，包括股份公司中上市公司董事会秘书和公司章程规定的其他人员)不得兼任监事。

3. 监事会或监事的职权

监事会或监事对股东会负责，依法行使 7 项职权：①检查公司财务；②对董事、高级管理人员执行公司职务的行为进行监督，对违反法律、行政法规、公司章程或者股东会决议的董事、高级管理人员提出罢免的建议；③当董事、高级管理人员的行为损害公司的利益时，要求董事、高级管理人员予以纠正；④提议召开临时股东会会议，在董事会不履行本法规定的召集和主持股东会会议职责时召集和主持股东会会议；⑤向股东会会议提出提案；⑥依照《公司法》第一百五十二条的规定，对董事、高级管理人员提起诉讼；⑦公司章程规定的其他职权。

六、有限责任公司董事、监事、高管人员的资格和义务

（一）董事、监事、高管人员的资格

1. 身份条件

身份条件即董事、监事、高管人员（高管人员指公司管理层中担任重要职务、负责公司经营管理、掌握公司重要信息的人员，主要包括公司总经理、副总经理、财务负责人，上市公司董事会秘书和公司章程规定的其他高级管理人员）是否具有资格股，是否必须是股东，我国《公司法》对此没有明确规定，就是说董事、监事、高管人员可以由股东或非股东担任。

2. 年龄条件

无民事行为能力或者限制行为能力者，不得担任公司董事、监事、高管人员。

3. 国籍条件

我国《公司法》对董事、监事、高管人员的国籍条件没有限制性的规定。

4. 兼职条件

我国《公司法》对董事、监事、高管人员能否兼任其他公司的董事、监事、高管人员，没有明确规定。但对国有独资公司的董事兼任其他公司董事或管理人有限制性的规定，未经同意，不得兼任。

5. 品行条件

我国《公司法》规定，有下列情形之一者，不得担任公司的董事、监事、高管人员：第一，因犯有贪污、贿赂、侵占财产、挪用财产罪或者破坏社会经济秩序罪，被判处刑罚，执行期满未逾 5 年，或者因犯罪被剥夺政治权利，执行期满未逾 5 年；第二，担任破产清算的公司、企业的董事或者厂长、经理，并对该公司、企业的破产负有个人责任的，自该公司、企业破产清算完结之日起未逾 3 年；第三，担任因违法被吊销营业执照、责令关闭的公司、企业的法定代表人，并负有个人责任的，自该公司、企业被吊销营业执照之日起未逾 3 年；第四，个人所负数额较大的债务到期未清偿。

（二）董事、监事、高管人员的义务

董事、监事、高管人员应当遵守法律、行政法规和公司章程，对公司负有忠实义务和勤勉义务。

董事、监事、高管人员不得有下列行为：

（1）挪用公司资金；

（2）将公司资金以其个人名义或者以其他个人名义开立账户存储；

（3）违反公司章程的规定，未经股东会、股东大会或者董事会同意，将公司资金借贷给他人或者以公司财产为他人提供担保；

(4)违反公司章程的规定或者未经股东会、股东大会同意,与本公司订立合同或者进行交易;

(5)未经股东会或者股东大会同意,利用职务便利为自己或者他人谋取属于公司的商业机会,自营或者为他人经营与所任职公司同类的业务(竞业禁止);

(6)接受他人与公司交易的佣金归为己有;

(7)擅自披露公司秘密;

(8)违反对公司忠实义务的其他行为。

董事、监事、高管人员违反上述规定所得的收入应当归公司所有。

股份有限公司董事、监事、高管人员的资格和义务与有限公司相同。

七、一人有限责任公司

(一)一人有限责任公司的概念

一人有限责任公司是指只有一个自然人股东或者一个法人股东的有限责任公司。

一人有限责任公司应当在公司登记中注明自然人独资或者法人独资,并在公司营业执照中载明。

(二)一人有限责任公司的设立条件及要求

(1)一个自然人只能投资设立一个一人有限责任公司。该一人有限责任公司不能投资设立新的一人有限责任公司(即全资子公司)。

但一个自然人投资设立的一人公司是否可以对其他公司投资形成控股或参股公司,《公司法》未作禁止规定。

一个法人投资设立一人公司,不受上述限制。即一个法人可以投资设立多个一人公司,同时一个法人投资设立的一人公司本身还可以再投资设立新的一人公司。

(2)公司章程由股东制定。

(3)公司不设股东会。

(4)公司股东不能证明公司财产独立于股东自己财产的(即把公司财产与股东个人的其他财产混同的),应当对公司债务承担连带责任。

八、国有独资公司

(一)国有独资公司的概念和特征

国有独资公司,是指国家单独出资、由国务院或者地方人民政府委托本级人民政府国有资产监督管理机构履行出资人职责的有限责任公司。

国有独资公司具有如下特征:

1.投资者的单一性

国有独资公司只有一个股东,或是国家授权投资的机构,或者是国家授权的部门。这是它与一般的有限责任公司最明显的区别。两个以上的国有企业或者其他两个以上的国有投资主体投资设立的有限责任公司,不属于国有独资公司的范畴。

2.财产的国有性

用于投入国有独资公司的财产,是国家授权投资的机构或国家授权的部门持有的国家所有性质的财产。此财产所有权无论掌握在投资者手中，还是授予国有独资公司行使，财产所有制的性质不会改变。在公司运营以后，原投资财产以及由此滋生积累的财产仍然属于国家所有的性质。

何谓"国家授权投资的机构"和"国家授权的部门"，现在还没有权威的解释。通常认为：前者包括国家投资公司、国家控股公司、国有资产经营公司、具备公司法规定条件的国有独资公司和国有企业集团中的集团公司；后者是代表国家对授权范围内的国有资产行使股东权的特定政府部门，即各级国有资产监督管理委员会。

3. 投资者责任的有限性

尽管国有独资公司的投资者为一人，但国有独资公司是具有法人资格的企业，其财产、经营均独立于投资者，投资者对公司的债务以其出资额为限承担有限责任。这一点，完全不同于个人投资的独资企业。

（二）国有独资公司的设立

国有独资公司由国家单独出资设立，其设立条件和程序除《公司法》有特别规定外，与一般的有限责任公司大体相同，所不同的主要是公司的资产性质、股东人数、公司章程的制定、组织机构等设立条件方面。

国有独资公司的公司资产具有国有性质，属国家所有。

国有独资公司的公司章程由国有资产监督管理机构制定，或者由董事会制定报国有资产监督管理机构批准。

（三）国有独资公司的组织机构

国有独资公司不设股东会，股东会职权由国有资产监督管理机构行使。国有资产监督管理机构可以授权公司董事会行使股东会的部分职权，决定公司的重大事项，但公司的合并、分立、解散、增减注册资本和发行公司债券，必须由国有资产监督管理机构决定。其中，重要的国有独资公司合并、分立、解散、申请破产的，应当由国有资产监督管理机构审核后，报本级人民政府批准。

国有独资公司设董事会，其地位和职权与其他有限公司的董事会相同。董事会成员人数与一般有限公司相同。董事会成员由国有资产监督管理机构委派，董事每届任期不得超过三年。董事会成员中应当有公司职工代表，职工代表由公司职工代表大会选举产生。

国有独资公司董事长、副董事长由国有资产监督管理机构从董事会成员中指定。

国有独资公司设经理，其职权与其他有限公司经理的职权相同，由董事会聘任或者解聘。经国有资产监督管理机构同意，董事会成员可以兼任经理。而其他有限公司的经理是否可以由董事会成员兼任，《公司法》没有明确规定。

《公司法》规定，国有独资公司监事会成员不得少于五人，其中职工代表的比例不得低于三分之一，具体比例由公司章程规定。监事会成员由国有资产监督管理机构委派，监事会中的职工代表由公司职工代表大会选举产生，监事会主席由国有资产监督管理机构从监事会成员中指定。

监事会的职权与其他有限公司监事会的职权相同，同时行使国务院规定的其他职权。

第四节　股份有限公司

一、股份有限公司的基本特征

（一）股东出资的股份性

股份有限公司的全部资本分为金额相等的股份,这是股份有限公司与有限责任公司在出资方式上的重要区别。有限责任公司股东的出资一般采取单一出资制或比例出资制,只有股份有限公司才将资本划分为股份,且每股金额均等。股东出资的股份性不仅可以适应股份有限公司公开发行股份募集资本和股东自由转让公司股份的需要,而且也便于计算和确定股东权力的大小。

（二）资本募集的公众性

股份有限公司的资本分为等额股份,而且股份以股票的形式向社会不特定的多数人发行。同时,股东可以自由地转让公司股份,股票流通基本上没有限制。

（三）公司经营的开放性

股份有限公司可以向社会公开募集资本,这就决定了它的经营具有开放性。股份有限公司不仅应当将公司章程、股东名册、股东大会会议记录、财务会计报表置备于本公司供股东查阅,而且还必须按法律规定的时间、内容和方式向社会公开各种会计表册,以使社会公众了解其财务状况和经营情况。

（四）公司信用基础的资合性

股份有限公司的信用基础不在于股东个人信用如何,而在于公司资本总额的多少。因此尽可能多地募集并维持住公司经营所需的资本,是公司得以设立及存续的基本条件。正因为如此,公司对股东个人的身份、地位并不计较,任何承认公司章程,愿意出资的人,都可以成为股东。

（五）公司所有权与经营权的分离性

股份有限公司的资本为全体股东所有,但公司的股东并无亲自参与公司经营的权利,即使有的股东参与公司的经营,也不是以股东的身份。股东仅在股东大会召开时参加股东大会,并行使表决权,而公司的经营权则由董事和经理行使,所以必须强调组织机构与法人治理机制的完善。而有限公司的所有权与经营权在相当程度上具有统一性,两权分离程度较低,其股东多通过出任经营职务直接参与公司的经营管理,决定公司事务。有限公司股东会的权利要大于股份有限公司的股东大会,并对董事会有较大的控制力。

股份有限公司的所有权与经营权之所以分离,是由股东认购股份目的的多样性和股份有限公司经营管理过程的复杂性所决定的。股份有限公司的股东人数众多、分散而且不稳定,况且各股东所持股份的目的也不相同,有的是为了参与公司的经营,有的是为了股息和红利,有的是为了投机,而且后两种股东并不在乎是否直接参与对公司进行经营管理。再加上股份有限公司规模巨大,生产经营管理过程复杂,特别是随着现代化大生产的发展,科学技术日新月异,要求公司的管理人员必须具备专门的技能和丰富的管理经验,而一般的股东难以胜任。于是公司的股东以全体的名义对公司的资产拥有单纯的所有权,即在法定的范围内享有一定的公司意志决策的权利、选择管理者的权利和资产收益的权利,而公司的经营权则授予具有经营管理专才的董事和经理。这样一来,股份有限公司的所有权和经营权就呈分离状态。

二、股份有限公司的设立条件和设立程序

(一)设立条件

股份有限公司的设立,可以采取发起设立或者募集设立的方式。

《公司法》对股份有限公司的设立采取准则主义而非审批主义,即只要符合法律规定的条件,设立股份有限公司可直接向登记机关申请登记设立,不需要报行政主管机关批准。此外,股份有限公司即可向社会公开募集股份,也可定向募集股份。

根据《公司法》规定,设立股份有限公司,应当具备下列条件:

(1)发起人符合法定人数。

即有2人以上200人以下为发起人,其中须有半数以上的发起人在中国境内有住所。股份有限公司发起人承担公司筹办事务。发起人应当签订发起人协议,明确各自在公司设立过程中的权利和义务。

(2)有符合公司章程规定的全体发起人认购的股本总额或者募集的实收股本总额。

(3)股份发行、筹办事项符合法律规定。

(4)发起人制订公司章程,采用募集方式设立的须经创立大会通过。

(5)有公司名称,建立符合股份有限公司要求的组织机构。

(6)有公司住所。

(二)设立程序

1.发起设立公司

以发起设立方式设立股份有限公司,因不向社会公开募股,故设立程序较为简单。主要程序包括:(1)发起人认购股份。股份有限公司采取发起设立方式设立的,注册资本为在公司登记机关登记的全体发起人认购的股本总额。在发起人认购的股份缴足前,不得向他人募集股份。以发起人设立方式设立股份有限公司的,发起人应当书面认足公司章程规定其认购的股份,并按照公司章程规定缴纳出资。以非货币财产出资的,应当依法办理其财产权的转移手续。发起人不依照上述规定缴纳出资的,应当按照发起人协议承担违约责任。(2)选举董事会和监事会。发起人认足公司章程规定的出资后,应当选举董事会和监事会。(3)办理设立登记。董事会向公司登记机关报送公司章程和法律、行政法规规定的其他文件,申请设立登记。

2.募集设立公司

募集设立公司较为复杂,主要程序包括:(1)发起人认购股份。发起人认购的股份不得少于公司股份总数的35%。但法律、行政法规另有规定的,从其规定。(2)发起人向社会公开募集股份。首先,必须公告招股说明书,并制作认股书。招股说明书应当附有发起

人制订的公司章程。其次,签订承销协议。发起人向社会公开募集股份,应当由依法设立的证券公司承销,签订承销协议。最后,发起人向社会公开募集股份,应当同银行签订代收股款协议。(3)验资。以募集方式设立的股份有限公司发行股份的股款缴足后,必须经依法设立的验资机构验资并出具证明。(4)召开创立大会。发起人应当自股款缴足之日起30日内主持召开公司创立大会。创立大会由发起人、认股人组成。创立大会行使下列职权:①审议发起人关于公司筹办情况的报告;②通过公司章程;③选举董事会成员;④选举监事会成员;⑤对公司的设立费用进行审核;⑥对发起人用于抵作股款的财产的作价进行审核;⑦发生不可抗力或者经营条件发生重大变化直接影响公司设立的,可以做出不设立公司的决议。创立大会对这些事项做出决议,必须经出席会议的认股人所持表决权过半数通过。(5)办理设立登记。董事会应于创立大会结束后30日内,向公司登记机关报送相关文件,申请设立登记。以募集方式设立股份有限公司公开发行股票的,应当事先报请国务院证券监管部门批准。

(三)发起人对公司设立的责任

(1)公司不能成立时,对设立行为所产生的债务和费用负连带责任;

(2)公司不能成立时,对认股人已缴纳的股款,负返还股款并加算银行同期存款利息的连带责任;

(3)在公司设立过程中,由于发起人的过失致使公司利益受到损害的,应当对公司承担赔偿责任;

(4)股份有限公司成立后,发起人未按照公司章程的规定缴足出资的,应当补缴,其他发起人承担连带责任。如发现作为设立公司出资的非货币财产的实际价额显著低于公司章程所定价额的,应当由交付该出资的发起人补足其差额,其他发起人承担连带责任。

三、股份有限公司的组织机构

(一)股东大会

股份有限公司股东大会由全体股东组成。股东大会是公司的权力机构,依法行使职权,其职权范围与有限责任公司股东会相同。

股东大会分为年会与临时大会。股东大会年会应当每年召开一次。有下列情形之一的,应当在两个月内召开临时股东大会:(1)董事人数不足《公司法》规定人数或者公司章程所定人数的2/3时;(2)公司未弥补的亏损达实收股本总额1/3时;(3)单独或者合计持有公司10%以上股份的股东请求时;(4)董事会认为必要时;(5)监事会提议召开时;(6)公司章程规定的其他情形。

股东大会会议由董事会召集,董事长主持;董事长不能或者不履行职务的,由副董事长主持;副董事长不能或者不履行职务的,由半数以上董事共同推举一名董事主持。董事会不能或者不履行召集股东大会会议职责的,监事会应当及时召集和主持;监事会不召集和主持的,连续90日以上单独或者合计持有公司10%以上股份的股东可以自行召集和主持。

召开股东大会会议,应当将会议召开的时间、地点和审议的事项于会议召开20日前通知各股东；临时股东大会应当于会议召开 15 日前通知各股东；发行无记名股票的，应当于会议召开 30 日前公告会议召开的时间、地点和审议事项。

单独或者合计持有公司 3％ 以上股份的股东，可以在股东大会召开 10 日前提出临时提案并书面提交董事会；董事会应当在收到提案后 2 日内通知其他股东，并将该临时提案提交股东大会审议。临时提案的内容应当属于股东大会职权范围，并有明确议题和具体决议事项。股东大会不得对向股东通知中未列明的事项做出决议。无记名股票持有人出席股东大会会议的，应当于会议召开 5 日前至股东大会闭会时将股票交存于公司。

股东出席股东大会会议，所持每一股份有一表决权。股东可以委托代理人出席股东大会会议，代理人应当向公司提交股东授权委托书，并在授权范围内行使表决权。公司持有的本公司股份没有表决权。

股东大会决议的事项分为普通事项与特别事项两类。股东大会对普通事项做出决议，必须经出席会议的股东所持表决权过半数通过。股东大会对修改公司章程、增加或者减少注册资本，以及公司合并、分立、解散或者变更公司形式的特别事项做出决议，必须经出席会议的股东所持表决权的 2/3 以上通过。

《公司法》和公司章程规定公司转让、受让重大资产或者对外提供担保等事项必须经股东大会做出决议的，董事会应当及时召开股东大会会议，由股东大会就上述事项进行表决。

股东大会选举董事、监事，可以根据公司章程的规定或者股东大会的决议，实行累积投票制。累积投票制，是指股东大会选举董事或者监事时，每一股份拥有与应选董事或者监事人数相同的表决权，股东拥有的表决权可以集中使用。累积投票制的实施有利于中小股东按照其持股比例选举代表进入公司管理层，参与董事会的活动，保护其利益。

股东大会应当对所议事项的决定做成会议记录，主持人、出席会议的董事应当在会议记录上签名。会议记录应当与出席股东的签名册及代理出席的委托书一并保存。

（二）董事会、经理

股份有限公司设立董事会，其成员为 5 人至 19 人。董事会成员中可以有公司职工代表。董事会成员中的职工代表由公司职工通过职工代表大会、职工大会或者其他形式民主选举产生。股份有限公司董事的任期、董事会的职权与有限责任公司相同。

董事会设董事长一人，可以设副董事长。董事长和副董事长由董事会以全体董事的过半数选举产生。董事长召集和主持董事会会议，检查董事会决议的实施情况。副董事长协助董事长工作，董事长不能或者不履行职务的，由副董事长履行职务；副董事长不能或者不履行职务的，由半数以上董事共同推举一名董事履行职务。

董事会每年度至少召开两次会议，每次会议应当于会议召开前 10 日通知全体董事和监事。代表 1/10 以上表决权的股东、1/3 以上董事或者监事会，可以提议召开董事会临时会议。董事长应当自接到提议后 10 日内，召集和主持董事会会议。董事会召开临时会议，可以另定召集董事会的通知方式和通知时限。

董事会会议应有过半数的董事出席方可举行。董事会做出决议必须经全体董事过半数通过。董事会决议的表决实行一人一票。董事会会议应由董事本人出席，董事因故不能出席，可以书面委托其他董事代为出席，委托书中应载明授权范围。

　　董事会应当对会议所议事项的决定做成会议记录,出席会议的董事应当在会议记录上签名。董事应当对董事会的决议承担责任。董事会的决议违反法律、行政法规或者公司章程、股东大会决议,致使公司遭受严重损失的,参与决议的董事对公司负赔偿责任。但经证明在表决时曾表明异议并记载于会议记录的,该董事可以免除责任。

　　股份有限公司设经理,由董事会决定经理的聘任或者解聘,其职权与有限责任公司经理相同。公司董事会可以决定由董事会成员兼任经理。

　　公司应当定期向股东披露董事、监事、高级管理人员从公司获得报酬的情况。公司不得直接或者通过子公司向董事、监事、高级管理人员提供借款。

　　(三)监事会

　　股份有限公司设立监事会,其成员不得少于3人。监事会应当包括股东代表和适当比例的公司职工代表,其中职工代表的比例不得低于1/3,具体比例由公司章程确定。监事会中的职工代表由公司职工通过职工代表大会、职工大会或者其他形式民主选举产生。董事、高级管理人员不得兼任监事。

　　监事会设主席一人,可以设副主席。监事会主席和副主席由全体监事过半数选举产生。监事会主席召集和主持监事会会议;监事会主席不能或者不履行职务的,由监事会副主席召集和主持监事会会议;监事会副主席不能或者不履行职务的,由半数以上监事共同推举一名监事召集和主持监事会会议。

　　股份有限公司监事的任期、监事会的职权与有限责任公司相同。监事会行使职权所必需的费用,由公司承担。

　　监事会至少每6个月召开一次会议。监事可以提议召开临时监事会会议。监事会的议事方式和表决程序,除法律有规定的外,由公司章程规定。监事会应当对所议事项的决定做成会议记录,出席会议的监事应当在会议记录上签名。

　　(四)上市公司组织机构的特别规定

　　上市公司,是指其股票在证券交易所上市交易的股份有限公司。《公司法》对上市公司组织机构与活动原则的特别规定主要有以下几项:

　　(1)增加股东大会特别决议事项。上市公司在一年内购买、出售重大资产或者担保金额超过公司资产总额30％的,应当由股东大会做出决议,并经出席会议的股东所持表决权的2/3以上通过。

　　(2)上市公司设立独立董事,具体办法由国务院规定。独立董事,是指不在公司担任除董事外的其他职务,并与其所受聘的上市公司及其主要股东不存在可能妨碍其进行独立客观判断的关系的董事。独立董事除了应履行董事的一般职责外,主要职责在于对控股股东及其选任的上市公司的董事、高级管理人员以及其与公司进行的关联交易等进行监督。

　　(3)上市公司设立董事会秘书,负责公司股东大会和董事会会议的筹备、文件保管以及公司股权管理,办理信息披露事务等事宜。

　　(4)增设关联关系董事的表决权排除制度。上市公司董事与董事会会议决议事项所涉及的企业有关联关系的,不得对该项决议行使表决权,也不得代理其他董事行使表决权。该董事会会议由过半数的无关联关系董事出席即可举行,董事会会议所做决议须经无关联关系董事过半数通过。出席董事会的无关联关系董事人数不足 3 人的,应将该事项提交上市公司股东大会审议。

四、股份有限公司的股份发行和转让

(一)股份发行

注册资本划分为金额相等的股份,是股份有限公司的基本特征之一。股份有限公司的股份采取股票的表现形式。股票是股份有限公司签发的证明股东所持股份的凭证,是股东的出资证明。

股份的发行,实行公平、公正的原则,同种类的每一股份应当具有同等权利。同次发行的同种类股票,每股的发行条件和价格应当相同。任何单位或者个人所认购的股份,每股应当支付相同价额。

股票发行价格可以按票面金额,也可以超过票面金额,但不得低于票面金额。因为低于票面金额发行股票,违背资本充实原则,使股票发行募集的资金低于公司相应的注册资本数额,出现资本虚增,影响交易安全,危及债权人的利益。

公司发行的股票,可以为记名股票,也可以为不记名股票。发起人的股票,应当标明发起人股票字样。公司向发起人、法人发行的股票为记名股票,应当记载该发起人、法人的名称或者姓名,不得另立户名或者以代表人姓名记名。

公司经国务院证券监督管理机构核准公开发行新股时,必须公告新股招股说明书和财务会计报告,并制作认股书。公司公开发行新股应当由依法设立的证券公司承销,签订承销协议,并同银行签订代收股款协议。公司发行新股,可以根据公司经营情况和财务状况,确定其作价方案。公司发行新股募足股款后,必须向公司登记机关办理变更登记,并公告。

(二)股份转让

与有限责任公司相比,股份有限公司股权的转让相对比较容易。根据《公司法》规定,股东持有的股份可以依法转让。股东转让其股份,应当在依法设立的证券交易场所进行或者按照国务院规定的其他方式进行。上市公司的股票,依照有关法律、行政法规及证券交易所交易规则上市交易。

记名股票,由股东以背书方式或者法律、行政法规规定的其他方式转让;转让后由公司将受让人的姓名或者名称及住所记载于股东名册。股东大会召开前 20 日内或者公司决定分配股利的基准日前 5 日内,不得进行股东名册的变更登记,但法律对上市公司股东名册变更登记另有规定的,从其规定。不记名股票的转让,由股东将该股票交付给受让人后即发生转让的效力。

发起人持有的本公司股份,自公司成立之日起一年内不得转让。公司董事、监事、高级管理人员应当向公司申报所持有的本公司的股份及其变动情况,在任职期间每年转让的股份不得超过其所持有本公司股份总数的 25%,所持本公司股份自公司股票上市交易之日起一年内不得转让。上述人员离职后半年内,不得转让其所持有的本公司股份。公司章程可以对公司董事、监事、高级管理人员转让其所持有的本公司股份做出其他限制性规定。

公司不得收购本公司股份,但有下列情形之一的除外:(1)减少公司注册资本;(2)与持有本公司股份的其他公司合并;(3)将股份奖励给本公司职工;(4)股东因对股东大会做出的公司合并、分立决议持异议,要求公司收购其股份的。公司因上述第(1)项至第(3)项的原因收购本公司股份的,应当经股东大会决议。公司收购本公司股份后,属于第(1)项情形的,应当自收购之日起 10 日内注销;属于第(2)项、第(4)项情形的,应当在 6 个月内转让或者注销。公司依照第(3)项规定收购的本公司股份,不得超过本公司已发行股份总额的 5%,用于收购的资金应当从公司的税后利润中支出,所收购的股份应当在一年内转让给职工。为防止变相违规收购本公司股份,公司不得接受本公司的股票作为质押权的标的。

\\\\ 本章相关法律依据 ◂◂

1.《中华人民共和国公司法》,1993 年 12 月 29 日第八届全国人民代表大会常务委员会第五次会议通过,1999 年 12 月 25 日第九届全国人民代表大会常务委员会第十三次会议第一次修正。2004 年 8 月 28 日第十届全国人民代表大会常务委员会第十一次会议第二次修正。2005 年 10 月 27 日第十届全国人民代表大会常务委员会第十八次会议修订。2013 年 12 月 28 日第十二届全国人民代表大会常务委员会第六次会议第三次修正。

2.《中华人民共和国公司登记管理条例》,1994 年 6 月 24 日国务院发布。

3.《公司注册资本登记管理规定》,2014 年 2 月 20 日国家工商行政管理总局发布,2005 年 12 月 18 日第一次修订,2014 年 2 月 19 日第二次修订。

4.《中外合资经营企业合营各方出资的若干规定》,1988 年 1 月 1 日对外经贸部、国家工商行政管理局联合发布。

第六章

企业国有资产法律制度

第一节　企业国有资产法概述

一、国有资产

国有资产是指所有权属于国家的财产,是国家依据法律取得的或由于资金投入、资产收益、接受馈赠等而取得的资产,包括各种类型的财产和财产权利。

按照不同的标准,可以对国有资产进行不同的分类。常见的对国有资产的分类主要有以下几种:

(1)国有资产依其分布状况和用途可分为三类,即经营性资产(主要指国有企业的国有资产)、非经营性资产(主要指行政事业单位的国有资产)和资源性资产。

(2)就国有资产的存在形态而言,可以划分为有形资产和无形资产两类。

(3)就全民所有的国有资产的形成方式而言,可以分为以下四类:一是源于国家依法取得和认定的资产;二是资本金的投入及其收益;三是国家对行政事业单位拨入经费形成的资产;四是接受馈赠的资产。

(4)按国有资产所处地域,可以分为境内国有资产和境外国有资产两类。

二、企业国有资产

(一)企业国有资产的内涵

企业国有资产是指从事产品生产、流通、经营服务等领域,以营利为主要目的,依法经营或使用,其产权属于国家所有的一切财产。它包括四层含义:一是企业国有资产分布的领域,不仅包括生产、流通等领域从事经营的企业,还包括一些服务行业、实行企业化管理的事业单位或利用非企业国有资产创收的单位;二是以营利为主要目的,是指直接为社会创造价值和使用价值,以及为实现这些价值服务的那部分资产;三是依法经营和使用,是指生产经营者和资产使用者依据国家法律、法规和有关政策,按照合理配置、节约使用原则进行生产经营和使用的资产;四是产权属于国家所有的一切财产,主要在于突出企业国有资产的产权属性及范围。

企业国有资产是国有资产中最重要、最活跃的部分,是国有资产收益不断增长的源泉,是国有资产增量不断扩大的基础,也是国有资产管理的重点对象。

(二)企业国有资产的分类

对企业国有资产进行科学的分类,是合理有效监管企业国有资产的必要前提。依照不同的划分标准,企业国有资产可以分为不同的种类:

1. 按照资产所处的产业部门不同分类

可以分为:第一产业的企业国有资产,是指在农业、林业、牧业、渔业和水利业等领域的企业国有资产;第二产业的企业国有资产,是指在工业、交通运输业、邮电通信业、建筑业等领域的企业国有资产;第三产业的企业国有资产,是指在商业、物资、金融、保险、旅游、房地产业和科技开发业等领域的企业国有资产;其他未列入上述三类的企业国有资产。

2. 按照企业经营活动性质的不同分类

可以分为:金融性国有资产和非金融性国有资产。金融性国有企业资产,主要包括在金融领域从事经营活动的各商业银行、保险公司所拥有的政府投入的资本金和税后留利形成的国有资产,以及以执行国家产业政策为目的,从事金融活动的政府投资公司或控股公司,以政府财政拨款为资本金和以税后留利等投资形成的金融性国有企业资产;非金融性国有企业资产,主要是指在物质生产领域内,为社会提供各种商品和劳务的国有企业所占有和使用的国有资产。

3. 按照国有资产所处的区域不同分类

可以分为:境内企业国有资产和境外企业国有资产。境内企业国有资产,是指在中华人民共和国境内用于生产经营活动的一切国有资产;境外企业国有资产,是指政府或国有企业跨国投资形成的在国外的企业国有资产,包括设立在国外的国有企业、与外国政府或外国企业联合组建的合资经营、合作经营企业中属于中方的企业国有资产。

4. 按照国有资产行政隶属关系的不同分类

可以分为:中央政府企业国有资产和地方政府企业国有资产。中央政府管理的经营性资产,主要是指由国务院国有资产管理部门监管的企业中的国有资产和持有的公司国家股及其权益。中央政府管理的经营性资产,主要分布在国民经济的基础性行业或主导行业,特别是金融、邮电、交通等行业,国有资产占很大比重。地方政府管理的经营性资产,主要是指地方各级政府国有资产管理部门监管的企业中的国有资产和持有的公司国家股及其权益。地方政府管理的经营性资产,主要服务于不同层次行政或地区经济发展的需要,并且以国有资产在全国的分布战略为前提。

三、我国的国有经济和国有资产

我国国有经济是在建国初期没收官僚资本和外国在华资本,改造民族私人资本和国家投资建设基础上形成的。改革开放后,我国经历了有计划的商品经济和市场经济改革阶段。随着市场经济体制、国有企业改革和现代企业制度的建立,逐步形成了对国有资产的新认识。国有资产一般可划分为属于国家所有的土地、矿藏、森林、水流等资源性资产,由国家机关、国有企事业单位等组织使用管理的行政事业性资产,以及由国家对企业的出资形成的经营性资产。前两类国有资产多属实物资产,而第三类国有资产则是国家作为市场经济主体通过出资所形成的权益。据有关资料显示,截至 2006 年年底,全国仅国有独资和国有控股的非金融类企业总资产和净资产就分别达到 29 万亿元和 12.2 万亿元,在国有资产中占很大比重,具有特殊的地位和作用。① 从最初的《国有资产法》到《企业国有资产法》,反映了法律适用范围的变化:从全部国有资产到只包括国家出资形成的、由国家出资企业经营和管理的企业国有资产。其中,对金融企业国有资产的管理与监督,法律做了特别规定。

四、企业国有资产法

《中华人民共和国企业国有资产法》(以下简称《企业国有资产法》)是中国特色社会主义法律体系中的一部重要法律,于 2008 年 10 月 28 日由十一届全国人大常委会第五次会议审议通过,并于 2009 年 5 月 2 日正式实施。该法是 2003 年修宪和《物权法》颁布实施之后出台的一部极其重要的法律。该法在坚持社会主义基本经济制度,准确体现中央关于国有资产管理体制改革精神的基础上,从解决实际问题出发,紧紧围绕保障国有资产权益,保证国有资产安全,构建相应的法律制度,为维护国家基本经济制度,促进国有资产保值增值提供法律保障。《企业国有资产法》适用于各类企业国有资产,对企业国有资产履行出资人职责的机构及其权利、义务和责任,国家出资企业维护出资人权益的责任做出了规定。确立了履行出资人职责的机构在行使出资人权益,包括选择国家出资企业管理者、决定关系出资人权益的重大事项等方面的基本规范,建立和完善了国有资本经营预算制度。

第二节　企业国有资产基本法律制度

一、国有企业改制法律制度

(一)国有企业改制的内涵

国有企业改制,是对一般竞争性领域的国有企业进行所有制改变,改为多元投资主体的有限责任公司或股份有限公司,是国有资本退出竞争和保值的途径。对于涉及国家安全、自然垄断、重要公共产品和服务的提供行业、高新技术、支柱产业中的骨干企业一般实行国有控股和国家独资形式。依据我国《企业国有资产法》第三十九条,企业改制是指:(1)国有独资企业改为国有独资公司;(2)国有独资企业、国有独资公司改为国有资本控股公司或者非国有资本控股公司;(3)国有资本控股公司改为非国有资本控股公司。

(二)国有企业改制的作用

国有企业大致可分为两类情况:一是正资产企业,是指过去经营状况较好,经过长期

---

① 石广生:关于《中华人民共和国国有资产法(草案)》的说明,《中华人民共和国全国人民代表大会常务委员会公报》,2008 年 7 期,第 643 页。

的积累,资产状况良好,在改制过程中去掉改制成本和债务后剩余的净资产较多;二是零资产企业和负资产企业,是指净资产为零或者负值的企业,这些企业过去长期惨淡经营或者处于停产半停产状态,产品老化、设备陈旧、资金枯竭、资源耗尽、人才流失、债务缠身、官司不断等,各有各的难处,是改制的难点和热点。对于不同的企业,应采取不同的改制方法,主要有:对于正资产企业,可由改制企业职工集体(也可吸收社会资金参与)购买净资产,并承担原企业的所有债权和债务实现整体出售。对于净资产较大的企业,经政府同意,改制企业可以先租后买或等额资产带等额债务分步改制、分拆出售、分步购买等;对于零资产企业,经政府批准,可由改制企业接受原企业资产、承担原企业债务,从而退出国有身份;对于负资产企业,可以依法申请破产或破产重组,也可以按零资产企业改制,再享受政府的有关优惠政策和补贴,完成改制。在改制过程中要兼顾国家、企业和职工个人的利益,改制的目的是将企业彻底推向市场、增强企业活力,同时,国有资产也不再承担由于企业经营不善而带来的风险和损失。

（三）相关法律规定

1.国有企业改制应当依照法定程序,由履行出资人职责的机构决定或者由公司股东会、股东大会决定。重要的国有独资企业、国有独资公司、国有资本控股公司的改制,履行出资人职责的机构在做出决定或者向其委派参加国有资本控股公司股东会会议、股东大会会议的股东代表做出指示前,应当将改制方案报请本级人民政府批准。

2.企业改制应当制订改制方案,载明改制后的企业组织形式、企业资产和债权债务处理方案、股权变动方案、改制的操作程序、资产评估和财务审计等中介机构的选聘等事项。企业改制涉及重新安置企业职工的,应当制订职工安置方案,并经职工代表大会或者职工大会审议通过。

3.企业改制应当按照规定进行清产核资、财务审计、资产评估,准确界定和核实资产,客观、公正地确定资产的价值。企业改制涉及以企业的实物、知识产权、土地使用权等非货币财产折算为国有资本出资或者购买股份的,应当按照规定对折价财产进行评估,以评估确认价格作为确定国有资本出资额或者股份数额的依据,不得将财产低价折股或者有其他损害出资人权益的行为。

二、企业国有资产产权登记制度

企业国有资产产权登记是指国有资产管理部门,代表政府对占有国有资产的各类企业的资产、负债、所有者权益等产权状况进行登记,依法确认产权归属关系的行为。

（一）产权登记的范围

根据1996年1月25日实施的《企业国有资产产权登记管理办法》(国务院令第192号)及2000年4月6日《财政部关于修订〈企业国有资产产权登记管理办法实施细则〉的通知》(财管字〔2000〕116号)、2004年10月30日《企业国有资产产权登记业务办理规则》(国资发产权〔2004〕315号)的规定,国有企业、国有独资公司、持有国家股权的单位以及以其他形式占有国有资产的企业,都应当依法办理产权登记。

（二）产权登记的管理机关

产权登记的主管机关是各级国有资产监督管理机构。各级国有资产监督管理机构负责本级政府所出资企业及其各级子企业的产权登记工作。未设立国有资产监督管理机构的，由本级政府指定的部门或机构负责产权登记工作。

（三）产权登记的种类、内容和程序

产权登记分为占有产权登记、变动产权登记和注销产权登记。企业申办产权登记，应当按规定填写相应的产权登记表，并向产权登记机关提交有关文件资料。产权登记机关对受理后的产权登记文件资料进行合规性审核。各级产权登记机关审核和颁发的《中华人民共和国企业国有资产产权登记证》，是依法确认企业产权归属关系的法律凭证，也是企业的资信证明文件。产权登记实行年度检查制度。

三、企业国有资产评估制度

企业国有资产评估，是为了正确体现国有资产的价值量，保护国有资产所有者和经营者、使用者的合法权益，由国有资产评估机构遵循真实性、科学性、可行性原则，依照国家规定的标准、程序和方法，对国有资产的质量、数量和利用状况进行的评定和估算。

（一）企业国有资产评估的范围

根据 2005 年 8 月 25 日国务院国有资产监督管理委员会颁布的《企业国有资产评估管理暂行办法》，各级国有资产监督管理机构履行出资人职责的企业及其各级子企业（以下统称企业）涉及资产评估。

（二）企业国有资产评估的组织管理

企业国有资产评估工作，按照国有资产管理权限，各级国有资产监督管理机构负责其所出资企业的国有资产评估监管工作。国务院国有资产监督管理机构负责对全国企业国有资产评估监管工作进行指导和监督。国有资产管理行政主管部门和行业主管部门不直接从事国有资产评估业务。

（三）企业国有资产评估的程序

企业国有资产评估按照下列程序进行：(1)申请立项；(2)资产清查；(3)评定估算；(4)验证确认。

企业国有资产评估项目实行核准制和备案制。经各级人民政府批准经济行为的事项涉及的资产评估项目，分别由其国有资产监督管理机构负责核准。经国务院国有资产监督管理机构批准经济行为的事项涉及的资产评估项目，由国务院国有资产监督管理机构负责备案；经国务院国有资产监督管理机构所出资企业及其各级子企业批准经济行为的事项涉及的资产评估项目，由中央企业负责备案。

地方国有资产监督管理机构及其所出资企业的资产评估项目备案管理工作的职责分工，由地方国有资产监督管理机构根据各地实际情况自行规定。

（四）企业国有资产评估的内容

企业有下列行为之一的，应当对相关国有资产进行评估：

（1）整体或者部分改建为有限责任公司或者股份有限公司；（2）以非货币资产对外投资；（3）合并、分立、破产、解散；（4）非上市公司国有股东股权比例变动；（5）产权转让；（6）资产转让、置换；（7）整体资产或者部分资产租赁给非国有单位；（8）以非货币资产偿还债务；（9）资产涉讼；（10）收购非国有单位的资产；（11）接受非国有单位以非货币资产出资；（12）接受非国有单位以非货币资产抵债；（13）法律、行政法规规定的其他需要进行资产评估的事项。

企业有下列行为之一的，可以不对相关国有资产进行评估：

（1）经各级人民政府或者国有资产监督管理机构批准，对企业整体或者部分资产实施无偿划转；（2）国有独资企业与其下属独资企业（事业单位）之间或其下属独资企业（事业单位）之间的合并、资产（产权）置换和无偿划转。

四、企业国有资产产权转让制度

企业国有资产产权转让是指依法将国家对企业的出资所形成的权益转移给其他单位或者个人的行为，按照国家规定无偿划转国有资产的除外。国有资产转让应当有利于国有经济布局和结构的战略性调整，防止国有资产损失，不得损害交易各方的合法权益。2004年2月1日起实施的《企业国有产权转让管理暂行办法》（国有资产监督管理委员会、财政部令第3号），把国有资产监督管理机构、持有国有资本的企业将所持有的企业国有产权有偿转让给境内外法人、自然人或者其他组织的活动纳入调整范围，但金融类企业国有产权转让和上市公司的国有股权转让，按照国家有关规定执行。

《企业国有产权转让管理暂行办法》对企业国有产权转让规定了严格的产权转让的基本程序及产权转让的审批程序。要求企业国有产权转让采取拍卖、招投标、协议转让等方式，在依法设立的产权交易机构中公开进行。

（一）产权转让的基本程序

1. 书面决议。实施项目可行性分析和研究，按照内部决策程序进行审议，并形成书面决议。其中，国有独资企业的产权转让，应当由总经理办公会议审议；国有独资公司的产权转让，应当由董事会审议；没有设立董事会的，由总经理办公会议审议；涉及职工合法权益的，应当听取职工代表大会的意见，对职工安置等事项应当经职工代表大会讨论通过。

2. 清产核资。转让方拥有控股地位的情形，由转让方组织清产核资，根据清产核资结果编制资产负债表和资产移交清册，并委托会计师事务所实施全面审计（包括对转让标的企业的法定代表人实施离任审计）。如果转让所出资企业国有产权导致转让方不再拥有控股地位的，由同级国有资产管理部门组织进行清产核资并委托依法设立的产权交易场所公开进行相关业务。

3. 资产评估。委托具有相关资质的资产评估机构实施资产评估。评估报告须经核准或者实施备案，对于转让企业国有产权导致转让方不再拥有控股地位的，应当报经本级人民政府批准。评估后确定转让价格，转让价格的确定不得低于评估结果的90%，如果低于这个比例，应当暂停产权交易，在获得相关产权转让批准机构同意后方可继续进行交易。

4. 委托产权交易机构公告产权交易信息。信息应当公告在省级以上公开发行的经济或者金融类报刊和产权交易机构的网站上,征集受让方。产权转让公告期为 20 个工作日。披露信息的内容包括:转让标的的基本情况;转让标的企业产权的构成情况;产权转让行为的内部决策及批准情况;转让标的的企业近期经审计的主要财务指标数据;转让标的企业资产评估核准或者备案情况;受让方应当具备的基本情况及其他须披露的事项。

5.组织实施产权交易。征集到两个以上受让方的,应当采取拍卖和招标的方式实施。转让成交后,转让方与受让方应当签订产权转让合同。产权转让合同的内容包括:转让方与受让方的名称和住所;转让标的企业国有产权的基本情况;转让标的企业涉及的职工安置方案;转让标的企业涉及的债权、债务处理方案;转让方式、价格、价款支付时间、付款条件;产权交割事宜;税费负担;合同争议的解决方式;违约责任;合同变更和解除的条件等。征集到一个受让方的,或者经国有资产监督管理机构批准的,可以采取协议转让的方式。转让上市交易的股份依照《中华人民共和国证券法》的规定进行。

经转让导致转让方不再拥有控股地位的,转让方和受让方协商提出企业重组方案(包括企业职工优先安置方案)。处理好与职工的劳动关系,解决转让标的企业拖欠职工的工资、欠缴的社会保险费以及其他有关费用,并做好企业职工各项社会保险关系的接续工作。

6.价款支付。按照产权转让合同的约定支付价款。价款支付原则上要求一次性付清,一次性付清确有困难的,可以分期支付,但首期付款额不得低于总价款的 30%,并在合同生效之日起 5 个工作日内支付,其余款项应当提供合法的担保,付款期限也不能低于一年。对涉及国有土地使用权、采矿权、探矿权转让的,应当按照国土资源部有关的规定及其相关法律、法规办理。

7.凭产权交易凭证办理产权登记。

（二）产权转让的审批程序

1.决定产权转让的主体

(1)国有资产监督管理机构决定出资企业的国有产权转让。其中,转让企业国有产权导致国家不再拥有控股地位的,应当报本级人民政府批准。

(2)所出资企业决定其子企业的国有产权转让。其中,重要子企业的重大国有资产产权转让事项,应当报同级国有资产监督管理机构会同财政部门后批准。其中,涉及政府社会公共管理审批事项的,须预先报经政府有关部门审批。

2.对书面文件及其方案的审查

(1)审查的文件包括:决议文件、产权转让方案、产权登记证、律师事务所出具的法律意见书、受让方应当具备的基本条件等。

(2)产权转让方案的内容为:转让标的企业国有产权的基本情况;企业国有产权转让行为的有关论证情况;转让标的企业涉及的、经企业所在地劳动保障行政部门审核的职工安置方案;转让标的企业涉及债务包括拖欠职工债务的处理方案;企业国有资产产权转让收益处置方案及企业国有资产产权转让公告的主要内容。

(3)转让企业国有资产产权导致转让方不再拥有控股地位的,应当附送经债权金融机构书面同意的相关债权债务协议、职工代表大会审议职工安置方案的决议等。

(4)企业国有资产产权转让事项经批准或者决定后,如转让和受让双方调整产权转让比例或者企业国有资产产权转让方案有重大变化的,应当按照规定的程序重新报批。

3.企业国有资产内部转让的要求

法律、行政法规或者国务院国有资产监督管理机构规定可以向本企业的董事、监事、高级管理人员或者其近亲属,或者这些人员所有或者实际控制的企业转让的国有资产,在转让时,上述人员或者企业参与受让的,应当与其他受让参与者平等竞买;转让方应当按照国家有关规定,如实披露有关信息;相关的董事、监事和高级管理人员不得参与转让方案的制订和组织实施的各项工作。

(三)国有企业兼并

除上述产权转让程序外,常常会有以兼并的形式进行的国有资产产权转让。企业兼并,是指一个企业购买其他企业的产权,使其丧失法人资格或改变法人实体的一种法律行为。

国有企业兼并应以优化产业结构、产品结构和企业组织结构,提高企业的整体素质,实现经济效益最大化和社会效益最佳化为目的,在平等的市场竞争中,依照兼并企业和被兼并企业双方的自主意志,通过一次性补偿或依预期效益逐年分期补偿的方式,实现产权转让。

企业兼并除国家有特殊规定者外,不受地区、所有制、行业和隶属关系的限制。按行政命令和无偿划转方式强制或阻挠企业兼并的行为,都为法律所禁止。

1.国有企业兼并的形式

(1)承担债务式。即在企业资产与债务等价的情况下,兼并方以承担被兼并方债务为条件接收其资产,这种方式主要适用于资不抵债和接近破产的企业的兼并。

(2)购买式。即由兼并方出资购买被兼并方企业的资产。

(3)吸收股份式。即由被兼并企业的所有者或合法经营管理者将被兼并企业的净资产作为股金投入兼并企业,成为兼并企业的一个股东。

(4)控股式。即由一个企业通过购买其他企业的股权而达到控股和实现兼并的目的。

2.国有企业兼并的程序

(1)国有企业向国有资产管理部门和企业主管部门提出兼并或被兼并的报告,获准后初步确定兼并或被兼并的企业。

(2)对被兼并的企业现有资产进行评估,清理债权、债务,确定资产或产权转让底价。

(3)以底价为基础,通过招投标方式确定成交价,被兼并企业的成交价须经国有资产管理部门确认。

(4)兼并双方的所有者签署协议。国有企业由国有资产管理部门负责批准兼并协议。

(5)办理产权转让的清算及其他法律手续。

五、企业国有资产流失查处法律制度

(一)国有资产流失的概念

国有资产流失是指国有资产的经营者、占用者、出资者、管理者出于主观故意或者由于过失,违反法律法规及国家有关国有资产管理、监督、经营的规定,造成国有资产损失或者使国有资产处于流失危险状态的行为。

（二）国有资产流失的途径

国有资产流失的主要途径可以概括为以下几类：

（1）资产评估环节发生的流失，是指在对国有资产进行评估时，不进行资产评估，或者压低评估价值，造成的国有资产流失。

（2）资产转让环节发生的流失，是指在进行国有产权转让和国有资产处置时，无偿或者低于市场价格转让造成的国有资产流失。

（3）承包租赁环节发生的流失，是指在对企业实行承包租赁经营时，违反规定，低价发包和出租国有资产，造成的国有资产流失。

（4）股份制改组环节发生的流失，是指在对国有企业进行股份制改组时，违反规定，将国有资产低价折股、低价出售或者无偿分给个人，造成的国有资产流失。

（5）财务管理环节发生的流失，是指在财务管理过程中，违反财务制度，非法侵占国有资产，造成的国有资产流失。

（6）履行经营权环节发生的流失，是指国有资产经营者在履行经营权时滥用经营权，侵占国家所有者权益，造成的国有资产流失。

（7）权益管理环节发生的流失，是指在股份制企业和中外合资、中外合作企业中，对损害国有股权益和中方权益的行为不加以制止，不能有效维护国家所有者权益，造成的国有资产流失。

（8）决策监督环节发生的流失，是指国有资产的出资者、政府有关部门和企业的监督机构，在行使出资权、监督权时，行使权力不当，造成的国有资产流失。

（9）执法环节发生的流失，是指国有资产的所有者或者占有使用者对国有资产管理不力，执法不严，造成的国有资产流失。

（三）国有资产流失查处的主管机关

国有资产管理机构是查处国有资产流失案件的主管机关，负责国有资产流失案件的综合管理工作。其主要职责包括：研究制定查处国有资产流失案件的政策和规章制度；汇总国有资产流失案件的查处情况，向本级人民政府报告；直接查处本级人民政府交办的国有资产流失案件；对企业国有资产的保值增值状况进行监督检查，发现国有资产流失问题时及时依法予以纠正；依照法定权限和程序处理国有资产流失案件，决定对违法人员的行政处罚；接受政府监察部门的执法监察，对查处不力、滥用职权、处罚不当或者侵犯企业合法权益的情况，承担相应的责任。

第三节　企业国有资产的监督管理

根据《企业国有资产法》和《企业国有资产监督管理暂行条例》的有关规定，我国企业国有资产，实行在坚持国家统一所有的原则下，由国务院和地方人民政府分别代表国家履行出资人职责，享有所有者权益，权利、义务和责任相统一，管资产和管人、管事相结合的国有资产管理体制。

一、企业国有资产监督管理机构

各级人民代表大会常务委员会通过听取和审议本级人民政府履行出资人职责的情况和国有资产监督管理情况的专项工作报告,组织对《企业国有资产法》实施情况的执法检查等,依法行使监督职权;国务院和地方人民政府应当对其授权履行出资人职责的机构履行职责的情况进行监督;国务院和地方人民政府审计机关依照《中华人民共和国审计法》的规定,对国有资本经营预算的执行情况和属于审计监督对象的国家出资企业进行审计监督;国务院和地方人民政府应当依法向社会公布国有资产状况和国有资产监督管理工作情况,接受社会公众的监督。任何单位和个人有权对造成国有资产损失的行为进行检举和控告。

国有资产监督管理机构在设置上采取"两级三层"的模式,由国务院,省、自治区、直辖市人民政府,设区的市、自治州级人民政府,分别设立国有资产监督管理机构。国有资产监督管理机构根据授权,按照"权利、义务和责任相统一,管资产与管人、管事相结合"的原则,依法履行出资人职责,依法对企业国有资产进行监督管理。考虑到目前有些市(地)企业国有资产数量较少的实际情况,《公司国有资产监督管理暂行示例》规定,企业国有资产较少的设区的市、自治州,经省、自治区、直辖市人民政府批准,可以不单独设立国有资产监督管理机构。

国有资产监督管理机构的主要职责包括:①依照《中华人民共和国公司法》等法律、法规,对所出资企业履行出资人职责,维护所有者权益;②指导推进国有及国有控股企业的改革和重组;③依照规定向所出资企业派出监事会;④依照法定程序对所出资企业的企业负责人进行任免、考核,并根据考核结果对其进行奖惩;⑤通过统计、稽核等方式对企业国有资产的保值增值情况进行监管;⑥履行出资人的其他职责和承办本级政府交办的其他事项。

国务院国有资产监督管理机构除前款规定的职责外,还负责制定企业国有资产监督管理的规章制度。

二、企业国有资产的监督管理内容

(一)对所出资企业负责人实施管理

国有资产监督管理机构应当建立健全适应现代企业制度要求的企业负责人选用机制和激励约束机制,依法任免或者建议任免企业负责人,建立企业负责人经营业绩考核制度,依据考核业绩决定企业负责人的奖惩和薪酬。这是企业国有资产监督管理机构"管人"职责的体现,也是其行使出资人代表职责的要求。企业国有资产监督管理机构依照有关规定,任免国有独资企业的总经理、副总经理、总会计师及其他企业负责人;任免国有独资公司的董事长、副董事长、董事,并向其提出总经理、副总经理、总会计师等的任免建议;依照公司章程,提出向国有控股公司派出的董事、监事人选,推荐国有控股公司的董事长、副董事长和监事会主席人选,并向其提出总经理、副总经理、总会计师人选的建议。国务院,省、自治区、直辖市人民政府,设区的市、自治州级人民政府,对所出资企业的企业负责人的任免另有规定的,按照有关规定执行。

(二)对所出资企业重大事项实施管理

根据我国《公司法》规定,公司股东作为出资者按投入公司的资本额享有所有者的资产收益、重大决策和选择管理者等权利。企业国有资产监督管理机构享有的企业重大事项管理权包括以下四个方面:

(1)负责指导国有及国有控股企业建立现代企业制度,审核批准其所出资企业中的国有独资企业、国有独资公司的重组、股份制改造方案和所出资企业中的国有独资公司的章程。

(2)依照法定程序,决定所出资企业中的国有独资企业、国有独资公司的分立、合并、破产、解散、增减资本、发行公司债券等重大事项。

(3)依照《公司法》的规定,派出股东代表、董事,参加国有控股、参股公司的股东会、董事会。国有控股、参股公司的股东会、董事会决定公司的分立、合并、破产、解散、增减资本、发行公司债券、任免企业负责人等重大事项时,国有资产监督管理机构派出的股东代表、董事,应当按照国有资产监督管理机构的指示发表意见、行使表决权,并应当将其履行职责的有关情况及时向国有资产监督管理机构报告。

(4)对所出资企业国有股权的转让及再投资设立企业享有决定权,组织协调国有企业的兼并、破产与下岗职工安置,指导和调控国有企业分配制度改革。

(三)对企业国有资产实施管理

企业国有资产监督管理机构应当做好国有资产的管理工作。主要内容包括:

(1)依照国家有关规定,负责企业国有资产的产权界定、产权登记、资产评估监管、清产核资、资产统计、综合评价等基础管理工作,并协调其所出资企业之间的企业国有资产产权纠纷。

(2)建立企业国有资产产权交易监督管理制度,加强企业国有资产产权交易的监督管理,促进企业国有资产的合理流动,防止企业国有资产流失。

(3)对其所出资企业的重大投融资规划、发展战略和规划,依照国家发展规划和产业政策履行出资人职责。国有独资企业、国有独资公司的重大资产处置,需由国有资产监督管理机构批准的,享有审批的权力。

另外,从2006年7月1日起,国务院国有资产监督管理委员会以部门规章形式出台的《中央企业投资监督管理暂行办法》正式实施,以规范现有国务院国有资产监督管理委员会管理的166家涉及资产4.6万亿中央企业的投资活动,进一步明确了国资委对中央企业投资活动的监管内容。

三、企业国有资产的监督方式

国有资产监督管理机构对企业国有资产采取不同的监管方式。国有资产监督管理机构依照法定程序,直接决定国有独资企业、国有独资公司的重大事项;对国有控股公司,国有资产监督管理机构依照《公司法》的规定,通过派出的股东代表、董事,参加股东会、董事会,按照国有资产监督管理机构的指示发表意见,行使表决权,对企业国有资产实施监督管理。同时,为了保证国有资产监督管理机构既履行出资人职责,又不影响企业经营自主权,《企业国有资产监督管理暂行条例》明确规定,所出资企业及其投资设立的企业,享有有关法律、行政法规规定的企业经营自主权。国有资产监督管理机构应当支持企业依法自主经营,除履行出资人职责外,不得干预企业的正常生产经营活动。

\\\本章相关法律依据 ◂◂

1.《中华人民共和国企业国有资产法》,2008年10月28日第十一届全国人民代表大会常务委员会第五次会议通过。

2.《企业国有资产产权登记管理办法》,1996年1月25日中华人民共和国国务院令第192号发布。

3.《财政部关于修订〈企业国有资产产权登记管理办法实施细则〉的通知》,2000年4月6日财政部(财管字〔2000〕116号)发布。

4.《企业国有资产评估管理暂行办法》,2005年8月25日国务院国有资产监督管理委员会令第12号发布。

5.《企业国有资产监督管理暂行条例》,2003年5月13日国务院令第378号发布。

6.《企业国有产权转让管理暂行办法》,2003年12月31日国务院国有资产监督管理委员会主任办公会议审议通过。

第七章

企业破产法律制度

第一节 企业破产法概述

一、破产

(一)破产的概念

"破产"(Bankrupt)是一个外来词语。根据学者的考证,意大利语"bancarotta"为"破产"一词的来源,其中文含义是"摊位被毁"。它来源于中世纪后期意大利商业城市的习惯,当时,商人们在市中心拥有各自的交易摊位,当某个商人不能偿付债务时,他们的债权人就按照惯例将其摊位砸烂,以示其经营失败。[①]

破产的概念随着社会的发展,其内涵也在不断地丰富,经历了一个由狭义至广义演变的过程。早期的破产含义比较单一,主要是在清算意义上使用的,清算债务人的财产,最大限度地满足债权人的偿债需求。而现代意义的破产已不再局限于单纯意义上的清算程序,现代意义的破产首先意味着一种无力偿还债务的状态,但这并不必然导致破产清算的结局。进入破产程序后,债务人仍然可以通过和解或者重整来化解企业的危机,从而达到自救而免于被清盘出局的结果。所以现代的破产制度还包括以救济企业为目的的和解与重整制度。据此,广义上的破产是指由破产清算程序与破产和解、破产重整等预防性程序共同构成的一个统一的破产法律制度体系。[②]

(二)破产的特征

破产作为一种法律制度,是对社会现象的一种特殊的调节手段,尽管其概念的表述不尽相同,但是都涵盖以下几个共同的特征:

1. 破产是在特定情况下所运用的偿债手段

适用破产程序必须有法定的事实前提。对这种前提的规定一般都与债务人不能清偿

---

① 李国光.新企业破产法条文释义.北京:人民法院出版社 2006:2.
② 韩长印.破产法学.北京:中国政法大学出版社 2007:2.

到期债务有关。破产正是通过及时消灭债务人的主体资格,以遏制其财产的进一步耗损,疏通因债务人拖欠债务所引起的经济运行的阻滞。因此,如果没有法定的事实前提存在,就不能运用破产手段。

2.破产的主要目的是公平地清偿债务

破产的主要目的是以债务人现有财产强制抵偿其所欠债务,使债权人得到公平清偿,债务人清偿不足的部分则不再继续清偿。在债务人破产的情况下,通常有若干债权人,而债务人的资产又不能满足所有债权人的债权要求,因而必须平等地清偿债务,否则有悖公平。破产程序开始后,各债权人只能依据申报债权方法求得受偿,债务人不能任意为清偿行为。

3.破产是通过审判程序而实施的清偿手段

破产带有一定的强制性,是审判机关运用司法强制力予以实施。法院依法宣告破产和对债务人的全部财产进行强制处理作为破产的法定程序。破产既要达到公平清偿的目的,也必须由审判机关介入并主持。只有审判机关才能行使国家审判权,指挥并督促破产程序。

4.破产是一种特殊的偿债手段

破产即通过消灭债务人主体资格来实现清偿债务。破产还债是通过消灭债务人主体资格来实现的,一般的履行债务不会消灭债务人主体资格。

(三)破产界限

破产界限又称破产原因,指的是企业在何种情况下可以被申请或者自己申请破产,也就是认定债务人丧失债务清偿能力,当事人得以提出破产申请,法院据此启动破产程序,宣告债务人破产的法律事实。

破产界限直接决定债务人在何种情况下适用破产程序解决债权债务的问题,同时,也是防止破产欺诈和滥用破产申请逃避债务的依据。《中华人民共和国企业破产法》(以下简称《企业破产法》)第二条规定:"企业法人不能清偿到期债务,并且资产不足以清偿全部债务或者明显缺乏清偿能力的,依照本法规定清理债务。"据此可以看出,我国企业破产的界限是企业法人不能清偿到期债务并且资产不足以清偿全部债务或者明显缺乏清偿能力。换言之,可供选择的两个破产原因分别是:

1.企业法人不能清偿到期债务,并且资产不足以清偿全部债务

所谓"不能清偿"是指债务人由于陷入经济困境,缺乏清偿能力,对已经到期的债务持续的不能予以全部清偿的客观事实。"不能清偿"是债务人达到破产界限的法定标准,不能清偿的债务不限于金钱债务,还包括基于侵权行为而引起的损害赔偿债务和不能支付标的物而产生的债务。这里所说的到期债务必须是合法有效的并且不存在争议的债务,另外由于债务人一时资金周转困难而导致客观上暂时不能清偿到期债务的情况,一般不能被认定为"不能清偿"。"资产不足以清偿全部债务"即资不抵债,指的是债务人的全部资产总额不足以偿付其所负的全部债务总额。

2.企业法人不能清偿到期债务,并且明显缺乏清偿能力

资不抵债是就债务人的资产和负债相比较而言的,是一种客观的经济状况。但是,企业资不抵债并不必然导致企业破产,企业发生资不抵债,说明该企业经济状况不良和具有不能清偿债务的危险性,但是如果该企业具有良好的商誉和信用,可以通过合法筹集资金(如向银行贷款或向其他企业借款等)用以清偿债务并维持企业正常运转。像这种企业如果宣告破产,则明显不符合创设破产制度的目的。在这里,"明显"两个字的强调,其所关注的不是债务人一般的缺乏清偿能力,而是明显缺乏清偿能力。而明显的程度必须要以事实作为表现的依据,同时,也赋予法官一定的裁量权,可以结合债务人停止支付的时间、债务的金额、债务人的信用状况,以及债务人的偿债历史等综合因素加以判断。

二、破产法的概念和意义

(一)破产法的概念

破产法的概念也有广义和狭义之分,广义的破产法包括三种程序:破产清算程序、和解程序和重整程序。所以从这个角度来讲,可以给破产法这样定义:为使各债权人获得公平清偿而对不能清偿到期债务的债务人所进行的一种特别程序。狭义的破产法仅仅指破产清算程序。从这个意义上讲,破产法是为使各债权人获得公平清偿而对不能清偿到期债务的债务人所进行的一种特别清偿程序。[①]

(二)破产法的意义

我们可以把破产法的意义归纳为以下几个方面:

(1)对债权人来说,通过破产程序,可以使他们的债权请求得到公正的待遇,避免了在缺乏公平清偿秩序的情况下可能受到的损害。

(2)对债务人企业来说,破产制度可以起到两种作用,一是淘汰落后,二是起死回生(通过和解、重整、破产企业的整体变价)。

(3)对社会来说,破产制度的意义有三:一是通过规范破产行为,维护正常的债务清偿秩序;二是妥善处理破产事件,减少其消极影响,维护社会安定;三是通过优胜劣汰机制,实现资源优化组合,促进经济发展。

第二节 破产的申请和受理

一、破产申请的提出

(一)破产申请人

破产申请是当事人或者利害关系人向人民法院提出要求宣告债务人破产以清偿债务的民事法律行为。破产申请是引发破产程序开始的动因,是人民法院开始破产程序的绝对要件。因此,破产申请主体的设定是否合理,直接影响整个破产程序的进行。

我国的破产申请人包括债务人、债权人以及依法负有清算责任的人。

1. 债务人(Debtor)

债务人作为民事权利的主体,自然有行使处分权的权利,赋予其破产程序的启动权正

---

① 曲振涛.破产法教程.北京:高等教育出版社,2007:95.

是其行使处分权的表现,而且债务人最了解自己企业的财产状况和清偿能力,这也是债务人具有申请破产资格的有利条件。

2. 债权人(Creditor)

法律赋予债权人以破产申请权,是由于债权人是按照合同的约定或者法律的规定有权要求债务人履行债务的人。债权人向法院申请债务人破产,其实就是债权人请求法院强制债务人履行清偿义务。

3. 依法负有清算责任的人

依据《公司法》相关规定,清算组在进行清算时,应当对企业法人的债权、债务进行管理,编制资产负债表和财产清单,并应当制订清算方案。当发现企业法人的资产不足以清偿债务的,清算组就应当立即向人民法院申请该企业法人破产,移交人民法院进行破产清算。

(二)申请材料

向人民法院提出破产申请,应当提交以下材料:

1. 破产申请书

破产申请书应当载明下述事项:①申请人和被申请人的基本情况;②申请目的。目的为请求人民法院裁定债务人重整或者破产清算,如果是债务人申请,还可能是和解;③申请的事实和理由;④人民法院认为应当载明的其他事项。

2. 有关证据

如果申请人是债权人,则债权人应当提交的证据就是能够证明债权清偿期限已经届满,债权人已经提出过清偿要求、债务人明显缺乏清偿能力或者停止支付呈连续状态的证据,如合同、借据等。如果已经过人民法院判决或调解的,则需要提交已经发生法律效力的判决书或调解书。[①]

二、破产案件的受理

破产案件的受理是指人民法院在收到申请人的破产申请后,认为该破产申请符合法定条件而予以受理,并由此开始破产程序的一种司法行为。人民法院在收到破产申请的法定期限内,应当对申请予以形式和实质层面的审查。经过审查,认为符合法定条件的,用裁定的形式予以立案,这才是破产程序开始的标志。如果经过审查,法院认为该申请不符合法定条件或者申请理由不成立的,则裁定不予受理或者驳回破产申请。

在破产申请的提出过程中,法律授权债务人和债权人都可以向法院提出破产申请,并且考虑相关因素,区别对待债务人和债权人提出破产申请的前提条件。相应地,在法院审查破产申请的阶段,同样有所差别。债权人提出破产申请的,人民法院应当自收到申请之日起五日内通知债务人。债务人对申请有异议的,应当自收到人民法院的通知之日起七日内向人民法院提出。人民法院应当自异议期满之日起十日内裁定是否受理。这一规定赋予了债务人以异议权,债权人提出破产申请,主要是根据债务人不能清偿到期债务这一

---

① 李国光.新企业破产法条文释义.北京:人民法院出版社,2006:73.

事实依据,但是债务人到底是否具有清偿债务的能力,债权人对此并不了解,为了防止债务人是因为其他原因不能了结与债权人之间的纠纷而错误的进入破产程序,人民法院就要依职权对债权人提出的破产申请进行审查,对债权人所提出的申请材料予以核实。

对于债务人及对债务人企业负有清算责任的人提出的破产申请,根据《企业破产法》第十条的规定:"人民法院应当自收到破产申请之日起十五日内裁定是否受理。"上述规定的人民法院的受理期限的十日和十五日是一个可变期间,如果法院在特殊情况下在上述期限内不能做出是否受理破产申请的裁定的,经上一级人民法院批准,可以延长十五日。

三、破产申请受理的效果

法院受理破产申请,意味着破产程序的开始。破产程序开始后,债务人的财产进入保全状态,债权人的权利行使也受到约束。具体来说,破产申请受理的效果如下:

(一)对债务人的约束

自破产申请受理之日起,债务人及其法定代表人承担以下义务:

(1)财产保全义务、说明义务和提交义务。保全债务人的财产和掌握债务人在财务、经营和其他相关方面的信息是人民法院审理破产案件和债权人行使权利的重要条件。因此,保护和移交财产、如实说明有关情况以及完整、真实地提交有关材料,是债务人在破产法上的重要义务。

(2)不对个别债权人清偿的义务。人民法院受理破产申请后,债务人不得对个别债权人清偿债务,也不得以其财产设立新的担保。

(二)对债权人的约束

破产程序的一个重要任务,就是维护债权人集体受偿的秩序。因此,破产程序开始的一个重要效果,就是自动冻结债权人的个别追索行为。这种自动冻结(又称自动停止)在我国现行破产法上表现为以下三项规定:

(1)破产案件受理后,债权人只能通过破产程序行使权利。债权人不得个别追索债务,也不能向法院提起新的民事诉讼。

(2)有财产担保的债权人,在破产案件受理后直至破产宣告前的期间,未经人民法院准许,不得行使优先权。

(三)对其他人的约束

与破产案件有关的其他当事人,也有服从破产法秩序的义务。《企业破产法》规定:人民法院受理破产申请后,债务人的债务人或者财产持有人应当向管理人清偿债务或者交付财产。债务人的债务人或者财产持有人故意违反上述规定向债务人清偿债务或者交付财产,使债权人受到损失的,不免除其清偿债务或者交付财产的义务。

(四)对其他民事程序的影响

破产程序开始后,为了实现公平清偿,原则上要求有关债务人财产的所有请求和争议都必须在同一程序中审理。为此,我国现行破产法做出如下规定:

1. 民事诉讼程序的中止或终结

破产案件受理后,向债务人请求给付的经济纠纷案件,尚未审结而无连带责任人的,应当终结诉讼,由债权人向受理破产案件的人民法院申报债权;尚未审结而另有连带责任人的,应当中止诉讼,由债权人向受理破产案件的人民法院申报债权,待破产程序终结后恢复审理;债务人向他人请求给付的经济纠纷案件,受诉法院不能在 3 个月内结案的,应当移送受理破产案件的人民法院。

2. 民事执行程序的中止

破产案件受理后,对债务人财产的其他民事执行程序必须中止。这里所说的"其他民事执行程序",是指对非依破产程序所生的法律文书的个别执行程序,包括未执行或者未执行完毕的已生效民事判决及裁定;已向人民法院提出执行申请但尚未执行或者未执行完毕的仲裁裁决、公证机关依法赋予强制执行效力的债权文书。

3. 财产保全的中止

破产案件受理后,一切依个别债权人请求而实施的对债务人的财产保全应当中止。对于已经查封、扣押、冻结或者以其他方式予以保全的债务人财产,应当解除保全措施,纳入破产财产的管理。

第三节 破产宣告与破产清算

一、破产宣告

(一)破产宣告的概念

所谓破产宣告,是指人民法院依当事人的申请或者依职权,在确认债务人具有无法消除的破产原因时做出的,对债务人进行破产清算的裁定或者命令。在我国,破产宣告是指受理破产案件的法院经依法审理,裁定、宣告债务人破产并予以公告的审判行为。

破产宣告有如下特征:(1)破产宣告只有法院才能做出;(2)破产宣告既可依申请做出,也可以在符合法定条件的情况下依职权做出;(3)破产宣告必须以债务人存在无法消除的破产原因为前提条件;(4)破产宣告必须符合法定程序;(5)破产宣告一经做出,破产清算程序随之开始。[①]

(二)破产宣告的法律效力

1. 对债权人的效力

破产宣告后,债权人未到期的债权一律视为到期,但未到期期间的利息不应计算在内。债权人不得在破产程序外向债务人主张个别清偿,仅能以破产债权人的身份向破产管理人主张权利。《企业破产法》第一百零九条规定,对破产人的特定财产享有担保权的权利人,对特定财产享有优先受偿的权利,即别除权。但是别除权人行使优先受偿权而未能完全受偿的,其未受偿的债权作为普通债权,依照破产分配程序获得清偿。

2. 对债务人的效力

破产宣告对债务人的效力可具体分为对破产企业身份上的效力、财产上的效力以及

---

① 雷兴虎.商法学.北京:人民法院出版社、中国人民公安出版社,2003:524

对破产企业职工的效力。[1] 对破产企业身份上的效力是指企业由债务人变为破产人,应向原登记机关进行破产登记,其法人资格仅在清算意义上存在;在财产上,破产企业丧失对企业财产的经营、管理及处分的权利;对于破产企业内部,企业被宣告破产后,职工原与企业签订的劳动合同即可依法宣告解除。

3.对第三人的效力

破产宣告后,与破产人有其他民事关系的第三人,应按照其民事关系的性质享有相应的权利或承担相应的义务,包括:(1)破产人占有的属于他人的财产,其权利人可依法行使取回权;(2)破产人的债务人,应当向管理人支付财产;(3)持有破产人财产的人,应当向管理人交付财产;(4)破产人的开户银行,应当将破产人的银行账户供管理人使用;(5)待履行合同解除或者继续履行时,相对人享有相应的权利。对于破产人在破产宣告前订立的但是未履行或未履行完毕的合同,清算组依法有权决定解除或者继续履行。

二、明确破产债权

(一)可成为破产债权的请求权

破产债权,是指基于破产申请受理前的原因而发生的,依法申报并经确认,在破产债务人进入破产清算程序后有权从破产财产中获得公平清偿、可强制执行的财产请求权。具体包括:

(1)破产宣告前发生的无财产担保债权;

(2)破产宣告前发生的虽然有财产担保但是债权人放弃优先受偿的债权或有财产担保的债权数额超过担保标的物价款未受清偿的部分;

(3)破产企业的担保人或其他连带责任人为破产清偿债务后而取得的代位债权;

(4)清算组依法解除破产人未履行或未完全履行的合同,给合同另一方当事人造成损失的,受损害人的损害赔偿额;

(5)票据的出票人被宣告破产,付款人或承兑人不知其事实而向持票人付款或承兑,由此而产生的债权;

(6)破产宣告时未到期的债权视为已经到期,但应当减除未到期的利息;

(7)债务人的受托人在债务人破产后,为债务人的利益处理委托事务而发生的债权;

(8)债务人发行债券而形成的债权;

(9)债务人的担保人依照《担保法》第三十二条规定,预先行使追偿权而申报的债权;

(10)债务人为保证人的,在破产宣告前已经被生效的法律文书确认承担保证责任,因此而形成的债权;

(11)债务人在破产宣告前因侵权、违约给他人造成的财产损失而产生的赔偿责任,对方享有的债权;

(12)债务人退出联营应当对该联营企业的债务承担责任的,联营企业的债权人对该债务人享有的债权;

---

① 倪针峰.经济法概论.上海:复旦大学出版社,2008:134.

(13)财政、扶贫、科技管理等行政部门通过签订合同,按有偿使用、定期归还原则发放的款项;

(14)法院认可的其他债权。

(二)不得成为破产债权的请求权

(1)破产债权在破产宣告后的利息;

(2)债权人参加破产程序的费用;

(3)在法定期间内未申报的债权及其他超过诉讼时效期间的请求权;

(4)法院宣告破产前对破产人课处的罚款、罚金及没收财产;

(5)债务人在法院受理破产案件后未支付款项的滞纳金;

(6)破产企业的股权、股票持有人在股权、股票上的权利;

(7)破产财产分配后开始向管理人申报的债权;

(8)债务人开办单位对债务人未收取的管理费、承包费;

(9)管理人解除合同的违约金;

(10)职工向企业的投资;

(11)政府无偿拨付给债务人的资金。

三、清理债务人财产

债务人财产,是指在破产程序中被纳入破产管理的为债务人所拥有的财产。债务人被宣告破产后,债务人财产被称为破产财产。我国《企业破产法》中的债务人财产的构成主要包括以下内容:

(一)破产申请受理时属于债务人的财产

具体包括有形财产(如厂房、机器设备、运输设备、原材料、产品、办公用品等)、无形财产(如知识产权、专有技术等)、货币、有价证券、债权等。但下列财产除外:(1)债务人基于仓储、保管、加工承揽、委托交易、代销、借用、寄存、租赁等法律关系占有、使用的他人财产;(2)抵押物、留置物、出质物,但权利人放弃优先受偿权的或者优先偿付被担保债权剩余的部分除外;(3)担保物灭失后产生的保险金、补偿金、赔偿金等代位物;(4)依照法律规定存在优先权的财产,但权利人放弃优先受偿权或者优先偿付特定债权剩余的部分除外;(5)特定物买卖中,尚未转移占有但相对人已完全支付对价的特定物;(6)尚未办理产权证或者产权过户手续但已向买方交付的财产;(7)债务人在所有权保留买卖中尚未取得所有权的财产;(8)所有权专属于国家且不得转让的财产;(9)破产企业工会所有的财产;(10)破产企业的职工住房,已经签订合同、交付房款,进行房改给个人的,不属于破产财产。未进行房改的,可由清算组向有关部门申请办理房改事项,向职工出售。按照国家规定不具备房改条件,或者职工在房改中不购买住房的,由清算组根据实际情况处理;(11)债务人的幼儿园、学校、医院等公益福利性设施,按国家有关规定处理,不作为破产财产分配。此外,依法不能扣押的财产,如为维持破产人的生活需要而必备的生活必需品等,由于不能被强制执行,而不属于破产财产。

（二）破产申请受理后至破产程序终结前债务人取得的财产

主要包括以下情形：(1)因破产企业的债务人的清偿和财产持有人的交还而取得的财产；(2)因未履行合同的继续履行而取得的财产；(3)由破产企业享有的投资权益所产生的收益；(4)破产财产所生的孳息，如房租、银行利息；(5)清算期间继续营业的收益，应注意的是破产宣告后，破产企业在有利于破产债权人利益的前提下，可以进行必要的营业，由此增加的营业所得就应归入破产财产；(6)基于其他合法原因而取得的财产，如因他人侵犯破产企业的专利权而获得的赔偿。此外，担保物的价款超过其所担保的债务数额的，超过部分属于破产财产。

（三）其他应当由破产企业行使的财产权利

如企业的知识产权、专有技术、商号等无形资产通过转让、出售等方式实现的价值。

（四）债务人的开办人注册资金投入不足的

应当由该开办人予以补足，补足部分属于破产财产。

（五）无效行为

清算组针对破产企业在破产案件受理前六个月至破产程序终结期间的无效行为，申请法院行使撤销权所追回的财产。

四、破产财产的处置与分配

（一）破产财产的变价

破产财产的分配应当以货币分配方式进行。即对破产债权进行清偿之前，要将破产人的财产货币化。破产财产变价需要从以下几个方面提升破产财产的价值：

(1)以破产管理人对破产财产所作的估价为基础进行变价。也就是说，变价的价格一般不低于破产管理人或聘请的会计师事务所对破产财产所做的评估价值。

(2)对破产财产的变价一般采取拍卖的形式进行。拍卖保证了变价过程的公正性，通过公开竞价，也促进破产财产的价值最大化。

(3)变价出售破产财产应当通过拍卖进行，但是，债权人会议另有决议的除外。破产企业可以全部或者部分变价出售，企业变价出售时，可以将其中的无形财产和其他财产单独变价出售。选择全部变价出售还是部分变价出售，应视何种方式能实现财产价值的最大化而定。

（二）破产费用和共益债务

破产费用是指在破产程序进行过程中，为破产程序的顺利进行以及为破产财产的管理、处分等而必须随时支付的费用，该费用是为了全体破产债权人的共同利益所支出的费用。

共益债务是指在破产程序开始后，为全体债权人的共同利益而负担的债务。上述费用和债务应当从破产财产中优先拨付。

人民法院受理破产申请后的下列费用，为破产费用：

(1)破产案件的诉讼费用；

(2)管理、变价和分配债务人财产的费用；

(3)管理人执行职务的费用、报酬和聘用工作人员的费用。

《企业破产法》第四十二条规定，人民法院受理破产申请后发生的下列债务，为共益债务：

(1)因管理人或者债务人请求对方当事人履行双方均未履行完毕的合同所发生的债务；

(2)债务人财产因受无因管理所产生的债务；

(3)因债务人不当得利所产生的债务；

(4)为债务人继续营业而应支付的劳动报酬和社会保险费用以及由此产生的其他债务；

(5)管理人或者相关人员执行职务致人损害所产生的债务；

(6)债务人财产致人损害所产生的债务。

破产费用和共益债务由债务人财产随时清偿。债务人财产不足以清偿所有破产费用和共益债务的，先行清偿破产费用。债务人财产不足以清偿所有破产费用或共益债务的，按照比例清偿。债务人财产不足以清偿破产费用时，管理人应当提请人民法院终结破产程序。

(三)破产财产的分配

1.破产财产分配的原则

在破产财产分配时应坚持公平原则和全部分配原则。公平原则是指债权人不论其债权多少及债权先后，只要其债权被破产程序所确认，就应当按照同一比例获得清偿；全部分配原则，即破产财产应当不能有所保留的全部用于清偿。

2.破产财产清偿顺序

依照我国《企业破产法》的相关规定，破产财产在先清偿破产费用和共益债务以后有剩余的，依照下列顺序清偿：

(1)破产人所欠职工的工资和医疗、伤残补助、抚恤费用、所欠的应当划入职工个人账户的基本养老保险、基本医疗保险费用，以及法律、行政法规规定的应当支付给职工的补偿金；(2)破产人欠缴的除前项规定以外的社会保险费用和破产人所欠税款；(3)普通破产债权。

破产财产不足以清偿同一顺序的清偿要求的，按照比例分配。破产企业的董事、监事和高级管理人员的工资按照该企业职工的平均工资计算。

五、破产程序终结

破产程序终结是指破产案件已经全部履行或因没有必要继续进行相关的程序，而由有关当事人向人民法院提出申请，人民法院认定属实，以裁定方式决定终结破产案件的情形。

我国《企业破产法》第一百二十条规定：破产人无财产可供分配的，管理人应当请求人民法院裁定终结破产程序；管理人在最后分配完结后，应当及时向人民法院提交破产财产分配报告，并提请人民法院终结破产程序。

人民法院应当自收到管理人终结破产程序的请求之日起 15 日内做出是否终结破产

程序的裁定。裁定终结的,应当予以公告。管理人应当自破产程序终结之日起 10 日内,持人民法院终结破产程序的裁定,向破产人的原登记机关办理注销登记。管理人于办理注销登记完毕的次日终止执行职务。但是,存在诉讼或者仲裁未决情况的除外。

破产人的保证人和其他连带债务人在破产程序终结后,对债权人依照破产清算程序未受偿的债权,依法继续承担清偿责任。

六、企业破产中的几种特别权利

(一)撤销权

撤销权,是指对于债务人在法定期间内实施的危害债权人利益的行为,管理人有请求人民法院确认债务人行为无效,并追回所转移的财产的权利。

法院受理破产申请前一年内,涉及债务人财产的下列行为,管理人有权请求人民法院予以撤销:

(1)无偿转让财产的;

(2)非正常压价出售财产;

(3)对原来没有财产担保的债务提供财产担保;

(4)对未到期的债务提前清偿;

(5)放弃债权。

如果在法院受理破产案件前 6 个月内,债务人,也就是未来的破产人,已经知道自己不能清偿到期债务,仍然对个别债权人进行清偿,损害其他债权人的利益,管理人有权请求人民法院予以撤销。但是,个别清偿使破产财产受益的,不在此限。

《企业破产法》第三十三条规定了破产无效行为。对于债务人为逃避债务而隐匿、转移财产,以及虚构债务或承认不真实的债务的行为,《企业破产法》规定,不论何时发生,均为无效。

(二)取回权

取回权,是指对于由债务人占有的不属于债务人的财产,该财产所有人享有向管理人取回该财产的权利。管理人接管的债务人的财产本应依法定的破产财产范围为限,但为保护全体债权人和其他利害关系人的合法权益,法律规定管理人应接管破产债务人的一切财产。

《企业破产法》第三十八条规定:人民法院受理破产申请后,债务人占有的不属于债务人的财产,该财产的权利人可以通过管理人取回。但是,本法另有规定的除外。

实践中,作为"可以通过管理人取回"的财产主要包括:

(1)合法占有的他人财产。即有合法根据而占有的属于他人的财产。例如,共有财产、委托管理的财产、租赁财产、借用财产、加工承揽财产、寄存财产、寄售财产以及基于其他法律关系交破产人占有、但未转移所有权的他人财产;

(2)不法占有的他人财产。即无合法根据而占有的属于他人的财产。例如,非法侵占的财产、受领他人基于错误所为之给付而取得的财产（不当得利）及破产人据为己有的他人遗失财产。

（三）抵销权

抵销权，是指破产债权人在破产宣告前对破产人负有债务的，不论债务性质、种类及是否到期，在破产宣告前可以等额抵销的权利。抵销权具有如下特征：

（1）抵销权的行使必须以破产债权申报为前提，并且该债权已经得到确认；

（2）主张抵销的债权债务均发生在破产宣告之前；

（3）破产中的抵销权，即使给付种类不同，亦可以予以抵销；

（4）抵销时要以破产债权人对破产人所负的债务数额为标准抵销，而不能以破产债权人所享有的债权数额为标准来抵销；

（5）附停止条件的破产债权，在条件未成就时，破产债权人不得行使抵销权；附解除条件的破产债权，在条件未成就时，可以行使抵销权。但是，破产债权人在解除条件成就前主张抵销的，必须按抵销债务提供相应的担保；①

（6）抵销权只能由享有主动债权的破产债权人提出，作为破产债务人不能提出抵销权。破产债权人行使抵销权必须向管理人提出请求，经许可方能行使。

（四）别除权

别除权，是指债权人不依照破产程序，而由破产财产中的特定财产单独优先受偿的权利。

1. 别除权的特征

（1）别除权以债权和担保权为基础。《企业破产法》第一百零九条规定：对破产人的特定财产享有担保权的权利人，对该特定财产享有优先受偿的权利。这里的担保权可以由抵押、质押、留置产生；（2）别除权以实现债权为目的；（3）别除权优先受偿的财产来源是依照合同约定或法律规定被设置了担保权的担保物；（4）别除权的行使不参加集体清偿程序。别除权人有权在全体债权人的集体清偿程序之外排他地单独优先受偿；（5）别除权标的物不计入破产财产。

2. 行使别除权的条件

（1）债权和担保权作为别除权的基础，其成立之初必须符合《合同法》《物权法》及《担保法》的有关规定；（2）债权和担保权要符合破产法的规定。首先，在破产案件受理后至破产宣告前的期间，除法律规定的特殊情况外不允许以债务人的财产设立新的担保。其次，担保权的成立不存在破产法上的无效或可撤销的事由。《企业破产法》规定，破产人在人民法院受理破产案件前一年内，为原来没有财产担保的债务提供财产担保的无效；（3）别除权是经依法申报并经确认的债权，未经确认的有担保债权，不能享受别除权的地位。

---

① 曲振涛.破产法教程.北京:高等教育出版社,2007:109.

第四节　重整法律制度

一、重整的概念

重整,是在企业无力偿债的情况下,依照法律规定的程序,保证企业继续营业,实现债务调整和企业整理,使之摆脱困境,走向复兴的特殊法律程序。[①] 重整的参与者包括债务人、债权人委员会、监督人、股东委员会和破产管理人等。一般来说,只要重整这一破产保护的申请一经提出和被批准,债务人即可以免于债权人(包括有担保债权人)的一切诉讼和要求。企业通常由现任管理层继续控制,并获得继续经营半年或更长时间的机会。在此期间,企业必须提出一个重整计划,如果大多数债权人同意或者法院批准该计划,企业就能够恢复正常业务并重新开始。

重整制度不仅具有公平分配的优点,还能积极地避免债务人破产。它把债务人企业置于中心地位,并不仅仅着眼于包含在企业中的各方当事人的利益,而着眼于企业在社会经济生活中的地位以及企业的兴衰存亡对社会的影响。它能够平衡各方当事人的利益,特别是可以使资不抵债的企业免于破产宣告,避免公司解体可能形成的社会动荡,因此受到了各国的普遍重视,并成为全球性破产改革运动的一大热点。现代破产法发展的一个重要趋势就是通过公司重整、债务重组等司法挽救手段,使处于困境中的债务人企业得以复苏。[②]

二、重整的申请和审查

(一)重整申请的主体

重整申请的主体,是指有权向人民法院申请启动重整程序的法律主体。根据《企业破产法》第七十条的规定:债务人或者债权人可以依照本法规定,直接向人民法院申请对债务人进行重整。债权人申请对债务人进行破产清算的,在人民法院受理破产申请后、宣告债务人破产前,债务人或者出资额占债务人注册资本十分之一以上的出资人,可以向人民法院申请重整。据此,有权提出重整申请的主体有:

1. 债务人

根据法律的规定,债务人有权在以下两种情况下向人民法院提出重整申请。第一种情况,债务人在不能清偿到期债务,并且资产不足以清偿全部债务或者明显缺乏清偿能力,或者有明显丧失清偿能力可能的情形下,有权直接向人民法院提出重整申请;第二种情况是进入破产程序后提出申请。债权人申请对债务人进行破产清算的,法院受理破产案件后,在宣告债务人破产以前,债务人为了避免破产倒闭,可以向人民法院申请进行重整。

---

① 齐树洁.破产法.厦门:厦门大学出版社,2007:126.
② 李国光.新企业破产法理解与适用.北京:人民法院出版社,2006:356.

2. 债权人

《企业破产法》第七条第二款规定,债务人不能清偿到期债务,债权人可以向人民法院提出对债务人进行重整或者破产清算的申请。

3. 债务人的出资人

债务人的出资人提出重整申请需要满足一定的条件:一是必须在债权人申请对债务人进行破产清算的情况下;二是必须在人民法院受理破产申请后、宣告债务人破产前;三是必须由出资额占债务人注册资本十分之一以上的出资人提出重整申请。

（二）重整申请的审查

人民法院在收到重整申请后,应当对重整申请进行审查。《企业破产法》第七十一条规定,人民法院经审查认为重整申请符合本法规定的,应当裁定债务人重整,并予以公告。在一般情况下,法院的审查应从两方面进行:

1. 形式审查

首先审查本法院是否拥有对此破产案件的管辖权;其次审查申请人是否合格、是否拥有提出重整申请的资格,如果不具有,法院则应驳回申请;最后审查申请书的形式是否符合法律的规定。

2. 实质审查

首先审查债务人是否具有重整能力,即是否是企业法人;其次审查债务人是否具有重整原因,即是否达到不能清偿到期债务,并且资产不足以清偿全部债务或者明显缺乏清偿能力,或者有明显丧失清偿能力的可能。一般而言,此时法院应该注重审查债务人申请重整的目的是复兴企业还是逃避债务;再次人民法院还应审查债务人是否有隐匿、转移财产等行为,为了逃避债务而申请重整的或者是债权人借重整申请意图损害公平竞争,人民法院则应当裁定不受理重整申请或者驳回申请。

（三）重整期间

重整期间是指自人民法院裁定债务人重整之日起至重整程序终止的期间。重整期间的开始时间为人民法院裁定债务人重整之日,而并非以当事人的申请为开始。法院裁定重整,重整程序即产生效力,无须通知或者送达利害关系人。而重整期间的结束,根据《企业破产法》有关规定,主要有以下几种原因:(1)在重整期间,债务人的经营状况和财产状况恶化、债务人有欺诈、恶意减少企业财产、无理拖延或者其他显著不利于债权人的行为或者由于债务人的行为致使管理人无法执行职务;(2)债务人或者管理人未按期提出重整计划草案;(3)人民法院裁定终止重整计划草案;(4)重整计划草案未获通过并且没有得到人民法院批准;(5)法院经审查认为重整计划草案不符合本法规定的。

三、重整计划的制订、表决及批准

（一）重整计划的制订

重整计划是由重整人制订的,以维持债务人继续营业、谋求债务人复兴为目的,以清理债权债务关系为内容的多方协议。重整计划是重整程序中最为重要的法律文件,是重整人继续营业的依据,是贯穿整个重整程序的一条主线,是重整程序的核心。重整计划必须依照法律规定的程序制订,一经法院批准即对债务人和全体债权人都有法律约束力。

重整计划的制订人与重整期间重整人的规定是联系在一起的,一般遵循谁管理谁制订重整计划草案的原则。根据我国《企业破产法》的规定,重整计划草案的制订人分为两种:一是债务人自行管理财产和营业事务的,由债务人制订重整计划草案;二是管理人负责管理财产和营业事务的,由管理人制订重整计划草案。

(二)重整计划的表决

重整计划的草案应该提交给人民法院,然后由人民法院及时召开债权人会议对其进行表决。根据债权人会议表决的结果,法院决定是否予以批准重整计划。

人民法院应当自收到重整计划草案之日起 30 日内召开债权人会议,对重整计划草案进行表决。由于重整可能涉及各方利害关系人的利益,不同的重整措施对不同性质的债权的影响也不同,所以一般都采取分组表决的方式。分组是将债权人按不同的标准分为若干小组,以小组为单位对草案进行表决。出席会议的同一表决组的债权人过半数同意重整计划草案,并且其所代表的债权额占该组债权总额的 2/3 以上的,即为该组通过重整计划草案。

(三)重整计划的批准

重整计划只有经过人民法院的批准,才能产生法律效力,才能对全体利害关系人产生法律约束力。人民法院对重整计划的批准有两种情况:第一种情况是对债权人会议一致通过的重整计划的批准,人民法院经过审查认为符合《企业破产法》规定的,则应终止重整程序,并予以公告;第二种情况是对债权人会议没有一致通过的重整计划草案,为了保证债权人收益最大化,增加重整计划通过的可能性,破产法赋予人民法院在特定情况下的自由裁量权。对符合《企业破产法》第八十七条情形的重整计划,人民法院应当强制批准。

四、重整计划的执行

(一)执行人

根据《企业破产法》第八十九条的规定,重整计划由债务人负责执行。人民法院裁定批准重整计划后,已接管财产和营业事务的管理人应当向债务人移交财产和营业事务。在执行人问题上的规定,充分考虑到债务人比管理人更熟悉自己企业的业务的优势,为了达到事半功倍的效果,由债务人来执行重整计划成功的可能性会更大。

(二)监督人

自人民法院裁定批准重整计划之日起,在重整计划规定的监督期内,由管理人监督重整计划的执行。监督人的设置对于保证重整计划合法进行,维护债权人利益具有积极作用。监督人是由人民法院指定的破产案件中的常设机构,同时管理人也具备相关的专业知识,因此管理人是监督重整计划执行的最合适人选。

(三)不执行重整计划的后果

重整计划如果顺利执行完毕,重整程序则正常结束,债权人对于依计划消减的债权完全得以免除,不能再请求债务人清偿。但如果债务人不能执行或者不执行重整计划的,人民法院经管理人或者利害关系人请求,应当裁定终止重整计划的执行,并宣告债务人破产,而债权人因重整计划实施所受的清偿仍然有效。债权未受偿部分,作为破产债权行使权利,但是只有在其他同顺位债权人同自己所受的清偿达到同一比例时,才能继续接受分配。

第五节 破产和解法律制度

一、破产和解的概念及其意义

(一)破产和解的概念

破产和解,是指债务人达到破产界限后,在人民法院的主持下,债务人与债权人之间就延长清偿债务的期限、减免部分债务等事项达成协议,从而避免破产的法律制度。破产和解具有费用低廉、耗时较短、程序简单的特点。破产和解对于维护社会安定具有极其重要的意义,既保护了债务人,也保护了债权人。

(二)破产和解的意义

1.破产和解有利于维护债务人的合法权益

破产和解协议如果获得执行,有助于债务人积极主动地通过商业经营活动来实现财产的保值和增值,债务人还可以通过和解协议来取得债权人的谅解,减少债务数额或者延长债务清偿期限,可以暂时性的避免破产清算所造成的财产损失。破产和解协议达成后,债务人可以通过内部改革、整顿,改善经营,进而提高经济效益,并有希望实现债务的完全清偿。

2.破产和解有利于实现债权利益的最大化

破产程序尽管可以保证各个债权人得到公平清偿,但进行破产程序费时费力,并且费用高昂。破产清偿过程中,强制变卖破产财产往往使其实际价值大大缩水。并且在破产过程中,债务人的财产处于停滞状态,不能充分发挥其经济价值,这些都会对债权人的利益造成损害。破产和解制度克服了这些弊端,双方通过和解协议,避免债务人的财产不当减少,给债务人生机以最大限度地保障债权人债权的实现。

3.破产和解有利于维护社会的稳定

企业破产必然造成大量劳动者失业,对社会稳定极为不利。破产和解制度为调和债务人与债权人之间的冲突,维护债务人和债权人的利益以及社会的整体利益提供了一个较为稳妥且温和的解决方式,这是因为和解使债务人获得了振兴与发展的机遇,缓解了以往债务积淀的负担和压力,从而有可能利用重新经营所得利润最大限度地向债权人清偿债务,避免了大中型企业破产所带来的工人失业、社会恐慌等消极影响。①

二、破产和解的申请与审查

(一)和解申请

1. 和解申请人

原法律规定债权人和债务人均可以提出和解申请,新《企业破产法》将此项规定修改为只有债务人才可以提出和解申请。具体实践中,债权人希望和解的,可以与债务人协商,由债务人提出和解申请。

2. 和解申请提出的时间

根据我国《企业破产法》相关规定,债务人可以直接向人民法院申请和解,也可以在人民法院受理破产申请后,宣告债务人破产前向人民法院申请和解。债务人申请和解,应当提出和解协议草案。

(二)法院对和解申请的审查

法院对和解申请的审查主要涉及以下几个方面:(1)和解协议是否存在违法的地方;(2)和解协议是否存在明显不实的情况;(3)和解协议的通过程序是否合法;(4)拟破产企业是否有和解的诚意。

人民法院经审查认为和解申请符合《企业破产法》规定的,应当裁定和解,予以公告,并召集债权人会议讨论和解协议草案。

三、和解协议的法律效力

(一)程序上的效力

和解协议在程序上的效力,是指和解对于破产清算程序所产生的效力,即和解对于破产程序具有优先效力。

(1)破产清算申请与和解申请同时被提出时,法院应当先受理和解申请。只有在和解申请被拒绝或被驳回的情况下,法院才会受理审查破产清算程序。

(2)和解成立和生效于破产清算程序开始以前,和解即成为阻却破产清算程序开始的事由,和解不被撤销,破产清算程序就不得开始。

(3)当和解成立和生效于破产宣告之后时,和解会导致破产清算程序的中止或终结。

(二)实体上的效力

1. 和解协议对债务人的效力

依据我国《企业破产法》的规定,和解协议经人民法院裁定认可后,破产程序对债务人的约束及和解开始后对债务人财产管理及处分行为的限制均应解除,但债务人不得在和

---

① 林汉华.论我国破产和解制度的现实意义及立法完善.行政与法,2002(4).

解协议条件之外处分财产或清偿个别债务。和解开始后,债务人继续管理其财产,并经营其业务。此外,和解协议免除了债务人即时清偿所有债务的责任,债务人清偿债务以和解协议约定的清偿期为准。

2. 和解协议对债权人的效力

和解协议生效后,原债权即转为和解债权,享有此债权的权利人被称为和解债权人。和解债权人要受和解协议的约束,不得在和解协议以外接受债务人的清偿,不得对债务人主张和解协议约定外的利益,在协议所规定的清偿期限届满之前不得提出清偿要求。

3. 和解协议对保证人、连带债务人的效力

我国《企业破产法》第一百零一条规定,和解债权人对债务人的保证人和其他连带债务人所享有的权利,不受和解协议的影响。这意味着在和解条件为减免部分债务的情形之中,债务人的保证人及连带债务人的清偿责任并不能相应的减免,保证人及连带债务人仍应就原债务全部对债权人清偿。

第六节　破产相关法律制度

一、管理人制度

管理人,是指破产程序开始以后依照法定程序成立的,在法院的指挥和监督之下全面接管债务人企业并负责债务人财产的保管、清理、估价、分配等事务的专门机构。管理人由人民法院指定。如果管理人违反了其法定职责,法院有权解除其管理人身份,另行指定管理人。同时,如果债权人会议认为管理人不能依法、公正执行职务或者有其他不能胜任职务情形的,可以申请人民法院予以更换。债权人仅仅起到监督管理人的作用,本身无权自行指定或者选任管理人。

管理人制度是破产程序的一个中心问题,所以关于管理人任职条件的规定是非常关键的,这关系到管理人是否能够公正地履行职责。能够担任管理人的有两类人:一是自然人。人民法院根据债务人的实际情况,可以在征询有关社会中介机构的意见后,指定该机构具备相关专业知识并取得执业资格的人员担任管理人。自然人作为管理人应该具备以下条件:具备相关专业知识并取得专门职业资格;属于社会中介机构的成员;应当参加执业责任保险。二是清算组或者社会中介机构作为管理人。依据《企业破产法》的规定,管理人可以由有关部门、机构的人员组成的清算组或者依法设立的律师事务所、会计师事务所、破产清算事务所等社会中介机构担任。同时,《企业破产法》第二十四条第三款规定了管理人的消极条件,即不能担任管理人的人:(1)因故意犯罪受过刑事处罚;(2)曾被吊销相关专业执业证书;(3)与本案有利害关系;(4)人民法院认为不宜担任管理人的其他情形。

人民法院指定管理人以后,管理人应当依照《企业破产法》规定的职责执行职务:(1)接管债务人的财产、印章和账簿、文书等资料;(2)调查债务人财产状况,制作财产状况报告；(3)决定债务人的内部管理事务；(4)决定债务人的日常开支和其他必要开支；(5)在第一次债权人会议召开之前,决定继续或者停止债务人的营业；(6)管理和处分债务人的财产；(7)代表债务人参加诉讼、仲裁或者其他法律程序；(8)提议召开债权人会议；(9)人民法院认为管理人应当履行的其他职责。

二、债权申报制度

债权申报是指债权人在人民法院受理破产申请后依照法定程序主张并证明其债权的存在,以便参加破产程序的法律行为。债权申报是由债权人自主决定的,可以申报债权进而参加破产程序,也可以不申报从而放弃参加破产程序。债权申报以主张并证明债权为主要内容,是债权人参加破产程序的必要条件。因此人民法院受理破产申请后,应该及时确定债权申报的期限。人民法院应当自裁定受理破产申请之日起 25 日内通知已知债权人,并予以公告。通知和公告应当载明申报债权的期限、地点和申报的注意事项。申报的期限最短不得少于 30 日,最长不得超过 3 个月,从人民法院受理破产申请公告的次日算起。在人民法院确定的债权申报期限内,债权人未申报债权的,可以在破产财产最后分配前补充申报,但是,此前已进行的分配,不再对其补充分配。

管理人是法定的债权申报的接受人。依据《企业破产法》第四十八条第一款的规定,债权人应当在人民法院确定的债权申报期限内向管理人申报债权。之所以把管理人确定为法定接受人,是因为管理人是由人民法院指定并对人民法院负责,在某种程度上,管理人行使了人民法院的职责。

我国《企业破产法》第四十六条至五十五条规定了可申报债权的范围。对于未到期的债权,在破产申请受理时视为到期；附利息的债权自破产申请受理时起停止计息；附条件、附期限的债权只要债权本身存在,债权人都可以向管理人申报；对于诉讼、仲裁未决的债权,债权人可以依据其向人民法院或者仲裁机构主张保护的债权数额来申报债权。同时,根据《企业破产法》一百一十九条的规定,破产财产分配时,对于诉讼或者仲裁未决的债权,管理人应当将其分配额提存。自破产程序终结之日起满 2 年仍不能受领分配的,人民法院应当将提存的分配额分配给其他债权人。《企业破产法》四十八条规定了与债务人的职工有关的特定的债权无需申报,由管理人调查后列出清单并予以公示。

三、债权人会议制度

债权人会议是由所有申报债权的债权人组成的,实现债权人的破产程序参与权,讨论决定相关破产事宜,表达债权人意志,协调债权人行为的议事机构。一方面,债权人会议是一种程序性机构,它伴随破产程序的开始而产生,终结而终止。另一方面,它也是一种自治性机构,在破产程序中具有相应的法律地位,对有关破产事务的决议具有自主权。

依照《企业破产法》第五十九条第一款的规定,所有依法申报债权的债权人均为债权人会议成员,包括无财产担保的债权人、有财产担保的债权人和代替债务人清偿债务的保证人等。债权人会议的成员享有依法请求召开债权人会议、参加会议、在会议上发言、询问、表决等权利。债权人会议成员分为有表决权的债权人和无表决权的债权人两种。有表决权的债权人是指有权出席债权人会议和发表意见,并有权对债权人会议议决事项投票表达个人意志的债权人;无表决权的债权人是指有权出席债权人会议和发表意见,但无权对债权人会议议决事项投票表达个人意志的债权人。有财产担保的债权人未放弃优先受偿权时,不享有表决权,因为它不参加破产财产的分配。

债权人既可以亲自出席也可以委托代理人出席债权人会议。委托代理人代为出席的,应向人民法院或债权人会议主席提交由委托人签名盖章的授权委托书。债权人会议设会议主席,即负责主持和召集债权人会议的人,由人民法院在第一次债权人会议召开时,从有表决权的债权人中指定。第一次债权人会议由人民法院召集,以后的债权人会议由会议主席召集。第一次债权人会议,按规定应当在债权申报期限届满后 15 日内召开;以后的债权人会议在人民法院或者会议主席认为必要时召开,也可以在管理人或者占无财产担保债权总额 1/4 以上的债权人要求时召开。

债务人的上级主管部门可以派员列席债权人会议,债务人的法人代表必须列席并有义务回答债权人的询问,拒绝列席的,人民法院可依法拘传。

债权人会议从事各种活动的法律依据是债权人会议的职权,其在法定议事范围内讨论决定事务。债权人会议行使下列职权:(1)核查债权;(2)申请人民法院更换管理人,审查管理人的费用和报酬;(3)监督管理人;(4)选任和更换债权人委员会成员;(5)决定继续或者停止债务人的营业;(6)通过重整计划;(7)通过和解协议;(8)通过债务人财产的管理方案;(9)通过破产财产的变价方案;(10)通过破产财产的分配方案;(11)人民法院认为应当由债权人会议行使的其他职权。同时,债权人会议应当对所议事项的决议做成会议记录。

债权人会议的决议,对全体债权人都有约束力。为充分体现多数债权人的意志,一般采用表决人数与所占债权比例均过半数的方式通过决议。我国现行的《企业破产法》对债权人会议决议的通过,采用人数和债权数额双重标准。因为单采用人数标准,虽能保障多数债权人的利益,但未必符合少数大额债权人的利益;而单采用债权额标准,又可能损害多数小额债权人的利益。所以,《企业破产法》第六十四条规定,债权人会议的决议,由出席会议的有表决权的债权人过半数通过,并且其所代表的债权额占无财产担保债权总额的 1/2 以上。但是,本法另有规定的除外。另有规定的,例如,如果通过和解协议草案的决议,必须占无担保债权总额的 2/3 以上。

由此可见,债权人会议的决议的通过,应当同时具备两个条件:第一,按人数计算,出席会议的有表决权的债权人过半数赞成;第二,按金额计算,一般情况下,赞成票所代表的债权额占无财产担保债权总额的半数以上,但是,在通过和解协议的情况下,应当占这一总额的 2/3 以上。这里所说的"过半数"不包括本数,"半数以上"和"2/3"均包括本数。

债权人会议的决议,对于全体债权人均有约束力。也就是说,债权人会议的决议是债权人团体的共同意思表示。一旦决议依法定程序获得通过,各债权人不论是否出席了会议,不论是否参加表决,也不论是否投票赞成,都当然地受决议的约束。

债权人认为债权人会议的决议违反法律规定,损害其利益的,可以自债权人会议做出决议之日起 15 日内,请求人民法院裁定撤销该决议,责令债权人会议依法重新做出决议。但是,债权人会议如果未通过对债务人财产的管理方案、破产财产的变价方案的决议的,人民法院可以做出关于债务人财产的管理方案、破产财产的变价方案的裁定。债权人会议经过两次表决,仍然未通过破产财产分配方案的决议的,人民法院可以做出破产财产分配方案的裁定。这两种裁定一经做出立即产生法律效力。债权人对于这两种裁定不服的,可以向人民法院申请复议。但对于人民法院关于破产财产的分配方案的裁定,只有债权额占无财产担保债权总额 1/2 以上的债权人才可以申请复议。债权人申请复议的,必须自裁定宣布之日或者收到通知之日起 15 日内向该人民法院提出复议申请。并且申请复议并不影响该裁定的效力,复议期间不停止裁定的执行。

\\\\本章相关法律依据 ◄◄

1.《中华人民共和国企业破产法》,2006 年 8 月 27 日第十届全国人民代表大会常务委员会第二十三次会议通过。

2.《最高人民法院关于审理企业破产案件若干问题的规定》,2002 年 7 月 18 日由最高人民法院审判委员会第 1232 次会议通过。

3.《最高人民法院关于〈中华人民共和国企业破产法〉施行时尚未审结的企业破产案件适用法律若干问题的规定》,2007 年 4 月 23 日最高人民法院审判委员会第 1425 次会议通过。

第八章

合同法律制度

第一节　合同法概述

一、合同的概念与特征

合同(Contract)，是指平等主体的自然人、法人、其他组织之间设立、变更、终止民事权利义务关系的协议。而同属民事法律领域的婚姻、收养、监护等有关身份关系的协议，以及其他法律性质的协议，如行政合同，不由合同法调整，适用其他有关法律的规定。

合同具有以下法律特征：

（一）合同是作为平等主体的双方或多方当事人之间的一种民事法律行为

首先，订立合同的当事人之间法律地位平等，意思自由，任何一方当事人不论其所有制性质、行政地位及经济实力如何，都不能将自己的意志强加给其他当事人；其次，合同至少需要两个或两个以上当事人；最后，合同是一种民事法律行为。民事法律行为以意思表示为成立要件，没有意思表示就没有民事法律行为。故当事人的意思表示是合同的核心要素。法律行为不同于不以意思表示为要件、不能产生当事人预期法律效果的事实行为，事实行为如侵权行为、拾得遗失物、加工等。

（二）合同以设立、变更或终止民事权利义务关系为目的

民事法律行为是以达到行为人预期的民事法律后果为目的的行为。就合同而言，这种预期的民事法律后果就是设立、变更、终止民事权利义务关系。这就意味着合同必须由订立合同的当事人共同实施订约行为，如果仅仅有一方做出某种意思表示，而另一方并没有表示同意，仍然不能产生订立合同所预期的法律后果，合同也不能成立。[①]

（三）合同是当事人协商一致的产物或意思表示一致的协议

合同又称协议。而协议在法律中是指当事人之间形成的合意。因此合同成立不但需要当事人有意思表示，而且要求当事人之间的意思表示要一致。任何合同都必须是订立

---

①　王利明、房绍坤、王轶.合同法.北京:中国人民大学出版社,2002:5.

合同当事人意思表示一致的结果和产物。合同是反映交易的法律形式,而任何交易都要通过交易当事人的合意才能完成。①

二、《合同法》的概念和基本原则

(一)《合同法》的概念

合同法是调整合同的订立、履行、变更和解除等活动过程中发生的社会关系的法律规范的总称。

1999年3月15日,第九届全国人民代表大会第二次会议通过的《中华人民共和国合同法》(以下简称《合同法》)是一部较为详尽、严密,具有可操作性的法律。为保障《合同法》的顺利实施,最高人民法院先后通过了《关于适用〈中华人民共和国合同法〉若干问题的解释(一)》(以下简称《合同法解释》)、《关于审理商品房买卖合同纠纷案件适用法律若干问题的解释》、《关于审理建设工程施工合同纠纷案件适用法律问题的解释》、《关于审理技术合同纠纷案件适用法律若干问题的解释》,此外,《中华人民共和国物权法》、《中华人民共和国担保法》以及最高人民法院《关于适用〈中华人民共和国担保法〉若干问题的解释》(以下简称《担保法解释》)等法律及司法解释对合同问题也起着重要的调整作用。

(二)《合同法》的基本原则

合同在订立、履行、变更、解除时应当遵守以下基本原则:

1. 平等原则

合同当事人各方法律地位一律平等,任何一方不得将自己的意志强加给另一方,各方应在权利义务对等的基础上订立合同。

2. 自愿原则

自愿原则又称意思自治原则、合同自由原则,是指合同当事人在不违反强制性法律规范和社会公共利益的基础上,依法享有自愿订立合同的权利,任何单位和个人不得非法干预。是否订立合同,如何订立合同,订立什么样的合同,都应当完全由当事人自己决定,其他人不得干预。

3. 公平原则

任何当事人不得利用自己的实力和地位滥用权利、乘人之危强使对方接受显失公平的条款。合同当事人应当根据公平原则确定各方的权利和义务,确定风险与违约责任的承担。

4. 诚实信用原则

合同当事人行使权利、履行义务应当遵循诚实信用原则。当事人应当诚实守信,善意地行使权利、履行义务,不得有欺诈等恶意行为。在法律、合同未做规定或规定不清的情况下,要依据诚实信用原则解释法律和合同,平衡当事人之间的利益关系。

5. 守法、不损害社会公共利益原则

合同当事人订立、履行合同,应当遵守法律、行政法规,尊重社会公德,不得扰乱社会

---

① 王利明、房绍坤、王轶.合同法.北京:中国人民大学出版社,2002.6.

经济秩序，损害社会公共利益。

三、合同的分类

根据不同的标准，可将合同分为不同的种类。合同的分类有助于正确理解法律、订立和履行合同，有助于正确地适用法律处理合同纠纷，还可对合同法律制度的完善起到促进作用。

（一）有名合同与无名合同

根据《合同法》或者其他法律是否对合同规定有确定的名称与调整规则为标准，可将合同分为有名合同与无名合同。有名合同是指法律规定了确定名称与规则的合同，又称典型合同。《合同法》规定的有名合同包括：买卖合同、供用电、水、气、热力合同、赠予合同、借款合同、租赁合同、融资租赁合同、承揽合同、建设工程合同、运输合同、技术合同、保管合同、仓储合同、委托合同、行纪合同、居间合同。无名合同则是法律尚未规定有确定名称与规则的合同，又称非典型合同。区分两者的法律意义在于法律适用的不同。有名合同可直接适用《合同法》分则中关于该种合同的具体规定。无名合同则只能在适用《合同法》总则中规定的一般规则的同时，参照该法分则或者其他法律中最相似的规定执行。

（二）单务合同与双务合同

根据合同当事人是否相互负有对价义务为标准，可将合同分为单务合同与双务合同。此处的对价义务并不要求双方的给付价值相等，而只是要求双方的给付具有相互依存、相互牵连的关系即可。单务合同是指仅有一方当事人承担义务的合同，如赠予合同。双务合同是指双方当事人互负对价义务的合同，如买卖合同、承揽合同、租赁合同等。区分两者的法律意义在于，因为双务合同中当事人之间的给付义务具有依存和牵连关系，因此双务合同中存在同时履行抗辩权和风险负担的问题，而这些情形并不存在于单务合同中。

（三）有偿合同与无偿合同

根据合同当事人是否因给付取得对价为标准，可将合同分为有偿合同与无偿合同。有偿合同是指合同当事人为从合同中得到利益要支付相应对价给付（此给付并不局限于财产的给付，也包含劳务、事务的给付等）的合同。买卖合同、租赁合同、雇佣合同、承揽合同、行纪合同等都是有偿合同。无偿合同是指只有一方当事人做出给付，或者虽然是双方做出给付但双方的给付间不具有对价意义的合同。赠予合同是典型的无偿合同，此外，委托合同、保管合同如果没有约定利息和报酬的，也属于无偿合同。

（四）诺成合同与实践合同

根据合同除当事人的意思表示以外，是否还要其他现实给付为标准，可以将合同分为诺成合同与实践合同。诺成合同是指当事人意思表示一致即可认定合同成立的合同。实践合同是指在当事人意思表示一致以外，尚须有实际交付标的物或者有其他现实给付行为才能成立的合同。确认某种合同属于实践合同必须法律有规定或者当事人之间有约定。区分两者的法律意义在于：除了两种合同的成立要件不同以外，实践合同中作为合同成立要件的给付义务的违反不产生违约责任，而只是一种缔约过失责任。

（五）要式合同与不要式合同

根据合同的成立是否必须符合一定的形式为标准,可将合同分为要式合同与不要式合同。要式合同是按照法律规定或者当事人约定必须采用特定形式订立方能成立的合同。不要式合同是对合同成立的形式没有特别要求的合同。确认某种合同属于要式合同必须法律有规定或者当事人之间有约定。

（六）主合同与从合同

根据两个或者多个合同相互间的主从关系为标准,可将合同分为主合同与从合同。主合同是无须以其他合同存在为前提即可独立存在的合同。这种合同具有独立性。从合同,又称附属合同,是以其他合同的存在为其存在前提的合同。保证合同、定金合同、质押合同等相对于提供担保的借款合同即为从合同。从合同的存在是以主合同的存在为前提的,故主合同的成立与效力直接影响到从合同的成立与效力。但是从合同的成立与效力不影响主合同的成立与效力。

第二节　合同的订立

一、合同的形式和内容

（一）合同的形式

合同的形式,是指合同当事人意思表示一致的外在表现形式。当事人订立合同,可以采取书面形式、口头形式和其他形式。合同形式在对于固定证据、警告当事人郑重其事、区分磋商与缔约两个阶段均有重要意义。口头形式的合同虽方便易行,但缺点是发生争议时难以举证确认责任,不够安全。书面形式是指以合同书、信件等各种有形地表现所载内容的合同形式。根据《合同法》规定,数据电文(包括电报、电传、传真、电子数据交换和电子邮件)也属于书面形式的一种。另外,根据《合同法》规定,法律、行政法规规定或者当事人约定采用书面形式的合同,当事人应当采用书面形式。

（二）合同的内容

合同的内容,就是合同当事人的权利与义务,具体体现为合同的各项条款。合同内容是合同当事人一致的意思表示,也是合同当事人之间权利义务的具体表现。

根据《合同法》规定,在不违反法律强制性规定的前提下,合同条款可以由当事人自由约定,一般包括以下条款:

1.当事人的名称或者姓名和住所;

2.标的,即合同双方当事人权利义务所共同指向的对象;

3.数量;

4.质量;

5.价款或者报酬;

6.履行期限、地点和方式;

7.违约责任;

8.解决争议的方法。

二、合同的订立程序

订立合同的当事人首先应当具备合法的资格,即具有相应的民事权利能力和民事行为能力。除依据合同性质不能代理的以外,当事人可以委托代理人订立合同。

合同是双方或多方的民事法律行为,合同各方的意思表示达成一致合同才能成立。因此所谓合同的订立,就是合同的当事人对合同的内容进行协商,使各方的意思表示趋于一致的过程。合同的订立过程主要包括两个阶段,即要约和承诺,或者说订立合同要采取要约、承诺的方式进行。当事人意思表示真实一致时,合同即可成立。

(一)要约

1.要约的概念

要约(Offer)是指希望和他人订立合同的意思表示。要约可以向特定人发出,也可以向非特定人发出。根据《合同法》规定,该意思表示应当符合下列规定:(1)内容具体确定,此项条件要求该意思表示已经具备了未来合同的必要内容;(2)表明经受要约人承诺,要约人即受该意思表示约束。

2.要约邀请

要约邀请(Invitation to Offer)是希望他人向自己发出要约的意思表示。寄送的价目表、拍卖公告、招标公告、招股说明书、商业广告等,性质均为要约邀请。但若商业广告的内容符合要约的规定,如悬赏广告,则视为要约。在实践中要注意要约与要约邀请的区别,如根据《最高人民法院关于审理商品房买卖合同纠纷案件适用法律若干问题的解释》规定,商品房的销售广告和宣传资料视为要约邀请,但是出卖人就商品房开发规划范围内的房屋及相关设施所做的说明和允诺具体确定,并对商品房买卖合同的订立以及房屋价格的确定有重大影响的,应当视为要约。该说明和允诺即使未载入商品房买卖合同,亦应当视为合同内容,当事人违反的,应当承担违约责任。

3.要约的生效时间

要约到达受要约人时生效。采用数据电文形式订立合同,收件人指定特定系统接收数据电文的,该数据电文进入该特定系统的时间,视为到达时间;未指定特定系统的,该数据电文进入收件人的任何系统的首次时间,视为到达时间。

4.要约的撤回

要约可以撤回。撤回要约的通知应当在要约到达受要约人之前或者与要约同时到达受要约人。撤回要约是在要约尚未生效的情形下发生的。如果要约已经生效,则非要约的撤回,而是要约的撤销。

5.要约的撤销

要约可以撤销。撤销要约的通知应当在受要约人发出承诺通知之前到达受要约人。但下列情形下的要约不得撤销:(1)要约人确定了承诺期限的;(2)以其他形式明示要约不可撤销的;(3)受要约人有理由认为要约是不可撤销的,并已经为履行合同做了准备工作。

6.要约的失效

有下列情形之一的,要约失效:(1)拒绝要约的通知到达要约人;(2)要约人依法撤销要约；(3)承诺期限届满,受要约人未做出承诺；(4)受要约人对要约的内容做出实质性变更。

(二)承诺

1. 承诺的概念

承诺(Acceptance)是受要约人同意要约的意思表示。承诺应当由受要约人向要约人做出。

2. 承诺期限

承诺应当在要约确定的期限内到达要约人。要约没有确定承诺期限的,承诺应当依照下列规定到达：(1)要约以对话方式做出的,受要约人应当立即做出承诺,但当事人另有约定的除外；(2)要约以非对话方式做出的,承诺应当在合理期限内到达。所谓合理期限,是指依照通常情形可期待承诺到达的期间,一般包括要约到达受要约人的期间、受要约人做出承诺的期间、承诺通知到达要约人的期间。(3)要约以信件或者电报做出的,承诺期限自信件载明的日期或者电报交发之日开始计算。信件未载明日期的,自投寄该信件的邮戳日期开始计算。(4)要约以电话、传真等快速通信方式做出的,承诺期限自要约到达受要约人时开始计算。

3. 承诺的生效时间

承诺自通知到达要约人时生效。承诺不需要通知的,自根据交易习惯或者要约的要求做出承诺的行为时生效。采用数据电文形式订立合同时,收件人指定特定系统接收数据电文的,该数据电文进入该特定系统的时间,视为承诺到达时间；未指定特定系统的,该数据电文进入收件人的任何系统的首次时间,视为承诺到达时间。

4. 承诺的撤回

承诺人发出承诺后反悔的,可以撤回承诺,其条件是撤回承诺的通知应当在承诺通知到达要约人之前或者与承诺通知同时到达要约人,即在承诺生效前到达要约人。

5. 承诺的迟延与迟到

受要约人超过承诺期限发出承诺的,为迟延承诺,除要约人及时通知受要约人该承诺有效的以外,迟延承诺应视为新要约。受要约人在承诺期限内发出承诺,按照通常情形能够及时到达要约人,但因其他原因使承诺到达要约人时超过承诺期限的,为迟到承诺,除要约人及时通知受要约人因承诺超过期限不接受该承诺的以外,迟到承诺为有效承诺。

6. 承诺的内容

承诺的内容应当与要约的内容一致。在实践中,受要约人可能对要约的文字乃至内容做出某些修改,此时承诺是否具有法律效力需根据具体情况予以确认。《合同法》规定,受要约人对要约的内容做出实质性变更的,为新要约。有关合同标的、数量、质量、价款或者报酬、履行期限、履行地点和方式、违约责任和解决争议方法等内容的变更,是对要约内容的实质性变更。承诺对要约的内容做出非实质性变更的,除要约人及时表示反对或者要约表明承诺不得对要约的内容做出任何变更的以外,该承诺有效,合同的内容以承诺的内容为准。

三、合同的成立

所谓合同的成立,是指当事人经过要约、承诺,意思表示一致而达成协议。

(一)合同成立的时间

由于合同订立方式的不同,合同成立的时间也有不同:(1)承诺生效时合同成立。这是大部分合同成立的时间标准。(2)当事人采用合同书形式订立合同的,自双方当事人签字或者盖章时合同成立。(3)当事人采用信件、数据电文等形式订立合同的,可以要求在合同成立之前签订确认书。签订确认书时合同成立。

在实践中如果当事人未采用法律要求或者当事人约定的书面形式、合同书形式订立合同,或者当事人没有在合同书上签字盖章的,但只要一方当事人履行了主要义务,对方接受的,合同即告成立。

(二)合同成立的地点

由于合同订立方式的不同,合同成立地点的确定标准也有不同:(1)承诺生效的地点为合同成立的地点。这是大部分合同成立的地点标准。(2)采用数据电文形式订立合同的,收件人的主营业地为合同成立的地点;没有主营业地的,其经常居住地为合同成立的地点。当事人另有约定的,从其约定。(3)当事人采用合同书形式订立合同的,双方当事人签字或者盖章的地点为合同成立的地点。

四、缔约过失责任

缔约过失责任,亦称缔约过错责任,是指当事人在订立合同过程中,因故意或者过失致使合同未成立、未生效、被撤销或无效,给他人造成损失而应承担的损害赔偿责任。

《合同法》规定,当事人在订立合同过程中有下列情形之一,给对方造成损失的,应当承担损害赔偿责任:(1)假借订立合同,恶意进行磋商;(2)故意隐瞒与订立合同有关的重要事实或者提供虚假情况;(3)当事人泄露或者不正当地使用在订立合同过程中知悉的商业秘密;(4)有其他违背诚实信用原则的行为。

缔约过失责任与违约责任的区别:(1)两种责任产生的时间不同。缔约过失责任发生在合同成立之前;而违约责任产生于合同生效之后。(2)适用的范围不同。缔约过失责任适用于合同未成立、合同未生效、合同无效等情况;违约责任适用于生效合同。(3)赔偿范围不同。缔约过失责任赔偿的是信赖利益的损失;而违约责任赔偿的是可期待利益的损失。原则上可期待利益的损失要大于信赖利益的损失。

第三节 合同的效力

一、合同的生效

合同的生效,是指已依法成立的合同发生相应的法律效力,即法律约束力。合同生效不同于合同成立。合同是否成立是一个事实问题,需要考察当事人之间是否有要约和承诺。合同生效则是一个价值判断,需要考察当事人之间的合同是否符合法律的精神与规定,能否发生法律所认可的效力。

《合同法》根据合同类型的不同,分别规定了不同的合同生效的时间:

1.依法成立的合同,原则上自合同成立时生效。

2.法律、行政法规规定应当办理批准、登记等手续生效的,在依照其规定办理批准、登记等手续后生效。如《物权法》规定,股票质押合同自到证券登记结算机构办理出质登记时生效。对于这类合同,在法院审理案件过程中,一审法庭辩论终结前当事人仍未办理批准手续的,或者仍未办理批准、登记等手续的,人民法院应当认定该合同未生效。

法律、行政法规规定合同应当办理登记手续,但未规定登记后生效的,当事人未办理登记手续不影响合同的效力,但合同标的所有权及其他物权不能转移。如《商品房买卖合同解释》规定,当事人以商品房预售合同未按照法律、行政法规规定办理登记备案手续为由,请求确认合同无效的,不予支付。当事人约定以办理登记备案手续为商品房预售合同生效条件的,从其约定,但当事人一方已经履行主要义务,对方接受的除外。

3.当事人对合同的效力可以附条件或者附期限。附生效条件的合同,自条件成就时生效。附解除条件的合同,自条件成就时失效。当事人为自己的利益不正当地阻止条件成就的,视为条件已成就;不正当地促成条件成就的,视为条件不成就。附生效期限的合同,自期限届至时生效。附终止期限的合同,自期限届满时失效。

二、效力待定的合同

效力待定的合同,是指合同订立后尚未生效,需经权利人追认才能生效的合同。效力待定合同主要有以下几种类型:

(一)限制民事行为能力人独立订立的与其年龄、智力、精神状况不相适应的合同

《合同法》规定,限制民事行为能力人订立的合同,经法定代理人追认后,该合同有效,但纯获利益的合同或者与其年龄、智力、精神健康状况相适应而订立的合同,不必经法定代理人追认。

法定代理人的追认权性质上属于形成权。仅凭其单方面意思表示就可以使得效力待定的合同转化为有效合同。

法律在保护限制民事行为能力人合法权益的同时,为避免合同相对人的利益因为合同效力待定而受损,特别规定了相对人的催告权和善意相对人的撤销权。相对人可以催告法定代理人在一个月内予以追认。法定代理人未做表示的,视为拒绝追认。合同被追认之前,善意相对人有撤销的权利。撤销应当以通知的方式做出。其中的"善意"是指相对人在订立合同时不知道与其订立合同的人欠缺相应的行为能力。

(二)无权代理人订立的合同

《合同法》规定,行为人没有代理权、超越代理权或者代理权终止后以被代理人名义订立的合同,未经被代理人追认,对被代理人不发生效力,由行为人承担责任。相对人可以催告被代理人在一个月内予以追认。被代理人未做表示的,视为拒绝追认。合同被追认之前,善意相对人有撤销的权利。撤销应当以通知的方式做出。

（三）无处分权人订立的合同

《合同法》规定，无处分权的人处分他人财产，经权利人追认或者无处分权人订立合同后取得处分权的，该合同有效。

三、无效合同与可撤销合同

（一）无效合同

一份合同要发生法律效力，就必须具备合同的全部生效要件。欠缺合同生效的要件，就不能发生当事人所预期的法律后果。因此，无效合同就是指当事人签订的法律不承认效力的合同。根据《合同法》的规定，具有下列情形的合同无效：

(1)一方以欺诈、胁迫的手段订立合同，损害国家利益；

(2)恶意串通，损害国家、集体或者第三人利益；

(3)以合法形式掩盖非法目的；

(4)损害社会公共利益；

(5)违反法律、行政法规的强制性规定。

实践中人民法院在审判中确认合同无效，应当以全国人大及其常委会制定的法律和国务院制定的行政法规为依据，不得以地方性法规、行政规章为依据。当事人超越经营范围订立合同，人民法院不因此认定合同无效，但违反国家限制经营、特许经营以及法律、行政法规禁止经营规定的除外。

（二）可撤销合同

可撤销合同是指因合同当事人意思表示的瑕疵，撤销权人可以请求人民法院或者仲裁机构予以撤销或者变更的合同。

与无效合同相比，可撤销合同在被撤销之前已经生效。在被撤销以前，其法律效果可以对抗除撤销权人以外的任何人。而无效合同在法律上当然无效，从一开始就不发生法律效力。而且可撤销合同的撤销，应由撤销权人以撤销行为为之，人民法院不主动干预。无效合同在内容上具有明显的违法性，故对无效合同的确认，司法机关和仲裁机构可以主动干预，宣告其无效。

根据《合同法》规定，可撤销合同主要包括：

(1)因重大误解订立的合同。所谓重大误解是指当事人对合同的性质、对方当事人、标的物的种类、质量、数量等涉及合同后果的重要事项存在错误认识，违背其真实意思表示订立合同，并因此可能受到较大损失的行为。合同订立后因商业风险等发生的错误认识，不属于重大误解。

(2)在订立合同时显失公平的合同。显失公平是指一方当事人利用优势或者对方没有经验，在订立合同时致使双方的权利与义务明显违反公平、等价有偿原则的行为。此类合同的"显失公平"必须发生合同订立时，如果合同订立以后，因为商品价格发生变化而导致的权利义务不对等不属于显失公平。

(3)一方以欺诈、胁迫的手段或者乘人之危，使对方在违背真实意思的情况下订立的合同。对于这种类型的可撤销合同，应注意以下几点：①因一方欺诈、胁迫而订立的合同，如损害到国家利益,则属于无效合同。对于乘人之危订立的合同,则不用考虑是否损害国家利益,一律属于可撤销合同。②并非所有的合同当事人都享有撤销权,只有合同的受损害方,即受欺诈方、受胁迫方等才享有撤销权。

（三）合同无效或者被撤销后的法律后果

合同无效或者被撤销后发生的法律后果主要有：

1.无效合同或者可撤销的合同在被认定为无效或者被撤销后自始没有法律约束力。

2.合同部分无效,不影响其他部分效力的,其他部分仍然有效。

3.合同无效、被撤销或者终止的,不影响合同中独立存在的有关解决争议方法的条款的效力。如关于管辖权、法律适用的条款即属于有关解决争议方法的条款。

4.合同无效或者被撤销后,因该合同取得的财产,应当予以返还;不能返还或者没有必要返还的,应当折价补偿。有过错的一方应当赔偿对方因此所受到的损失,双方都有过错的,应当各自承担相应的责任。当事人恶意串通,损害国家、集体或者第三人利益的,因此取得的财产收归国家所有或者返还集体或第三人。

第四节　合同的履行

合同依法成立生效后,当事人就应当按照合同的约定履行合同。所谓合同的履行是指合同当事人按照合同的约定,全面、正确地完成合同中规定的各项义务的活动。合同履行是合同法律效力的重要体现,是实现合同目的的重要手段。

当事人在履行合同的过程中,应当遵循合同履行基本的原则,并符合合同履行的规则。

一、合同履行的基本原则

合同履行的基本原则是当事人在履行合同过程中必须遵守的基本准则和指导思想。

（一）诚实信用原则

诚实信用原则是指当事人在履行合同过程中要讲信用、守承诺、诚实不欺。在履行合同过程中遵守诚实信用原则,具体包括以下两方面的内容：

1.当事人除应遵守法定、约定义务以外,还应遵守依诚实信用原则所产生的附随义务。附随义务是指法律没有明文规定,当事人,间也无明确约定,但依诚实信用原则,由合同的性质、目的和交易习惯等确定的附随、补充性义务。合同履行中的附随义务主要有：(1)通知。通知是指合同当事人在具体履行合同过程中应及时将其与履行活动密切相关的重大事项告知对方,使双方当事人顺利完成合同履行义务。根据具体情况,通知义务包括：使用方法的通知义务、瑕疵的通知义务、忠实报告义务、危险通知义务、业务上的通知义务、迟到通知义务、债权让与或债务承担时,有关债权或债务的重要情况通知义务、影响合同履行情况的通知义务、给付不能的通知义务等。(2)协助。附随义务本质上体现为当事人双方的协力合作关系。协助,是指当事人在合同履行过程中,应依诚实信用原则相互监督、配合、帮助、既要严格履行各自的义务,又要协助对方履行义务。因为合同的履行是合同双方当事人的行为,只有一方的给付,而没有他方的受领行为,合同的目的就难以实现,就不是真正意义上的履行,即达不到清偿的效果。(3)保密。合同履行过程中,当事人对于缔约过程中知悉的对方商业秘密等负有保密义务,这也是诚信原则的基本要求。(4)其他义务。注意义务、保护义务及忠实义务亦属附随义务应具备的内容,但应当看到,不同的合同有不同的附随义务,附随义务的形式与内容应结合不同的合同具体确定。

2.在法律、合同对义务无规定、无约定,或规定、约定不明确时,当事人应当依照诚实信用原则履行义务。

(二)实际履行原则

实际履行原则是指当事人要按照合同约定的标的履行合同义务。即合同的标的是什么,当事人就应当履行什么,不能以其他标的(包括货币)代替约定标的。

实际履行原则在实践当中的适用并非绝对。在某些特殊情况下合同的目的已无法达到,实际履行已不可能,当事人就无须实际履行。经当事人协商,也可用其他方法加以替代,如用其他标的替代履行。

(三)适当履行原则

适当履行原则是指当事人应当按照合同约定的内容全面、适当地履行合同。适当履行原则要求当事人除按合同的标的履行外,还应当按照合同标的物的数量和质量、履行期限、履行地点、履行方式等履行合同。在合同履行中,履行标的、履行主体、履行期限、履行地点等都必须是正确的或适当的。是否适当履行了合同,是判定当事人是否违约、是否应承担违约责任的基本界限。

(四)协作履行原则

协作履行原则是指合同双方当事人不仅应履行自己的义务,而且还应当互助合作,协助对方履行合同义务。合同的履行虽然是当事人履行合同义务的行为,但由于权利与义务是相互对应的,因此义务人履行义务,就需要权利人予以协助。如果只有义务人履行义务,而没有权利人的接受履行,则合同订立的目的就难以实现。协作履行原则贯穿于合同的整个履行过程中,因此合同的双方当事人就必须团结互助、相互协作。

(五)经济合理原则

经济合理原则是指在合同的履行过程中,应讲求经济效益,以最少的成本取得最佳的合同效益。当事人在履行合同义务过程中,既要考虑自己一方的经济利益,同时也要维护对方当事人的经济利益。

二、合同无约定或约定不明确情况下的合同履行原则

合同生效后,当事人就质量、价款或者报酬、履行地点等内容没有约定或者约定不明确的,可以协议补充;不能达成补充协议的,按照合同有关条款或者交易习惯确定。依照上述履行原则仍不能确定的,适用《合同法》的下列规定:

1.质量要求不明确的,按照国家标准、行业标准履行;没有国家标准、行业标准的,按照通常标准或者符合合同目的的特定标准履行。

2.价款或者报酬不明确的,按照订立合同时履行地的市场价格履行;依法应当执行政

府定价或者政府指导价的,按照规定履行。

3.履行地点不明确,给付货币的,在接受货币一方所在地履行;交付不动产的,在不动产所在地履行;其他标的,在履行义务一方所在地履行。

4.履行期限不明确的,债务人可以随时履行,债权人也可以随时要求履行,但应当给对方必要的准备时间。

5.履行方式不明确的,按照有利于实现合同目的的方式履行。

6.履行费用的负担不明确的,由履行义务一方负担。

合同约定执行政府定价或者政府指导价的,在合同约定的交付期限内政府价格调整时,按照交付时的价格计价。逾期交付标的物的,遇价格上涨时,按照原价格执行;价格下降时,按照新价格执行。逾期提取标的物或者逾期付款的,遇价格上涨时,按照新价格执行;价格下降时,按照原价格执行。

合同生效后,当事人不得因姓名、名称的变更或者法定代表人、负责人、承办人的变动而不履行合同义务。

三、合同履行中的抗辩权

合同履行中的抗辩权是指合同生效之后,一方当事人可以另一方当事人未履行合同为由而拒绝自己应履行的权利。双务合同中的双方当事人互为债权人和债务人,双方的履行给付具有牵连性,为了体现双方权利义务的对等及保护交易安全,《合同法》为双务合同的债务人规定了同时履行抗辩权、后履行抗辩权和不安抗辩权三种履行抗辩权,使得债务人可以在法定情况下对抗相对人的请求权,使保留给付的行为不构成违约。

(一)同时履行抗辩权

同时履行抗辩权,是指双务合同的当事人应同时履行义务的,一方在对方未履行前,有拒绝对方请求自己履行合同的权利。《合同法》规定,当事人互负债务,没有先后履行顺序的,应当同时履行。一方在对方履行之前有权拒绝其对自己提出的履行要求。一方在对方履行债务不符合约定时,有权拒绝其相应的履行要求。

(二)后履行抗辩权

后履行抗辩权,是指双务合同中应先履行义务的一方当事人未履行时,对方当事人有拒绝对方请求履行的权利。《合同法》规定,当事人互负债务,有先后履行顺序,先履行一方未履行的,后履行一方有权拒绝其履行要求。先履行一方履行债务不符合约定的,后履行一方有权拒绝其相应的履行要求。

(三)不安抗辩权

不安抗辩权,是指双务合同中应先履行义务的一方当事人,有确切证据证明相对人财产明显减少或欠缺信用,不能保证对待给付时,有暂时中止履行合同的权利。《合同法》规定,应当先履行债务的当事人,有确切证据证明对方有下列情形之一的,可以中止履行:(1)经营状况严重恶化;(2)转移财产、抽逃资金,以逃避债务;(3)丧失商业信誉;(4)有丧失或者可能丧失履行债务能力的其他情形。主张不安抗辩权的当事人如果没有确切证据中止履行的,则应当承担违约责任。

当事人行使不安抗辩权中止履行的,应当及时通知对方。对方提供适当担保时,应当恢复履行。中止履行后,对方在合理期限内未恢复履行能力并且未提供适当担保的,中止履行的一方可以解除合同。

四、代位权与撤销权

(一)代位权

代位权(Right of Subrogation),是指债务人怠于行使其对第三人(次债务人)享有的到期债权,危及债权人债权实现对债权人造成损害的,债权人为保障自己的债权,可以自己的名义代位行使债务人对次债务人的债权的权利。

1.代位权行使的条件

结合《合同法》及《合同法解释》的规定,债权人提起代位权诉讼,应当符合下列条件:(1)债权人对债务人的债权合法。(2)债务人怠于行使其到期债权,对债权人造成损害。债务人的懈怠行为必须是债务人不以诉讼方式或者仲裁方式向次债务人主张其享有的具有金钱给付内容的到期债权。(3)债务人的债权已到期。代位权的行使条件中虽然没有明确债权人的债权是否到期,但是根据最高人民法院《合同法解释》的规定,债权人在主张代位权时,要求债权人的债权已经到期。(4)债务人的债权不是专属于债务人自身的债权。所谓专属于债务人自身的债权,是指基于扶养关系、抚养关系、赡养关系、继承关系产生的给付请求权和劳动报酬、退休金、养老金、抚恤金、安置费、人寿保险、人身伤害赔偿请求权等权利。

2.代位权诉讼中的主体及管辖

根据《合同法解释》,在代位权诉讼中,债权人是原告,次债务人是被告,债务人为诉讼上的第三人。因此在代位权诉讼中,如果债权人胜诉的,由次债务人承担诉讼费用,且从实现的债权中优先支付,其他必要费用则由债务人承担。代位权诉讼由被告住所地人民法院管辖。

3.代位权行使的法律效果

根据《合同法解释》规定,债权人向次债务人提起的代位权诉讼经人民法院审理后认定代位权成立的,由次债务人向债权人履行清偿义务,债权人与债务人、债务人与次债务人之间相应的债权债务关系即予消灭。从此规定来看,债权人的债权就代位权行使的结果有优先受偿权利。在代位权诉讼中,次债务人对债务人的抗辩,可以向债权人主张。

(二)撤销权

撤销权(Right of Rescission),是指债权人对债务人减少财产以致危害其债权的行为,享有请求人民法院予以撤销的权利。

1.撤销权的性质

撤销权的行使必须依据一定的诉讼程序进行。债权人行使撤销权,可请求受益人返还财产,恢复债务人责任财产的原状,因此撤销权兼具请求权和形成权的特点。合同保全中的撤销权与可撤销合同中的撤销权不同,合同保合中的撤销权是债权人请求人民法院撤销债务人与第三人之间已经生效的法律关系。此种撤销权突破了合同相对性,其效力扩及第三人,而且其目的是为了维护债务人清偿债权的清偿能力。而可撤销合同中的撤销权并没有扩及第三人,其目的是为了消除当事人之间意思表示的瑕疵。

2. 撤销权的成立要件

根据《合同法》的规定,债权人行使撤销权,应当具备以下条件:(1)债权人须以自己的名义行使撤销权。(2)债权人对债务人存在有效债权。债权人对债务人的债权可以到期,也可以未到期。(3)债务人实施了减少财产的处分行为。(4)债务人的处分行为有害于债权人债权的实现。

其中债务人减少财产的处分行为包括:(1)放弃到期债权,对债权人造成损害;(2)无偿转让财产,对债权人造成损害;(3)以明显不合理的低价转让财产,对债权人造成损害,并且受让人知道该情形。其中第(3)种处分行为不但要求有客观上对债权人造成损害的事实,还要求有受让人知道的主观要件。

当债务人的处分行为符合上述条件时,债权人可以请求人民法院撤销债务人的处分行为。撤销权的行使范围以债权人的债权为限。

3. 撤销权的行使期限

《合同法》对撤销权的行使规定有期限限制。撤销权自债权人知道或者应当知道撤销事由之日起 1 年内行使。自债务人的行为发生之日起 5 年内没有行使撤销权的,该撤销权消灭。上述规定中的"5 年"期间为除斥期间,不适用诉讼时效中止、中断或者延长的规定。

4. 行使撤销权的法律效果

一旦人民法院确认债权人的撤销权成立,债务人的处分行为即归于无效。债务人的处分行为无效的法律后果则是双方返还,即受益人应当返还从债务人处获得的财产。因此撤销权行使的目的是恢复债务人的责任财产,债权人就撤销权行使的结果并无优先受偿权利。

5. 撤销权诉讼中的主体与管辖

撤销权必须通过诉讼程序行使。在诉讼中,债权人为原告,债务人为被告,受益人或者受让人为诉讼上的第三人。撤销权诉讼由被告住所地人民法院管辖。根据《合同法解释》规定,债权人行使撤销权所支付的律师代理费、差旅费等必要费用,由债务人负担;第三人有过错的,应当适当分担。

第五节　合同的担保

一、合同担保概述

(一)担保的概念与担保的方式

担保,是指法律规定或者当事人约定的保证合同履行、保障债权人利益实现的法律措施。《物权法》、《担保法》、《担保法解释》等法律、法规、司法解释对担保问题均有详细规定。

担保的方式包括保证、抵押、质押、留置和定金。此外还有一种重要的担保方式就是反担保。

反担保，是指为了换取担保人提供保证、抵押或质押等担保方式，而由债务人或第三人向该担保人提供的担保，该担保相对于原担保而言被称为反担保。《担保法》第四条规定："第三人为债务人向债权人提供担保时，可以要求债务人提供反担保"。这条规定强调反担保只能由债务人提供，忽视了债务人委托第三人向原担保人提供反担保的情形。反担保人可以是债务人，也可以是债务人之外的第三人。并非《担保法》规定的五种担保方式均可作为反担保方式。反担保方式可以是债务人提供的抵押或者质押，也可以是债务人提供的保证、抵押或者质押。因此留置和定金不能作为反担保方式。在债务人亲自向原担保人提供反担保的场合，保证就不得作为反担保方式。

（二）担保合同的无效及其法律责任

1. 担保合同无效的情形

担保合同必须合法方才有效。根据有关法律和司法解释规定，下列担保合同无效：（1）国家机关和以公益为目的的事业单位、社会团体违法提供担保的，担保合同无效。（2）董事、高级管理人员违反《公司法》第一百四十九条规定，即违反公司章程的规定，未经股东会、股东大会或者董事会同意，以公司财产为他人提供担保的，担保合同无效。（3）以法律、法规禁止流通的财产或者不可转让的财产设定担保的，担保合同无效。

根据《担保法解释》规定，下列情形的对外担保合同无效：（1）未经国家有关主管部门批准或者登记对外担保的。（2）未经国家有关主管部门批准或者登记，为境外机构向境内债权人提供担保的。（3）为外商投资企业注册资本、外商投资企业中的外方投资部分的对外债务提供担保的。（4）无权经营外汇担保业务的金融机构、无外汇收入的非金融性质的企业法人提供外汇担保的。（5）主合同变更或者债权人将对外担保合同项下的权利转让，未经担保人同意和国家有关主管部门批准的，担保人不再承担担保责任。但法律、法规另有规定的除外。

2. 担保合同无效的法律责任

担保合同被确认无效时，债务人、担保人、债权人有过错的，应当根据其过错各自承担相应的民事责任，即承担《合同法》规定的缔约过失责任。根据《担保法解释》规定，担保合同无效的法律责任包括：

（1）主合同有效而担保合同无效，债权人无过错的，担保人与债务人对主合同债权人的经济损失，承担连带赔偿责任；债权人、担保人有过错的，担保人承担民事责任的部分，不应超过债务人不能清偿部分的1/2。

（2）主合同无效而导致担保合同无效，担保人无过错则不承担民事责任；担保人有过错的，应承担的民事责任不超过债务人不能清偿部分的1/3。

（3）担保人因无效担保合同向债权人承担赔偿责任后，可以向债务人追偿，或者在承担赔偿责任的范围内，要求有过错的反担保人承担赔偿责任。

但为了保证债权人的利益，主合同解除后，担保人对债务人应当承担的民事责任仍应承担担保责任。但是，担保合同另有约定的除外。另外，如果法人或者其他组织的法定代表人、负责人超越权限订立的担保合同，除相对人知道或者应当知道其超越权限的以外，该代表行为有效。

二、保证

保证,是指第三人和债权人约定,当债务人不履行其债务时,该第三人按照约定履行债务或者承担责任的担保方式。"第三人"被称作保证人;"债权人"既是主债的债权人,也是保证合同中的债权人。保证是保证人与债权人之间的合同关系。

三、抵押

抵押,是指债务人或者第三人不转移对财产的占有,将该财产作为债权的担保。债务人不履行债务时,债权人有权依法以该财产折价或者以拍卖、变卖该财产的价款优先受偿。抵押中提供财产担保的债务人或者第三人为抵押人,债权人为抵押权人,提供担保的财产为抵押物。

四、质押

质押,是指债务人或者第三人将其动产或权力移交债权人占有,将该财产作为债务的担保,当债务人不履行债务时,债权人有权依法以该财产变价所得优先受偿。

五、留置

留置,是指债权人按照合同约定占有债务人的动产,债务人不按照合同约定的期限履行债务的,债权人有权依法留置该财产,以该财产折价或者以拍卖、变卖该财产的价款优先受偿。

六、定金

定金是以确保合同的履行为目的,由当事人一方在合同订立前后,合同履行前预先交付于另一方的金钱或者其他代替物的法律制度。按照定金的目的和功能,可以把定金分为立约定金、成约定金、证约定金、违约定金、解约定金等。我国关于定金的性质属于任意性规定,当事人可以自主确定定金的性质。

给付定金一方不履行约定的债务的,无权要求返还定金;收受定金的一方不履行约定的债务的,应当双倍返还定金。当事人一方不完全履行合同的,应当按照未履行部分所占合同约定内容的比例,适用定金罚则。

第六节　合同的变更、转让和终止

依法成立的合同受法律保护,对当事人具有法律约束力。当事人应当按照合同约定履行自己的义务,单方不得擅自变更或者解除合同,否则将构成违约行为。但这并不等于合同订立之后就只能按订立内容履行,永远不能变化。合同是为经济活动服务的,合同订立之后,由于客观情况会发生各种变化,合同自然就会发生变更、转让与终止。

一、合同的变更

合同的变更是指合同内容的变更,即在合同成立以后,尚未履行或尚未完全履行之前,当事人就合同的内容达成修改和补充的协议。合同的变更不包括合同主体的变更。合同主体的变更属于合同的转让。

合同是双方当事人合意的体现,因此经当事人协商一致,合同当然可以变更。但法律、行政法规规定变更合同应当办理批准、登记等手续的,应当办理相应手续。当事人对变更的内容约定不明确的,视为未变更合同。

除了双方通过合意变更合同以外,还存在法定变更的情形,即一方当事人单方通知对方变更合同的权利。如《合同法》分则第三百零八条、二百五十八条的规定。

合同的变更,仅对变更后未履行的部分有效,对已履行的部分无溯及力。

二、合同的转让

合同的转让,即合同主体的变更,是指当事人将合同的权利和义务全部或者部分转让给第三人。合同的转让分为合同权利的转让和合同义务的转让,当事人一方经对方同意,也可以将自己在合同中的权利和义务全部转让给第三人。

(一)合同权利的转让

合同权利的转让是指债权人将合同的权利全部或者部分转让给第三人的法律制度。其中债权人是转让人,第三人是受让人。债权人转让权利的,无须债务人同意,但应当通知债务人。未经通知,该转让对债务人不发生效力。债权人转让权利的通知不得撤销,但经受让人同意的除外。债权转让不以债务人的同意为生效条件,但是要对债务人发生效力,因此必须通知债务人。

下列情形的债权不得转让:(1)根据合同性质不得转让。主要是指基于当事人特定身份而订立的合同,如出版合同、赠予合同、委托合同、雇用合同等;(2)按照当事人约定不得转让;(3)依照法律规定不得转让。

对债权人而言,若为全部转让的情形,原债权人脱离债权债务关系,受让人取代债权人地位。若为部分转让的情形,原债权人就转让部分丧失债权。

对受让人而言,债权人转让权利的,受让人取得与债权有关的从权利,如抵押权,但该从权利专属于债权人自身的除外。

对债务人而言,债权人权利的转让,不得损害债务人的利益,不应影响债务人的权利:(1)债务人接到债权转让通知后,债务人对让与人的抗辩可以向受让人主张,如提出债权无效、诉讼时效已过等事由的抗辩。(2)债务人接到债权转让通知时,债务人对让与人享有债权,并且其债权先于转让的债权到期或者同时到期的,债务人可以向受让人主张抵销。

(二)合同义务的转让

债务人将合同义务的全部或者部分转移给第三人的,应当经债权人同意。这是因为新债务人的资信情况和偿还能力须得到债权人的认可,以免债权人的利益受到不利影响。

债务人转移义务的,新债务人可以主张原债务人对债权人的抗辩。新债务人应当承担与主债务有关的从债务,但该从债务专属于原债务人自身的除外。

债务承担除了《合同法》规定的免责的债务承担以外,还有并存的债务承担,即第三人以担保为目的加入债的关系,与原债务人共同承担同一债务。由于并存的债务承担并不使得原债务人脱离债的关系,因此原则上不以债权人的同意为必要。

(三)合同权利与义务的全部转让

合同权利义务的全部转让,是指合同一方当事人将自己在合同中的权利义务一并转让的法律制度。当事人一方经他方当事人同意,可以将自己在合同中的权利义务一并转让给第三人,当事人订立合同后合并的,由合并后的法人或者其他组织行使合同权利,履行合同义务。当事人订立合同后分立的,除债权人和债务人另有约定的以外,由分立的法人或者其他组织对合同的权利和义务享有连带债权,承担连带债务。

三、合同的终止

(一)合同终止的原因

合同的终止,是指因发生法律规定或当事人约定的情况,使当事人之间的权利义务关系消灭,而使合同终止法律效力。

《合同法》规定的合同终止的原因有:(1)债务已经按照约定履行;(2)合同解除;(3)债务相互抵销;(4)债务人依法将标的物提存;(5)债权人免除债务;(6)债权债务同归于一人,即混同;(7)法律规定或者当事人约定终止的其他情形。

合同的权利义务终止后,有时当事人还负有后合同义务,应当遵循诚实信用原则,根据交易习惯履行通知、协助、保密等义务。

(二)合同的解除

合同的解除,是指合同有效成立以后,没有履行或者没有完全履行之前,双方当事人通过协议或者一方行使解除权的方式,使得合同关系终止的法律制度。合同的解除,分为合意解除与法定解除两种情况。

1. 合意解除

合意解除,是指根据当事人事先约定的情况或经当事人协商一致而解除合同。合意解除包括协商解除和约定解除。其中协商解除是以一个新的合同解除旧的合同。而约定解除权则是一种单方解除。即双方在订立合同时,约定了合同当事人一方解除合同的条件。一旦该条件成就,解除权人就可以通过行使解除权而终止合同。法律规定或者当事人约定了解除权行使期限的,期限届满当事人不行使的,该权利消灭。法律没有规定或者当事人没有约定解除权行使期限,经对方催告后在合理期限内不行使的,该权利消灭。合同订立后,经当事人协商一致,也可以解除合同。

2. 法定解除

法定解除,是指根据法律规定而解除合同。《合同法》规定,有下列情形之一的,当事人可以解除合同:(1)因不可抗力致使不能实现合同目的;(2)在履行期限届满之前,当事人一方明确表示或者以自己的行为表明不履行主要债务;(3)当事人一方迟延履行主要债务,经催告后在合理期限内仍未履行;(4)当事人一方迟延履行债务或者有其他违约行为致使不能实现合同目的;(5)法律规定的其他情形。

当事人一方行使解除权,或依照《合同法》规定主张解除合同的,应当通知对方。合同自通知到达对方时解除。对方有异议的,可以请求人民法院或者仲裁机构确认解除合同的效力。当事人解除合同,法律、行政法规规定应当办理批准、登记等手续的,应依照其规定办理。

合同解除后,尚未履行的、终止履行;已经履行的,根据履行情况和合同性质,当事人可以要求恢复原状、采取其他补救措施,并有权要求赔偿损失。

合同的权利义务终止,不影响合同中结算和清理条款的效力。

(三)抵销

抵销是双方当事人互负债务时,一方通知对方以其债权充当债务的清偿或者双方协商以债权充当债务的清偿,使得双方的债务在对等额度内消灭的行为。抵销分为法定抵销与约定抵销。抵销具有简化交易程序,降低交易成本,提高交易安全性的作用。

1. 法定抵销

当事人互负到期债务,该债务的标的物种类、品质相同的,任何一方可以将自己的债务与对方的债务抵销,但依照法律规定或者按照合同性质不得抵销的除外。

法定抵销中的抵销权性质上属于形成权,因此当事人主张抵销的,应当通知对方。通知自到达对方时生效。抵销不得附条件或者附期限。

2. 约定抵销

当事人互负到期债务,标的物种类、品质不相同的,经双方协商一致,也可以抵销。

(四)提存

提存是指非因可归责于债务人的原因,导致债务人无法履行债务或者难以履行债务的情况下,债务人将标的物交由提存机关保存,以终止合同权利义务关系的行为。《合同法》规定的提存是以清偿为目的,所以是债消灭的原因。但是《担保法》规定的提存并非以清偿为目的,而是以担保为目的的提存。

有下列情形之一,难以履行债务的,债务人可以将标的物提存:(1)债权人无正当理由拒绝受领;(2)债权人下落不明;(3)债权人死亡未确定继承人或者丧失民事行为能力未确定监护人;(4)法律规定的其他情形。

标的物提存后,毁损、灭失的风险由债权人承担。提存期间,标的物的孳息归债权人所有。提存费用由债权人负担。标的物不适于提存或者提存费用过高的,债务人依法可以拍卖或者变卖标的物,提存所得的价款。

标的物提存后,合同虽然终止,但债务人还负有后合同义务。除债权人下落不明的以外,债务人应当及时通知债权人或者债权人的继承人、监护人。

债权人可以随时领取提存物,但债权人对债务人负有到期债务的,在债权人未履行债务或者提供担保之前,提存部门根据债务人的要求应当拒绝其领取提存物。债权人领取提存物的权利,自提存之日起5年内不行使则消灭,提存物扣除提存费用后归国家所有。此处规定的"5年"时效为不变期间,不适用诉讼时效中止、中断或者延长的规定。

（五）免除与混同

债权人免除债务人部分或者全部债务的,合同的权利义务部分或者全部终止。

债权和债务同归于一人,即债权债务混同时,合同的权利义务终止,但涉及第三人利益的除外。

第七节 违约责任

一、违约责任的概念

违约责任是指合同当事人因违反合同义务所承担的责任,是合同当事人由于自己的过错造成合同不能履行或者不能完全履行时,依照法律规定或合同约定所必须承担的法律责任,也是合同当事人违反合同义务应当承担的对其不利的法律后果。

《合同法》规定,当事人一方不履行合同义务或者履行合同义务不符合约定的,应当承担继续履行、采取补救措施或者赔偿损失等违约责任。违约责任具有以下特点:(1)违约责任以合同的有效存在为前提。(2)违约责任是合同当事人不履行合同义务所产生的责任。如果当事人违反的不是合同义务,而是法律规定的其他义务,则应负其他责任。(3)违约责任具有相对性。由于合同关系具有相对性,因此违约责任也具有相对性,即违约责任只能在特定的当事人之间即合同关系的当事人之间发生。当事人一方因第三人的原因造成违约的,应当向对方承担违约责任。当事人一方和第三人之间的纠纷,依照法律规定或者按照约定解决。

二、违约责任的构成要件

违约责任的构成要件包括:

1. 合同当事人有违约行为。只要合同当事人有违约行为存在,无论导致违约的原因是什么,除了法定或者约定的免责事由以外,均不得主张免责。

2. 不存在法定或约定的免责事由。

三、违约责任的种类

（一）预期违约

预期违约是指在履行期限到来之前一方无正当理由而明确表示其在履行期到来后将不履行合同,或者其行为表明其在履行期到来以后将不可能履行合同。《合同法》第一百零八条规定了预期违约,并将预期违约分为明示的预期违约和默示的预期违约两种。明示与默示的区别在于违约的合同当事人是否通过意思表示明确表达自己不再履行合同的意愿。

（二）届期违约

在履行期限到来以后,当事人不履行或不完全履行合同义务的,将构成届期违约。届期违约可以分为不履行和不适当履行两类。

（三）违约与侵权的竞合

因当事人一方的违约行为,侵害对方人身、财产权益的,受损害方有权选择依照《合同法》规定要求其承担违约责任或者依照其他法律要求其承担侵权责任。

四、承担违约责任的方式

（一）继续履行

继续履行,又称实际履行,是指债权人在债务人不履行合同义务时,可请求人民法院或者仲裁机构强制债务人实际履行合同义务。

《合同法》规定,当事人一方未支付价款或者报酬的,对方可以要求其支付价款或者报酬。当事人一方不履行非金钱债务或者履行非金钱债务不符合约定的,对方可以要求履行,但有下列情形之一的除外:(1)法律上或者事实上不能履行;(2)债务的标的不适于强制履行或者履行费用过高;(3)债权人在合理期限内未要求履行。

（二）补救措施

补救措施,是债务人履行合同义务不符合约定,债权人在请求人民法院或者仲裁机构强制债务人实际履行合同义务的同时,可根据合同履行情况要求债务人采取的补救履行措施。《合同法》规定,当事人履行合同义务,质量不符合约定的,应当按照当事人的约定承担违约责任。对违约责任没有约定或者约定不明确的,受损害方根据标的性质以及损失的大小,可以合理选择要求对方承担修理、更换、重作、退货、减少价款或者报酬等违约责任。

（三）损害赔偿

当事人一方不履行合同义务或者履行合同义务不符合约定的,在履行义务或者采取补救措施后,对方还有其他损失的,应当承担损害赔偿责任。损害赔偿的具体方式包括赔偿损失、支付违约金和适用定金罚则等多种情况。

1.赔偿损失

损失赔偿额应当相当于因违约所造成的损失,包括合同履行后可以获得的利益,但不得超过违反合同一方订立合同时预见到或者应当预见到的因违反合同可能造成的损失。当事人可以在合同中约定因违约产生的损失赔偿额的计算方法。

经营者对消费者提供商品或者服务有欺诈行为的,依照《中华人民共和国消费者权益保护法》的规定承担损害赔偿责任,即按照购买商品的价款或者接受服务的费用承担双倍赔偿责任。

当事人一方违约后,对方应当采取适当措施防止损失的扩大;没有采取适当措施致使损失扩大的,不得就扩大的损失要求赔偿。当事人因防止损失扩大而支出的合理费用由违约方承担。

2. 支付违约金

违约金,是按照当事人约定或者法律规定,一方当事人违约时应当根据违约情况向对方支付的一定数额的货币。

约定的违约金低于造成的损失的,当事人可以请求人民法院或者仲裁机构予以增加;约定的违约金过分高于造成的损失的,当事人可以请求人民法院或者仲裁机构予以适当减少。根据《商品房买卖合同解释》规定,当事人以约定的违约金过高为由请求减少的,应当以违约金超过造成的损失30%为标准适当减少;当事人以约定的违约金低于造成的损失为由请求增加的,应当以违约造成的损失确定违约金数额。当事人就迟延履行约定违约金的,违约方支付违约金后,还应当履行债务。

3. 适用定金罚则

当事人在合同中既约定违约金,又约定定金的,一方违约时,对方可以选择适用违约金或者定金条款,但两者不可同时并用。

当事人一方违约后,对方应当采取适当措施防止损失的扩大;没有采取适当措施致使损失扩大的,不得就扩大的损失要求赔偿。

五、免责事由

免责事由是指当事人约定或者法律规定的债务人不履行合同时可以免除承担违约责任的条件与事项。

法定的免责事由仅限于不可抗力。不可抗力(Force Majeure)"是指不能预见、不能避免并不能克服的客观情况"。常见的不可抗力有:(1)自然灾害如地震、台风、洪水、海啸等。(2)政府行为。政府行为一定是指当事人在订立合同以后发生,且不能预见的情形。如运输合同订立后,由于政府颁布禁运的法律,使合同不能履行。(3)社会异常事件。一些偶发的事件阻碍合同的履行,如罢工骚乱等。不可抗力虽为合同的免责事由,但有关不可抗力的具体事由很难由法律做出具体列举式的规定,因此根据合同自由原则,当事人可以在订立不可抗力条款时,具体列举各种不可抗力的事由。

不可抗力并非当然免责,要根据不可抗力对合同履行的影响决定。因不可抗力不能履行合同的,根据不可抗力的影响,部分或者全部免除责任。当事人迟延履行后发生不可抗力的,不能免除责任。不可抗力事件发生后,主张不可抗力一方要履行两个义务:一是及时通报合同不能履行或者需要迟延履行、部分履行的事由;二是取得有关不可抗力的证明。

\\\\本章相关法律依据 ◀◀

1.《中华人民共和国合同法》,1999年3月15日第九届全国人民代表大会第二次会议通过。

2.《关于适用〈中华人民共和国合同法〉若干问题的解释(一)》,1999年12月1日最高人民法院发布。

3.《中华人民共和国担保法》,1995年6月30日第八届全国人民代表大会常务委员会第十四次会议通过。

第九章

工业产权法律制度

第一节　工业产权法律制度概述

一、工业产权的概念和范围

（一）工业产权的概念

"工业产权"（Industrial Property ）一词最早出现于法国 1791 年颁布的《专利法》,现已为各国广泛采用,但对于工业产权的概念,目前各国尚无统一的界定。一般认为,工业产权是一种无形财产权,是经营者对其在生产经营活动中运用的技术成果和商事标记在一定期限、一定地域范围内依法享有的专用权。工业产权和著作权通常被称为知识产权。

工业产权中的"工业"要从广义上理解,不仅包括狭义的"工业",而且还包括农业、商业、交通运输业、采掘业、金融保险业、饮食服务业、建筑业、娱乐业等各种产业部门。"产权"即财产所有权,是指对财产的占有、使用、收益和处分权。当然,工业产权中的"产权"指的是无形财产权。

（二）工业产权的范围

工业产权的范围是指受工业产权保护的智力成果和工商业标记的范围。《保护工业产权巴黎公约》规定的工业产权的保护对象包括:专利、实用新型、工业品外观设计、商标、服务标记、厂商名称、产地标记或原产地名称、制止不正当竞争。

工业产权的范围有广义和狭义之分,广义的工业产权范围包括《保护工业产权巴黎公约》所界定的上述各项。此外随着科学技术和经济的发展,又有一些智力成果被纳入工业产权的范围,如商业秘密,植物新品种等。按照世界贸易组织《与贸易有关的知识产权协议》划定的知识产权,商业秘密和植物新品种均在受保护范围之内。狭义的工业产权,是指传统意义上的工业产权,一般包括专利权、商标权及制止不正当竞争的权利。

二、工业产权的特征

工业产权是有别于有形财产权的一种民事权利,它所具有的某些特征是由其客体的无形性派生的。[1]

（一）专有性

工业产权中的专利技术，一般是发明人经过长期、艰苦的脑力劳动创造出来的精神财富，有些甚至是投资了巨额的资金才研究出来的；对于商标，一个真正在市场上有竞争力的名牌商标，同样也是生产者、经营者依靠自己的产品质量和服务质量树立起来的，并非一朝一夕之事。然而，在现代社会，这些技术、商标被他人仿造或仿冒是很容易的。基于这一点，法律直接规定，工业产权是一种独占权，或叫垄断权，只有权利人本人享有独占地实施、使用该技术或商标的权利，他人未经权利人同意，不得实施或使用，否则会构成侵权。此外，同一项发明，同一个商标只能设立一个专用权，也就是同一项发明或同一个商标的独占专用权只能授予一次。

（二）地域性

工业产权是权利人在完成了发明创造的技术成果或商标的设计、使用后，依法定程序经申请、审查、注册、登记、公告后而取得的一项权利。因为《专利法》和《商标法》都是国内法，一个国家的工业产权，除按保护工业产权的国际公约或有关的双边条约而使其他国家承认有效以外，只在该国范围内有效，对其他国家不发生法律效力。如果想在其他国家得到法律保护，则需依他国法律规定履行必要的程序，依法取得他国的工业产权。

（三）时间性

工业产权是一项有时间界限的权利，即在一定期限内，权利人享有独占地实施、使用该项专利技术或商标的权利。在法定期间过后，该项技术或商标即为社会公共财富，任何人均可无偿使用。如我国《专利法》规定："发明专利的有效期为 20 年；实用新型、外观设计的有效期为 10 年"。这是因为，工业产权所包含的技术成分，都有一定的生命周期，并且是不断发展、提高的，对于一些过时、落后的技术用法律长期保护，毫无意义。对于一些生命周期长的高新技术，由权利人长期独占使用，不利于促进科学技术的交流和发展。所以，对工业产权作时间限制是必要的。

三、工业产权的国际保护

工业产权的一个重要特点是它的地域性，它只能在授予该权利的国家受到保护，在别国不发生法律效力，可是随着社会经济的高度发展和技术交流日趋国际化，智力成果极易超越国界，为了便于智力成果在国外得到法律保护，世界各国通过签订条约、协定等逐步建立起国际工业产权保护制度。保护工业产权方面的国际条约有很多，在此，仅就《保护工业产权巴黎公约》和《商标国际注册马德里协定》作简要介绍。

（一）《保护工业产权巴黎公约》(Paris Convention for The Protection of Industrial Property)

《保护工业产权巴黎公约》（以下简称《公约》），于 1883 年 3 月 20 日在巴黎签订，1884

---

① 丁万星、郭献芳、孙学晖，等.经济法.北京：中国电力出版社，2008：171.

年 7 月 7 日生效。最初的成员国只有 11 个,到 2004 年 12 月底,缔约方总数为 168 个国家,1985 年 3 月 19 日中国成为该公约成员国,我国政府在加入书中声明我国不受公约第二十八条第一款的约束。①

《公约》的基本目的是保证一成员国的工业产权在所有其他成员国都得到保护,其基本原则和重要条款包括:

1. 国民待遇原则

在工业产权保护方面,《公约》各成员国必须在法律上给予《公约》其他成员国相同于其本国国民的待遇;即使是非成员国国民,只要他在《公约》某一成员国内有住所或有真实有效的工商营业所,亦应给予相同于本国国民的待遇。

2. 优先权原则

《公约》规定,凡在一个缔约国申请注册的商标,可以享受自初次申请之日起为期 6 个月的优先权,即在这 6 个月的优先权期限内,如申请人再向其他成员国提出同样的申请,其后来申请的日期可视同首次申请的日期。

3. 独立性原则

申请和注册商标的条件,由每个成员国的本国法律决定,各自独立。对成员国国民所提出的商标注册申请,不能以申请人未在其本国申请、注册或续展为由而加以拒绝或使其注册失效。在一个成员国正式注册的商标与在其他成员国——包括申请人所在国注册的商标无关。

4. 强制许可专利原则

《公约》规定:各成员国可以采取立法措施,规定在一定条件下可以核准强制许可,以防止专利权人可能对专利权的滥用。某一项专利自申请日起的 4 年期间,或者自批准专利日起 3 年期内(两者以期限较长者为准),专利权人未予实施或未充分实施,有关成员国有权采取立法措施,核准强制许可证,允许第三者实施此项专利。

5. 驰名商标的保护

无论驰名商标本身是否取得商标注册,《公约》各成员国都应禁止他人使用相同或类似于驰名商标的商标,拒绝注册与驰名商标相同或类似的商标。

6. 商标权的转让

如果其成员国的法律规定,商标权的转让应与其营业一并转让方为有效,则只须转让该国的营业就足以认可其有效,不必将所有国内外营业全部转让。

7. 展览产品的临时保护

《公约》成员国应按其本国法律对在《公约》各成员国领域内举办的官方或经官方认可的国际展览会上展出的产品所包含的专利和展出产品的商标提供临时法律保护。

(二)《商标国际注册马德里协定》(Madrid Agreement for International Registration of Trade Marks)

《商标国际注册马德里协定》(以下简称《协定》)是 1891 年由法国、比利时、西班牙等

---

① 吴兴华.经济法概论.北京:机械工业出版社,2008:139.

国按照《公约》成员国有权在不与《公约》抵触的前提下,进一步缔结的有关商标保护的协定。它是对《公约》中关于商标的国际保护的补充。该协定的参加者必须是《公约》成员国。该协定对商标的国际注册、国际注册的效力和有效期以及国际注册与国内注册之间的关系做了具体规定。其主要内容包括:

(1)商标所有人必须是《协定》成员国之一的国民,或是在某成员国有居所或没有从事实际商业活动的营业所的人,同时在其所属国办理了商标注册后,就可通过本国商标管理部门或代理组织向世界知识产权组织的国际局提交申请国际注册。国际局对申请进行形式审查后,即予公告并通知要求保护的缔约国。一年之内,有关缔约国未表示拒绝,即视为该商标在该国核准注册。

(2)国际局注册的商标在任何国家生效后,保护期均为 20 年。期满后可以请求续展,每次续展期也是 20 年。

(3)商标所有人自获得国际注册之日起 5 年内,商标所属国保护权利范围发生变化,该商标的国际保护也应予以变化。5 年之后,由国际注册转变成各国国内的注册才具有独立性。

第二节　专利法律制度

一、专利、专利法和专利制度

(一)专利

专利一词源于英国,英文为 Patent,包含了垄断和公开的意思。通常所说的专利,具有两层含义:一是国家主管专利的机关授予的专利权;二是取得专利权的发明创造。因为一项发明创造不能自动取得专利权,只有向国家专利机关申请,经审查批准后才能取得。所以,专利的中心意思是表示一个主权国家在法定时间内授予发明创造者独占、实施其发明创造的权利。这种权利是由国家颁发的专利证书确认的,从这个意义上来说,专利实际就是专利权的简称。

(二)专利法

《专利法》是确认发明人(或其权利继受人)对其发明创造享有专有权,规定专利权人的权利和义务的法律规范的总称。国家颁发专利证书授予专利权的权利人,在法律规定的期限内对制造、使用、销售(有些国家还包括进口该项专利发明或设计)享有专有权(又称垄断权或独占权)。[1] 其他人必须经过专利权人同意才能为上述行为,否则即构成侵权。专利期限届满后,专利权即行消灭,任何人皆可无偿地使用该项发明或设计。

我国《专利法》于 1984 年 3 月 12 日第六届全国人民代表大会常务委员会第四次会议通过,1985 年 4 月 1 日起施行,此后在 1992 年、2000 年、2008 年进行了三次修订。

---

[1]　王伯平.经济法.北京:清华大学出版社、北京交通大学出版社,2009:231.

（三）专利制度

专利制度是科技进步和商品经济发达的产物，它是依照《专利法》的规定，通过授予发明创造专利权来保护专利权人的独占使用权，并以此换取专利权人将发明创造的内容公之于众，以促进发明创造的推广应用，推动科技进步和经济发展的一种法律制度。专利制度包括四方面的内容：第一，专利审查。专利审查机关，对申请专利的发明创造依法定程序进行严格审查，以保证发明创造符合法定的要求；第二，公开通报。依据一定的程序将发明创造公之于众，为尽快应用新技术创造条件；第三，法律保护。通过专利法保护专利权人的合法权益；第四，国际交流。通过参加国际间保护专利权和工业产权的组织和条约，或依外国法律使本国的发明创造得到承认和保护，促进国际技术贸易和技术交流。

二、专利权的主体

专利权的主体，是指有权提出专利申请和获得专利权，并承担相应义务的人（包括单位）。我国《专利法》规定可以作为专利权主体的是：

（一）发明人或设计人

发明人或设计人，是指对发明创造的实质性特点做出了创造性贡献的人。在完成发明创造的过程中，只负责组织工作的人、为物质技术条件的利用提供方便的人或者从事其他辅助性工作的人，例如，试验员、描图员、机械加工人员等，均不是发明人或设计人。其中，发明人是指发明的完成人；设计人是指实用新型或外观设计的完成人。发明人或设计人，只能是自然人，不能是单位、集体或课题组。发明人或者设计人包括：非职务发明创造的发明人或者设计人和职务发明创造的发明人或者设计人两类。

我国《专利法》规定，非职务发明创造，申请专利的权利属于发明人或设计人。非职务发明创造，是指工作人员在本职工作以外，不是为了执行本单位分配的任务，也不在本单位的业务范围以内，且在未曾得到本单位帮助的情况下完成的发明创造，以及工作人员退休、离休或退职 1 年以后所完成的发明创造，或者个体人员做出的发明创造。

由两个以上的人共同完成的发明创造，称为共同发明创造。它可分为协作共同发明创造和委托共同发明创造两种。我国《专利法》规定：两个以上单位协作或者一个单位接受其他单位委托的研究、设计任务所完成的发明创造，除另有协议的外，申请专利的权利属于完成或共同完成的单位；申请被批准后，专利权归申请单位所有或者持有。

（二）发明人或设计人的单位

对于职务发明创造而言，专利权的主体是该发明创造的发明人或者设计人的所在单位。职务发明创造，是指执行本单位的任务或者主要是利用本单位的物质技术条件所完成的发明创造。职务发明创造分为两类：

1. 执行本单位任务所完成的发明创造

执行本单位任务所完成的发明创造包括三种情况：①本职工作中完成的发明创造；②执行本单位交付的本职工作之外的任务所做出的发明创造；③退职、退休或者调动工作后1 年内做出的，与其在原单位承担的本职工作或者原单位分配的任务有关的发明创造。

2. 主要利用本单位的物质技术条件所完成的发明创造

"本单位的物质技术条件"是指本单位的资金、设备、零部件、原材料或者不对外公开的技术资料等。一般认为,如果在发明创造过程中,全部或者大部分利用了单位的资金、设备、零部件、原料以及不对外公开的技术资料,这种利用对发明创造的完成起着必不可少的决定性作用,就可以认定为主要利用本单位物质技术条件。对于利用本单位的物质技术条件所完成的发明创造,如果单位与发明人或者设计人订有合同,对申请专利的权利和专利权的归属做出约定的,从其约定。

职务发明创造的专利申请权和取得的专利权归发明人或设计人所在的单位。发明人或设计人享有署名权和获得奖金、报酬的权利。

(三)合法受让人

受让人是指通过合同或继承而依法取得专利权的单位或个人。专利申请权和专利权都可以转让。专利申请权转让之后,如果获得了专利,那么受让人就是该专利权的主体;专利权转让后,受让人成为该专利权的新主体。

继受了专利申请权或专利权之后,受让人并不因此而成为发明人或设计人,该发明创造的发明人或设计人也不因发明创造的专利申请权或专利权转让而丧失其特定的人身权利。

(四)外国人

外国人包括具有外国国籍的自然人和法人。在中国有经常居所或者营业所的外国人,享有与中国公民或单位同等的专利申请权和专利权。在中国没有经常居所或者营业所的外国人、外国企业或者外国其他组织在中国申请专利的,依照其所属国同中国签订的协议或者共同参加的国际条约,或者依照互惠原则,可以申请专利,但应当委托国务院专利行政部门指定的专利代理机构办理。

三、专利权的客体

专利权的客体,也称为专利法保护的对象,是指依法应授予专利的发明创造。根据我国《专利法》第二条的规定,专利权的客体包括发明、实用新型和外观设计三种。

(一)发明

发明,是指对产品、方法或者其改进所提出的新的技术方案。发明必须是一种技术方案,是发明人将自然规律在特定技术领域进行运用和结合的结果,而不是自然规律本身,因而科学发现不属于发明范畴。同时,发明通常是自然科学领域的智力成果,文学、艺术和社会科学领域的成果一般不能构成《专利法》意义上的发明。

发明分为产品发明、方法发明和改进发明三种:

1. 产品发明是关于新产品或新物质的发明

这种新产品或新物质是自然界从未有过的,是人利用自然规律作用于特定事物的结果。如果某物品完全处于自然状态下,没有经过任何人的加工或改造而存在,就不属于我国《专利法》所规定的产品发明,不能取得专利权。

2. 方法发明是指为解决某特定技术问题而采用的手段和步骤的发明

能够申请专利的方法通常包括制造方法和操作使用方法两大类，前者如产品制造工艺、加工方法等，后者如测试方法、产品使用方法等。

3. 改进发明是对已有的产品发明或方法发明所做出的实质性革新的技术方案

例如，爱迪生发明了白炽灯，白炽灯是一种前所未有的新产品，可以申请产品发明；生产白炽灯的方法可以申请方法专利；给白炽灯填充惰性气体，其质量和寿命都有明显提高，这是在原来基础之上进行的技术改进，可以申请改进发明。

（二）实用新型

实用新型是指对产品的形状、构造或者其结合所提出的适于实用的新的技术方案。实用新型必须是一种具有形状或者构造的产品，具有实用价值，可以实施，并可以工业方法再现。实用新型专利和发明专利的区别表现为：

1. 两者的专利性要求不同

较之发明专利而言，实用新型的创造性水平较低。

2. 两者的保护范围不同

获得发明专利保护的可以是产品发明、方法发明，也可以是改进发明。而实用新型专利保护的范围仅限于对产品的形状、构造或者其结合所提出的适于实用的新的技术方案。

3. 两者的申请审批程序不同

实用新型专利申请手续比较简便，只需初步审查，不进行实质审查。而对发明专利申请既要经初步审查，还要经过公开审查和实质审查方可做出授予专利权的决定。

4. 两者的保护期限不同

实用新型专利保护期限为 10 年，发明专利的保护期限为 20 年。

（三）外观设计

外观设计又称为工业产品外观设计，是指对产品的形状、图案或者其结合以及色彩与形状、图案相结合所做出的富有美感并适于工业上应用的新设计。

外观设计的载体必须是产品。产品，是指任何用工业方法生产出来的物品。不能重复生产的手工艺品、农产品、畜产品、自然物不能作为外观设计的载体。通常，产品的色彩不能独立构成外观设计，除非产品色彩变化的本身已形成一种图案。可以构成外观设计的组合有：产品的形状；产品的图案；产品的形状和图案；产品的形状和色彩；产品的图案和色彩；产品的形状、图案和色彩。外观设计专利与实用新型专利的区别表现为：

（1）外观设计专利保护的是产品外表的设计，不涉及产品本身的技术性能；而实用新型专利保护的范围既涉及产品的外形和外部结构，也涉及产品的内部构造。

（2）外观设计的目的是利用美学原理达到美感效果，而不重视技术效果；但实用新型作为一种技术方案，旨在实现一定的技术效果。

（3）外观设计把产品作为载体仅对其外表进行独特设计；而实用新型的创造性方案与产品本身融为一体，体现于产品本身。

（4）外观设计产品既可以是立体的，也可以是平面的；而实用新型产品必须以固定的立体形态存在。

为了保护我国国家利益和社会公众利益,促进国民经济的发展,我国《专利法》和其他国家专利法一样做了原则规定,对违反国家法律、社会公德或者妨害公共利益的发明创造不授予专利权。同时规定,对下列各项不授予专利权:①科学发现;②智力活动的规则和方法;③疾病的诊断和治疗方法;④动物和植物品种(但对其生产方法,可以授予专利权);⑤用原子核变换方法获得的物质;⑥对平面印刷品的图案、色彩或者二者的结合做出的主要起标识作用的设计等。

四、授予专利权的条件

发明创造要取得专利权,必须满足实质条件和形式条件。实质条件是指申请专利的发明创造自身必须具备的属性要求;形式条件则是指申请专利的发明创造在申请文件和手续等程序方面的要求。

授予专利权的实质条件包括:

(一)发明或者实用新型专利的授权条件

1. 新颖性

新颖性是指该发明或者实用新型不属于现有技术,即在申请日以前没有同样的发明或者实用新型在国内外出版物上公开发表过、在国内公开使用过或者以其他方式为公众所知,没有任何单位或者个人就同样的发明或者实用新型在申请日以前向国务院专利行政部门提出过申请,并记载在申请日以后公布的专利申请文件或者公告的专利文件中。

判断一项发明创造是否具备新颖性,应从以下三个方面考虑:

(1)判断新颖性的公开标准。即看该项发明创造是否已被公知或者公用。公知或公用的表现形式一般有三种,即出版物公开、使用公开和其他方式公开。

第一,出版物公开,即通过出版物在国内外公开披露技术信息。公开披露技术信息,是指技术内容向不负有保密义务的不特定相关公众公开。公开的程度以所属技术领域一般技术人员能实施为准。

第二,使用公开,即在国内通过使用或实施方式公开技术内容。

第三,其他方式公开,即以出版物和使用以外的方式公开,主要指口头方式公开,如通过口头交谈、授课、做报告、讨论发言、在广播电台或电视台播放等方式,使公众了解有关技术内容。

(2)判断新颖性的地域标准。我国《专利法》规定,申请专利的发明或者实用新型,必须是在申请日以前没有在国内外出版物上公开发表过,在国内没有公开使用过或以其他方式为公众所知。这就是说,对于出版物公开,以世界范围为准;对于使用公开或者以其他方式公开,则以国内为限。

(3)判断新颖性的时间标准。我国《专利法》把提出专利申请日作为确定新颖性的时间界限,即要求在申请日以前没有同样的发明创造公开过。这样,发明创造才具备新颖性。我国《专利法》规定,申请专利的发明、实用新型和外观设计在申请日以前6个月内,有下列情形之一的,不丧失其新颖性:在中国政府主办或者承认的国际展览会上首次展出的;在规定的学术会议或者技术会议上首次发表的;他人未经申请人同意而泄露其内容的。

2. 创造性

创造性是指同申请日以前已有的技术相比,该发明有突出的实质性特点和显著的进步,该实用新型有实质性特点和进步。申请专利的发明或实用新型,必须与申请日前已有的技术相比,在技术方案的构成上有实质性的差别,必须是通过创造性思维活动的结果,不能是现有技术通过简单的分析、归纳、推理就能够自然获得的结果。发明的创造性比实用新型的创造性要求更高。创造性的判断以所属领域普通技术人员的知识和判断能力为准。

3. 实用性

实用性是指该发明或者实用新型能够制造或者使用,并且能够产生积极效果。实用性具有两层含义:

第一,该技术能够在产业中制造或者使用。产业包括了工业、农业、林业、水产业、畜牧业、交通运输业以及服务业等行业。产业中的制造和利用是指具有可实施性及再现性。

第二,必须能够产生积极的效果。即同现有的技术相比,申请专利的发明或实用新型能够产生更好的经济效益或社会效益,如能提高产品数量、改善产品质量、增加产品功能、节约能源或资源、防治环境污染等。

(二)外观设计专利的授权条件

1. 新颖性

授予专利权的外观设计,应当同申请日以前在国内外出版物上公开发表过或者国内公开使用过的外观设计不相同和不相近似,也没有任何单位或者个人就同样的外观设计在申请日以前向国务院专利行政部门提出过申请,并记载在申请日以后公告的专利文件中。外观设计必须依附于特定的产品,因而"不相同"不仅指形状、图案、色彩或其组合外观设计本身不相同,而且指采用设计方案的产品也不相同。"不相近似"要求申请专利的外观设计不能是对现有外观设计的形状、图案、色彩或其组合的简单模仿或微小改变。

2. 实用性

授予专利权的外观设计必须适于工业应用。这要求外观设计本身以及作为载体的产品能够以工业的方法重复再现,即能够在工业上批量生产。

3. 富有美感

授予专利权的外观设计必须富有美感。美感是指该外观设计从视觉感知上的愉悦感受,与产品功能是否先进没有必然联系。

4. 不得与他人在先取得的合法权利相冲突

这里的在先权利包括了商标权、著作权、企业名称权、肖像权、知名商品特有包装装潢使用权等。"在先取得"是指在外观设计的申请日或者优先权日之前取得。

五、专利权的取得

（一）专利的申请

1.专利申请原则

（1）形式法定原则。申请专利的各种手续，都应当以书面形式或者国家知识产权局专利局规定的其他形式办理。以口头、电话、实物等非书面形式办理的各种手续，或者以电报、电传、传真、胶片等直接或间接产生印刷、打字或手写文件的通信手段办理的各种手续均视为未提出，不产生法律效力。

（2）单一性原则。一件专利申请只能限于一项发明创造。但是属于一个总的发明构思的两项以上的发明或者实用新型，可以作为一件申请提出；用于同一类别并且成套出售或者使用的产品的两项以上的外观设计，可以作为一件申请提出。

（3）先申请原则。专利权授予同样发明中第一个申请专利权的人。也就是说，当一项相同的发明创造由两个或者两个以上的人各自独立地创造出来，两个人又都向专利局提交了专利申请，按照一项发明只能有一项专利的原则，这项发明创造的专利权就只能授予第一个申请专利权的人。如果两个以上的申请人是在同一日分别就同样的发明创造申请专利的，那么由几个申请人自行协商确定一个最终申请人。

2.专利申请文件

专利申请人申请专利时，应当向专利局提交有关的法律文件。申请发明或者实用新型专利时应当提交的申请文件包括：

（1）请求书。请求书是申请人请求专利局对其发明创造授予专利权的书面文件。请求书应当写明发明或者实用新型的名称、发明人的姓名、申请人姓名或者名称、地址，以及其他事项。

（2）说明书及其摘要。说明书应当对发明或者实用新型做出清楚、完整的说明，以所属技术领域的技术人员能够实现为准；必要的时候，应当有附图。摘要应当简要说明发明或者实用新型的技术要点。

（3）权利要求书。权利要求书是专利申请人请求确定申请专利保护范围的法律文件。《专利法》规定，权利要求书应当以说明书为依据，说明发明或者实用新型的技术特征，清楚并简要地表述要求专利保护的范围。

依赖遗传资源完成的发明创造，申请人应当在专利申请文件中说明该遗传资源的直接来源和原始来源；申请人无法说明原始来源的，应当陈述理由。

申请外观设计专利的，应当提交请求书、该外观设计的图片或者照片以及对该外观设计的简要说明等文件。申请人提交的有关图片或者照片应当清楚地显示要求专利保护的产品的外观设计。

3.专利申请日

专利局收到专利申请文件之日为申请日。如果申请文件是邮寄的，以寄出的邮戳日为申请日。《专利法实施细则》规定，如果邮戳日期不清楚，以收到邮件日为申请日。

申请人享有优先权的，优先权日视为申请日。《专利法》第二十九条规定了国际优先权和国内优先权,国际优先权是指申请人自发明或者实用新型在外国第一次提出专利申请之日起 12 个月内,或者自外观设计在外国第一次提出专利申请之日起 6 个月内,又在中国就相同主题提出专利申请的,依照该外国同中国签订的协议或者共同参加的国际条约,或者依照相互承认优先权的原则,可以享有优先权。国内优先权是指申请人自发明或者实用新型在中国第一次提出专利申请之日起 12 个月内,又向专利局就相同主题提出专利申请的,可以享有优先权。

(二)专利申请的审批

1. 发明专利的审批

(1)初步审查。专利主管机关查明该申请是否符合《专利法》关于申请形式要求的规定。

(2)早期公开。专利局收到发明专利申请后,经初步审查认为符合要求的,自申请日起满 18 个月,即行公布。专利局可以根据申请人的请求早日公布其申请。

(3)实质审查。发明专利申请自申请日起 3 年内,专利局可以根据申请人随时提出的请求,对其申请进行实质审查;申请人无正当理由逾期不请求实质审查的,该申请即被视为撤回。专利局认为必要的时候,可以自行对发明专利申请进行实质审查。

(4)授权登记公告。发明专利申请经实质审查没有发现驳回理由的,由专利局做出授予发明专利权的决定,发给发明专利证书,同时予以登记和公告。发明专利权自公告之日起生效。

2. 实用新型和外观设计专利的审批

实用新型和外观设计专利申请经初步审查没有发现驳回理由的,由专利局做出授予实用新型专利权或者外观设计专利权的决定,发给相应的专利证书,同时予以登记和公告。实用新型专利权和外观设计专利权自公告之日起生效。

(三)专利的复审和无效宣告

国家知识产权局设立专利复审委员会。专利申请人对专利局驳回申请的决定不服的,可以自收到通知之日起 3 个月内,向专利复审委员会请求复审。专利复审委员会复审后,做出决定,并通知专利申请人。专利申请人对专利复审委员会的复审决定不服的,可以自收到通知之日起 3 个月内向人民法院提起诉讼。

发明创造被授予专利权后,任何单位或个人发现有不符合《专利法》有关规定的,都可以在专利授权之日起申请宣告该专利权无效。请求宣告专利无效,必须依法向专利复审委员会提交申请书和相应文件,并说明理由。专利复审委员会认为请求书符合法律规定的,应依法定程序做出宣告专利权无效或者维持专利权的决定,当事人对该决定不服的,可依法向人民法院提起诉讼。

专利权被宣告无效后,专利权视为自始即不存在。宣告专利权无效的决定,对在宣告专利权无效前人民法院做出并已执行的专利侵权的判决、裁定,已经履行或者强制执行的专利侵权纠纷处理决定,以及已经履行的专利实施许可合同和专利权转让合同,不具有追溯力。但是因专利权人的恶意给他人造成的损失,应当给予赔偿。如果依照上述规定,专利权人或者专利权转让人不向被许可实施专利人或者专利权受让人返还专利使用费或者专利权转让费,明显违反公平原则,专利权人或者专利权转让人应当向被许可实施专利人或者专利权受让人返还全部或者部分专利使用费或者专利权转让费。

六、专利权人的权利和义务

(一)专利权人的权利

1.自己实施其专利的权利

自己实施其专利的权利即自己享有制造、使用、销售、许诺销售和进口其专利产品或者使用其专利方法的权利。

2.许可他人实施其专利的权利

被许可方取得相应的专利实施权并向专利权人支付专利使用费。按照被许可人取得实施权的范围和权限,可以将专利实施许可分为如下几种类型:

(1)独占实施许可,简称独占许可,是指在一定的时间和有效地域范围内,被许可人享有独占的实施权,专利权人不得向其他人许可实施该专利,专利权人本人也不得实施该专利;

(2)排他实施许可,简称排他许可或独家许可,是指在一定的时间和有效地域范围内,专利权人仅许可被许可人实施该专利权,不得许可其他人实施该专利,但专利权人本人可以实施该专利;

(3)普通实施许可,亦称普通许可,是指在一定的时间和有效地域范围内,专利权人在许可被许可人实施该专利权的同时,还可以许可其他人实施该专利,专利权人本人也可以实施该专利;

(4)交叉实施许可,简称交叉许可或互换实施许可,是指两个专利权人之间相互许可对方实施自己的专利;

(5)分实施许可,简称分许可,即专利权人许可被许可人实施其专利,同时授权被许可人有权许可第三人实施该专利。

3.禁止他人实施其专利的权利

未经专利权人许可,任何单位或者个人,都不得实施其专利,即不得以生产经营的目的制造、使用或者销售其专利产品、使用其专利方法或制造、销售其外观设计专利产品。

4.请求保护的权利

对未经专利权人许可,实施其专利的侵权行为,专利权人或者利害关系人可以请求专利管理机关进行处理,也可以直接向人民法院提起诉讼。

5.转让专利的权利

专利申请权和专利权都可以转让。中国单位或者个人向外国人、外国企业或者外国其他组织转让专利申请权或者专利权的,应当依照有关法律、行政法规的规定办理手续。

转让专利申请权或者专利权的,当事人应当订立书面合同,并向国务院专利行政部门登记,由国务院专利行政部门予以公告。专利申请权或者专利权的转让自登记之日起生效。

6. 在产品上标明专利权的权利

专利权人有权在其专利产品或该产品的包装上标明专利标记和专利号。

（二）专利权人的义务

1. 充分公开发明内容的义务

《专利法》规定，发明或者实用新型专利权的保护范围以其权利要求的内容为准，说明书及附图可以用于解释权利要求。外观设计专利权的保护范围以表示在图片或者照片中的该外观设计专利产品为准。如果专利权人不履行此义务，其专利就得不到法律的保护。

2. 缴纳年费的义务

专利权人应当自被授予专利权的当年开始缴纳年费。逾期不缴纳年费的，专利权即告终止。当事人因正当理由而延误《专利法》规定的期限或者国务院专利行政部门指定的期限，导致其权利丧失的，可以自收到国务院专利行政部门的通知之日起 2 个月内向国务院专利行政部门说明理由，请求恢复权利。

七、专利权的期限与强制许可

（一）专利权期限

发明专利权的期限为 20 年，实用新型和外观设计的期限为 10 年，均自申请日起计算。专利权期限届满后，专利权终止。专利权期限届满前，专利权人可以书面声明放弃专利权。

（二）专利权的强制许可

强制许可又称为非自愿许可，是指国务院专利行政部门依照法律规定，不经专利权人的同意，直接许可具备实施条件的申请者实施发明或实用新型专利的一种行政措施。其目的是为了促进获得专利的发明创造得以实施，防止专利权人滥用专利权，维护国家利益和社会公共利益。我国《专利法》将专利权的强制许可分为三类：

1. 不实施时的强制许可

具备实施条件的单位以合理的条件请求发明或者实用新型专利权人许可实施其专利，而未能在合理长的时间内获得这种许可时，国务院专利行政部门根据该单位的申请，可以给予实施该发明或者实用新型的强制许可。请求国务院专利行政部门给予强制许可的，只有在专利权被授予之日起满 3 年后才可以申请。这种强制许可，应当限定其实施主要是为供应国内市场的需要；强制许可涉及的发明创造是半导体技术的，强制许可实施仅限于公共的非商业性使用，或者经司法程序或者行政程序确定为反竞争行为而给予救济的使用。

2. 根据公共利益需要的强制许可

在国家出现紧急状态或者非常情况时，或者为了公共利益的目的，国务院专利行政部门可以给予实施发明专利或者实用新型专利的强制许可。《商标法》第五十条规定，为了公共健康目的，对取得专利权的药品，国务院专利行政部门可以给予制造并将其出口到符合中华人民共和国参加的有关国际条约规定的国家或者地区的强制许可。

3.从属专利的强制许可

一项取得专利权的发明或者实用新型比在此之前已经取得专利权的发明或者实用新型具有显著经济意义的重大技术进步,其实施又有赖于前一发明或者实用新型的实施的,国务院专利行政部门根据后一专利权人的申请,可以给予实施前一发明或者实用新型的强制许可。在依照前述规定给予实施强制许可的情形下,国务院专利行政部门根据前一专利权人的申请,也可以给予实施后一发明或者实用新型的强制许可。

八、专利权的保护

(一)专利侵权行为

专利侵权行为是指在专利权有效期限内,行为人未经专利权人许可又无法律依据,以营利为目的的实施他人专利的行为。专利侵权行为具有如下特征:

(1)侵害的对象是有效的专利。专利侵权必须以存在有效的专利为前提,实施专利授权以前的技术、已经被宣告无效、被专利权人放弃的专利或者专利权期限届满的技术,不构成侵权行为。

(2)必须有侵害行为,即行为人在客观上实施了侵害他人专利的行为。

(3)以生产经营为目的。非生产经营目的的实施,不构成侵权。

(4)违反了法律的规定,即行为人实施专利的行为未经专利权人的许可,又无法律依据。

专利侵权行为分为直接侵权行为和间接侵权行为两类:

(1)直接侵权行为。即直接由行为人实施的侵犯他人专利权的行为。其表现形式包括:制造发明、实用新型、外观设计专利产品的行为;使用发明、实用新型专利产品的行为;许诺销售发明、实用新型专利产品的行为;销售发明、实用新型或外观设计专利产品的行为;进口发明、实用新型、外观设计专利产品的行为;使用专利方法以及使用、许诺销售、销售、进口依照该专利方法直接获得的产品的行为;假冒他人专利的行为。

为生产经营目的使用或者销售不知道是未经专利权人许可而制造并售出的专利产品或者依照专利方法直接获得的产品,能证明其产品合法来源的,仍然属于侵犯专利权的行为,需要停止侵害但不承担赔偿责任。

(2)间接侵权行为。即行为人本身的行为并不直接构成对专利权的侵害,但实施了诱导、怂恿、教唆、帮助他人侵害专利权的行为。这种侵权行为通常是为直接侵权行为制造条件,常见的表现形式有:行为人销售专利产品的零部件、专门用于实施专利产品的模具或者用于实施专利方法的机械设备;行为人未经专利权人授权或者委托,擅自转让其专利技术的行为等。实务中,通常根据《民法通则》第一百三十条的规定,将间接侵权行为认定为共同侵权。

(二)不视为侵犯专利权的行为

根据《关于修改〈中华人民共和国专利法〉的决定》的规定,对于下列情形,不视为侵犯专利权的行为。

(1)专利产品或者依照专利方法直接获得的产品,由专利权人或者经其许可的单位、个人售出后,使用、许诺销售、销售、进口该产品的;

(2)在专利申请日前已经制造相同产品、使用相同方法或者已经做好制造、使用的必要准备,并且仅在原有范围内继续制造、使用的;

(3)临时通过中国领陆、领水、领空的外国运输工具,依照其所属国同中国签订的协议或者共同参加的国际条约,或者依照互惠原则,为运输工具自身需要而在其装置和设备中使用有关专利的;

(4)专为科学研究和实验而使用有关专利的;

(5)为提供行政审批所需要的信息,制造、使用、进口专利药品或者专利医疗器械的,以及专门为其制造、进口专利药品或者专利医疗器械的。

(三)专利侵权行为的法律责任

未经专利权人许可,实施其专利,即侵犯其专利权,引起纠纷的,由当事人协商解决;不愿协商或者协商不成的,专利权人或者利害关系人可以向人民法院提起诉讼,也可以请求管理专利工作的部门处理。管理专利工作的部门处理时,认定侵权行为成立的,可以责令侵权人立即停止侵权行为,当事人不服的,可以自收到处理通知之日起15日内依照《中华人民共和国行政诉讼法》向人民法院提起诉讼;侵权人期满不起诉又不停止侵权行为的,管理专利工作的部门可以申请人民法院强制执行。进行处理的管理专利工作的部门应当事人的请求,可以就侵犯专利权的赔偿数额进行调解;调解不成的,当事人可以依照《中华人民共和国民事诉讼法》向人民法院提起诉讼。

侵犯专利权的诉讼时效是2年,自专利权人或利害关系人得知或者应当得知侵权行为之日起计算。对于假冒他人专利,情节严重,已构成犯罪的直接责任人员,还要依法追究刑事责任。

第三节　商标法律制度

一、商标的概念与分类

(一)商标的概念

商标是商品的生产者或者经营者在其生产、制造、加工、拣选或者经销的商品上或者服务的提供者在其提供的服务上采用的,区别商品或者服务来源的,由文字、图形或者其组合构成的,具有显著特征的标志。

(二)商标的分类

根据不同的标准,可将商标主要分为以下几类:

1. 平面商标和立体商标

平面商标是指由文字、图形、字母、数字、色彩的组合,或前述要素的相互组合构成的商标;立体商标是由产品的容器、包装、外形以及其他具有立体外观的三维标志构成的商标。

2. 商品商标和服务商标

商品商标是指使用于各种商品上,用来区别不同生产者和经营者的商标,如"长虹"、"海尔"等;服务商标是指使用于服务项目,用来区别服务提供者的商标。

3. 集体商标和证明商标

集体商标是指以团体、协会或者其他组织名义注册,供该组织成员在商事活动中使用,以表明使用者在该组织中的成员资格的标志。例如,合作社、行业协会注册的商标供合作社成员、协会成员使用。证明商标,是指由对某种商品或者服务具有监督能力的组织所控制,而由该组织以外的单位或者个人使用于其商品或者服务,用以证明该商品或者服务的原产地、原料、制造方法、质量或者其他特定品质的标志。例如,国际羊毛局注册并负责管理的纯羊毛标志就是著名的证明商标。

4. 联合商标与防御商标

联合商标是指同一商标所有人在相同或类似商品上使用的若干个近似商标,其中,首先注册或主要使用的商标为正商标,其余为正标的联合商标。例如,某企业以"牡丹"为正标,又以"白牡丹"、"黑牡丹"、"红牡丹"为联合商标。联合商标的目的在于保护正商标防止他人影射。联合商标为一整体,不得分开转让。我国《商标法》未明确规定联合商标,但允许企业就两个以上的近似商标取得注册。防御商标是指在非同类性质相同或者相似的商品上使用的同一商标。最先创设的商标为正商标,后在不同类别商品上使用的同一商标为防御商标。例如,某厂生产"白玉"牌牙膏,遂又在化妆品、香皂、洗涤剂上注册使用该商标,后者即构成防御商标。注册防御商标,在于保护正商标的信誉。

此外,按商标有无专用权分类,可以分为注册商标和非注册商标;按商标的知名度分类,可以分为一般商标和驰名商标等。商标还可以作其他分类,在此不一一列述。

二、商标的作用

从商标使用者、商标管理者以及商品消费者的角度来看,商标的作用可以概括如下:

(一)具有区别商品或服务出处的作用

商标的使用可以区别不同商品或服务最重要、最本质的功能和来源,引导消费者认牌购物或消费。在现代社会,同一商品的生产厂家成百上千,同一性能的服务比比皆是,消费者选择哪家的商品或服务呢? 商标可以帮助消费者达到识别的目的。由于商标是商品或服务的"脸",代表着生产者或经营者的信誉,因此,商标能起到引导消费者获得满意商品或服务的作用。

(二)可以促进生产者或经营者提高产品或服务的质量

商品或服务的质量是商标信誉的基础。在引导消费者认牌消费的同时,又鞭策、促进生产者或经营者为维护自己的商标信誉而努力提高产品或服务的质量。注册商标与所指定的商品或服务是互为作用的,商标信誉既可以反映质量,质量稳定又可以提高商标信誉。商标虽不是商品或服务质量的标志,但它可以使消费者通过对同一商标商品或服务的消费实践,吸引消费者继续认牌消费。因此,注册商标在一定程度上起到了保证质量稳定,促进质量提高的作用。

(三)有利于市场竞争和广告宣传

人们常说:"商标是商战的利器,是开拓市场的先锋"。一个国家或地区的经济发展状况,可以通过注册商标数量和驰名商标数量窥见一斑。因为商标代表着信誉和质量,信誉和质量关系到市场占有率;而市场竞争力越大,其经济效益就越高。因此说,商标是商战的利器。一种商品要打开销路,为广大消费者所认识,除保证质量的可靠性外,还必须通过商标这一焦点进行广告宣传,刺激消费者的购买欲望,使消费者以最快捷的途径认识商品。从这一角度上讲,商标又是开拓市场的先锋。

(四)商标是无形的财富,是信誉的载体

以可靠的产品质量为基础,会使其商标声名远扬,不断升值,使企业的经济效益越来越好。甚至其产地的行政区划名称不为人们所知晓,而其商标名称则广为人们所熟知。从这个意义上讲,注册商标是无形的财富。

三、商标法

商标法是调整在商标注册、使用、管理和保护商标专用权过程中发生的社会关系的法律规范的总称。广义的商标法是商标立法和商标法律制度的总称,主要有《中华人民共和国商标法》、《中华人民共和国商标法实施细则》、《商标印制管理办法》及《商标评审规则》等。狭义的商标法指《中华人民共和国商标法》(以下简称《商标法》)。

《商标法》遵循以下基本原则:(1)保护商标专用权与维护消费者利益相结合的原则。保护商标专用权是《商标法》的核心和基础,同时也体现了其对消费者权益的保护,所以保护商标专用权与维护消费者利益是一个相互促进、相互制约的关系。这个原则要求商标所有人必须保证商品质量,维护商标信誉,保证消费者利益。(2)注册取得商标专用权原则。《商标法》规定,经商标局核准注册的商标为注册商标,商标注册人享有商标专用权,受法律保护。可见在我国要取得商标专用权,必须首先通过商标注册。未经注册的商标,不得取得商标专用权。(3)自愿注册原则。《商标法》规定,自然人、法人或者其他组织对其生产、制造、加工、拣选、经销的商品,或者对其提供的服务项目,需要取得商标专用权的,应当向商标局申请商标注册。因此,是否取得商标专用权由商标使用人自己决定,自愿注册。

四、商标权

商标权(Trademark Right)是指商标注册人在法定期限内对其注册商标所享有的受国家法律保护的各种权利,从内容上看,包括专用权、禁止权、许可权、转让权、续展权和标示权等,其中专用权是最基本的权利,其他权利都是由该权利派生出来的。正因为如此,一般都把商标权与商标专用权不加区分地利用,但两者之间的法律意义有时是不相同的。

(一)专用权

专用权是指商标权主体对其注册商标依法享有的自己在指定商品或服务项目上独占

使用的权利。注册商标的专用权,以核准注册的商标和核定使用的商品为限。

（二）许可权

许可权是指商标权人可以通过签订商标使用许可合同许可他人使用其注册商标的权利。许可人应当监督被许可人使用其注册商标的商品质量,被许可人必须在使用该注册商标的商品上标明被许可人的名称和商品产地。商标的使用许可的类型主要有独占使用许可、排他使用许可、普通使用许可等。[①]

（三）转让权

转让权,是指商标权人依法享有的将其注册商标依法定程序和条件转让给他人的权利。转让注册商标的,转让人和受让人应当签订转让协议,并共同向商标局提出申请。商标注册人对其在同一种或者类似商品上注册的相同或者近似的商标,应当一并转让。转让注册商标经核准后,予以公告,受让人自公告之日起享有商标专用权。受让人应当保证使用该注册商标的商品质量。注册商标的转让不影响转让前已经生效的商标使用许可合同的效力,但商标使用许可合同另有约定的除外。

（四）续展权

续展权,是指商标权人在其注册商标有效期届满前,依法享有申请续展注册,从而延长其注册商标保护期的权利。注册商标的有效期为10年,自核准注册之日起计算。注册商标有效期满,需要继续使用的,应当在期满前6个月内申请续展注册;在此期间未能提出申请的,可以给予6个月的宽限期。每次续展注册的有效期为10年,自该商标上一届有效期满次日起计算。宽限期满仍未提出申请的,注销其注册商标。

（五）标示权

商标注册人使用注册商标,有权标明"注册商标"字样或者注册标记。注册标记包括Ⓡ和®。使用注册标记,应当标注在商标的右上角或者右下角。在商品上不便标明的,可以在商品包装或者说明书以及其他附着物上标明。

（六）禁止权

禁止权是商标权人依法享有的禁止他人不经过自己的许可而使用注册商标和与之相近似的商标的权利。根据《商标法》第五十二条的规定,注册商标权人有权禁止他人未经许可在同一种商品或者类似商品上使用与其注册商标相同或者近似的商标。

五、商标权的取得

（一）取得商标权的途径

商标权的取得可分为原始取得和继受取得。根据我国《商标法》第三条规定,商标权的原始取得,应按照商标注册程序办理。商标注册人对注册商标享有的专用权,受法律保护。继受取得应按合同转让和继承注册商标的程序办理。

---

① 袁绍岐.新编经济法教程.广州:广东经济出版社,2008:152.

（二）商标注册的原则

1. 申请在先原则

申请在先原则又称注册在先原则，是指两个或者两个以上的商标注册申请人，在同一种商品或者类似商品上，以相同或者近似的商标申请注册的，申请在先的商标申请人可获得商标专用权，在后的商标注册申请予以驳回。如果是同一天申请，初步审定并公告使用在先的商标，驳回其他人的申请，不予公告；同日使用或均未使用的，申请人之间可以协商解决，协商不成的，由各申请人抽签决定。

2. 自愿注册原则

自愿注册原则是指商标使用人是否申请商标注册取决于自己的意愿。根据自愿注册原则，商标注册人对其注册商标享有专用权，受法律保护。未经注册的商标，同样可以在生产服务中使用，但其使用人不享有专用权，无权禁止他人在同种或类似商品上使用与其商标相同或近似的商标，但驰名商标除外。

我国采取商标自愿注册的原则；同时又规定对极少数商品使用商标实行强制注册的办法。我国《商标法》第六条规定："国家规定必须使用注册商标的商品，必须申请商标注册，未经核准注册的，不得在市场销售。"《商标法实施条例》第四条规定："商标法第六条所称国家规定必须使用注册商标的商品，是指法律、行政法规规定的必须使用注册商标的商品。"因此，对于法律和行政法规规定的特定商品，必须使用注册商标。目前根据我国法律法规的规定必须使用注册商标的是烟草类商品。《烟草专卖法》第二十条规定："卷烟、雪茄烟和有包装的烟丝必须申请商标注册，未经核准注册的，不得生产、销售。"

3. 一申请一商标原则

我国《商标法》规定："同一申请人在不同类别的商品上使用同一商标的，应当按商品分类表提出注册申请"，即允许在一份申请书中申请注册用于不同类别的商品上的同一商标，但各类商品应按商品分类表填写清楚。一申请一商标原则既有利于商标注册申请人，同时也与国际商标注册制度相符合。

（三）商标注册的条件

自然人、法人或者其他组织对其生产、制造、加工、拣选或经销的商品或者对其提供的服务项目，需要取得商标专用权的，应当向商标局申请商标注册。两个以上的自然人、法人或者其他组织可以共同向商标局申请注册同一商标，共同享有和行使该商标的专用权。

1. 商标注册的必备条件

商标注册的必备条件包括两项：第一，应当具备法定的构成要素。任何能够将自然人、法人或者其他组织的商品与他人的商品区别开来的可视性标志，包括文字、图形、字母、数字、三维标志和颜色组合，以及上述要素的组合，均可以作为商标申请注册。视觉不能感知的音响、气味等商标不能在我国注册。第二，商标应当具有显著特征。商标的显著特征可以通过两种途径获得：一是标志本身固有的显著性特征，如立意新颖、设计独特的商标；二是通过使用获得显著特征，如直接叙述商品质量等特点的叙述性标志经过使用取得显著特征，并便于识别的，可以作为"第二含义"商标注册。

2. 商标注册的禁止条件

商标注册的禁止条件，也称商标注册的消极要件，是指商标的标记不应当具有的情

形,主要包括:

(1)不得侵犯他人的在先权利或合法利益。主要内容有:不得在相同或类似商品上与已注册或申请在先的商标相同或近似;就相同或者类似商品申请注册的商标是复制、摹仿或者翻译他人未在中国注册的驰名商标,容易导致混淆的,不予注册并禁止使用;就不相同或者不相类似商品申请注册的商标是复制、摹仿或者翻译他人已经在中国注册的驰名商标,误导公众,致使该驰名商标注册人的利益可能受到损害的,不予注册并禁止使用;未经授权,代理人或者代表人以自己的名义将被代理人或者被代表人的商标进行注册,被代理人或者被代表人提出异议的,不予注册并禁止使用;不得以不正当手段抢先注册他人已经使用并有一定影响力的商标;不得侵犯他人的其他在先权利,如外观设计专利权、著作权、姓名权、肖像权、商号权、特殊标志专用权、奥林匹克标志专有权、知名商品特有名称、包装、装潢专用权等。

(2)不得违反商标法禁止注册或使用某些标志的条款。《商标法》第十条、十二条和十六条主要从以下两方面做出了规定:

第一,禁止作为商标注册或使用的标志:同中华人民共和国的国家名称、国旗、国徽、军旗、勋章相同或者近似的,以及同中央国家机关所在地特定地点的名称或标志性建筑物的名称、图形相同的;同外国的国家名称、国旗、国徽、军旗相同或者近似的,但该国政府同意的除外;同政府间国际组织的旗帜、徽记、名称相同或者近似的,但经该组织同意或者不易误导公众的除外;与表明实施控制、予以保证的官方标志、检验印记相同或者近似的,但经授权的除外;同"红十字""红新月"的标志、名称相同或者近似的;带有民族歧视性的;夸大宣传并带有欺骗性的;有害于社会主义道德风尚或者有其他不良影响的;县级以上行政区划名称或者公众知晓的地名,但该地名具有其他含义或者作为集体商标、证明商标组成部分的除外,已经注册的使用地名的商标继续有效;商标中有商品的地理标志,而该商品并非来源于该标志所标示的地区,误导公众的,不予注册并禁止使用;但是,已经善意取得注册的继续有效。[①]

第二,禁止作为商标注册但可以作为未注册商标或其他标志使用的标志:仅有本商品的通用名称、图形、型号的;仅仅直接表示商品的质量、主要原料、功能、用途、重量、数量及其他特点的;缺乏显著特征的。前述所列标志经过使用取得显著特征,并便于识别的,可以作为商标注册。以三维标志申请注册商标的,仅由商品自身的性质产生的形状、为获得技术效果而需有的商品形状或者使商品具有实质性价值的形状,不得注册。

(四)商标注册的程序

1.申请的代理

商标注册的国内申请人可以自己直接到商标局办理注册申请手续,也可以委托商标代理组织代为办理。外国人或者外国企业在我国申请注册商标和办理其他商标事宜的,应当委托依法成立的商标代理组织代理。

当事人委托商标代理组织申请商标注册或者办理其他商标事宜,应当提交代理委托

① 殷洁.经济法.北京:法律出版社,2008:158.

书。代理委托书应当载明代理内容及权限;外国人或者外国企业的代理委托书还应当载明委托人的国籍。

2.注册申请

首次申请商标注册,申请人应当提交申请书、商标图样、证明文件并交纳申请费。注册商标在使用过程中,需要扩大使用范围的,不论扩大使用的商品是否与原注册商标使用的商品属于同一类,都必须另行提出注册申请;注册商标需要改变其标志的,应当重新提出注册申请;注册商标需要变更注册人的名义、地址或者其他注册事项的,应当提出变更申请。在实行申请在先原则的情形下,申请日期的确定具有很重要的意义。申请人享有优先权的,优先权日为申请日。《商标法》规定了可以享有优先权的两种情况:其一,商标注册申请人自其商标在外国第一次提出商标注册申请之日起 6 个月内,又在中国就相同商品以同一商标提出商标注册申请的,依照该外国同中国签订的协议或者共同参加的国际条约,或者按照相互承认优先权的原则,可以享有优先权;其二,商标在中国政府主办的或者承认的国际展览会展出的商品上首次使用的,自该商品展出之日起 6 个月内,该商标的注册申请人可以享有优先权。

3.审查和核准

商标局对受理的商标注册申请,依法进行审查,对符合规定的或者在部分指定商品上使用商标的注册申请符合规定的,予以初步审定,并予以公告;对不符合规定或者在部分指定商品上使用商标的注册申请不符合规定的,予以驳回或者驳回在部分指定商品上使用商标的注册申请,书面通知申请人并说明理由。商标注册申请人对驳回申请不服的,可依法向商标评审委员会申请复审,对复审决定不服的,可依法在收到通知之日起 30 日内提起行政诉讼。

对初步审定的商标,自公告之日起 3 个月内,任何人均可以提出异议。商标局依法对提起的异议进行裁定,当事人对该裁定不服的,可依法提起复审,当事人对复审裁定不服的,可依法向人民法院提起诉讼。

当事人对公告期满无异议的,予以核准注册,发给商标注册证,并予公告。经裁定异议不能成立而核准注册的,商标注册申请人取得商标专用权的时间自初审公告 3 个月期满之日起计算。经异议核准注册的商标,自该商标异议期满之日起至异议裁定生效前,对他人在同一种或者类似商品上使用与该商标相同或者近似的标志的行为不具有追溯力;但是,因该使用人的恶意给商标注册人造成的损失,应当给予赔偿。

六、商标权的消灭

商标权的消灭,是指注册商标权利人所享有的商标权在一定条件下丧失,不再受法律保护。商标权因注册商标被注销或者被撤销而消灭。

(一)注册商标的注销

注册商标的注销是指商标主管机关基于某些原因取消注册商标的一种管理措施,是商标权的正常消灭情况。在下列情况下,商标局可以注销注册商标:

(1)注册商标法定期限届满,未续展或续展未获批准的;

(2)商标注册人申请注销其注册商标或者注销其商标在部分指定商品上的注册的,该注册商标专用权或者该注册商标专用权在该部分指定商品上的效力自商标局收到其注销申请之日起终止；

（3）商标注册人死亡或者终止，自死亡或者终止之日起 1 年期满，该注册商标没有办理转移手续的，任何人都可以向商标局申请注销该注册商标。提出注销申请的，应当提交有关该商标注册人死亡或者终止的证据。注册商标因商标注册人死亡或者终止而被注销的，该注册商标专用权自商标注册人死亡或者终止之日起终止。

（二）注册商标的撤销

注册商标的撤销是商标局或商标评审委员会依法强制取消已经注册的商标。

1. 注册无效的撤销

①注册商标争议的撤销。在先申请注册的商标注册人认为他人在后申请注册的商标与其在同种或者类似商品上的注册商标相同或者近似，在先申请注册的商标注册人可以在后申请注册的商标注册之日起 5 年内，向商标评审委员会申请裁定撤销。

②注册不当的撤销。已经注册的商标，违反《商标法》第十条、第十一条、第十二条规定的，或者以欺骗手段或者其他不正当手段取得注册的，由商标局撤销该注册商标；其他单位或者个人可以请求商标评审委员会裁定撤销该注册商标。已经注册的商标，违反《商标法》第十三条、第十五条、第十六条、第三十一条规定的，自商标注册之日起 5 年内，商标所有人或者利害关系人可以请求商标评审委员会裁定撤销该注册商标。对恶意注册的，驰名商标所有人不受 5 年的时间限制。

③司法审查。商标评审委员会做出维持或者撤销注册商标的裁定后，应当书面通知有关当事人。当事人对商标评审委员会的裁定不服的，可以自收到通知之日起 30 日内向人民法院提起诉讼。人民法院应当通知商标裁定程序的对方当事人作为第三人参加诉讼。

④撤销注册商标的法律后果。因注册商标争议或注册不当而被撤销的，由于这类商标本来就属于不能被注册的违法商标，因而其商标权视为自始不存在。有关撤销注册商标的决定或者裁定，对在撤销前人民法院做出并已执行的商标侵权案件的判决、裁定，工商行政管理部门做出并已执行的商标侵权案件的处理决定，以及已经履行的商标转让或者使用许可合同，不具有追溯力；但是，因商标注册人恶意给他人造成的损失，应当给予赔偿。

2. 违法使用商标的撤销

商标注册人有下列行为之一的，由商标局责令限期改正或者撤销其注册商标：

①自行改变注册商标的；②自行改变注册商标的注册人名义、地址或者其他注册事项的；③自行转让注册商标的；④连续 3 年停止使用的；⑤使用注册商标，其商品粗制滥造，以次充好，欺骗消费者的。

对商标局撤销注册商标的决定，当事人不服的，可以自收到通知之日起 15 日内向商标评审委员会申请复审，由商标评审委员会做出决定，并书面通知申请人。当事人对商标评审委员会的决定不服的，可以自收到通知之日起 30 日内向人民法院提起诉讼。注册商标因为违法使用被撤销的，该注册商标的专用权自商标局的撤销决定生效之日起消灭。

七、商标权的法律保护

（一）商标侵权行为

商标侵权行为有广义和狭义之分，广义的商标侵权行为包括对注册商标及对未注册商标的侵权，狭义的商标侵权行为是指没有法律依据对他人注册商标进行支配的行为。商标侵权一般是指狭义的商标侵权行为。

商标侵权行为的具体表现形式很多，归纳起来主要有以下几种：

1.未经商标注册人的许可，在同种商品或者类似商品上使用与其注册商标相同或者近似的商标。这类侵权行为可以具体分解为四种情况：

（1）未经许可，在同一种商品上使用与他人注册商标相同的商标。这种行为是假冒注册商标的行为，属"显性侵权"。其危害性大，是最严重的商标侵权行为。相同商标是指两个商标的构成要素相同或者在视觉上没有差别。假冒注册商标情节严重的，行为人要受到刑事制裁。

（2）未经许可，在同一种商品上使用与注册商标相近似的商标。近似商标是指两个商标比较，文字的字形、读音、含义或者图形的构图及颜色，或者文字与图形的整体结构相似，易使消费者对商品或者服务来源产生混淆。近似商标的判断标准，应考虑以下两个方面：一是两个商标所使用的商品或服务相同或相类似；二是两个商标的标识的主体部分相近似。实务中多以商标的音、形、义三方面考察。即读音是否相同，外形是否相近，是否导致直观上的误认，意思是否相同等来判断。如果有一个以上的因素相同，并且造成混淆，基本可以认定为近似商标。

（3）未经许可，在类似商品上使用与注册商标相同的商标。这种行为是一种"隐性侵权"。类似商品是指在功能、用途、消费对象、销售渠道等方面相关，或者存在着特定联系的商品。类似服务是指在服务的目的、方式、对象等方面相关，或者存在特定联系的服务。类似商品的认定，我国采用《尼斯协定》所确定的分类（称为主观因素的分类），同时辅以客观因素来判断商品或服务是否类似，即同时考虑商品或服务的用途、用户、功能、销售渠道、销售习惯等。

（4）未经许可，在类似商品上使用与注册商标相近似的商标。认定商标侵权时，应注意的是行为人只有擅自使用与他人在相同或类似商品上的注册商标相同或相近似商标才构成侵权，若行为人将相同商标或近似商标使用在不相同或不类似商品上，对普通商标而言不构成侵权，只对驰名商标才构成侵权。

2.销售侵犯注册商标专用权的商品的行为。这类侵权行为的主体是商品经销商，不管行为人主观上是否有过错，只要实施了销售侵犯注册商标专用权的商品的行为，都构成侵权。只是在行为人主观上是善意时，可以免除其赔偿责任。《商标法》第五十六条第三款规定："销售不知道是侵犯注册商标专用权的商品，能证明该商品是自己合法取得的并说明提供者的，不承担赔偿责任。"

3.伪造、擅自制造他人注册商标标识或者销售伪造、擅自制造的注册商标标识的行为。

4.未经商标所有人同意，更换其注册商标并将该更换商标的商品又投入市场的。这种行为又称之为"反向假冒"行为、撤换商标行为。构成这种侵权行为必须具备两个要件：一是行为人未经商标所有人同意而擅自更换商标;二是撤换商标的商品又投入市场进行销售。

5.给他人的注册商标专用权造成其他损害的。根据《商标法实施条例》第五十条和《最高人民法院关于审理商标民事纠纷案件适用法律若干问题的解释》第一条的规定,下列行为属于"给他人的注册商标专用权造成其他损害的"商标侵权行为:在同一种或者类似商品上,将与他人注册商标相同或者近似的标志作为商品名称或者商品装潢使用,误导公众的;故意为侵犯他人注册商标专用权行为提供仓储、运输、邮寄、隐匿等便利条件的;将与他人注册商标相同或者相近似的文字作为企业的字号在相同或者类似商品上突出使用,容易使相关公众产生误认的;复制、摹仿或者翻译他人注册的驰名商标或其主要部分在不相同或者不相类似商品上作为商标使用,误导公众,致使该驰名商标注册人的利益可能受到损害的;将与他人注册商标相同或者相近似的文字注册为域名,并且通过该域名进行相关商品交易的电子商务,容易使相关公众产生误认的。

(二)侵犯商标权应承担的法律责任

注册商标专用权的法律保护有两种途径,即行政保护和司法保护。国际上多采取司法保护,我国采取双重保护制度,具有中国特色,符合中国实际。[①] 侵犯商标权应承担的法律责任有以下三种:

1.行政责任

侵犯商标权应承担的行政责任主要有以下几种:①责令立即停止侵权行为;②没收、销毁侵权商品和专门用于制造侵权商品,伪造注册商标标识的工具;③消除现存商品上的商标;④罚款。罚款可以与第一种、第二种方式并用,也可单处罚款,数额由工商行政管理部门根据情节处以非法经营额50%以下或侵权所获利润5倍以下罚款;⑤封存与侵权活动有关的物品。

若当事人请求就侵犯商标专用权的赔偿数额进行调解,调解不成的,当事人可向人民法院提起诉讼。当事人对行政处理决定不服的,可自收到处理通知之日起15日内向人民法院提起行政诉讼,侵权人期满不起诉又不履行行政处罚决定的,工商行政管理部门可以申请人民法院强制执行,费用由被执行人承担。

2.民事责任

商标权是一种权利,当商标权被侵权时,被侵权人可采取民事诉讼程序获得民事救济,侵权人依法承担相应的民事责任。依照我国《民法通则》的规定,主要有以下几种:①停止侵害,即停止商标侵权行为;②消除影响,恢复名誉,即消除因侵权行为给商标权人、注册商标造成的信誉损害;③赔偿损失,这种方式是侵权人承担民事责任的常见方式。我国《商标法》对于赔偿额归纳为三种,即按照侵权人在侵权期间所获得的利益、按照被侵权人在被侵权期间所受到的损失及按照法定赔偿额三种计算方法,被侵权人可以选择使用。

3.刑事责任

侵犯商标权情节严重或非法所得数额较大,构成犯罪的。犯罪人除赔偿被侵权人的损失外,还要依法追究刑事责任。

---

① 徐德敏.知识产权法学.北京:中国政法大学出版社,2002:157.

\\\\ 本章相关法律依据 ◀◀

1.《中华人民共和国专利法》,1984 年 3 月 12 日第六届全国人民代表大会常务委员会第四次会议通过,1992 年 9 月 4 日第七届全国人民代表大会常务委员会第二十七次会议第一次修正,2000 年 8 月 25 日第九届全国人民代表大会常务委员会第十七次会议第二次修正,2008 年 12 月 27 日第十一届全国人民代表大会常务委员会第六次会议第三次修正。

2.《中华人民共和国专利法实施细则》,2001 年 6 月 15 日中华人民共和国国务院令第 306 号公布。

3.《中华人民共和国商标法》,1982 年 8 月 23 日第五届全国人民代表大会常务委员会第二十四次会议通过,1993 年 2 月 22 日第七届全国人民代表大会常务委员会第三十次会议第一次修正,2001 年 10 月 27 日第九届全国人民代表大会常务委员会第二十四次会议第二次修正,2013 年 8 月 30 日十二届全国人大常委会第四次会议第三次修正。

4.《中华人民共和国商标法实施条例》,2002 年 8 月 3 日中华人民共和国国务院令第 358 号公布,2014 年 4 月 29 日中华人民共和国国务院令第 651 号修正。

第十章

反不正当竞争法律制度

第一节 反不正当竞争法概述

一、市场与竞争

（一）市场

市场是指为了满足人们的需要所形成的交易机会和场所。通过市场这个载体，需求不同的人们进行交易，获得暂时的满足。新的需求产生后，再通过市场交易，以满足新的需求。如此循环反复不止，市场交易活动亦连续不断地进行。

（二）竞争

竞争是指有着不同经济利益的两个以上的经营者，为争取收益最大化，占有市场优势，获得交易机会，以同业为对手，相互间进行的一种较量。

1. 竞争的主体

竞争的主体是两个以上、交易方向一致、行业相同或相似但经济利益上有着利害关系、相互排斥的经营者。市场的范围是相对固定的，任何一个经营者对市场的占领或扩张，就意味着其他处于利害相关地位经营者的市场份额相应地被占领或缩小。

2. 竞争的手段

为了争夺市场，经营者会推行一系列的商业策略，使用多种多样的竞争手段。竞争商业策略大致有：价格策略、广告策略、服务策略、促销策略和树立企业商誉等。总之，竞争的手段多种多样，主要是围绕着商品的价格、质量以及服务等来争取交易机会。

3. 竞争的本质

市场竞争的本质是逐利性，是争取交易机会，争夺市场，使自己的收益最大化。逐利性是竞争的起点和终点，贯穿于竞争的全过程。市场竞争赤裸裸地表现了对经济利益的关注和爱好。

4. 竞争的特点

（1）竞争的对抗性。它是指竞争参与者之间的敌对状态、竞争方式的针锋相对、竞争过程的激烈程度等综合内容。它使竞争呈现出你死我活的不可调和性。竞争的对抗性是竞争的魅力所在。它在孕育创新势力的同时也孕育破坏势力,竞争的对抗性是竞争的双重性产生的根源。

(2)竞争的非理性。它是指竞争主体超越法律、道德和理智,使竞争的过程和结果远离合理、有效的正常轨道的趋势。这种趋势既来自竞争参与者自身,也来自不可控制的外部因素。

(3)竞争的双重性。它是指竞争作用向不同方向发展的倾向,竞争的最后结果会呈现出好和坏、利与弊均在的矛盾状态。

(三)市场与竞争的关系

有市场必然会有竞争。市场之所以会产生竞争是因为市场是由供求双方组成,在某一时期某种需求是有限的,商品经营者之间为了争夺这一有限需求必然要展开竞争。竞争是市场机制的灵魂,也是市场秩序的核心。商品生产的价值规律只有通过竞争才会发挥它的作用。竞争调节着资本和社会经济资源在不同社会生产部门之间的分配,引起价格波动,导致生产技术和经济组织结构的不断改革,从而促进社会生产力的发展和社会经济的增长,推动社会的整体进步。

二、市场交易的基本原则

我国《反不正当竞争法》对市场交易的基本原则做了明确规定。市场交易的基本原则是对市场交易基本规律的抽象和概括,反映了市场经济规律对竞争活动的基本要求。它是所有商品经营者在市场交易活动中应当遵循的基本行为准则。

(一)自愿原则

自愿原则是指商品经营者在法律允许的范围内,可以根据自己内心的真实意愿,自主地从事市场交易活动,自主地设立、变更和终止特定的法律关系。自愿原则具体有三层含义:(1)商品经营者有权自主决定是否参加某一市场交易活动,他人无权干涉。(2)商品经营者有权自主选择交易的对象、交易的内容和交易的方式。(3)商品经营者之间的交易关系以双方的真实意思表示为基础。根据这一原则,任何欺骗、胁迫、强迫手段进行交易的行为,或利用自己的某种优势强制交易对方接受不合理的条件都是不正当的。

(二)平等原则

平等原则是指任何参与市场交易活动的商品经营者的法律地位一律平等,且享有平等的权利能力,在平等的基础上表达各自真实的交易意愿,设定彼此之间的权利和义务。平等原则具体有三层含义:(1)商品经营者之间没有高低贵贱之分,不论其外部形态、生产资料所有制有何区别,均具有平等的法律地位。(2)商品经营者在市场交易活动中相互权利、义务的设定,应是平等协商,意思表示一致的结果,任何一方不能胁迫对方服从自己的意志,把自己的意志强加给对方。(3)市场对所有商品经营者都是平等的、开放的,每个商品经营者都有权自主进出市场,参与市场竞争;竞争者享有竞争成功的机会是均等的。

根据平等原则,在市场交易活动中,任何单位和个人都不能凭借行政权力限定他人的商品交易行为,也不能滥用经济优势或依法具有的独占的经济地位排挤其他商品经营者的公平竞争。任何组织或个人不得以任何形式对市场进行分割和封锁,搞地方保护主义。

(三)公平原则

公平原则是指商品生产经营者在市场交易活动中都应受到公正合理的待遇。"公正合理"是人们用道德及正义的观点去评价判断一个社会行为的标准。公平原则是商业道德及正义的观念在法律上的体现。公平原则与平等原则有着密切的联系,只有在平等基础上展开的竞争,其竞争的过程及结果才称得上是公平的。公平原则具体有三层含义:(1)在竞争活动中,商品经营者之间在权利和义务的设定上,应体现公正合理而不能显失公平,更不能一方只享有权利不承担义务,另一方只承担义务而不享有权利。(2)所有商品经营者在竞争中要遵循同一"游戏规则";所有商品经营者在交易手段的利用和交易机会的获得方面要一律平等;所有商品经营者在竞争中受到的限制行为,也都无一例外,不能有特殊。(3)商品经营者的正常经营活动和其他合法权益不受非法干扰和不正当的妨害。

(四)诚实信用原则

诚实信用原则是指商品经营者在市场交易活动中要守信用、重承诺,以诚实善意的方式从事交易。诚实信用原则也是商业道德观念在法律上的体现。诚实信用原则具体有两层含义:(1)经营者应切实履行合同,恪守诺言,讲究信用。(2)经营者要善待对方,不欺诈不胁迫,不用不正当的手段牟取非法利益,不侵害其他经营者及消费者的合法利益。

(五)遵守公认的商业道德的原则

遵守公认的商业道德的原则是指商品经营者在市场交易活动中应当遵循的在长期市场交易中形成的,为社会或相关行业普遍承认和遵守的商业规范。这种"公认的商业道德"实际上就是各种具体的商业惯例,是一种商事行为准则。其中一些重要的商业惯例已被法律所吸收,成为法律规范。像前面的自愿、平等、公平、诚实信用原则,实际上都是最主要的、公认的法律化的商业惯例、商业道德。但是,有限的法律条文不可能囊括、列举出商业道德的所有内容。因此确立"遵守公认的商业道德"这一原则,把法律不能列举的商业道德均概括在这一原则的内容里。这对于发挥商业道德的规范作用,弥补制定法的不足具有重要意义。

三、不正当竞争行为的概念及其特征

根据市场交易的基本原则就可以判定,遵循基本原则的行为就属于正当竞争行为,反之,则属于不正当竞争行为。除了这一原则外,我国《反不正当竞争法》采用概括和列举的方法对不正当竞争行为做了具体规定。所谓概括法即在法律条文中明确规定了不正当竞争行为的含义。所谓列举法即在法律条文中用专章列举规定了我国现阶段危害最突出的11类不正当竞争行为。这种概括与列举相结合的规定,既反映了不正当竞争行为的共性,又反映了其个性,为认定处理《反不正当竞争法》没有列举的不正当竞争行为创造了条件,提供了法律依据。

结合我国《反不正当竞争法》的规定和一些学者的论述,我们认为,所谓不正当竞争行为是指在市场竞争中出现的商品经营者违背市场交易的基本原则,损害其他商品经营者和消费者的合法权益,扰乱市场经济秩序,获取不正当利益的竞争行为。

有市场经济,就会有竞争,有竞争就会有不正当竞争。不正当竞争行为是一种客观存在,不正当竞争行为的存在,是由竞争的本质和竞争的特点决定的。不正当竞争行为具有以下特征:

(一)主体的特定性

主体的特定性是指不正当竞争行为是商品经营者的行为,商品经营者是指从事商品生产经营或者营利性服务的法人、其他经济组织和个人。

(二)行为的违法性

行为的违法性是指不正当竞争行为违反法律规定,主要是违反《反不正当竞争法》的规定,既违反了该法概括性的规定,又违反了该法列举性的规定,还包括违反市场交易应遵循原则的规定。在某些情况下,商品生产经营者的某些行为虽然难以被确认为该法明确规定的不正当竞争行为,但是只要是违反了《反不正当竞争法》规定的市场交易的五个基本原则,也同样应被认定为不正当竞争行为。

(三)行为的危害性

行为的危害性是指不正当竞争行为损害了其他商品经营者和消费者的合法权益,扰乱了社会经济秩序。

四、反不正当竞争法的概念和调整范围

反不正当竞争法是国家制定的调整政府对商品经营者违反商业道德的竞争行为进行规制的过程中所发生的经济关系的法律规范的总称。反不正当竞争法的概念亦有广义和狭义之分,狭义的反不正当竞争法指 1993 年 9 月 2 日第八届全国人民代表大会常委会第三次会议通过的《中华人民共和国反不正当竞争法》。

从当前一些国家和地区的立法来看,一般都把反垄断、反限制竞争和反不正当竞争等内容规定于一部法律之中,对同属竞争范畴的三大行为进行统一调整,制定较为完整的现代竞争法体系。但由于受社会制度、立法时间、客观条件的影响,在立法体例的选定上,国家和地区之间也有差异。像匈牙利的《反不正当竞争法》和我国台湾地区的《公平交易法》就是将禁止垄断、反限制竞争和反不正当竞争规定在一部法律之中。而德国和日本对垄断(含限制竞争行为)和不正当竞争行为分别立法,形式上表现为反垄断法和反不正当竞争法以及其他配套法律并列。

五、《反不正当竞争法》的立法目的

我国立法机关制定《反不正当竞争法》的目的就是为了制止不正当竞争行为,鼓励和保护公平竞争,进而保持商品生产经营者和消费者的合法权益,保障社会主义市场经济的健康发展。

第二节　不正当竞争行为的表现形式及其法律责任

一、市场混淆行为

（一）假冒他人的注册商标

商标是商品生产者或经营者在其生产、制造、加工、拣选、经销的商品上或者其从事服务的场所使用的特殊标志，以便使自己的商品和服务有别于他人的同类商品和服务。经国家商标局注册并刊登在商标公告上的商标称为注册商标。我国《商标法》规定，商标注册人对已经注册的商标享有法律保护的专有权，未经其许可，任何人都不得在同一种商品、同一种服务或者类似商品、类似服务上使用与其注册商标相同或相近的商标。假冒他人的注册商标行为，既是《商标法》规定的侵犯注册商标专用权的行为，又是《反不正当竞争法》规定的不正当竞争行为。我国《商标法》及其《实施细则》规定的假冒他人的注册商标行为包括：(1)未经注册商标所有人许可，在同一种商品上使用与其注册商标相同的商标的行为；(2)销售明知是假冒注册商标商品的行为；(3)伪造、擅自制造他人注册商标标识的行为。但是《商标法》及其《实施细则》对于在不同种类商品上使用与他人注册商标相同的商标，或把他人注册商标用于行为人的企业名称以及商品外包装上，从而引起市场的混乱，并给商标所有人造成损害的行为则没有列入假冒他人的注册商标行为中加以禁止和规范。这就给商标的法律保护留下了一定的空白之处。《反不正当竞争法》作为规范市场秩序的法律，则把上述《商标法》留下的空白纳入了危害市场秩序的假冒行为的范畴，规定了认定其违法性不一定要以对特定企业的法定权利进行侵害为前提，只要假冒行为导致消费者或其他购买者对商品的标识引起误解或造成市场秩序的混乱，即可以进行制止。即《反不正当竞争法》只规定了假冒他人的注册商标行为的性质，没有采用列举方式规定其假冒特定范围。可见，《反不正当竞争法》对商标的保护在原有法律的基础上进一步扩大了。

综上所述，我国《反不正当竞争法》规定的假冒他人的注册商标行为是指伪造或仿造他人已经注册的商标，将伪造或仿造的商标用于自己生产或销售的商品，目的在于混淆真伪，欺骗消费者，引起消费者的误认、误购。其性质与《商标法》规定相同，但外延大于《商标法》的规定。假冒他人的注册商标行为，是一种典型的违背市场诚实信用商业道德，扰乱市场秩序，损害消费者利益和竞争对手利益的不正当竞争行为。所以《反不正当竞争法》对这一行为要予以禁止。

《反不正当竞争法》规定了假冒他人注册商标行为的民事责任、行政责任和刑事责任。就《反不正当竞争法》所列举的11种不正当竞争行为来讲，凡是给被侵害的经营者造成损失的，均应当承担民事损害赔偿责任。假冒他人注册商标的行为，除依法承担损害赔偿责任外，还要依照《商标法》的规定进行处罚。工商行政管理部门可责令侵权人停止侵权行为，封存、收缴商标标识，消除现存商品或者包装上的商标，责令并监督其销毁侵权物品，依据情节轻重予以通报，并可以处以非法经营额50％以下或者侵权所获利润5倍以下的罚款。假冒商标情节严重构成犯罪的，依法追究其刑事责任。

(二)冒用他人的企业名称或者姓名

冒用他人的企业名称或者姓名是指未经许可,擅自使用他人的企业名称或者姓名,使人误认为是他人的商品的行为。这里所说的企业名称或姓名是一个广义的概念,是指参与市场交易的商品生产经营者的名称,既包括各种类型的企业名称,同时也包括个体工商户和从事商品生产经营活动的事业单位的名称。其中姓名是指无名称字号的个体工商户、个体合伙的投资者在市场交易活动中使用的自己的姓名。企业名称或姓名是区别商品或服务来源的营业标志,是反映经营者的营业或服务活动的外在特征。根据1991年国家工商行政管理局颁布的《企业名称登记管理规定》,企业对其名称享有专有权,这种专有权受法律保护,即未经许可,他人不得擅自使用。1993年国家颁布的《产品质量法》又从维护产品质量的角度规定了生产者、销售者不得伪造或仿冒他人的厂名。企业名称或姓名体现了经营者通过付出努力和资本获得的无形资产,代表了企业的外在形象,体现了该商品经营者的商业信誉和商品、服务的声誉。因此保护企业名称或者姓名,主要就是保护依附于企业名称或者姓名中的商业信誉,盗用他人的商业信誉就是典型的不正当竞争行为。所以《反不正当竞争法》不同于其他相关法律,它是从维护竞争秩序的角度规定了商品生产经营者不得在市场交易中擅自使用他人的企业名称或姓名,其立法的重点在于防止仿冒行为引起他人的误解。构成冒用他人的企业名称或者姓名的行为有三个基本要件:第一,故意并未经名称或姓名专用权人的许可,擅自使用。第二,被冒用的企业名称或姓名,一般都具有良好的信誉、声誉。第三,此类冒用行为的目的是引起消费者的误认、误购。

《反不正当竞争法》规定了冒用他人企业名称或者姓名行为的民事责任和行政责任。其行政责任具体依《产品质量法》的规定处罚。由产品质量监督检查部门责令侵权人公开更正,没收违法所得,可以并处罚款。

(三)仿冒知名商品特有的名称、包装、装潢

仿冒知名商品特有的名称、包装、装潢是指未经许可擅自使用知名商品特有的名称、包装、装潢或者使用与知名商品近似的名称、包装、装潢,造成和他人的知名商品相混淆,使购买者误认为是该知名商品。商品的名称、包装、装潢是商品的外表特征,是和其他商品相区别的重要标志,是商品经营者用于创造商品形象,促销商品,开拓市场的一种竞争手段,同时也在一定程度上反映商品生产经营者的商业信誉和商品信誉,是商品经营者的财富。知名商品尤其如此。因此对知名商品特有的名称、包装、装潢的仿冒行为,属于破坏市场竞争秩序的不正当竞争行为,《反不正当竞争法》要对此予以禁止。

构成仿冒知名商品名称、包装、装潢行为有三个基本要件:第一,被仿冒的商品须为知名商品,而不是普通商品。所谓知名商品,必须是长久并广泛行销、使用,在其相关领域广为人知并具有较好的信誉,在消费者心目中有独特、良好形象的商品。判断商品是否为知名商品不能以全社会任何人是否知晓该商品为依据,而应该以该商品在相关的市场领域中是否有较高的知名度为依据。要结合该商品的销售地区、时间、广告宣传等诸多因素来断定。第二,该外观标志须为知名商品所特有,应该是具有创造性和显著特点的外部形象。第三,对知名商品特有的外观标志擅自做相同的使用或者做相近似的使用,致使与他

人知名商品发生混淆。需要指出的是,该种行为的认定,并不必须要求仿冒行为实际产生误认、误购的后果。如果一般公众以普通注意力就足以引起混淆、误认,就构成了仿冒。

《反不正当竞争法》规定了仿冒知名商品特有名称、包装、装潢行为的民事责任,行政责任和刑事责任。工商行政管理部门可责令侵权人停止侵权行为,没收违法所得,可以根据情节处以违法所得1倍以上3倍以下的罚款;情节严重的除给予上述处罚外,还可以吊销营业执照。构成犯罪的,依法追究其刑事责任。

(四)在商品上使用虚假质量标志

在商品上使用虚假质量标志是指伪造或冒用认证标志、冒用名优标志、伪造产地,对商品质量做令人误解的虚假表示的行为。

认证标志是指经国际或国内质量认证机构准许,经其认证产品质量合格的企业在产品或者其包装上使用的质量标志。它是一个公正的证明,表明产品可信赖的程度,如英国的"风筝"标志、美国的"WL"标志、中国的"CCC"(中国强制认证)、"QS"食品质量认证等。取得认证标志有助于经营者提高产品的知名度和竞争力。产品质量认证是国家监督管理产品质量的一项法律制度。具体来讲,在商品上伪造或冒用认证标志的不正当竞争行为主要包括以下几种情况:尚未推行产品质量认证制度的商品,商品经营者在该商品或包装上伪造认证标志;已推行产品质量认证制度的商品,商品经营者未向产品质量认证机构申请认证而擅自使用认证标志或商品经营者虽向产品质量认证机构申请认证,但经认证不合格,商品经营者擅自使用认证标志。

名优标志是经国际或国内有关机构或社会组织评为名优产品而发给商品生产经营者的一种质量荣誉标志。如国家金奖、省部级优质产品、国际博览会金奖等。具体来讲,在商品上伪造或冒用名优标志的不正当竞争行为主要包括以下几种情况:未组织评定名优的产品或者虽组织评定名优的产品,但商品经营者的产品未参加或虽参加未被评定为名优产品,商品生产经营者在以上产品上擅自使用名优标志的行为;商品经营者的产品虽曾被评为名优产品但被取消名优产品称号后,商品经营者仍在该产品上使用名优产品标志的行为;商品经营者在级别低的名优产品上冒用级别高的名优标志的行为。

商品的产地是指商品的制造、加工地或者商品经营者的所在地。有的商品因其产地独特的地理气候特点而获得市场优势;有的商品因其产地普遍较好的技术优势而获得市场优势;有的商品因其产地普遍较好的商业信誉而获得市场优势。正因为如此,个别商品经营者为提高其商品声誉,有意隐匿其商品真实的产地,在商品上标注为信誉技术较好的产地。这种行为即构成伪造产地的不正当竞争行为。

对商品质量做令人误解的虚假表示,是指商品生产经营者在商品上对反映商品质量的各种内容,如品质、制作成分,性能、用途、生产日期、有效期限等做不真实的或令人误解的标注,使消费者和用户无法了解或难以了解商品的真实情况,从而产生误认、误购的行为。《产品质量法》对产品或者其包装上的标识有明确的要求,该法第十五条规定,产品或者其包装上的标识应当符合下列要求:(1)有产品质量检验合格证明;(2)有中文标明的产品名称、生产厂厂名和厂址;(3)根据产品的特点和使用要求,需要标明产品规格、等级、所含主要成分的名称和含量的,相应予以标明;(4)限期使用的产品,标明生产日期和安全使用期或失效日期;(5)使用不当,容易造成产品本身损坏或者可能危及人身、财产安全的产品,附有警示标志或者中文警示说明。消费者和用户在很大程度上是通过商品或者其包装上的标签、标注等商品标识来判断、选择商品的,商品经营者在商品或者其包装上对质量做虚假的或令人误解的表示,不仅使消费者上当受骗直接损害消费者利益,也扩大了自己商品的市场占有量,比其他诚实经营者占到了"便宜",因而也损害了竞争对手的利益,构成了不正当竞争行为。因此《反不正当竞争法》要对此予以禁止。

《反不正当竞争法》规定了在商品上使用虚假质量标志行为的民事责任和行政责任。其行政责任具体依《产品质量法》的规定处罚。由产品质量监督检查部门责令侵权人公开更正,没收违法所得,可以并处罚款。

二、强制性交易行为

强制性交易行为,是指公用企业或其他依法具有独占地位的经营者,限定他人购买其指定的经营者的商品,以排挤其他经营者公平竞争的行为。

这一类不正当竞争行为的主体主要有两种:一是公用企业,二是其他依法具有独占地位的经营者。所谓"公用企业",根据国家工商行政管理局 1993 年 12 月 24 日发布的《关于禁止公用企业限制竞争行为的若干规定》的规定:公用企业是指涉及公用事业的经营者,包括供水、供电供热、供气、邮政、电信、交通运输等行业的经营者。所谓"其他依法具有独占地位的经营者",是指在特定的市场上,一个经营者处于无竞争的状态或取得了压倒性和排除竞争的能力,也指两个以上经营者不进行价格竞争,在它们对外的关系上具有了上述地位和能力。判定一个经营者是否在特定市场具有独占地位,这由即将制定的《反垄断法》来加以解决。从目前情况来看,某一特定领域的特定商品,只能由某一个经营者或少数几个经营者生产经营的,这个或这些经营者即具有了独占的地位。但像我国的烟草专卖制度,属于行业性垄断,不属于这里所讲的独占。

强制性交易行为具有以下特征:第一,实施该行为的主体是公用企业或其他依法具有独占地位的经营者,而不是一般经营者,一般经营者不具有独占特征。这种强制性交易行为,与政府机关滥用行政权力强制交易也有区别。第二,强制性交易行为所侵犯的客体是其他处于公平交易地位的经营者的商品。这种行为强制安排他人与自己指定的经营者进行交易,而不是强迫他人与自己进行交易。第三,这种行为带有强制性,使被强制的他人难以抗拒,不得不服从安排与他人交易。显然被强制者是被迫就范,非被强制者的真实意思表示。第四,实施这种强制性交易行为的原因是因为公用企业或其他依法具有独占地位的经营者与被指定的经营者之间有着某种利益上的关系。如被指定的经营者是其下属的企业,能从被指定的企业中得到某些好处。如煤气公司在为居民住宅安装煤气管道时,强制用户必须购买某企业生产的燃气具,不买就不给安装管道,或者在收取安装管道费用时,把燃气具的费用也计算在内等。

强制性交易行为限制了用户、消费者的自由选择权,将生产同种商品的其他经营者完全排斥在特定的市场之外,妨碍了市场的公平竞争,因此《反不正当竞争法》要对此予以禁止。

《反不正当竞争法》规定了强制性交易行为的民事责任和行政责任。对强制性交易行为,由省级或者设区的市的工商行政管理部门查处。对从事强制性交易行为的公用企业或具有独占地位的经营者,工商行政管理部门责令其停止违法行为,可以根据情节处以 5 万元以上 20 万元以下的罚款。被指定的经营者借此销售质次价高商品或者滥收费用的,应当没收违法所得,可以根据情节处以违法所得 1 倍以上 3 倍以下的罚款。

三、滥用行政权力限制竞争的行为

滥用行政权力限制竞争的行为,是指政府及其所属部门滥用行政权力,限定他人购买其指定的经营者的商品,限制其他经营者正当的经营活动,或者限制经营者跨地区交易,干扰、阻碍正常的交易活动。

这种行为具有以下特征:第一,政府及其所属部门从地方和部门的狭隘利益出发,利用行政手段限制竞争,干扰正常的交易活动。第二,这类行为所侵犯的客体是本来平等竞争条件下经营者从事交易的商品。第三,政府及其所属部门不按国家的授权和法律的规定,超越职权范围行使权利,即滥用职权。第四,这类行为的表现方式既可以是直接的指令、命令,也可以是利用职权限制他人自由选择经营者的商品,以"管、卡、压"等手段间接限制竞争。

一般来说,《反不正当竞争法》主要是规范经营者的市场交易行为。但由于我国个别地区政府及其所属部门滥用行政权力限制竞争的现象日益严重,这种部门封锁、地区封锁的做法,是通过行政权力建立市场壁垒,是一种行政垄断行为,它从狭隘的地方利益出发,影响了统一市场的建立与发展,限制地区之间的贸易往来,割裂地区之间的资源、技术等经济联系,阻碍了资源的优化配置,加剧了地区间的经济矛盾和发展不平衡,保护了落后企业和落后产品,削弱了企业改进技术和管理的积极性,严重破坏了公平竞争。因此,《反不正当竞争法》也将这一行为列入禁止的范围。这也是我国《反不正当竞争法》不同于其他国家的一个特色规定。

《反不正当竞争法》规定了滥用行政权力限制竞争行为的民事责任和行政责任。政府及其所属部门限定他人购买其指定的经营者的商品、限制其他经营者正当的经营活动,或者限制商品在地区之间正常流动的,由上级机关责令其改正;情节严重的,由同级或者上级机关对直接责任人员给予行政处分。被指定的经营者借此销售质次价高商品或者滥收费用的,工商行政管理部门应当没收违法所得,可以根据情节处以违法所得 1 倍以上 3 倍以下的罚款。

四、商业贿赂行为

商业贿赂行为,是指经营者在市场交易活动中,为争夺交易机会,特别是为争得相对于竞争对手的市场优势,通过秘密给付财物或者其他报偿等不正当手段收买客户的负责人、雇员、合伙人、代理人和政府有关部门工作人员等能够影响市场交易的有关人员的行为。

商业贿赂行为具有以下特征:(1)商业贿赂的主体是从事市场交易的经营者,既可以是卖方,也可以是买方。(2)商业贿赂是经营者在主观上出于故意和自愿进行的行为,其目的是为了排挤竞争对手以占取竞争优势。(3)商业贿赂在客观方面表现为违反国家有关财务、会计及廉政等方面的法律、法规的规定,秘密给付财物或其他报偿,具有很大的隐蔽性。(4)商业贿赂的主要表现形式是"回扣"。除了现金回扣之外,还有提供免费度假、旅游、高档宴席、色情服务,赠送昂贵物品、房屋装修以及解决子女、亲属入学、就业等多种形式。

为了进一步明确商业贿赂行为的含义和特征,有必要说明一下"回扣""折扣"及"佣金"的关系。

回扣是商业贿赂的一种突出表现形式。回扣的定义,目前在理论上尚没有统一的解释,在法律上也无明确的界定。根据《反不正当竞争法》第八条规定,"在账外暗中给予对方单位或者个人回扣的,以行贿论处;对方单位或者个人在账外暗中收受回扣的,以受贿论处。"可见《反不正当竞争法》是将"账外暗中"的回扣视为不正当竞争行为。我们这里可以把回扣的定义表述为:回扣是指在商品购销中,经营者一方从交易所得的价款中提取一定比例的现金或有价证券等其他报偿,在账外暗中付给对方单位或个人以争取交易机会和交易条件的不正当竞争行为。回扣可能导致商品价格抬高,最后转嫁给消费者。

回扣具有以下特征:(1)回扣是在账外暗中付给和收受的。(2)回扣是一定比例的商品价款。回扣在商品交易达成之时或之后发生,没有商品交易关系就没有商品价款支付,也就没有回扣。(3)回扣是卖方退给买方单位和个人的,但回扣最后进入买方单位账外小库或个人腰包。

回扣在性质上属于商业贿赂,但并非所有商业贿赂都属于回扣。二者之间是从属性关系。回扣与其他商业贿赂的区别在于:(1)其他商业贿赂不是商品价款的一部分,也未必发生在交易之后。回扣则一般发生在交易之后。(2)其他商业贿赂不仅包括贿赂买方,也包括贿赂卖方,还包括贿赂买卖双方以外的第三人。(3)实践中其他商业贿赂也有入账和明示支付的情况,但回扣不入账并且暗中支付。

折扣包括折扣销售、销售折扣、销售折让三种形式。折扣销售是指销货方在销售货物或劳务时,因购货方购货数量较大等原因,而给予购货方的价格优惠(如购买5件,销售价格折扣10%;购买10件,销售价格折扣20%)。销售折扣是指销货方在销售货物或劳务后,为了鼓励购货方及早偿还货款,而协议许诺给予购货方的一种折扣优待(如10天内付款,货款折扣20%;20天内付款,贷款折扣10%;30天内全价付款)。而销售折让则是指货物销售后,由于其品种、质量等原因购货方未予退货,但销货方需给予购货方的一种价格折让。折扣销售、销售折扣和销售折让都是卖方向买方的一种让利。在国外,这三种让利方式都属于商业惯例中的正当手段之一,并有相应的法律法规进行调整,如德国在1830年制定的《折扣法》。我国有关法律中也有关于这三种让利方式的规定。如财政部颁布的《企业财务通则》和《企业会计准则》都有相关的规定。《反不正当竞争法》也承认了这种让利方式的合法性质。

回扣不同于折扣。回扣与折扣的主要区别在于:第一,折扣是合法的商业经营行为;回扣则是非法的不正当竞争行为。第二,折扣只能发生在交易双方当事人之间,不能支付给当事人一方的经办人或代理人;而回扣有支付给对方单位的,但往往更多的是支付给对方单位的经办人或代理人。第三,折扣要以明示的方式给付对方,给付方和收受方都要如实入账,否则就要承担相应的法律责任;而回扣则不入账,收受回扣一方往往进入账外的小金库或进入了个人腰包。是否如实入账,是暗中支付还是明示支付是二者之间的本质区别。

回扣又不同于佣金。佣金是指在市场交易活动中,具有独立地位的中间人凭借其为他人提供服务、介绍、撮合交易或代买、代卖商品而得到的报酬。佣金可以由买方给付,也可以由卖方给付,还可以由买卖双方给付。佣金的合法性质也得到了《反不正当竞争法》的确认。但佣金的给付须以明示方式进行,而且佣金的给付方和收受方都要如实入账。《反不正当竞争法》第八条规定:"经营者销售或者购买商品,可以以明示方式给付对方折扣,可以给中间人佣金。经营者给对方折扣,给中间人佣金的,必须如实入账。接受折扣、佣金的经营者必须如实入账。"这就从法律角度明确了中间人享有通过合法服务获取佣金的权利。

《反不正当竞争法》规定了商业贿赂行为的民事责任、行政责任和刑事责任。经营者采用财物或者其他手段进行贿赂以销售或者购买商品,构成犯罪的依法追究其刑事责任。对于受贿方我国《刑法》第一百六十三条规定:公司、企业的工作人员在经济往来中,收受各种名义的回扣、手续费,归个人所有的,数额较大的,处5年以上有期徒刑或者拘役;数额巨大的,处5年以上有期徒刑,可以并处没收财产。《刑法》第三百八十七条规定:国家机关、国有公司、企业、事业单位、人民团体,在经济往来中,在账外暗中收受各种名义的回扣、手续费的以受贿论,情节严重的,对单位判处罚金,并对其直接负责的主管人员和其他责任人员,处5年以下有期徒刑或拘役。不构成犯罪的,工商行政管理部门可以根据情节处以1万元以上20万元以下的罚款,有违法所得的予以没收。

五、虚假宣传行为

虚假宣传行为,是指商品经营者利用广告或其他方式对商品的质量、性能、用途、特点、价格、使用方法等做令人误解的虚假表示,以及广告经营者在明知或者应知的情况下,代理、设计、制作、发布虚假广告,诱发消费者误购的行为。

虚假宣传行为具有以下特征:(1)在方式上表现为利用广告的方法和其他方法两类。这实际上已经包括了所有能够使社会公众知悉的大众传播媒介形式。"其他方法"是一种极广泛的概括规定,是对利用广告方法的补充,包括了一切可以对商品进行宣传的形式。也就是说,凡是宣传令人误解的虚假内容,不管经营者采用什么宣传形式,均构成不正当竞争行为。例如,不是正面合法地进行广告宣传,而是通过一些欺骗性的启事、声明、担保以及有关权威组织的推荐、领导人的担保等来达到广告宣传的目的。(2)对商品做令人误解的虚假表示。所谓虚假表示,是指宣传的内容与客观事实不符,或完全是捏造,如将国产商品宣传为进口商品等。所谓令人误解,是指就一般的社会公众的合理判断而言,宣传的内容会使消费者对商品的真实情况产生错误的认识。可能导致消费者的误购。如广告"意大利聚酯漆家具",消费者很容易理解为是意大利进口家具,但实际上只是用意大利进口漆涂的家具。经营者就是有意使用这些不确切、模糊的广告词语引诱消费者购买。如果消费者受宣传影响,按照对广告宣传的认识购买商品,结果发现购买的商品并不是自己所理解的,则该广告宣传就构成令人误解。(3)其目的是诱发消费者误购。(4)往往与明星代言相联系。

虚假宣传行为既触犯了《反不正当竞争法》,又触犯了《广告法》。《反不正当竞争法》规定了虚假宣传行为的民事责任和行政责任。经营者利用广告或者其他方法,对商品做虚假宣传,监督检查部门应当责令其停止违法行为,消除影响,可以根据情节处以 1 万元以上 20 万元以下的罚款。利用广告做令人误解的虚假宣传的,优先适用《广告法》处罚。广告的经营者在明知或应知情况下,代理、设计、制作、发布虚假广告的,由工商行政管理部门责令停止违法行为,没收违法所得,并依法处以罚款。

六、侵犯商业秘密的行为

(一)商业秘密的概念

所谓商业秘密,是指不为公众所知悉,能为权利人带来经济利益,具有实用性并经权利人采取保密措施的技术信息和经营信息。具体来讲,商业秘密不仅包括那些凭技能或经验产生的,在工业中适用的技术信息,如工艺流程、设计图纸、技术秘诀、配方、数据等,还包括商业和其他经济事业具有秘密性质的经营管理方法以及与经营管理方法密切相关的经营信息,如产销策略、货源情报、客户名单等。

(二)商业秘密的基本特征

1. 秘密性

秘密性表现为不为社会公众所知悉,也就是它没有公开,并且权利人对这种技术信息和经营信息采取了保密措施来维持这种秘密性,其他人不易通过正当途径获得或探明。秘密性是商业秘密的本质特征,是构成商业秘密的最基本条件,也是寻求法律保护的前提。

2. 实用性

实用性表现为具有使用价值并能够为权利人带来经济利益及竞争优势。实用性是商业秘密的价值所在。这一特征也是商业秘密区别于一般的生产技术和经营管理的理论成果。

商业秘密的基本特征是构成商业秘密的基本要件,上述两个要件必须同时具备,缺一不可,缺少其中任何一项都不构成商业秘密。商业秘密构成的基本要件也是界定商业秘密与普通商业信息的界限。

(三)侵犯商业秘密的行为

侵犯商业秘密的行为,是指行为人以非法的、不正当手段获取、披露、使用或允许他人使用权利人的商业秘密,或违反约定泄露权利人商业秘密的行为。

侵犯商业秘密的行为具体包括以下四种情形:

(1)以盗窃、利诱、胁迫或者其他不正当手段获取权利人的商业秘密。盗窃商业秘密既包括内部知情人员也包括外部人员盗窃权利人的商业秘密。以利诱手段获取商业秘密,是指行为人通过向掌握、了解商业秘密的有关人员直接提供财物或提供优厚的工作条件或对此做出某些承诺,诱使其向行为人提供商业秘密。以胁迫手段获取商业秘密是指行为人用威胁、强制方法迫使了解掌握商业秘密的人员向其提供商业秘密。以其他不正当手段获取商业秘密是指用盗窃、利诱、胁迫等之外的手段,如通过虚假陈述而从权利人处骗取商业秘密,通过所谓"洽谈业务"、"合作开发"、"学习取经"等活动套取权利人的商业秘密。

（2）披露、使用或允许他人使用以上述手段获取的权利人的商业秘密。这是指商业秘密非法获取者向第三人披露自己使用或允许第三人使用以上述不正当手段获取的商业秘密的行为。

（3）违反约定或者违反权利人有关保守商业秘密的要求，披露、使用或者允许他人使用所掌握的商业秘密。这是指在与权利人签订有保密协议或权利人对其商业秘密有保密要求的情况下，了解或掌握权利人商业秘密的人，应当遵守有关保密的约定或权利人提出的保密要求。否则，如果违反约定或要求，擅自向他人披露、自己使用或允许他人使用其所了解或掌握的商业秘密，同样是侵犯他人商业秘密的不正当竞争行为。需要强调的是，如果权利人与通过合法手段了解或掌握权利人的商业秘密的人之间没有保守商业秘密的约定，或者权利人也没有向他们提出保守商业秘密的要求，商业秘密的合法获取人披露、使用或允许他人使用其掌握的商业秘密，不构成侵犯商业秘密的不正当竞争行为。

（4）第三人明知或者应知以上违法行为，获取、使用或者披露他人的商业秘密，视为侵犯商业秘密。如某人跳槽到另外一个单位，并把原单位的商业秘密也带来了，新单位明知这一情况，使用这一商业秘密，就构成不正当竞争行为。将这种行为列入不正当竞争的侵权行为，对规范人才流动中的商业秘密流失，能起到预防作用。让受雇尽到"合理注意"的义务，后雇主不能以高薪手段以挖墙脚的方式获取原雇主的商业秘密。有时，为了避免可能产生的侵权责任，有些雇主就不得不拒绝跳槽雇员的求职申请。

综上所述，判断分析某种行为是否构成侵犯商业秘密的行为，要从两方面着手：一是要看它是否是商业秘密；二是要看行为人是以合法的手段还是以非法的手段获取的商业秘密。侵犯商业秘密的行为不仅侵犯商业秘密权利人的权利给权利人带来巨大的经济损失，而且也扰乱了正常的经济秩序，使正当经营者本来拥有的竞争工具——商业秘密丧失秘密性而失去价值。各国都通过法律手段对商业秘密加以保护，并对侵犯商业秘密的行为予以严惩，不少国家还专门制定了《商业秘密保护法》。我国《反不正当竞争法》从保护公平竞争、制止不正当竞争的角度，将侵犯商业秘密的行为列为不正当竞争行为予以禁止，是对我国知识产权法律制度的补充。同时，为制止人才流动中出现的侵犯商业秘密的行为提供了法律依据。

《反不正当竞争法》规定了侵犯商业秘密行为的民事责任和行政责任。凡是侵犯商业秘密的，工商行政管理部门应当责令其停止违法行为，可以根据情节处以1万元以上20万元以下的罚款。

七、压价排挤竞争对手的行为

压价排挤竞争对手的行为，是指经营者为了达到独占市场的目的，在一定的市场上和一定的时期内，以低于成本的价格销售商品的行为。

压价排挤竞争对手的行为具有以下特征：第一，不正当降价。即在不符合价值规律的情况下降价销售，而且是以低于成本的价格销售商品。成本价格是保证企业收支平衡的最低价格，以低于成本价格销售商品，一般有两种可能：一是因经营不善，为回笼资金减少损失的无奈之举；二是经营者主观故意，以此为手段排挤竞争对手，后者属于不正当降价。第二，实施压价的目的是为了排挤竞争对手。经营者以低于成本价格销售商品，就意味着企业必然发生亏损,这与企业最大限度地赚取利润的经营目的相悖。如果不是出于经济规律和法律规定的要求而低于成本价格销售,目的只能是为了排挤打垮竞争对手。

在国际贸易中以低价排挤竞争对手的行为,称为倾销,各国法律及世界贸易组织的守则都禁止这种限制竞争行为。

在某些特定情况下,降价销售不是为了排挤竞争对手,仅仅是为了符合经济规律,此时的低于成本销售,法律是允许的。这些特殊情况,在《反不正当竞争法》中做了适用除外的规定,例如《反不正当竞争法》第十一条规定:有下列情况之一的,不属于不正当竞争行为:(1)销售鲜活商品;(2)处理有效期限即将到期的商品或者其他积压的商品;(3)季节性降价;(4)因清偿债务、转产、歇业降价销售商品。

《反不正当竞争法》没有规定压价排挤竞争对手行为的行政责任和刑事责任。受非法侵害的经营者可以通过诉讼程序,依《民法通则》的规定追究不正当竞争经营者的民事责任。

八、搭售与附加其他不合理交易条件的行为

所谓搭售是指经营者利用其经济优势,违背购买者的意愿,在销售一种商品(或提供一种服务)时,要求购买者以购买另一种商品(或接受另一种服务)为条件的行为。此种行为常常表现为购买者购买某种紧俏物品时,销售方会要求以附带购买一定数量的滞销商品为前提条件。

所谓附加其他不合理交易条件是指经营者增加购买者的附加义务,就商品(或服务)的价格、销售对象、销售地区等进行不合理限制的行为。如某些生产厂家要求零售商店统一定价,不得擅自提高或降低,否则将拒绝供货;某些生产厂家只准销售商向小用户提供商品,而把大用户留给自己;某些生产厂家要求经销者只销售自己一家的产品,而不得销售竞争对手的产品等。《反不正当竞争法》没有具体列举法律禁止附加的条件,只是原则性地规定了经营者不得违背当事人的意愿附加不合理的条件。

那么如何理解"不合理"呢?一般而言,衡量是否合理的标准主要是平等、自愿、公平竞争的原则,符合这个标准的就是合理的,否则就是不合理的。适用这个标准时要综合当事人的意图、目的、市场地位、商品特征、所属市场结构等做全面的分析判断。

搭售或者附加其他不合理交易条件的行为限制了市场竞争,破坏了公平竞争秩序,因而是《反不正当竞争法》予以禁止的不正当竞争行为。

搭售或者附加其他不合理交易条件的行为具有以下特征:

(1)该行为是经营者对购买者的纵向控制行为。该行为是供应商对批发商、批发商对零售商、零售商对顾客即卖方对买方的控制行为。如果是买方购买商品时附加条件,例如某商店在向生产厂家订购某种滞销商品时,要求供应一定数量的紧俏物品,则不在本法规定范围之内。

(2)经营者实施该行为,利用的是其经济优势。实施该行为的经营者往往占据某些经济或技术优势,形成了一定的竞争支配力量,使得对方不得不就范。所谓"经济优势",是指经营者的产品必须具有某种独特的性质,能使购买者产生对它的特殊需求,并且已经形成了一定的市场支配力。只有具有这种经济优势,经营者才有可能进行搭售或附加其他

不合理条件进行交易。一般而言,专利产品或名牌产品最容易被利用来搭售商品或附加其他不合理条件。

（3）该行为违背自愿原则。即经营者违背购买者的真实意愿,如果购买者心甘情愿地接受经营者的这种搭售或其他附加条件,则不属于不正当竞争行为。

（4）该行为违背公平原则。即该行为搭售的商品和附加的条件是不合理的,是显失公平的。

《反不正当竞争法》没有规定对搭售或者附加其他不合理交易条件行为的行政责任和刑事责任。受非法侵害的经营者可以通过诉讼程序,依据《民法通则》的规定追究不正当竞争经营者的民事责任。

九、不正当有奖销售的行为

有奖销售是指经营者以提供物品、金钱或其他条件作为奖励,刺激消费者购买商品或服务的一种促销手段。作为一种促销手段,有奖销售可以促进商品的流通,提高市场占有率,并带来一定的经济利益。这种促销手段对市场竞争秩序有着双重的影响,符合商业道德且限定在一定范围内的有奖销售,可起到活跃市场,促进竞争的积极作用;超过一定范围,即采用不正当手段进行有奖销售,则会造成对市场秩序的破坏,损害消费者的利益。因此,法律并不一概否定有奖销售。世界各国对有奖销售都立法加以规范和严格限制,规定这些以奖励、让利为特征的促销手段的实施,不得有碍于公平和自由的市场竞争,其方法必须是正当的、诚实的,否则就构成不正当有奖销售行为。

有奖销售主要有附赠品和抽奖两种形式。其中附赠品具有如下特征:

（1）附赠品是商品交易行为的从行为。

（2）接受附赠品的一方必须是消费者,不能是经营者,即附赠品行为不能发生在经营者与经营者之间。国家工商行政管理总局《关于禁止商业贿赂行为的暂行规定》第八条规定:"经营者在商品交易中不得向对方单位或者其个人附赠现金或者物品。但按照商业惯例赠送小额广告礼品的除外。违反前款规定的,视为商业贿赂行为。"经营者之间的附赠品行为即使入账、明示,仍然要认定为商业贿赂。

（3）经营者提供赠品的对象是不特定的。（只要发生交易,就提供赠品）

（4）附赠的赠品包括物品和现金。现金可以是有价证券或代金券。

（5）附赠品是公开进行的。

（6）附赠品的形式多种多样、可以附条件。例如,按交易数量确定赠品数量或按交易价格确定赠品数量。

我国《反不正当竞争法》没有对有奖销售做出一概禁止的规定,但对不正当有奖销售行为严格予以禁止。

不正当有奖销售的行为,包括经营者违背公平交易原则,欺骗性的有奖销售行为;利用有奖销售手段推销质次价高商品的行为;以及采取巨奖方式的有奖销售行为。

（一）欺骗性的有奖销售行为

欺骗性的有奖销售行为具体包含两种情况,一是谎称有奖实则无奖。如有的经营者在奖券号码上做手脚,带有中奖号码的奖券根本不存在或留置在经营者手中。二是虽然有奖但故意让内定人员中奖,其内定人员可能是经营者本身,这与谎称有奖无异,也可能是其密友或其他特定的消费者。这种舞弊行为的结果,虽然获奖者可能也是消费者,但由于属事先内定,对于众多的消费者来说同样是不可能获奖的。欺骗性的有奖销售危害在于:一方面损害了消费者的利益,因为既然是有奖销售,不特定的消费者就有获得奖品或奖金的权利,经营者也有在给付商品(或服务)的同时支付奖品或奖金的义务。而在这里,由于经营者的欺骗行为,逃避了应承担的部分义务,造成对消费者权利的侵害。另一方面破坏了竞争秩序,使其他以正当方式从事有奖销售的经营者与之相比处于不利的地位,实为不公平的竞争。

(二)利用有奖销售手段推销质次价高商品的行为

这种行为突出的特点是商品的质量和价格不符,质量低劣而价格却是正常品甚至是优质品的价格。所推销的商品是否属于质次价高,要以消费者的公认和有关主管机关的认定为准。这种行为的危害仍然在于损害消费者利益和破坏竞争秩序两个方面。

(三)巨奖销售行为

巨奖销售行为是指最高奖金额超过5 000元的抽奖销售行为。我国《反不正当竞争法》规定,抽奖式的有奖销售,最高奖的金额不得超过5 000元,超过5 000元的抽奖式有奖销售为不正当竞争行为。抽奖式的有奖销售是通过抽签、摇奖或其他偶然方式决定消费者能否获得奖金或奖品的一种销售方式,也称为悬赏式的有奖销售。大体有三种情况:一种是商品本身有编码,经营者销售一段时间后,通过规定的方式和程序确定中奖号码;第二种是消费者购买商品的同时,可得到与购货金额相应的若干张奖券,一定时间之后开奖,或者事先确定了中奖号码,消费者可当场核对是否中奖;第三种是在少数商品内装有奖品或奖券,或有中奖标志,购买者凭奖券或中奖标志可得到奖品或奖金。第三种情况类似于附赠品的有奖销售。但因其并非每个购买者都能得到奖品或奖金而区别于后者,属于抽奖式的有奖销售。巨奖销售行为是靠刺激消费者的投机心理来推销商品的,消费者偏离了购买的本意,不管是否需要,也忽略了商品的质量、性能和价值,实际上造成对消费者权益的损害。对于经营者来说,只注意到了销售额、利润增加的短期效益,而忽视产品质量、服务质量的提高,本来的价格和质量的竞争受到这种手段的妨碍,最终会使经营者后劲不足,缺乏竞争力而遭受损失。对于社会来说,因为有奖刺激下的消费不能如实地反映社会的实际需求,传递错误的市场信息,可能导致宏观管理决策的失误,而且因销售成本的增加,最终会导致物价不合理上涨。此外,只有具备相当实力的经营者才有可能从事这种有奖销售,实际上是滥用其经济优势,损害竞争对手特别是中小企业竞争对手的利益,从而造成对竞争秩序的破坏。有鉴于此,对有奖销售行为必须通过法律予以规制。

但是抽奖式有奖销售作为一种促销手段,对于活跃商品流通,搞活企业经营是有一定积极作用的。应当允许这种行为在一定范围内存在,超过这一范围,足以造成对市场竞争秩序的破坏时则予以禁止。因此,《反不正当竞争法》规定,禁止最高奖金额超过5 000元的抽奖式有奖销售行为,如果是奖品,其价值(市场价格平均价值)不得超过5 000元。即不管每次有奖销售所设的数量多少,其最高奖金或奖品价值不得超过5 000元。

经营者推销商品时,有的声称"免费送货"或"免费安装",这是一种服务方式。只要其真实、符合竞争的要求,则不违反《反不正当竞争法》规定。

《反不正当竞争法》规定了不正当有奖销售行为的民事责任和行政责任。经营者进行不正当有奖销售的,由监督检查部门责令停止违法行为,可以根据情节处以1万元以上10万元以下的罚款。

十、诋毁商誉的行为

诋毁商誉的行为,又称商业诽谤行为,是指经营者自己或利用他人,通过捏造、散布虚假事实等不正当手段,对竞争对手的商业信誉、商品声誉进行恶意的诋毁、贬低,以削弱其市场竞争能力的行为。

商誉,包括商业信誉和商品声誉。商业信誉是社会对经营者商业道德、商品品质、价格、服务等方面的积极评价。商品声誉是社会对特定商品品质、性能的赞誉。商品声誉给经营者带来商业信誉,商业信誉促进商品声誉,它们是一种互动的关系。它们为经营者带来巨大的经济效益以及市场竞争中的优势地位。

诋毁商誉的行为的构成要件包括以下内容:

(一)其行为主体可以是经营者,也可以是他人

虽然多数情况下,经营者是自己实施对竞争对手的商业诽谤行为,但在有些情况下,经营者也可能不是自己实施此种行为,而是利用他人实施此种行为。所谓他人,可能是其他同业经营者,也可能是非同业经营者或非经营者的社会组织或个人。例如会计、审计、质量检查等机构或其工作人员、政府机关或其工作人员,以及消费者个人等。如果这些组织或个人与经营者之间就实施商业诽谤行为有过共谋,即存在主观上的共同故意,他们就应与该经营者一起对该行为承担法律责任。此外,如果是两个或两个以上的经营者共同实施对其竞争对手的商业诽谤行为,则他们应对该行为承担连带责任。

(二)其行为的主观方面表现为具有诋毁的故意

行为人对竞争对手的诋毁并非出于言行不慎的过失行为,而是主观故意。行为人实施这种诋毁商誉的行为,是以削弱竞争对手的市场竞争能力,并谋求自己的市场竞争优势为目的的,其主观性是明显而确定的。经营者也可能因过失造成对竞争对手商誉的损害,并要承担相应的损害赔偿责任,但这种行为并不构成诋毁商誉的行为,不属于不正当竞争。

(三)其行为的客观方面表现为行为人捏造、散布虚假事实,对竞争对手的商誉进行诋毁、贬低

这里所说的捏造虚假事实,是指故意编造对竞争对手不利的,与其商誉真实情况不符的事情,包括无中生有的编造,也包括对事实的恶意歪曲。散布虚假事实,是指以各种形式使他人知悉其所捏造的虚假事实。但如果经营者散布的对同业竞争对手不利的事情,不属于无中生有或故意歪曲而是客观事实,则不能构成诋毁商誉的行为。

(四)其侵害客体是同业竞争对手的商誉

这是构成诋毁商誉行为的最基本要件。经营者的商誉属于民法中规定的公民或法人的名誉权和荣誉权。它们是从商业角度对经营者的能力和品德,对其商品品质的积极的

社会评价。商誉是通过经营者参与市场竞争的连续性活动而逐渐形成的。经营者大都需要经过大量而艰苦的市场研究、技术开发、广告宣传和公关活动等,去建立自己良好的商业信誉和商品声誉。经营者守法经营、讲究职业道德、严格履行合同、经济实力雄厚、技术水平先进等方面的商业信誉,和质量精良、风格独特、热情周到、价格合理等方面的商品或服务声誉,会为经营者带来交易伙伴和消费者的信任和欢迎,带来巨大的经济利益,带来市场竞争中的优势地位,并可能成为其进行竞争的最大资本和立足市场的最重要支柱。商品总是由一定的经营者生产的,商品声誉最终应归属于经营者的商业信誉,但由于人们往往直接根据商品声誉选择商品,使其具有了相对的独立性。某些商业诽谤行为不是针对某商品经营者其他方面的商业信誉,而主要是针对该商品声誉的。所以《反不正当竞争法》特别强调了商品声誉,以加强保护。但如果经营者个人只对竞争对手的个人名誉进行攻击,不涉及商业信誉和商品声誉的话,则属于一般民事人身权的侵害,由民法予以调整,而如果经营者诋毁的是同自己毫无竞争关系的非同业竞争对手的商誉,则属于民法中的诽谤行为,不构成不正当竞争行为。

《反不正当竞争法》之所以把诋毁商誉行为列为不正当竞争行为进行规制,是因为这种商业诽谤行为对同业竞争者商业信誉、商品声誉的任何诋毁或贬低,都可能给同业竞争者的正常经营活动造成消极的影响,甚至可能使其遭受严重的经济损失,比如失去交易伙伴和消费者,造成资金和原材料供应的困难或产品的滞销,损失大量的利润和市场竞争优势地位,甚至破产或被迫转产等。这里要注意的是,诋毁商誉的行为,不以是否给同业竞争对手造成损害后果作为必要构成要件。捏造、散布虚假的事实,意图损害竞争对手的商业信誉、商品声誉,即使尚未造成损害后果的,也应视为不正当竞争行为予以禁止,因为它存在着造成损害后果的可能性。

《反不正当竞争法》没有规定诋毁商誉行为的行政责任和刑事责任。如果行为人给竞争对手造成侵害的,被侵权人可以通过诉讼程序,依据《民法通则》的规定追究不正当竞争经营者的民事责任。

十一、串通勾结投标的行为

(一)招标投标的概念

招标投标是指在市场经济条件下进行大宗货物的买卖、工程建设项目的发包与承包,以及服务项目的采购与提供时,供应方(卖方)提出自己的条件,采购方(买方、需方)从中选择条件最优者成交的一种交易方式。

也可以这样表述:招标投标是指招标人发出招标的表示,然后投标人分别提出其条件实行公平竞争,招标人选择其中最优者中标,并与之订立合同的一种法律形式。招标投标由招标行为和投标行为构成。"标"即合同的标的。

招标与投标是相互对应的一对概念,是一个完整的交易过程的两个方面,分别代表了采购方和供应方的交易行为。

具体地说,招标是指招标人对货物、工程和服务实现公布采购的条件和要求,邀请投标人参加投标,招标人按照规定的程序确定中标人的行为。投标是指投标人按照招标人提出的条件和要求,参加投标竞争的行为。投标人之间是同业竞争者的关系。

从合同法意义上讲,招标人的招标公告是一种要约邀请,通过招标的形式向特定或者不特定的人发出要约引诱,希望其向自己发出要约。投标是一种法律上的要约行为,是指投标人按照招标人提出的要求和条件,在规定的期限内招标人发出的包括合同主要条款的意思表示。

依据1999年8月30日第九届全国人民代表大会常务委员会第十一次会议通过的《中华人民共和国招标投标法》,招标方式通常是作为一种采购方式,招标人是花钱采购的买方,投标人是有意向买方提购货物、工程或服务,以取得相应的货款、工程款或服务报酬的卖方。但在实践中,也有以招标方式出卖的,即所谓标卖方式,招标人是卖方。标卖与拍卖有些类似,二者同为由出卖方发起的竞争交易方式。但标卖又明显不同于拍卖。拍卖方式中,由于所有竞买人通常都在同一时间集中于同一场合公开报价,因此每一竞买人(第一个叫价的除外)都是在知道其他竞买人报价的基础上竞争;每一竞买人都有多次增价竞争的机会,拍卖标的应出售给报价最高的竞买人。而在标卖方式下,投标竞买人只以书面形式向招标人报价,彼此之间不知道各自的报价;投标报标也只有一次,中标的条件也不一定只限于出价最高。以标卖方式出售的通常是资源紧缺、供不应求的商品或财产权利等标的物。例如,政府以招标方式出售国有土地使用权的行为,某些进出口商品的配额指标也可以采取招标方式分配。

(二)招标投标的作用

招标投标的作用在于通过投标人之间充分、有效的竞争,降低招标项目成本、保证质量、提高经济效益;同时,也有利于投标人加强经济核算,提高经营管理水平。招标投标,还能有效地防止交易双方"暗箱操作"、商业贿赂、损害集体利益和国家利益的现象发生。正因为如此,必须要保护投标人之间的公平竞争,制止招标投标过程中可能出现的不正当竞争行为。

(三)串通勾结投标行为的概念和特征

1.概念

串通勾结投标行为,是指在招标投标的过程中,投标者之间串通投标,抬高标价或压低标价以及招标者与投标者相互勾结,以不正当的手段排挤其他投标者的行为。串通勾结投标行为是一种限制竞争的不正当竞争行为。

2.特征

(1)该行为发生在两个以上当事人之间,可以是投标人之间,也可以是招标人与投标人之间。

(2)行为人具有排斥竞争的主观恶意通谋。

(四)串通勾结投标行为的表现形式

1.投标者之间串通投标,抬高标价或降低标价

这种行为具体表现为两种形式:第一,参加投标的经营者彼此之间通过口头或书面的协议、约定,就投标报价及其他投标条件,相互串通,一致抬高投标报价或者一致压低投标报价,以避免相互竞争;第二,投标者之间事先协商出最低价的中标者,彼此约定在类似项目中轮流中标。投标人之间的这种串通投标行为,会影响招标人的选择自由,损害招标人

的利益,违反了公平交易、自由竞争的市场要求。

2. 招标者与投标者之间相互勾结,排斥其他参与竞争的投标者

这种行为具体表现为五种形式:第一,招标者有意向某一特定投标者透露其标底;第二,投标者通过贿赂手段,在公开开标之前从招标者处获取其他投标者报价或其他投标条件;第三,招标者允许不符合投标资格的投标者参加投标,并让其中标;第四,投标人表面上在公开投标时压低标价中标,中标后招标人再给投标人以额外补偿;第五,招标者在审查、评比标书时,对不同的投标者实行差别对待。

《反不正当竞争法》规定了串通勾结投标行为的民事责任、行政责任和刑事责任。投标者串通投标,抬高标价或者压低标价;投标者和招标者相互勾结,以排挤竞争对手的公平竞争的;其中标无效。工商行政管理部门可以根据情节处以 1 万元以上 20 万元以下的罚款。情节严重触犯刑法的,要承担刑事责任。

上述十一类不正当竞争行为均属于我国《反不正当竞争法》予以禁止的行为,对不正当竞争行为的制裁采用民事责任、行政责任和刑事责任兼有的综合法律责任制度。不正当竞争行为人行政责任的承担方式(行政处罚方式)主要有:责令停止违法行为、消除影响、没收违法所得、罚款、吊销营业执照。

为了保障行政处罚的公正性,《反不正当竞争法》还规定了被处罚当事人对处罚不服的救济程序,即行政复议和行政诉讼程序。

《反不正当竞争法》规定:当事人对监督检查部门做出的处罚决定不服的,可以自收到处罚决定之日起 15 日内向上一级主管机关申请复议;对复议决定不服的,可以自收到复议决定之日起 15 日内向人民法院提起诉讼,也可以直接向人民法院提起诉讼。

第三节　不正当竞争行为的监督检查

一、对不正当竞争行为进行监督检查的必要性

对不正当竞争行为的监督检查,狭义上讲是指由国家授权或根据法律规定享有反不正当竞争行为监督职权的国家行政机关,依照国家颁布的反不正当竞争法律、法规查处不正当竞争行为的一系列活动的总称,具体包括立案、调查、取证、处罚等。

由于对不正当竞争行为监督检查主要以国家行政机关的监督检查为主(除此之外还有其他组织和公民个人的社会监督),如我国的各级工商行政管理部门,因此我们又将这些机关称为反不正当竞争法的行政执法机关,而将其专门的监督检查工作称为行政执法。行政执法和司法是各国反不正当竞争法得以实施的两条重要途径。

对不正当竞争行为进行监督检查的必要性在于:

(一)保护公平竞争,保护市场机制运行的需要

如前所述,不正当竞争行为具有一定的社会危害性。不正当竞争行为直接侵害的客体主要是诚实经营者的合法权益;同时,这类行为因其具有欺骗性、误导性,常常会使广大消费者在购买商品时误认误购,遭受损害,甚至威胁其健康和生命安全;不正当竞争行为还会使不法经营者获得的经济利益与其付出的劳动量严重不符,背离价值规律,破坏和抑

制竞争机制作用的发挥;毫无疑问,各种不正当竞争行为都会扰乱社会经济秩序,破坏市场环境,阻碍技术进步和社会生产力的发展,严重损害国家利益。不正当竞争行为的社会危害性决定了这种行为必然要通过"国家之手",即行政手段对其加以主动干预,只有加强对不正当竞争行为的监督检查,才能维护社会主义市场经济秩序,保护公平竞争,抑制不正当竞争行为对市场机制的破坏及对其他经营者和消费者合法权益的侵害,维护社会的整体利益,保证市场机制的正常运行。

(二)有效地抑制不正当竞争行为的需要

由政府的各级行政执法部门对市场竞争行为行使监督检查的职权,可以更有效地抑制不正当竞争行为。因为政府的监督检查机关是常设的职能机关,具有很强的针对性,具有较高的办案效率。不正当竞争行为的监督检查机关受理案件的来源主要是受害人的检举和控告、消费者的举报以及自身在日常管理和检查中发现的。可见,这类案件并不要求当事人或一般消费者在控告或检举时必须指明该案件的原告、被告和具体的诉讼请求及缘由,只要求有不正当竞争行为的线索,监督检查部门便可追根溯源,进行严厉惩处。这种"不告自理"的办案制度,能够发挥行政机关的主动干预性和简便快捷地处理案件的优势,能对各种不正当竞争案件做出灵活迅速的反映,及时制止正在进行或可能发生的不正当竞争行为,查处违法者,保护正当经营者和消费者的合法权益。

(三)借鉴国际通行做法的需要

设立反不正当竞争法的行政监督检查机关是各国的通行做法。从国外的情况来看,反不正当竞争法的执法机关既包括司法机关,也包括行政机关,没有一个国家仅依靠司法机关来实施反不正当竞争法,而且国外由立法直接创设反不正当竞争法行政主管机关的方式较为普遍,如美国的联邦贸易委员会、日本的公正交易委员会等。这种情况表明,反不正当竞争法的本质和特征,决定了行政监督检查的重要意义,我国借鉴国外的通行做法,也赋予行政机关以监督检查权,以实现反不正当竞争法的立法目标。

二、监督检查部门

我国《反不正当竞争法》规定,县级以上人民政府工商行政管理部门及法律、行政法规规定的其他部门是对不正当竞争行为进行监督检查的部门。可见,我国反不正当竞争法的监督检查主体既是统一的,又是广泛的,具有统一性和广泛性并存的特点。所谓统一性,是指法律明确规定工商行政管理机关是对不正当竞争行为进行监督检查的唯一主管机关。所谓广泛性,是指有权监督检查不正当竞争行为的机关除工商行政管理机关外,还有许多其他机关,如质量监督部门、物价管理部门。这既能保障执法的统一性,避免政出多门、互相扯皮的问题,又有利于解决法规竞合的矛盾,防止不同行政机关依据不同法律对同一案件做出不同处理意见的现象发生。

三、监督检查部门的职权

监督检查部门在监督检查不正当竞争行为时,有权行使下列职权:

（一）调查权

1.按照规定的程序询问被检查的经营者、利害关系人、证明人，并要求提供证明材料或者与不正当竞争行为有关的其他资料；被检查的经营者、利害关系人和证明人应当如实提供有关资料或者情况。

2.查询、复制与不正当竞争行为有关的协议、账册、单据、文件、记录、业务函电和其他资料。这是监督检查人员提取与案件有直接关系的书证和视听资料的重要方式。

3.检查与《反不正当竞争法》第五条规定的不正当竞争行为有关的财物。

（二）强制措施权

1.责令被检查的经营者说明商品的来源和数量。

2.责令被检查的经营者暂停销售商品。

3.责令被检查的经营者不得转移、隐匿、销售与不正当竞争行为有关的财物。

上述强制措施权仅限于监督检查机关在检查与《反不正当竞争法》第五条规定的不正当竞争行为有关的财物时行使。

除上述强制措施权外，依 1996 年 10 月 17 日国家工商行政管理局颁布的《工商行政管理机关行政处罚程序暂行规定（试行）》第三章的规定，工商行政管理机关还有以下强制措施权：

1.扣留

扣留是指对与相对人的违法行为有直接联系的财物异地封存，不准相对人占有、使用和处分。被扣留的财产，一般要从原来的处所移走，所以通常是便于移动的物品，如相对人托运的物品。

2.封存

封存是指对与相对人的与违法行为有直接关系的财物，加封工商行政管理机关的封条，就地保存，任何人不得随便动用。

扣留和封存的主要区别在于是否移动财物。一般来说，扣留是异地进行，封存则是就地进行。这两项措施都直接涉及相对人的利益，所以应严格依法执行。

3.暂停支付

暂停支付是指工商行政管理机关根据需要，通知相对人的开户银行暂时停止支付相对人的银行存款和往来款项。

这里要注意的是，作为行政执法的监督检查机关所拥有的强制措施权与司法机关的强制措施权是有一定区别的。前者涉及的客体仅限于相对人的财产权，而后者涉及的客体不仅包括相对人的财产权，还包括相对人的人身权。如拘传、拘留、取保候审、监视居住、逮捕等。因此，监督检查机关在查处不正当竞争行为的过程中，如果必须对相对人的人身、住所或其他场地进行检查，或者必须对相对人收审、拘留时，应当依法提请公安机关执行，工商行政管理机关予以配合。

（三）行政处罚权

监督检查部门的行政处罚权是通过对不正当竞争行为的行政制裁实现的，其内容和范围表现为依法所能采取的行政制裁方式和适用的不正当竞争行为的范围。具体内容如下：

1. 责令停止违法行为

适用于：擅自使用知名商品特有的名称、包装、装潢，或者使用与知名商品近似的名称、包装、装潢的行为；公用企业或其他独占企业限制公平竞争的行为；虚假宣传行为；虚假广告行为；侵犯商业秘密行为；巨奖销售行为。

2. 罚款

适用于：擅自使用知名商品特有的名称、包装、装潢，或者使用与知名商品近似的名称、包装、装潢的行为；商业贿赂行为；公用企业或其他独占企业限制公平竞争的行为；经营者利用独占地位抬价销售或滥收费用的行为；虚假宣传行为；虚假广告行为；侵犯商业秘密行为；巨奖销售行为；串通投标行为；对抗强制措施行为。

3. 没收违法所得

适用于：擅自使用知名商品特有的名称、包装、装潢，或者使用与知名商品近似的名称、包装、装潢的行为；商业贿赂行为；经营者利用独占地位销售质次价高的商品或滥收费用的行为；虚假广告行为。

4. 吊销营业执照

适用于：擅自使用知名商品特有的名称、包装、装潢，或者使用与知名商品近似的名称、包装、装潢的行为。

5. 责令消除影响

适用于：虚假宣传行为。

6. 裁定中标无效

适用于：串通招标、投标行为。

上述 6 种行政处罚方式既可以单独使用，也可以合并使用。

本章相关法律依据

1.《中华人民共和国反不正当竞争法》，1993 年 9 月 2 日第八届全国人民代表大会常务委员会第三次会议通过。

2.《最高人民法院关于审理不正当竞争民事案件应用法律若干问题的解释》，2007 年 1 月 12 日发布。

3.《关于禁止公用企业限制竞争行为的若干规定》，1993 年 12 月 24 日国家工商行政管局发布。

4.《关于禁止仿冒知名商品特有的名称、包装、装潢的不正当竞争行为的若干规定》，1995 年 7 月 6 日国家工商行政管理局发布。

5.《关于禁止商业贿赂行为的暂行规定》，1996 年 11 月 15 日国家工商行政管理局发布。

6.《关于禁止侵犯商业秘密行为的若干规定》，1995 年 11 月 23 日国家工商行政管理局发布，1998 年 12 月 3 日修订。

第十一章

反垄断法律制度

第一节 反垄断法概述

一、垄断概述

(一)垄断的概念

垄断(Monopoly)是市场经济发展的必然产物。在市场经济中,垄断是与竞争相对立的一个概念。一般地说,垄断排斥竞争,竞争亦排斥垄断。竞争与垄断是性质完全不同的两种经济行为。[①] 有市场就一定存在竞争,竞争是市场经济的精髓,是市场经济的本质特征,没有竞争也就谈不上市场经济,而有竞争就一定有垄断行为的存在,竞争和垄断如影相随、相伴共生。处于市场竞争中的经营者为了规避市场竞争的压力和风险,追求利益最大化,往往会通过各种手段谋求垄断地位,排挤竞争对手。垄断是经济运行中的"不和谐音符",但又是市场经济运行中的一种必然现象。

关于垄断的概念,有经济学上的定义与法律上的定义之分,二者有相关之处但又不完全相同。经济学意义上的垄断是指人们在商品生产交换等贸易活动中的独占或寡占。[②] 还有经济学者认为,垄断是一种没有相近替代品的产品的唯一卖者企业。经济学上的垄断只涉及垄断的构成,即垄断必备的充分条件,但没有对垄断做出价值判断。法律上的垄断需要对垄断做出价值判断,法律上所禁止或限制的垄断必须是违背社会公共利益和限制竞争的垄断。

多数国家在立法上对垄断没有明确定义,大都对垄断行为及其表现形式采用了列举的方式。我国就是这样一种情况,我国《反垄断法》分别在第三条和第八条中列举了四种禁止的垄断行为。有少数国家的立法对垄断虽有定义,但其表述方式并不一致,各国法学理论工作者对垄断的理解也不尽相同。这是因为垄断具有复杂多变的特性,各国的市场

---

① 潘静成、刘文华.经济法,3 版.北京:中国人民大学出版社,2008 年:215.

② 利明钊.竞争法学.北京:高等教育出版社,2004.187 页.

条件不同,对垄断所采取的相应对策也不同。因此要对垄断做一个统一的法学界定是困难的,在各国的反垄断法中都很难找到关于垄断的定义。

我们认为,作为我国《反垄断法》所禁止和反对的垄断是指经营者或其他主体在经济活动中以独占或有组织联合等形式,凭借经济优势或行政权力,排除或限制市场竞争的行为。

(二)垄断的特征

1. 垄断对竞争的排他性

垄断是竞争的天敌。垄断表现为一种市场进入障碍,垄断的目的就是通过排斥竞争来独占生产和市场,以攫取高额垄断利润或其他不当利益。垄断利润是垄断企业凭借其垄断地位而获得的远远超过平均利润的高额利润,垄断利润的来源归根到底是本国工人、小生产者和其他国家劳动者所创造的价值和剩余价值的一部分。对垄断利润的追逐,是垄断企业生产的唯一的目的和动机。垄断利润的获得通过制定和执行垄断价格来实现,垄断价格是垄断组织在销售商品或购买生产资料时,凭借其垄断地位所规定的、旨在保证最大限度利润的市场价格。垄断价格有垄断高价(售价)和垄断低价(购价)之分。

2. 垄断主体的特定性

垄断的主体是特定的,一般而言垄断的主体是经营者,即从事商品生产、经营或者提供服务的自然人、法人和其他组织,但在某些特殊情况下也可以是政府行政机关。当政府行政机关为自身及其工作人员谋取政治、经济或其他方面的不当利益而滥用行政权力排除、限制竞争即发生行政性垄断的情况下,政府行政机关则会成为特殊的垄断主体。

3. 垄断表现形式的多样性

随着社会生产力的不断进步,商品生产和商品交换的高度发展,垄断在世界各国的表现形式也越来越多样化和复杂化。现实经济生活的多样性与复杂性导致了垄断表现形式的多样性。例如,根据垄断的成因,垄断分为自然垄断、经济性垄断、行政性垄断、国家垄断等。在经济性垄断中,经营者实施垄断可以单独进行,也可以与其他经营者联合进行,还可以通过收购、兼并、重组从而形成经营者集中的方式。在实践中,多个经营者联合实施垄断更为常见。而在行政性垄断中,政府行政机关可以通过设置地区壁垒或部门壁垒等方式实施垄断。

4. 垄断后果的社会危害性

在市场经济中,垄断是极具社会危害性的经济行为。垄断的社会危害性具体表现在以下几个方面:

(1)垄断妨碍市场竞争

竞争机制是市场机制的重要基石,而垄断限制、阻碍乃至消除竞争,使竞争机制无法正常发挥作用,市场效率受损。当市场产生垄断以后,垄断企业会利用市场上的优势地位,控制资源、生产销售及产品价格,设立市场壁垒排斥竞争,使中小企业难有立足之地。同时由于没有新的竞争者进入市场,垄断企业就没有压力去更有效地利用资源,因为即使低效率地利用资源,它仍然可以凭借其垄断地位获得高额收益。因此,垄断在妨碍市场竞争的同时,必然会影响社会资源的优化配置,社会资源不能得到合理利用,导致社会整体经济效率低下。所以垄断对竞争机制、社会资源优化配置乃至社会整体经济效率的损害是显而易见的。

(2)垄断阻碍社会进步

经营者对利润的追逐是其生产的内在动力,而竞争则表现为外部的压力。正是这种动力和压力促使企业在采用先进技术、改善经营管理、提高产品质量等方面积极创新。由于垄断能够获得固定的超额利润,垄断组织很可能就不再进行技术创新,使新技术的采用和劳动生产率的提高受到极大的影响。不仅如此,垄断企业为维护自己的垄断地位,还会千方百计阻止他人的创新和超越。例如,垄断企业会买断可能会超越自己的专利权,将其搁置起来,不让这些创新技术付诸实施。因此在市场垄断的情况下,企业会失去创新的动力,生产力得不到发展,社会进步因此停滞。

(3)垄断损害消费者利益

在一个良性竞争的市场环境中,消费者更容易得到优质的产品、合理的价格和良好的服务,消费者会有更多的选择权。但在一个缺乏竞争机制的垄断市场中,消费者的这些利益就不可能得到维护,消费者失去了在自由竞争条件下本应该有的选择机会,竞争的减少就意味着消费者选择权的减少。垄断企业出于对利润的追逐会把价格维持在一个较高的水平上,且不会保持技术和质量的不断提高。虽然规模经济的效应会使得生产成本下降,但实际上这种成本的节省只会流进垄断企业的口袋,而不会让消费者从中受益。因此,维护消费者正当利益的最好办法是让市场充满竞争而不是垄断。

(4)垄断损害经济民主制度

民主包含经济民主和政治民主,只有政治力量和经济力量都实现民主化,才是真正的民主。一国中政治与经济的决策力只有广泛地、平等地分散,才是民主社会所希望的。经济民主意味着多数人能够参与对经济资源、经济机会的分享。"如果少数人手中的经济实力显著集中,它便具有威胁民主社会的危险性。"[①]经济的民主化是市场经济的题中应有之义,市场经济本质上就是民主经济。经济民主是民主由政治领域延伸到经济领域,或者说经济领域引入政治领域的民主机制。经济民主以经济自由和经济平等为其主要内容,经济自由是指竞争者在市场经济中的经济活动不受他人强制,但是在每个市场参与者都只顾及无限地追逐自己利益时,优胜劣汰,企业经济力将会过度地集中在某些优胜的大企业手中,完全的自由便会导致市场秩序的混乱,因此经济平等的存在就顺应而出。在尊重自由竞争的同时对其进行一定的限制,在追求个人利益的同时不得损害他人的平等利益,以此来限制企业经济力量的过度集中和维持有序的市场秩序。因此,经济民主是发生在经济领域的民主,它既强调市场经济对竞争者自由竞争的保护,又对经济力过度集中进行一定程度上的限制,促进市场经济的健康有序发展。在经济性垄断存在的情况下,往往伴随着垄断者不正当地使用市场支配地位,人为地限制竞争,也就是限制他人经济权利的行使,这当然是对经济民主的损害。而行政性垄断是行政权力的滥用造成的,往往是"权力寻租"的结果,造成与行政权力接近者获得过多的经济机会,远离权力者则无缘,这是对经济民主最直接的破坏。

---

① [美]科恩.论民主.聂崇信,等译.北京:商务印书馆,1994:118.

二、反垄断法的概念和适用范围

(一)反垄断法的概念

反垄断法,是调整国家在规制垄断过程中所发生的社会关系的法律规范的总称。反垄断法的概念有广义与狭义之分。广义的反垄断法又称实质意义的反垄断法,既包括最高立法机关制定的专门的反垄断法典,又包括其他具有反垄断内容的相关法律法规。狭义的反垄断法又称形式意义的反垄断法,仅指最高立法机关制定的反垄断法典。有的国家将反垄断法与反不正当竞争法合二为一,也有的国家将二者分别立法。由于各个国家的政治、经济背景不同,法律传统各异,因此,各国在对反垄断法的称谓上也各有特色,千差万别,名称也因国而异。例如,美国称反垄断法为"反托拉斯法",英国称之为"垄断企业和限制性贸易惯例(调查和控制法)",德国称之为"反对限制竞争法",日本称之为"禁止私人垄断及确保公平交易法",我国台湾地区则称之为"公平交易法"。[①]目前,除历史上形成的特殊称谓外,称为"竞争法"已是一种比较普遍的趋势。迄今为止,世界上已有一百多个国家或地区制定了反垄断法。

(二)反垄断法的适用范围

1.反垄断法适用的主体范围

反垄断法适用的主体范围,是指反垄断法规制哪些市场主体的行为。依据我国《反垄断法》所规制的垄断行为的范围,我国《反垄断法》适用的主体范围应当包括经营者、行政机关和法律、法规授权的具有管理公共事务职能的组织以及行业协会四类。其中经营者是反垄断法规制的主要主体。依据《反垄断法》第十二条的规定,经营者是指从事生产、经营或者提供服务的自然人、法人和其他组织。

2.反垄断法适用的对象

我国《反垄断法》适用于以下两类垄断行为:一是经营者的经济垄断行为,二是行政机关滥用行政权力,排除、限制竞争的行政垄断行为。其中经济垄断行为又包括经营者达成垄断协议、经营者滥用市场支配地位以及具有或者可能具有排除、限制竞争效果的经营者集中三种垄断行为。

3.反垄断法适用的地域范围

我国《反垄断法》不仅适用于在中国境内发生的垄断行为,也适用于在中国境外发生的,对国内市场竞争产生排除、限制影响的垄断行为。但反垄断法域外效力的具体适用,因存在着国家间的利益冲突和法律冲突而可能发生困难。只能通过加强双边、多边国际合作解决这方面的问题。

4.反垄断法的适用除外

《反垄断法》对于不禁止的垄断行为,即那些根据国家政策需要或行业特点允许存在的垄断行为做了适用除外的规定。例如,我国《反垄断法》第五十五条规定:"经营者依照有关知识产权的法律、行政法规规定行使知识产权的行为,不适用本法;但是,经营者滥用

---

①　李昌麒主编:《经济法》,清华大学出版社2008年版,第118页。

知识产权,排除、限制竞争的行为,适用本法。"我国《反垄断法》第五十六条规定:"农业生产者及农村经济组织在农产品生产、加工、销售、运输、储存等经营活动中实施的联合或者协同行为,不适用本法。"

三、反垄断法的性质和地位

反垄断法是市场经济国家的基本法律制度,是国家干预经济的重要法律手段,在市场经济国家的法律体系中占有十分重要的地位。西方发达国家的学者称反垄断法是维护市场竞争秩序的"经济宪法"、"自由企业的大宪章"。[①] 就市场经济法律体系而言,反垄断法是市场经济法律体系中的支柱性法律制度,在市场经济法律体系中居于核心地位。

第二节 垄断行为的禁止与规制

一、垄断协议

(一)垄断协议的概念

垄断协议又称联合限制竞争行为,是指两个或两个以上的经营者相互间达成的排除、限制竞争的协议、决定或者其他协同行为。垄断协议是经济生活中最常见、最典型的垄断行为。由于其往往造成固定价格、划分市场以及阻碍、限制其他经营者进入市场等排除、限制竞争的后果,对市场危害很大,因而是各国反垄断法重点规制的对象。

(二)垄断协议的特征

第一,垄断协议实施的主体是两个或者两个以上的经营者。

第二,经营者之间存在相互约束的共同行为或协调行动,即经营者都必须受共同行动或协商行动的约束,不许擅自行动。

第三,经营者之间存在共谋,即经营者之间通过协商或默契,形成了共同的认识。此种垄断共谋的达成有三种方式,即协议、决定和其他协同行为。

第四,经营者之间达成垄断协议的目的是为避免竞争风险,形成市场垄断,谋取垄断利润。其行为在客观上会产生排除、限制竞争的后果。

二、滥用市场支配地位

(一)市场支配地位与滥用市场支配地位的概念

市场支配地位,是指一个经营者或者几个经营者作为整体在相关市场中具有能够控制商品价格、数量或者其他交易条件,或者具有能够阻碍、影响其他经营者进入相关市场能力的市场地位。

换句话说,如果企业具有控制相关市场的能力,不必考虑竞争对手、买方和供货方以及消费者的反应就可以自由定价或者自由地做出其他经济决策,该企业就是处于市场支

---

① 潘静成、刘文华.经济法,3版.北京:中国人民大学出版社,2008:217.

配地位的企业。处于市场支配地位的企业不受市场竞争机制的约束,能够左右市场竞争。不是市场竞争支配企业,而是企业支配市场竞争。

需要强调的是,《反垄断法》并不禁止经营者具有市场支配地位,而是禁止具有市场支配地位的经营者滥用市场支配地位,从而排除、限制竞争的行为。市场支配地位本身并不违法,只有在具有市场支配地位的企业有滥用这种市场支配地位的行为或者具有其他违法性时,才受到《反垄断法》的禁止。所谓滥用市场支配地位是指具有市场支配地位的经营者,滥用其支配地位,从事排除、限制竞争的市场行为。

(二)滥用市场支配地位的表现形式

我国《反垄断法》规定的滥用市场支配地位的行为主要包括以下七种:(1)以不公平的高价销售商品或者以不公平的低价购买商品;(2)没有正当理由,以低于成本的价格销售商品;(3)没有正当理由,拒绝与交易相对人进行交易;(4)强制交易相对人与其进行交易,或者没有正当理由,限定交易相对人只能与其进行交易或者只能与其指定的经营者进行交易;(5)没有正当理由搭售商品,或者在交易时附加其他不合理的交易条件;(6)没有正当理由,对条件相同的交易相对人在交易价格等交易条件上实行差别待遇;(7)国务院反垄断执法机构认定的其他滥用市场支配地位的行为。

三、经营者集中

(一)经营者集中的概念

经营者集中是指一个经营者通过特定的行为取得对其他经营者的全部或部分控制权,从而能够对其他经营者施加决定性影响的情形。

从广义上讲,像以取得企业财产所有权或经营权为目的的合并、股票买入、营业权买入等活动,即个人或企业成为另一企业资产的所有者或取得其经营支配权的活动都属于经营者集中。经营者集中的实质在于控制权的取得。企业并购是一种最重要也是最常见的经营者集中方式,但经营者集中的概念比企业并购更为宽泛。一个企业只要通过取得另一个企业的法定数量的财产或股份、订立合同、控制人事任免以及建立合营企业等方式达到控制或支配另一个企业的目的,则两个企业就被视为发生了经营者集中行为。

根据《反垄断法》的规定,经营者集中具体包括以下三种情形:

1. 经营者合并

经营者合并是指两家或两家以上的企业通过订立合并协议,根据相关法律合并为一家企业的法律行为。经营者合并是两家或两家以上企业自愿的共同的行为,必须遵守法律规定,有的还必须依法经有关部门批准,必须通过依法订立的合同来完成,并产生相应的法律结果。经营者合并通常有两种方式:一是吸收合并(存续合并),即两家或两家以上的企业合并时,一家企业并入另一家企业,经常是实力强大的企业吸收合并弱小的企业。二是新设合并,即两家或两家以上的企业组合成为一家新企业的法律行为,原有的两家企业不再存在,结合成为一家新的企业。

2. 经营者通过取得股权或者资产的方式取得对其他经营者的控制权

有两种方式:一种方式是一家企业通过购买、置换等方式取得另一家或几家企业的股权,从而成为控股股东并进而取得对该企业的控制权;另一种方式是一家企业通过购买、置换、抵押等方式取得另一家或几家企业的资产,从而取得对该企业的控制权。

3. 经营者通过合同等方式取得对其他经营者的控制权或者能够对其他经营者施加决定性影响

一家企业可以通过委托经营、联营等合同方式与另一家或几家企业之间形成控制与被控制关系或者可以施加决定性影响。也可以通过合同方式直接或者间接控制其他经营者的业务或人事方面,或者在业务或人事方面施加决定性影响。

经营者集中具有有利于竞争和可能影响竞争的双重效果。在经济全球化时代,集中是形成规模经济,提高经营者竞争能力的重要手段。但与此同时,过度的集中又会产生或加强市场支配地位,损害效率。《反垄断法》规定经营者集中制度的目的就是通过对集中的控制,防止出现过度的市场力量,从而导致排除、限制竞争的结果。《反垄断法》既要防止经营者过度集中形成垄断,影响市场竞争,又要有利于国内企业通过依法兼并做强做大、发展规模经济,增强竞争力。可见经营者集中未必就会形成垄断,但如果经营者过度集中则会形成垄断。

(二)经营者集中的申报制度与申报标准

经营者集中大多数情况下是市场经济条件下市场主体的合同自由行为,但由于经营者集中有可能导致排除和限制竞争,各国都对经营者集中有一定的政府管制,即实行对经营者集中的申报制度。经营者集中申报制度,是指法律要求达到一定规模的经营者之间的集中,必须依法向国家反垄断执法机构履行企业集中的申请报告程序。依据《反垄断法》规定,我国对经营者集中采用事前申报的强制申报制度。即经营者集中达到国务院规定的申报标准的,经营者应当事先向国务院反垄断执法机构申报,未申报的不得实施集中。

四、行政垄断

(一)行政垄断的概念

行政垄断,是指行政机关和法律、法规授权的具有管理公共事务职能的组织(以下简称行政主体)滥用行政权力,排除、限制竞争,破坏市场公平竞争的行为。与经济垄断不同,行政垄断不是在市场活动中由经营者自发形成的而是人为的因行政力量的介入和干预形成的反市场的垄断。

行政垄断在西方民主国家不具有普遍性,主要是原计划经济国家的历史遗留。与许多发达国家的成熟市场经济不同的是,我国市场经济是由计划经济向市场经济过渡的,且目前仍处于转轨时期,市场化程度不高,国家对经济管制仍然过多。由这些历史因素决定,国内市场经济的某些重要资源的配置还不是来自市场,而是源自行政权力配置,即使在改革开放多年后的今天很多方面也是如此。

在此前提下,我国市场经济的进步以及在多大程度上能融入、以何种方式、何种速度与世界经济接轨,不仅取决于行政管理部门对市场经济的正确认识,而且在某种意义上还要有待于行政权力部门摆正自身与社会经济活动的关系,以使行政权力真正回归市场监管,而不是与市场经济要求背道而驰。

（二）行政垄断的特点

1. 其行为的实施者是行政主体而非市场主体

行政垄断的实施主体是行政主体,即拥有行政权力、行使行政管理职能的行政机关和法律、法规授权的具有管理公共事务职能的组织。行政垄断的实施主体具体可以细分为三类：一是地方政府；二是各级政府部门；三是依法享有某种行政管理权限的公共组织。

2. 其行为依据是行政权力

行政垄断行为发生的依据是行政权力。行政权力本身是政府机关依法享有的管理社会事务和公共事务的权力,但在权力的运用中,政府机关及其工作人员超出了法定的界限和范围,进入经济领域对市场经济主体的经营自主权进行干预,并进而对市场自由竞争构成了限制。行政垄断的实质是行政权力的滥用。

3. 其行为目的是保护某一地区或部门利益

行政垄断总是以某一地区或部门利益为着眼点,将某地区或某部门的经济封闭起来,即实行地方保护主义,从而破坏了全国市场的统一性和开放性。

4. 其行为方式表现为抽象的行政决定或行政命令

行政垄断通过发布行政规章、行政命令的方式保护本地企业、本行业或限制外地区、外行业参与竞争,从而使市场主体的经营权受到严重侵犯。这种貌似合法,实则非法的行为还常常以管理和维护市场秩序等冠冕堂皇的理由为借口限制外地企业、外行业竞争,因而具有极大的隐蔽性和欺骗性。

第三节 反垄断法的实施

一、《反垄断法》的实施主体及其职权划分

（一）反垄断议事协调机构

根据《反垄断法》规定,国务院设立反垄断委员会。国务院反垄断委员会是反垄断议事协调机构,负责组织、协调、指导反垄断工作。国务院反垄断委员会的主要职责包括：(1)研究拟订有关竞争政策；(2)组织调查、评估市场总体竞争状况,发布评估报告；(3)制定、发布反垄断指南；(4)协调反垄断行政执法工作；(5)国务院规定的其他职责。国务院反垄断委员会不行使行政权力、做出行政决定。对具体承担反垄断的执法机构,法律采取了授权国务院另行规定的办法。

（二）反垄断执法机构

反垄断执法机构是负责反垄断执法活动的专门机构,分别由商务部、国家工商总局、国家发改委三部门分工执掌反垄断执法权。商务部反垄断局依法对经营者集中行为进行反垄断审查和外资并购的审核,指导中国企业在国外的反垄断应诉工作以及开展多边或

双边竞争政策国际交流与合作。国家工商总局反垄断与不正当竞争执法局负责垄断协议、滥用市场支配地位、滥用行政权力排除限制竞争方面的反垄断执法工作。国家发改委价格监督检查司负责查处价格垄断协议与滥用市场支配地位的价格垄断行为。

（三）反垄断执法机构的职权

国家发改委：负责依法查处价格垄断行为（偏重国企）。商务部：负责经营者集中行为的反垄断审查（偏重外资）。国家工商总局：负责垄断协议、滥用市场支配地位、行政垄断的反垄断执法（价格垄断协议除外）（偏重民企）。

二、垄断案件的处理程序

（一）行政程序

行政程序即反垄断执法机构对垄断行为予以追究的处理规则和处理过程。这个处理过程包括反垄断执法机构对垄断案件的调查、行政审理直至最终处理裁决。

1. 调查程序的启动

（1）由反垄断执法机构自行提起调查

即反垄断执法机构在日常监管工作中自行发现涉嫌垄断行为后依法进行调查。

（2）接受公众举报后展开调查

对涉嫌垄断行为，任何单位和个人有权向反垄断执法机构举报。反垄断执法机构应当为举报人保密。

2. 调查程序的开展

反垄断执法机构调查涉嫌垄断行为，其具体调查程序包括：（1）进入被调查的经营者的营业场所或者其他有关场所进行检查；（2）询问被调查的经营者、利害关系人或者其他有关单位或者个人，要求其说明有关情况；（3）查阅、复制被调查的经营者、利害关系人或者其他有关单位或者个人的有关单证、协议、会计账簿、业务函电、电子数据等文件、资料；（4）查封、扣押相关证据；（5）查询经营者的银行账户。

3. 处理裁决

反垄断调查程序结束后，反垄断执法机构的处理措施有以下三种：（1）不予受理。在调查结束后没有发现违法事实，或者曾经存在但现在已经不存在的情况下，可以做出不予受理的决定。（2）和解。对反垄断执法机构调查的涉嫌垄断行为，被调查的经营者承诺在反垄断执法机构认可的期限内采取具体措施消除该行为后果的，反垄断执法机构可以决定中止调查。（3）审判。反垄断执法机构对涉嫌垄断行为调查核实后，认为构成垄断行为的，应当进入审判程序依法做出最终处理决定，并向社会公布。

（二）司法程序

1. 反垄断民事诉讼

经营者实施垄断行为，给他人造成损失的，利害关系人可依据《反垄断法》向法院提起民事诉讼，要求行为人承担民事赔偿责任。

2. 反垄断行政诉讼

(1)经营者对反垄断执法机构做出的关于禁止经营者集中的决定或者对经营者集中附加限制性条件的决定不服的,可以先依法申请行政复议;对行政复议决定不服的,方能依法提起行政诉讼。对于此种情况来讲,行政复议是前置条件。

(2)经营者对反垄断执法机构做出的关于经营者集中以外的决定,包括对垄断协议、滥用市场支配地位等决定不服的,既可以申请行政复议,也可以直接提起行政诉讼。

三、违反《反垄断法》的法律责任

(一)行政责任

经营者违反《反垄断法》规定,达成并实施垄断协议的,由反垄断执法机构责令停止违法行为,没收违法所得,并处上一年度销售额1%以上10%以下的罚款;尚未实施所达成的垄断协议的,可以处50万元以下的罚款。

经营者主动向反垄断执法机构报告达成垄断协议的有关情况并提供重要证据的,反垄断执法机构可以酌情减轻或者免除对该经营者的处罚。

行业协会违反《反垄断法》规定,组织本行业的经营者达成垄断协议的,反垄断执法机构可以处50万元以下的罚款;情节严重的,社会团体登记管理机关可以依法撤销登记。

经营者违反《反垄断法》规定,滥用市场支配地位的,由反垄断执法机构责令停止违法行为,没收违法所得,并处上一年度销售额1%以上10%以下的罚款。

经营者违反《反垄断法》规定实施集中的,由国务院反垄断执法机构责令停止实施集中、限期处分股份或者资产、限期转让营业以及采取其他必要措施恢复到集中前的状态,可以处50万元以下的罚款。

行政主体实施行政垄断行为的,由上级机关责令改正;对直接负责的主管人员和其他直接责任人员依法给予处分。反垄断执法机构可以向有关上级机关提出依法处理的建议。

对反垄断执法机构依法实施的审查和调查,拒绝提供有关材料、信息,或者提供虚假材料、信息,或者隐匿、销毁、转移证据,或者有其他拒绝、阻碍调查行为的,由反垄断执法机构责令改正,对个人可以处2万元以下的罚款,对单位可以处20万元以下的罚款;情节严重的,对个人处2万元以上十万元以下的罚款,对单位处20万元以上100万元以下的罚款。

(二)民事责任

经营者实施垄断行为,给他人造成损失的,依法承担民事责任。

(三)刑事责任

对反垄断执法机构依法实施的审查和调查,拒绝提供有关材料、信息,或者提供虚假材料、信息,或者隐匿、销毁、转移证据,或者有其他拒绝、阻碍调查行为情节严重、构成犯罪的,依法追究刑事责任。

反垄断执法机构工作人员滥用职权、玩忽职守、徇私舞弊或者泄露执法过程中知悉的商业秘密,构成犯罪的,依法追究刑事责任。

\\\本章相关法律依据 ◄◄

1.《中华人民共和国反垄断法》,2007 年 8 月 30 日第十届全国人民代表大会常务委员会第二十九次会议通过。

2.《国务院关于经营者集中申报标准的规定》,2008 年 8 月 1 日国务院第 20 次常务会议通过。

3.《国务院反垄断委员会关于相关市场界定的指南》,2009 年 5 月 24 日发布。

4.《反价格垄断规定》,2010 年 12 月 29 日国家发展和改革委员会发布。

5.《最高人民法院关于审理因垄断行为引发的民事纠纷案件应用法律若干问题的规定》,2012 年 5 月 3 日发布。

6.《工商行政管理机关禁止垄断协议行为的规定》,国家工商行政管理总局 2010 年 12 月 31 日发布。

7.《工商行政管理机关制止滥用行政权力排除、限制竞争行为的规定》,国家工商行政管理总局 2010 年 12 月 31 日发布。

8.《工商行政管理机关禁止滥用市场支配地位行为的规定》,国家工商行政管理总局 2010 年 12 月 31 日发布。

第十二章

消费者权益保护法律制度

第一节　消费者权益保护法概述

一、消费、消费者、消费者权益

（一）消费

我国《消费者权益保护法》（以下简称《消法》）是以"消费者权益"为中心制定的，所以，要了解《消法》，首先必须了解什么是消费者。要了解什么是消费者又首先要了解什么是消费。离开了消费，消费者就不复存在了。

所谓消费，从经济学角度来说，是社会再生产的一个重要环节，是生产、交换、分配的目的与归宿。消费包括生活消费和生产消费两大方面。生活消费也称个人消费，是指人们为满足个人生活需要而耗费各种物质资料、精神产品，是人类生存和发展的必要条件，是人类的基本需要。生活消费不仅包括吃、穿、住、行等消费活动，还包括精神文化层面的消费活动。生产消费则是指物质资料生产过程中生产资料和劳动力的消耗。生产消费的结果就是新产品的产生，生产消费本身就属于生产过程。

（二）消费者

关于消费者的概念，有关国际组织、各国的立法及学者都从不同的角度做出了类似的界定。

例如，国际标准化组织（ISO）"消费者政策委员会"于1978年5月10日在日内瓦召开的第一届年会上，把消费者定义为"为个人目的购买或者使用商品和接受服务的个体社会成员"。

泰国的《消费者保护法》规定，所谓消费者，是指买主和从生产经营者那里接受服务的人，包括为了购进商品和享受服务而接受生产经营者的提议和说明的人。

日本学者竹内昭夫则认为，所谓消费者，就是为生活消费而购买、利用他人供给的物资和劳务的人,是与供给者相对立的概念。①

我国有学者认为,消费者包括生产性消费者和生活性消费者。我国《消法》所涉及的"消费者",主要是指生活资料的消费者,在特殊情况下也指生产资料的消费者,如农民的生产性消费活动等(购买化肥、种子)。②

也有学者认为,将消费者理解为购买商品或者接受服务仅仅只是为了满足自己的消费的人,未免将消费者范围理解得过于狭隘。消费者是指非以营利为目的的购买商品或者接受服务的人。至于其购买或者接受了商品和服务以后,用于自己消费还是保存、送人或者由他人消费则不必考虑。

我国《消法》对于何谓消费者,并无明确定义,只是在该法第二条做了一个含糊的界定:"消费者为生活消费需要购买、使用商品或者接受服务,其权益受本法保护"。

综合以上观点,我们认为:所谓消费者,就是为了满足个人生活消费的需要而购买、使用商品或者接受服务的自然人。这里所说的个人生活消费,其内容既包括自身对物质资料和精神产品的消耗、使用,也包括保存或赠送他人,不仅仅是为了满足自身的需要。

从以上定义可以看出,消费者是经营者的对称,而经营者则是向消费者出售商品或提供服务的市场主体。《消法》保护的对象是生活资料的消费者而不是生产资料的消费者。消费者概念是人类社会发展到一定历史阶段的产物,是社会发展到商品经济阶段出现的具有特定的经济和法律含义的概念。

从消费者的定义出发,可以得出《消法》所保护的消费者以下的基本法律特征:

1. 消费者的主体是自然人,是个体社会成员,不包括法人及其他团体或单位用户

《消法》之所以对作为自然人的消费者进行保护,是因为在市场经济中作为自然人的消费者始终处于弱势地位,激烈的市场竞争可能使某些市场主体的利益受到侵害,但是在受到侵害之后,作为团体的企业或其他组织,可以依据民事法律,以平等的地位请求法律救济,而作为自然人的消费者由于经济实力上的悬殊差距,很难以自己的力量与侵权者相抗衡。因此,把消费者定义为"自然人"的范围内,是出于对社会弱势群体保护的特别需要。

2. 消费者购买、使用商品或者接受服务的主观动机或目的是"为生活消费需要"

《消法》所保护的消费者是为生活消费需要购买、使用商品或者接受服务的消费者,而不是为生产消费需要、为经营活动需要而购买、使用商品或者接受服务的消费者。辨别个体社会成员购买、使用商品或者接受服务的主观目的是否"为生活消费需要",能否将其定义为"消费者",就看其是否将购买、使用的商品或服务当作生产资料使用,是否用于经营活动。譬如,某人购入粮食后不是作为生活资料消耗,而是作为生产资料如食品原料使用;再如小店主从大商场大批购入打折服装再加价出售等,其主观目的就属于生产消费需要而非生活消费需要。在上述事例中的情形下,购买者虽有购买生活消费品的行为,但将商品投入生产经营领域,用作生产资料,本质上已属于经营活动,当然不能适用以保护弱者为基本特征的《消法》,其权利应通过其他民事法律如《合同法》予以保护。

---

① [日]金泽良雄.经济法概论.满达人译.兰州:甘肃人民出版社,1985:461.

② 刘文华、肖乾刚.经济法律通论.北京:高等教育出版社,2000:348.

生活消费与基本人权直接相关,因此在大力倡导保护"消费者主权"和基本人权的今天,生活消费自然要成为法律必须加以规制的重要领域。从各国立法情况来看,之所以将生活性消费者作为消费者权益保护法的保护对象,是因为消费者是个体社会成员,而个体消费者的消费行为主要集中在生活消费领域。经营者利用经济地位上的优势,往往更容易侵犯作为生活性消费者的这些社会弱势群体。此外,虽然消费分为生产性消费和生活性消费,但是从社会生产的目的来看,生产性消费最终还是要转化为满足提高社会成员的生活水平的需要。基于此,世界各国都纷纷立法对生活领域中的消费者权利进行保护。

3. 消费者的消费方式表现在购买、使用商品或者接受服务上

没有具体确定的购买、使用商品或者接受服务的实际行为,只有主观生活消费的动机和意向,消费法律关系就不会产生,消费者的权益就无从谈起,当然也就无所谓消费者。

（三）消费者权益

所谓消费者权益,是指消费者依法享有的权利及该权利受到保护时而给消费者带来的应得的利益。其核心是消费者的权利,并且,在广义上,消费者的权利已包含了消费者的利益,前者的有效实现是后者从应然状态转化为实然状态的前提和基础。

由于消费者所购买和使用的商品或者所接受的服务是由经营者提供的,因此,在保护消费者权益方面,经营者首先负有直接的义务;此外,国家和社会也负有相应的义务。违反上述义务,各义务主体均应承担相应的法律责任。而这些内容,既是各国相关法律规制的重心,也是本章在以下各节需着力研讨和介绍的。

二、消费者问题和消费者运动

（一）消费者问题

所谓消费者问题,即消费者为了满足个人生活消费的需要,在购买、使用商品或者接受服务的过程中,由于商品或服务的广告宣传、价格、合同、质量上的缺陷和瑕疵,给消费者的财产或人身健康带来的侵害,或使消费者未获得公正合理的待遇。所以,消费者问题实质上就是商品交换过程中消费者权益受到侵害的问题。

消费者问题产生和存在的原因很多,而且错综复杂,并且相互影响。究其主要原因,简述如下:

1. 人类劳动产品的商品化

侵害消费者权益的现象,不是自人类产生以后就有的。在原始社会,生产力水平极其低下,人们为了生存而共同劳动,共同分享劳动成果。那时没有商品,也没有买卖关系,当然也就没有经营者和消费者之分,所以不存在侵害消费者权益的问题。消费者问题是人类社会发展到商品经济阶段才出现的,它是商品经济所特有的现象,是商品经济条件下经营者和消费者分离的结果。[①]

当人类的劳动产品不再单纯地满足自己消费,而是拿去交换时,交换就使得劳动产品成为商品并由此出现了消费者和经营者两大社会阶层。劳动产品的交换、消费者和经营

---

① 　王江云、谢次昌、雷存柱.消费者的法律保护问题.北京:法律出版社,1990:1.

者两大社会阶层的出现及买卖双方利益形态的差异,是导致消费者问题产生的根本原因。为什么这样讲? 这是因为交换的出现标志着人们的需求可以借助他人的劳动成果而获得满足。当人们直接以自己的劳动成果满足自身的生活需求时,不可能发生消费者权益受到侵害的问题。而在以交换获得生活资料的时候,情况就截然不同,这时,他人的劳动成果便可能对自己产生侵害。① 买卖双方利益形态的差异则具体表现在消费者与经营者因买卖关系而成为不同的物质利益实体,双方紧密相连,但又利益对立、相互制约。作为经营者一方把商品卖给消费者,其追求的目标是商品价值的实现,以最小的成本获取最大的利润,为此经营者会采取各种手段(包括不法手段)推销自己的商品,甚至不惜牺牲消费者的利益,以达到自己的价值目标;而消费者一方则希望以最少的钱获取最多的价廉物美的物品,其追求的目标是商品的使用价值。两者的利益是你多我必少,你消我必长,因此买卖双方在客观上就存在着经济利益上的差异和矛盾,必然发生经常性的冲突。

2. 买方市场与卖方市场的非均衡化

商品经济是依赖市场而存在的,市场供求情况的变化,也会给消费者利益带来一定的影响。买方市场与卖方市场的均衡状态是相对的,非均衡状态则是绝对的。一般来说,当市场上某一类商品供大于求,即出现买方市场时,对消费者比较有利;而当市场上某一类商品供不应求,出现卖方市场时,对消费者就不太有利。在出现卖方市场的情况下,经营者一方在客观上处于优势地位,消费者则处于不利和被动的地位。② 经营者就可能抬高商品价格,不让消费者对商品进行选择,甚至强行搭配劣质产品,而消费者迫于无奈不得不接受苛刻的购买条件。因此,在生产力不很发达、商品不很丰富的"卖方市场"时期,消费者权益受到侵害,是较为普遍的现象。此外,经营者和消费者之间在力量对比上,也是非均衡的。一般说来,消费者在市场上总是处于劣势地位,而经营者则处于优势地位。由于消费者缺乏商品知识,有时就不得不听信于经营者对商品所做的强势推荐和广告宣传,这样消费者就容易上当受骗。所以在消费者和经营者之间买和卖的较量中,吃亏的一般是消费者。之所以说消费者是弱势群体,就是指消费者和经营者在买和卖的力量对比中,消费者不占上风,总是处于劣势地位。

3. 科学技术高度化

随着科学技术进步,企业生产了许多高科技新产品,虽为消费者带来了许多便利,但商品的复杂性与危险性亦随之与日俱增,消费者的危险也随之而来。如有害食品、含副作用药品、缺陷车、缺陷家电用品及缺陷日常用品等,对消费者的生命、人身、健康、财产均有直接重大影响。其次,商品随着科学技术的高度科技化、多样化、复杂化,一般消费者因缺乏专业技术与知识,对现代商品不熟悉,使其不仅无法由商品本身来辨别商品的优劣及价格,更难判断商品的功能及危险,一切均有赖于经营者所提供的资讯,从而导致消费者在交易中处于极其不利的地位。

4. 经营扩大化

由于现代产业合理化、效率化的要求,以及生产设备自动化的结果,企业均采用大量

---

① 张严方著.消费者保护法研究.北京:法律出版社 2003:8.

② 姜大儒、王嵩山、郭卫华.制定消费者权益保护法势在必行.政法丛刊.1988(1).

生产的方式生产商品。经营扩大化已成为企业生存与发展不可或缺的手段。为争取更多的消费者以达到大量销售商品的目的,企业必须利用各种广告与营销方法,进行销售竞争。例如,各种药品、化妆品、食品、房屋、医疗、美容、保健品广告,甚至到了铺天盖地、无孔不入、令人触目惊心的程度。经营者提供的广告及各种行销资讯,虽然极其众多,但真正能便利并有助于消费者比较商品或服务品质的优劣,进而做出客观正确的判断及有利选择的却十分不足,宣传媒介有时甚至向消费者传递不真实的信息,从而导致消费者往往购买了不需要或是错误的商品或服务。在经营扩大化、消费增加的情况下,一旦发生侵害事件时,不仅被害消费者的人数很多,其范围可能遍及国内外各地,消费者问题因而既广且深。

5. 不正当竞争行为多样化

市场经济的效率是通过竞争实现的,但竞争的前提必须是公平。随着竞争的加剧,不正当竞争的行为也表现为多样化,例如,采用假冒或仿冒等混淆手段从事市场交易、强制性交易、滥用权力限制竞争、虚假宣传等。这些行为虽然发生在企业之间,但均构成对消费者的直接损害。特别是人类社会发展到 19 世纪末 20 世纪初,资本主义进入由高度发达的自由竞争阶段向垄断过渡的阶段,一方面先进的生产技术和细微的专业化分工使得消费者客观上越来越难判断自己消费行为的合理性和产品的真实性;另一方面,垄断资本集团利用市场优势控制市场的行为却频频发生,如抬高价格、虚假广告、缩减生产以维持高利润以及直接以假冒伪劣产品进行销售等,对消费者利益形成了极大的威胁。因而消费者问题的提出,从这一角度来看,又是市场竞争激化的必然结果,是市场经济本身发展难以避免和克服的一种社会现象。

(二)消费者运动

消费者运动又称消费者保护运动,系集合消费者及政府的力量,与经营者相对抗,当消费者的权益受到侵害时,能得到合理的补偿和救济,为消费者争取其应享权益的运动。从本质上说,消费者运动属于一种有组织的社会活动。

消费者运动与消费者问题相关联。消费者问题的出现及其日益严重和扩大化,激起并发动了消费者运动。就世界范围来看,消费者运动经过了由消费者个人自发地自我保护到由一定的组织自觉的保护,再到由国家进行的更有组织、更有力的多手段全方位的保护的历程。即经历了由自发到自觉、由分散的个人到有组织的保护的发展过程。

消费者运动最早发源于美国。1891 年,人类历史上第一个消费者协会在纽约成立。1898 年美国全国各地的消费者协会联合成立了世界上第一个全国性消费者组织——美国"全国消费者联盟"。到了 20 世纪 60 年代,是美国消费者运动空前发展的年代。该时期产生了许多新立法,如产品标示、食品及药物标准、贷款、产品安全及不得违反诚实信用原则推销等法律,使消费者获得了更多的保障。

日本的消费者运动产生于第二次世界大战以后。由于消费品奇缺,配给供应和无休止的涨价对日本的家庭主妇来说,就像一场做不完的噩梦。商品奇缺导致了价格昂贵而且质量低劣,供应的火柴根本擦不着,于是家庭主妇便组织起来,于 1948 年 9 月召开了一次全国"清除劣质火柴大会"。她们把擦不着的火柴集中起来,请一些主要厂家到会场参观自己生产的废品。这次大会标志着日本主妇协会的诞生,也标志着日本消费者运动的开始。1956 年日本召开了全国消费者团体联络会议,通过了消费者宣言,消费者运动进入一个新的时期。20 世纪 50 年代后期至 20 世纪 60 年代,是日本经济高速发展的时期,这个时期发生了许多侵害消费者权益的重大事件,如 1955 年的婴儿奶粉中毒事件,1960 年的假牛肉罐头事件,1962 年的沙利度胺畸形儿事件,1968 年的米糠油中毒事件。这些重大事件的发生,在消费者中引起了很大的震动,人们的注意力开始转移到消费品的安全性上来,消费者连续发起和开展了抵制、驱逐伪劣、有毒商品的运动,如 1970 年的驱逐糖精运动,1972 年的驱逐多氯联苯化学原料运动等。从以上情况可以看出,日本的消费者运动的内容是比较广泛的,水平是比较高的,且具有一定代表性。在立法方面,日本于 1962 年制定了《不当赠品类及不当表示防止法》,1968 年制定了《消费者保护基本法》,1973 年制定了《消费生活用品安全法》等。

德国于 1953 年成立消费者同盟,英国于 1957 年成立消费者协会。

我国在计划经济体制时期,消费者运动没有展开。改革开放以来,特别是市场经济体制初步建立以后,消费者侵权问题频频发生。从数量上看,1986 年全国消费者协会接受消费者投诉共计 6 975 件,到 2001 年达到 721 161 件,是 15 年前的 103 倍;从投诉所涉及的商品品种看,1996 年是 27 种,2001 年则上升到 37 种。① 这一时期较为典型的事件诸如:1995 年被媒体称为打假英雄的第一位职业打假者王海"知假买假索赔案",引发法学理论界关于"知假买假是不是消费者"的热烈讨论;1995 年贾国宇用餐致残索赔案,首开国内消费者获得精神损失赔偿先例;2004 年安徽阜阳假奶粉致婴儿死亡案,则引发对政府部门监管力度缺位的思考。近几年最受消费者关注的维权热点集中在食品、药品和商品房三大行业上。我国消费者保护运动由于经济体制的原因起步较晚,但与其他国家的不同之处是从一开始即在政府的自觉引导和全力支持下进行。1984 年 12 月 26 日,全国性消费者组织——"中国消费者协会"成立。至 2001 年年底,全国内地 33 个省、自治区、直辖市已全部建立消费者协会,县以上消费者协会已达 3 138 个。消费者协会组织网络的建立和发展,为中国保护消费者运动的发展奠定了组织基础。中央电视台自 1991 年 3 月 15 日开办"3·15"晚会,迄今已十四载。"3·15"晚会既宣传了国家保护消费者权益的法律法规,也发布了执法维权的信息,成为政府、企业、消费者共同参与的平台(自 1993 年开始该晚会由中央电视台与国务院有关政府机关和司法机关共同主办)。历届"3·15"晚会以其鲜明的个性、独特的视角、明确的诉求吸引了广大观众,唤醒了消费者的维权意识,也把不法厂商的丑恶行径暴露于阳光之下。② 随着每年"3·15"宣传活动力度的加大,消费者保护意识和能力日益增强。1993 年 10 月 31 日第八届全国人民代表大会常务委员会第四次会议通过了《中华人民共和国消费者权益保护法》,我国消费者保护相关法律法规不断完善,以《消法》为中心的消费者保护法律体系已经形成,消费者权益在法律上有了切实的保障。但是也应该看到,中国当前的消费者问题仍很严重,要切实贯彻执行《消法》,营造良好的消费环境和公平竞争的市场环境,让消费者真正放心消费,任务还十分艰巨,还有很多工作要做。

各国政府对消费者保护运动的推动,促进了消费者运动的国际化。1960 年,在美国、

---

① 张严方.消费者保护法研究.北京:法律出版社,2003:92.

② 赵化勇.权益的证明.北京:中国财政经济出版社,2003:1.

英国、澳大利亚、荷兰、比利时等五国消费者组织的发起下,在荷兰海牙设立了国际消费者组织联盟"IOCU"(International Office Consumer Union),它与联合国的其他机构,如国际教科文组织、国际劳工组织等同为联合国咨询机构。国际消费者组织联盟的建立标志着世界消费者运动进入了一个新的阶段。目前已有64个国家和地区的180个消费者团体加入了该组织,1987年9月中国消费者协会加入该组织。1983年国际消费者组织联盟将每年的3月15日确定为"国际消费者权益日"。该组织的宗旨在于促进消费者保护的国际合作、协助并积极推动各国消费者组织和政府致力于保护消费者的工作。在该国际组织的努力下,1985年,联合国通过了《保护消费者准则》这一规范性文件,使国际消费者保护进入了一个新的阶段。

三、我国消费者权益保护法的概念、适用范围和基本原则

消费者权益保护法的概念亦有广义和狭义之分。广义的消费者权益保护法是指调整在保护消费者权益过程中发生的经济关系的法律规范的总称。广义的消费者权益保护法实际上是一个保护消费者权益的法律体系,它包括:消费者权益保护法的基本法即《消法》、《产品质量法》、《反不正当竞争法》、《反垄断法》、《价格法》、《合同法》、《计量法》、《广告法》、《药品管理法》、《食品卫生法》等。狭义的消费者权益保护法仅指作为上述法律体系中的消费者权益保护法的基本法——1993年10月31日第八届全国人民代表大会常务委员会第四次会议通过的《中华人民共和国消费者权益保护法》。

消费者权益保护法的适用范围是指该法效力所及的时间、空间和主体的范围。我国的《消法》在其从生效到废止这段时间内,对于中华人民共和国主权所及的全部领域都是适用的,这是一般的法理。此外,我国《消法》还从主体及其行为的角度规定了该法的适用范围,即消费者为生活消费需要购买、使用商品或者接受服务,其权益受该法保护;经营者为消费者提供其生产、销售的商品或者提供服务,应当遵守该法;对于上述具体情况该法未做规定的,应当适用其他有关法律、法规的规定。另外,农民购买、使用直接用于农业生产的生产资料,亦应参照该法执行。

消费者权益保护法的基本原则是有关消费者权益保护法的立法、执法和法理研究的指导思想,也是消费者权益保护法立法宗旨的集中化、具体化的体现。

我国《消法》规定了该法的下列四项基本原则:一是经营者应当依法提供商品或者服务的原则;二是经营者与消费者进行交易应当遵循自愿、平等、公平、诚实信用的原则;三是国家保护消费者的合法权益不受侵犯的原则;四是一切组织和个人对侵害消费者合法权益的行为进行社会监督的原则。

第二节 消费者的权利

消费者权利作为一种基本人权,是生存权的重要组成部分。由于消费者权利是人类在生活消费中应享有的权利,因此,法律必须予以保障,以使消费者的基本人权从应有的权利转化为法定的权利。

一般认为,世界上最早明确提出消费者权利的是美国总统约翰·肯尼迪。他针对美

国消费者问题日益严重的情况,于 1962 年 3 月向国会提出了关于保护消费者权益的特别国情咨文,即《保护消费者利益的总统特别命令》,或称《总统关于消费者利益的白皮书》,指出消费者应享有的四项权利:一是获得商品的安全保障的权利;二是获得正确的商品信息资料的权利;三是对商品有自由选择的权利;四是有提出消费者意见的权利。肯尼迪的理论提出以后,逐渐为各国所广泛认同并在实践中加以发展,并且,在"肯尼迪四权论"的基础上,各国又相继增加了获得合理赔偿的权利,获得有益于健康的环境的权利和享受教育的权利,以作为上述消费者四项基本权利的补充。

根据我国《消法》的规定,消费者的权利主要包括以下内容:

一、保障安全权

保障安全权是消费者最基本的权利,它是消费者在购买、使用商品和接受服务时所享有的保障其人身、财产安全不受侵害的权利。由于消费者取得商品和服务是用于生活消费,因此,商品和服务必须绝对安全可靠,必须绝对保证商品和服务的质量不会损害消费者的生命与健康。消费者依法有权要求经营者提供的商品和服务必须符合保障人身、财产安全的要求。

二、知悉真情权

知悉真情权亦称获取信息权、了解权、知情权,即消费者享有知悉其购买、使用的商品或者接受的服务的真实情况的权利。消费者有权根据商品或者服务的不同情况,要求经营者提供商品的价格、产地、生产者、用途、性能、规格、等级、主要成分、生产日期、有效期限、检验合格证明、使用方法说明书、售后服务,或者服务的内容、规格、费用等有关情况。唯有如此,才能保障消费者在与经营者签约时做到知己知彼,并表达其真实的意思。

三、自主选择权

自主选择权是指消费者享有自主选择商品或者服务的权利,该权利包括以下几个方面:(1)自主选择经营者;(2)自主选择商品品种或者服务方式;(3)自主决定购买或者不购买任何一种商品、接受或者不接受任何一项服务;(4)在自主选择商品或服务时所享有的进行比较、鉴别和挑选的权利。

四、公平交易权

公平交易权,是指消费者在购买商品或者接受服务时所享有的获得质量保障和价格合理、计量正确等公平交易条件的权利。为了保障消费者的公平交易权的实现,必须依《反垄断法》和《反不正当竞争法》等对劣质销售、价格不公、计量失度等不公平交易行为加以禁止。此外,消费者还有权拒绝经营者的强制交易行为,这与《消法》的基本原则的要求也是一致的。

五、获得赔偿权

依法求偿权是指消费者在因购买、使用商品或者接受服务受到人身、财产损害时,依法享有的要求获得赔偿的权利。依法求偿权是弥补消费者所受损害的必不可少的救济性权利。

2013 年 12 月 23 日最高人民法院发布的《关于审理食品药品纠纷案件适用法律若干问题的规定》，食品药品附赠品发生质量安全问题，造成消费者受到损害的，消费者有权要求赔偿。

六、依法结社权

依法结社权是指消费者享有的依法成立维护自身合法权益的社会团体的权利。政府对合法的消费者团体不应加以限制，并且，在制定有关消费者方面的政策和法律时，还应向消费者团体征求意见，以便更好地保护消费者权益。消费者的依法结社权是十分重要的，它使得消费者能够从分散、弱小走向集中和强大，并通过集体的力量来改变自己的弱势地位，与实力雄厚的经营者相抗衡。因此，对消费者的依法结社权必须予以保障。

七、求教获知权

求教获知权，或称受教育权、获取知识权，是从知悉真情权中引申出来的一种消费者权利，它指的是消费者所享有的获取有关消费和消费者权益保护方面的知识的权利，保障这一权利的目的是使消费者更好地掌握所需商品或者服务的知识和使用技能，以使其正确使用商品，提高自我保护意识。应当说，接受教育，获取相关知识，提高自我保护能力，既是消费者的权利，也是消费者的义务。

八、维护尊严权

维护尊严权是指消费者在购买、使用商品和接受服务时所享有的人格尊严、民族风俗习惯得到尊重的权利。尊重消费者的人格尊严和民族习俗，是社会文明进步的表现，也是尊重和保障人权的重要内容。

九、个人信息安全权

个人信息安全权，是指消费者在购买、使用商品和接受服务时所享有的个人信息依法得到保护的权利。例如，消费者在办理银行卡、住宿登记、购买机票、火车票、使用互联网时会被要求登记身份证、电话号码、家庭住址、婚姻状况、配偶、收入状况等个人信息，这些个人信息受法律保护，经营者负有严格保密的义务，采取技术措施和其他必要措施确保消费者个人信息安全，未经消费者本人许可，经营者不得泄露。这就要求经营者收集使用消费者个人信息时，应当遵循合法、正当、必要的原则，明示收集、使用信息的目的、方式和范围，并经消费者同意。经营者收集、使用消费者个人信息，应当公开其收集、使用规则，不得违反法律、法规的规定和双方的约定收集、使用信息。经营者及其工作人员对收集的消费者个人信息必须严格保密，不得泄露、出售或者非法向他人提供。经营者应当采取技术措施和其他必要措施，确保信息安全，防止消费者个人信息泄露、丢失。在发生或者可能发生信息泄露、丢失的情况时，应当立即采取补救措施。经营者未经消费者同意或者请求，或者消费者明确表示拒绝的，不得向其发送商业性信息。

十、监督批评权

消费者享有对商品和服务以及保护消费者权益工作进行监督的权利。此外,消费者有权检举、控告侵害消费者权益的行为和国家机关及其工作人员在保护消费者权益工作中的违法失职行为,有权对保护消费者权益工作提出批评、建议。

上述十项消费者权利是《消法》的主要保护对象,为了保障消费者权利的实现,经营者、国家和社会都要履行相应的义务,否则就要承担相应的法律责任。

第三节　经营者的义务

一、依法定或约定履行义务,不得设定不公平、不合理的交易条件,不得强制交易

1.经营者向消费者提供商品或者服务,应当依照《消法》和其他有关法律、法规的规定履行义务,即经营者必须依法律规定履行义务。此外,经营者和消费者有约定的,应当按照约定履行义务,但双方的约定不得违背法律、法规的规定。

例如,经营者提供商品或者服务,按照国家规定或者与消费者的约定,承担包修、包换、包退或者其他责任的,应当按照国家规定或者约定履行,不得故意拖延或者无理拒绝。这是《消法》为体现上述依法定或约定履行义务的精神而做的具体规定。

2.经营者向消费者提供商品或者服务,应当恪守社会公德,诚信经营,保障消费者的合法权益;不得设定不公平、不合理的交易条件,不得强制交易。

经营者在经营活动中使用格式条款的,应当以显著方式提醒消费者注意商品或者服务的数量和质量、价款或者费用、履行期限和方式、安全注意事项和风险警示、售后服务、民事责任等与消费者有重大利害关系的内容,并按照消费者的要求予以说明。

经营者不得以格式条款、通知、声明、店堂告示等方式,做出排除或者限制消费者权利、减轻或者免除经营者责任、加重消费者责任等对消费者不公平、不合理的规定,不得利用格式条款并借助技术手段强制交易。

格式条款、通知、声明、店堂告示等含有上述所列内容的,其内容无效。

二、听取意见和接受监督

经营者应当听取消费者对其提供的商品或者服务的意见,接受消费者的监督。这是与消费者的监督批评权或称质询权相对应的经营者的义务,对此加以法律规定对于改善消费者的地位是大有裨益的。

三、保障人身和财产安全

保障人身和财产安全是与消费者的保障安全权相对应的经营者的义务。经营者应当保证其提供的商品或者服务符合保障人身、财产安全的要求。对可能危及人身、财产安全的商品和服务,应当向消费者做出真实的说明和明确的警示,并说明和标明正确使用商品

或者接受服务的方法以及防止危害发生的方法。

宾馆、商场、餐馆、银行、机场、车站、港口、影剧院等经营场所的经营者,应当对消费者尽到安全保障义务。

经营者发现其提供的商品或者服务存在缺陷,有危及人身、财产安全危险的,应当立即向有关行政部门报告和告知消费者,并采取停止销售、警示、召回、无害化处理、销毁、停止生产或者服务等措施。采取召回措施的,经营者应当承担消费者因商品被召回支出的必要费用。

四、不作虚假或引人误解的宣传

不作虚假或引人误解的宣传是与消费者的知悉真情权相对应的经营者的义务。经营者向消费者提供有关商品或者服务的质量、性能、用途、有效期限等信息,应当真实、全面,不得作虚假或者引人误解的宣传,否则不仅侵犯了消费者的权利还构成了不正当竞争的行为。

此外,经营者对消费者就其提供的商品或者服务的质量和使用方法等具体问题提出的询问,应当做出真实、明确的答复。在价格标示方面,经营者提供商品或者服务应当明码标价。

五、标明经营者真实名称和标记,向消费者提供相关的经营信息和其他信息

经营者进行经营活动应当标明其真实名称和标记。租赁他人柜台或者场地的经营者,应当标明其真实名称和标记。这样规定的目的是为了便于消费者的识别和选择,也便于消费者的权益受到侵害时进行维权。

采用非现场销售方式(网络、电视、电话、邮购等)提供商品或者服务的经营者,以及提供证券、保险、银行等金融服务的经营者,应当向消费者提供经营地址、联系方式、商品或者服务的数量和质量、价款或者费用、履行期限和方式、安全注意事项和风险警示、售后服务、民事责任等信息。

六、出具发票或服务单据

经营者提供商品或者服务,应当按照国家有关规定或者商业惯例向消费者出具购货凭证或者服务单据;消费者索要购货凭证或者服务单据的,经营者必须出具。由于购货凭证或者服务单据具有重要的证据价值,对于界定消费者和经营者的权利义务亦具有重要意义,因此,明确经营者出具相应的凭证和单据的义务,有利于保护消费者权益。

七、提供符合要求的商品或服务

经营者应当保证在正常使用商品或者接受服务的情况下其提供的商品或者服务应当具有的质量、性能、用途和有效期限;但消费者在购买该商品或者接受该服务前已经知道其存在瑕疵,且存在该瑕疵不违反法律强制性规定的除外。

经营者以广告、产品说明、实物样品或者其他方式表明商品或者服务的质量状况的,应当保证其提供的商品或者服务的实际质量与表明的质量状况相符。

经营者提供的机动车、计算机、电视机、电冰箱、空调器、洗衣机等耐用商品或者装饰装修等服务,消费者自接受商品或者服务之日起 6 个月内发现瑕疵,发生争议的,由经营者承担有关瑕疵的举证责任。

八、依国家规定或约定履行退货义务,或者应消费者要求履行更换、修理等义务

1. 对不符合质量要求的商品或服务,有国家规定或约定的,依规定或约定退货,或者在规定或约定期限内应消费者要求履行退货、更换、修理等义务。

依照上述规定进行退货、更换、修理的,经营者应当承担运输等必要费用。

《消法》对经营者提供的商品或者服务不符合质量要求的,消费者可以依照国家规定、当事人约定退货,或者要求经营者履行退货、更换、修理等义务的规定,实际上就是经营者的"三包"义务,即包修、包换、包退。经营者应依照国家规定或与消费者之间的约定,承担"三包"责任。

(1)依法承担"三包"责任和其他责任。对一些重要的消费品,国家以法的形式规定了经营者的"三包"义务。1995 年 8 月 25 日国家经贸委、国家工商行政管理局、国家技术监督局、财政部联合发布的《部分商品修理、更换、退货责任规定》,规定了 18 种特定商品为"三包"商品。每种商品都规定了"三包"的有效期。该规定不免除未列入目录产品的"三包"责任和销售者、生产者向消费者承诺的高于列入目录产品的"三包"的责任。

(2)依经营者和消费者的约定承担"三包"责任和其他责任。

不论是国家法律规定的还是经营者和消费者约定的"三包"责任和其他责任,经营者均须履行,不得故意拖延或无理拒绝。

2. 对不符合质量要求的商品或服务,即使没有国家规定或约定退货期限的,消费者也可自收到商品之日起 7 日内退货;7 日后符合法定解除合同条件的,消费者可以及时退货,不符合法定解除合同条件的,可以要求经营者履行更换、修理等义务。

3. 经营者采用非现场销售方式(网络、电视、电话、邮购等)销售商品的,即使符合质量要求,消费者仍有权自收到商品之日起 7 日内退货,且无须说明理由,但下列商品除外:

(1)消费者定做的;

(2)鲜活易腐的;

(3)在线下载或者消费者拆封的音像制品、计算机软件等数字化商品;

(4)交付的报纸、期刊。

除上述所列商品外,其他根据商品性质并经消费者在购买时确认不宜退货的商品,不适用无理由退货。

消费者退货的商品应当完好。经营者应当自收到退回商品之日起 7 日内返还消费者支付的商品价款。退回商品的运费由消费者承担;经营者和消费者另有约定的,从其约定。

九、不得侵犯消费者的人身权

消费者的人身权是其基本人权,消费者的人身自由、人格尊严不受侵犯。经营者不得对消费者进行侮辱、诽谤,不得搜查消费者的身体及其携带的物品,不得侵犯消费者的人

身自由。

十、依法收集、使用和保护消费者个人信息

经营者收集、使用消费者个人信息，应当遵循合法、正当、必要的原则，明示收集、使用信息的目的、方式和范围，并征求消费者同意。经营者收集、使用消费者个人信息，应当公开其收集、使用规则，不得违反法律、法规的规定和双方的约定收集、使用信息。

经营者及其工作人员对收集的消费者个人信息必须严格保密，不得泄露、出售或者非法向他人提供。经营者应当采取技术措施和其他必要措施，确保信息安全，防止消费者个人信息泄露、丢失。在发生或者可能发生信息泄露、丢失的情况时，应当立即采取补救措施。

经营者未经消费者同意或者请求，或者消费者明确表示拒绝的，不得向其发送商业性信息。

第四节　国家与社会对消费者合法权益的保护

一、国家对消费者合法权益的保护

在消费者政策和消费者立法方面，国家应保护消费者的合法权益不受侵害，并应采取具体措施，保障消费者依法行使权利，保护消费者的合法权益。国家对消费者合法权益的保护主要体现在以下几个方面：

（一）立法保护

国家在制定有关消费者权益的法律、法规时，应当听取消费者的意见和要求。此外，立法机关在把消费者政策上升为法律时，也应当听取消费者的意见和要求。

（二）行政保护

各级人民政府应当加强领导，组织、协调、督促有关行政部门做好保护消费者合法权益的工作。各级人民政府应当加强监督，预防危害消费者人身、财产安全行为的发生，及时制止危害消费者人身、财产安全的行为。

各级人民政府工商行政管理部门和其他有关行政部门应当依照法律、法规的规定，在各自的职责范围内，采取措施，保护消费者的合法权益。此外，有关行政部门应当听取消费者及其社会团体对经营者交易行为、商品和服务质量问题的意见，及时调查处理。

有关行政部门在各自的职责范围内，应当定期或者不定期对经营者提供的商品和服务进行抽查检验，并及时向社会公布抽查检验结果。

有关行政部门发现并认定经营者提供的商品或者服务存在缺陷，有危及人身、财产安全危险的，应当立即责令经营者采取停止销售、警示、召回、无害化处理、销毁、停止生产或者服务等措施。

（三）司法保护

对违法犯罪行为有惩处权力的有关国家机关，应当依照法律、法规的规定，惩处经营

者在提供商品和服务中侵害消费者合法权益的违法犯罪行为,切实保护消费者的合法权益。

人民法院应当采取措施,方便消费者提起诉讼。对符合《中华人民共和国民事诉讼法》起诉条件的消费者权益争议,必须受理,及时审理。

二、社会对消费者合法权益的保护

保护消费者的合法权益是全体社会的共同责任,国家鼓励、支持一切组织和个人对侵害消费者合法权益的行为进行社会监督。为了更好地保护消费者的合法权益,大众传播媒介尤其应当做好维护消费者合法权益的宣传工作,对侵害消费者合法权益的行为进行有效的舆论监督。

此外,在保护消费者合法权益方面,各种消费者组织起到至关重要的作用。

第五节　消费者组织

一、消费者协会和其他消费者组织的性质

消费者协会和其他消费者组织是依法成立的对商品和服务进行社会监督的保护消费者合法权益的社会组织。消费者协会和其他消费者组织不得从事商品经营和营利性服务,不得以收取费用或者其他牟取利益的方式向消费者推荐商品和服务。

中国消费者协会(以下简称中消协)是对商品和服务进行社会监督的保护消费者合法权益的全国性社会组织。中消协的宗旨是:对商品和服务进行社会监督,保护消费者的合法权益,引导广大消费者合理消费、科学消费,促进社会主义市场经济健康发展。

各级消费者协会的经费由各级人民政府资助和社会赞助。

二、消费者协会的公益性职责

消费者协会必须依法履行其公益性职责,各级人民政府对消费者协会履行公益性职责应当予以支持。消费者协会具体履行下列公益性职责:

1.向消费者提供消费信息和咨询服务,提高消费者维护自身合法权益的能力,引导文明、健康、节约资源和保护环境的消费方式;

2.参与制定有关消费者权益的法律、法规、规章和强制性标准;

3.参与有关行政部门对商品和服务的监督、检查;

4.就有关消费者合法权益的问题,向有关部门反映、查询,提出建议;

5.受理消费者的投诉,并对投诉事项进行调查、调解;

6.投诉事项涉及商品和服务质量问题的,可以委托具备资格的鉴定人鉴定,鉴定人应当告知鉴定意见;

7.就侵害消费者合法权益的行为,支持受侵害的消费者提起诉讼或者依照本法提起诉讼;

8.对侵害消费者合法权益的行为,通过大众传播媒介予以揭露、批评。

消费者协会应当认真履行保护消费者合法权益的职责,听取消费者的意见和建议,接受社会监督。

依法成立的其他消费者组织依照法律、法规及其章程的规定,开展保护消费者合法权益的活动。

第六节　消费争议的解决和法律责任

一、消费争议的解决

(一)消费争议的解决途径

依据《消法》的规定,消费者和经营者发生消费者权益争议的,可以通过下列途径解决:

1. 与经营者协商和解;

2. 请求消费者协会调解;

3. 向有关行政部门投诉;

4. 根据与经营者达成的仲裁协议提请仲裁机构仲裁;

5. 向人民法院提起诉讼。

(二)最终承担损害赔偿责任的主体的确定

1. 由生产者、销售者、服务者承担

(1)消费者在购买、使用商品时,其合法权益受到损害的,可以向销售者要求赔偿。销售者赔偿后,属于生产者的责任或者属于向销售者提供商品的其他销售者的责任的,销售者有权向生产者或者其他销售者追偿。

(2)消费者或者其他受害人因商品缺陷造成人身、财产损害的,可以向销售者要求赔偿,也可以向生产者要求赔偿。属于生产者责任的,销售者赔偿后,有权向生产者追偿。属于销售者责任的,生产者赔偿后,有权向销售者追偿。

(3)消费者在接受服务时,其合法权益受到损害的,可以向服务者要求赔偿。

(4)消费者在展览会、租赁柜台购买商品或者接受服务,其合法权益受到损害的,可以向销售者或者服务者要求赔偿。展览会结束或者柜台租赁期满后,也可以向展览会的举办者、柜台的出租者要求赔偿。展览会的举办者、柜台的出租者赔偿后,有权向销售者或者服务者追偿。

2. 由变更后的企业承担

消费者在购买、使用商品或者接受服务时,其合法权益受到损害,因原企业分立、合并的,可以向变更后的企业要求赔偿。

3. 由营业执照的使用人或持有人承担

使用他人营业执照的违法经营者提供商品或者服务,损害消费者合法权益的,消费者可以向其要求赔偿,也可以向营业执照的持有人要求赔偿。

4. 由网络交易平台提供者承担

消费者通过网络交易平台购买商品或者接受服务,其合法权益受到损害的,可以向销售者或者服务者要求赔偿。网络交易平台提供者不能提供销售者或者服务者的真实名称、地址和有效联系方式的,消费者也可以向网络交易平台提供者要求赔偿;网络交易平台提供者做出更有利于消费者的承诺的,应当履行承诺。网络交易平台提供者赔偿后,有权向销售者或者服务者追偿。

网络交易平台提供者明知或者应知销售者或者服务者利用其平台侵害消费者合法权益,未采取必要措施的,依法与该销售者或者服务者承担连带责任。

5. 由从事虚假广告行为的经营者和广告的经营者承担

消费者因经营者利用虚假广告或者其他虚假宣传方式提供商品或者服务,其合法权益受到损害的,可以向经营者要求赔偿。广告经营者、发布者发布虚假广告的,消费者可以请求行政主管部门予以惩处。广告经营者、发布者不能提供经营者的真实名称、地址和有效联系方式的,应当承担赔偿责任。

广告经营者及广告发布者设计、制作、发布关系消费者生命健康商品或者服务的虚假广告,造成消费者损害的,应当与提供该商品或者服务的经营者承担连带责任。

社会团体或者其他组织、个人在关系消费者生命健康商品或者服务的虚假广告或者其他虚假宣传中向消费者推荐商品或者服务,造成消费者损害的,应当与提供该商品或者服务的经营者承担连带责任。

二、法律责任

(一)民事责任

1. 关于承担民事责任的概括性规定

经营者提供商品或者服务有下列情形之一的,除《消法》另有规定外,应当依照其他有关法律、法规的规定,承担民事责任:

(1)商品或服务存在缺陷的;

(2)不具备商品应当具备的使用性能而在出售时未做说明的;

(3)不符合在商品或者其包装上注明采用的商品标准的;

(4)不符合商品说明、实物样式等方式表示的质量状况的;

(5)生产国家明令淘汰的商品或者销售失效、变质的商品的;

(6)销售的商品数量不足的;

(7)服务的内容和费用违反约定的;

(8)对消费者提出的修理、重作、更换、退货、补足商品数量、退还货款和服务费用或者赔偿损失的要求,故意拖延或者无理拒绝的;

(9)法律、法规规定的其他损害消费者权益的情形。

经营者对消费者未尽到安全保障义务,造成消费者损害的,应当承担侵权责任。

2. 侵犯人身权的民事责任

(1)经营者提供商品或者服务,造成消费者或者其他受害人人身伤害的,应当赔偿医疗费、护理费、交通费等为治疗和康复支出的合理费用,以及因误工减少的收入。造成残疾的,还应当赔偿残疾生活辅助具费和残疾赔偿金。造成死亡的,还应当赔偿丧葬费和死亡赔偿金。

(2)经营者侵害消费者的人格尊严、侵犯消费者人身自由或者侵害消费者个人信息依法得到保护的权利的,应当停止侵害、恢复名誉、消除影响、赔礼道歉,并赔偿损失。

经营者有侮辱诽谤、搜查身体、侵犯人身自由等侵害消费者或者其他受害人人身权益的行为,造成严重精神损害的,受害人可以要求赔偿精神损害费。

3. 侵犯财产权的民事责任

(1)经营者提供商品或者服务,造成消费者财产损害的,应当依照法律规定或者当事人约定承担修理、重作、更换、退货、补足商品数量、退还货款和服务费用或者赔偿损失等民事责任。

(2)经营者以预收款方式提供商品或者服务的,应当按照约定提供。未按照约定提供的,应当按照消费者的要求履行约定或者退回预付款;并应当承担预付款的利息、消费者必须支付的合理费用。

(3)依法经有关行政部门认定为不合格的商品,消费者要求退货的,经营者应当负责退货。

(4)经营者提供商品或者服务有欺诈行为的,应当按照消费者的要求增加赔偿其受到的损失,增加赔偿的金额为消费者购买商品的价款或者接受服务的费用的3倍;增加赔偿的金额不足500元的,为500元。法律另有规定的,依照其规定。

经营者明知商品或者服务存在缺陷,仍然向消费者提供,造成消费者或者其他受害人死亡或者健康受到严重损害的,受害人有权要求经营者依照《消法》第四十九条、第五十一条等法律规定赔偿损失,并有权要求所受损失2倍以下的惩罚性赔偿。

2015年1月5日国家工商行政管理总局发布的《侵害消费者权益行为处罚办法》第五条、第六条和第十三条对经营者欺诈行为的范围做了具体规定。

(二)行政责任

依据《消法》第五十六条的规定,经营者有下列情形之一,除承担相应的民事责任外,其他有关法律、法规对处罚机关和处罚方式有规定的,依照法律、法规的规定执行;法律、法规未作规定的,由工商行政管理部门或者其他有关行政部门责令改正,可以根据情节单处或者并处警告、没收违法所得、处以违法所得1倍以上10倍以下的罚款,没有违法所得的,处以50万元以下的罚款;情节严重的,责令停业整顿、吊销营业执照:

1. 提供的商品或者服务不符合保障人身、财产安全要求的;

2. 在商品中掺杂、掺假,以假充真、以次充好,或者以不合格商品冒充合格商品的;

3. 生产国家明令淘汰的商品或者销售失效、变质的商品的;

4.伪造商品的产地,伪造或者冒用他人的厂名、厂址,篡改生产日期,伪造或者冒用认证标志等质量标志的;

5.销售的商品应当检验、检疫而未检验、检疫或者伪造检验、检疫结果的;

6.对商品或者服务作虚假或者引人误解的宣传的;

7.拒绝或者拖延有关行政部门责令对缺陷商品或者服务采取停止销售、警示、召回、无害化处理、销毁、停止生产或者服务等措施的;

8.对消费者提出的修理、重作、更换、退货、补足商品数量、退还货款和服务费用或者赔偿损失的要求,故意拖延或者无理拒绝的;

9.侵害消费者人格尊严、侵犯消费者人身自由或者侵害消费者个人信息依法得到保护的权利的;

10.法律、法规规定的对损害消费者权益应当予以处罚的其他情形。

经营者有上述规定情形的,除依照法律、法规规定予以处罚外,处罚机关应当记入信用档案,向社会公布。

经营者对上述处罚决定不服的,可以自收到处罚决定之日起15日内向上一级机关申请复议,对复议决定不服的,可以自收到复议决定书之日起15内向人民法院提起诉讼;也可以直接向人民法院提起诉讼。

(三)刑事责任

追究刑事责任的情况主要包括以下几种:

1.经营者提供商品或者服务,造成消费者或者其他受害者死亡,构成犯罪的,依法追究刑事责任。经营者违反《消法》规定提供商品或者服务,侵害消费者合法权益,构成犯罪的,依法追究刑事责任。

2.经营者违反《消法》规定,应当承担民事赔偿责任和缴纳罚款、罚金,其财产不足以同时支付的,先承担民事赔偿责任。

3.以暴力、威胁等方式阻碍有关行政部门工作人员依法执行职务的,依法追究刑事责任;拒绝、阻碍有关行政部门人员依法执行职务,未使用暴力、威胁方法的,由公安机关依照《中华人民共和国治安管理处罚条例》的规定处罚。

4.国家机关工作人员有玩忽职守或者包庇经营者侵害消费者合法权益的行为的,由其所在单位或者上级机关给予行政处分;情节严重,构成犯罪的,依法追究刑事责任。

﹨﹨﹨本章相关法律依据 ◄◄

1.《中华人民共和国消费者权益保护法》,1993年10月31日第八届全国人民代表大会常务委员会第四次会议通过;2009年8月27日第1次修正;2013年10月25日第2次修正。

2.《部分商品修理更换退货责任规定》,1995年8月25日国家经济贸易委员会、国家工商行政管理局、国家技术监督局、财政部联合发布。

3.《关于处理侵害消费者权益行为的若干规定》,2004 年 3 月 15 日国家工商行政管理局发布。

4.《关于审理食品药品纠纷案件适用法律若干问题的规定》,2013 年 12 月 23 日最高人民法院发布。

5.《餐饮业经营管理办法(试行)》,商务部、国家发改委 2014 年 9 月 22 日发布。

6.《侵害消费者权益行为处罚办法》,国家工商行政管理总局 2015 年 1 月 5 日发布。

第十三章

产品质量法律制度

第一节　产品质量法概述

一、产品

"产品"（Product）一词可以从自然属性和法律属性两个不同的范畴进行定义。从自然属性来讲，产品是指经过人类劳动获得的具有一定使用价值的劳动成果。既可以是商品，也可以是非商品；既可以是指直接从自然界获取的各种农产品、矿产品或经过加工的手工业品、加工工业品，甚至建筑工程等物质性物品，也可以指文学、艺术、体育、哲学和科学技术等精神物品。

从法律属性来讲，"产品"是指经过某种程度或方式加工用于消费和使用的物品，是指生产者、销售者能够对其质量加以控制的产品，但不包括内在质量主要取决于自然因素的产品。

不同国家或地区的法律，对产品的概念和范围也有着不同的解释。如美国产品责任法中的产品，是指"一切经过工业处理过的东西，不论是可移动的，还是不可移动的，工业的还是农业的产品，经过加工的还是非经过加工的，任何可销售或可使用的制成品，只要由于使用它或通过它引起伤害，都可视为发生产品质量责任。"1985年的《欧共体关于对有缺陷的产品的责任指令》规定："产品是指初级农产品和狩猎物以外的所有动产，即使已被组合在另一动产或不动产之内。初级农产品是指种植业、畜牧业、渔业产品，不包括经过加工的这类产品。产品也包括电。"

我国《产品质量法》第二条和第七十三条分别对产品的概念做了明确的规定："本法所称产品是指经过加工、制作，用于销售的产品。"

产品作为构筑产品责任法体系和确立产品质量责任实际承担的基点，是《产品质量法》必须首先明确的问题。因为只有属于《产品质量法》规定范围内的产品，当其有瑕疵或缺陷的时候，才有承担产品质量责任的问题。

建设工程产品（房屋、桥梁、其他建筑物等不动产）和军工产品不适用本法。但建筑工程使用的建筑材料、建筑构配件和设备（如钢筋、玻璃等），仍然属于《产品质量法》第二条规定的产品范围。初级农产品是指种植、家畜、林、牧、渔业等产品,但不包括经过加工的这类产品以及未经过加工的天然物品,不属于《产品质量法》所调整的产品范畴,初级农产品适用 2006 年 4 月 29 日第十届全国人民代表大会常务委员会第二十一次会议通过的《农产品质量安全法》。

《产品质量法》规定的产品也包括药品和食品等特殊产品。药品和食品分别适用于《药品管理法》和《食品安全法》,这两部法律是特殊产品质量法,是《产品质量法》的特别法。

二、产品质量

《产品质量法》中所讲的产品质量是指产品符合人们需要的内在素质与外观形态的各种特性的综合状态。

产品质量(Product Quality)是由国家的法律、法规、质量标准等所确定的或由当事人的合同所确定的有关产品适用、安全、外观等诸种特性的总和。产品质量既是经济的概念、技术的概念,也是法律的概念。

产品质量具体通过以下特性表现出来:(1)适用性。适用性就是指产品在性能上的可用性和使用性,产品买来是用的,不能用,当然就没有适用性。产品适用是产品生产的最终目的,产品是否适用,要由用户做出评价。适用性也是生产者和销售者的指导思想,所以适用性是评价产品质量的一项重要指标。(2)安全性。产品实现其适用性,必然要通过产品的使用这一途径来体现的。这就要求产品在使用环节上安全可靠,不会给使用者和其他人带来人身、财产上的危险。(3)耐用性。(4)可维修性。

产品质量的内容随着经济、科技的发展以及人们需要的变化,在不断地丰富和发展,产品质量问题也必然随之增多。解决产品质量问题,既要靠经济与科技的发展,也要靠法律手段的治理。这个法律手段主要就是《产品质量法》。

三、产品质量问题

有产品质量就必然会产生产品质量问题。产品质量责任的发生,以该产品是否存在质量问题为前提条件。产品质量问题大体上可分为两类:即产品不适用与产品不安全。前者由于产品瑕疵而形成,属于一般性的质量问题;后者则由于产品缺陷而发生,属于严重的较大的质量问题。这就是说产品质量问题实际上包括了产品瑕疵和产品缺陷。产品瑕疵与产品缺陷是两个不同的有关产品质量问题的概念。《产品质量法》对"产品瑕疵"未做明确界定,只在该法第十四条第二款中使用过"瑕疵"一词。

(一)产品瑕疵

产品瑕疵是指产品不符合某一性能和适用性,不符合明示的产品标准,或者不符合以产品说明、实物样品等方式表明的质量状况,但不存在危及人身、财产安全的不合理危险,也就是说,产品瑕疵是指产品存在除危险之外的其他质量问题。

产品瑕疵的质量问题引起产品瑕疵担保责任。产品瑕疵担保责任是一种基于买卖合同而产生的卖方必须向买方承担的一种合同责任。这就是说,产品瑕疵引起合同责任。

（二）产品缺陷

《产品质量法》第四十六条对产品缺陷的概念做了明确的规定，产品缺陷是指"产品存在危及人身、他人财产安全的不合理的危险；产品有保障人体健康和人身、财产安全的国家标准、行业标准的，是指不符合该标准。"

如何理解产品缺陷定义中的"不合理的危险"？我们认为：不合理的危险是指产品存在明显的或者潜在的，以及被社会普遍公认不应当具有的危险。这种危险主要表现为存在可能危及人身、财产安全的因素。

产品缺陷具体包括三个方面的缺陷：

1. 设计缺陷

例如，玻璃钢制品的火锅，因设计结构上、安全系数上的原因不合理，就有可能导致爆炸，危及使用者或者他人的人身、财产的安全。

2. 制造缺陷

例如，生产的幼儿玩具制品，未达到设计精度指标的要求，存在锐角的金属玩具，则有可能导致伤害幼儿身体的危险。

3. 指示缺陷（又称告知缺陷、说明缺陷）

指示缺陷是指由于产品本身的特性就具有一定的危险性，而生产者未能用警示标志或者警示说明，明确地告诉使用者使用时应注意的事项，从而导致产品存在危及人身、财产安全的危险。例如，煤气热水器必须安装在与室外空气流通的地方，否则会发生危险。这就需要生产者在产品说明书中将安装使用方法或注意事项中予以明确告知。如果生产者没有明确告知上述情况，就认为产品存在指示缺陷。

产品缺陷的质量问题引起产品侵权损害赔偿责任，在《产品质量法》中我们简称产品责任。由产品缺陷引起的侵权责任与一般的侵权责任有一定区别，它不以过错为构成要件，是一种特殊侵权责任。

（三）产品瑕疵与产品缺陷的区别

1. 引起的后果不同

产品瑕疵是指产品存在除危险之外的其他质量问题，不存在危及人身、财产安全的不合理危险。而产品缺陷则主要是产品在安全性、可靠性等特性方面存在的可能危及人体健康、人身、财产安全的不合理危险。

2. 侵害的客体不同

产品瑕疵侵害的客体仅限于消费者财产的损失，不包括人身上的伤害。而产品缺陷侵害的客体则既包括人身又包括财产损害，但不以消费者为限（不以受害人与加害人之间是否存在合同为前提），只要是因产品的缺陷对人身及财产造成损害，均可作为权利人提出主张。

3. 承担责任的形式不同

产品存在瑕疵要由销售者承担产品瑕疵担保责任即合同违约责任，其合同违约责任的承担要以合同的存在为前提；产品存在缺陷则要由生产者或销售者承担产品侵权损害赔偿责任即侵权责任。

4.索赔的对象不同

产品瑕疵,直接向销售者要求赔偿;产品缺陷,则既可以向销售者也可以向生产者要求赔偿。

5.赔偿的标准和范围不同

对于产品瑕疵,销售者要依照法律规定或合同约定,负责修理、更换、退货乃至赔偿损失;对于产品缺陷,以损害赔偿为原则。合同违约责任通常不超过标的物本身的价值,并且仅限于可得利益的损失。而产品责任的赔偿范围不受标的物价值的限制,主要依据损害后果来决定。合同违约责任只限于财产的损失,不包括人身上的伤害。而产品责任既包括财产上的损失也包括人身上的伤害,有时还包括精神损害赔偿。

6.诉讼时效不同

出售质量不合格的商品未声明的,诉讼时效为1年;因产品存在缺陷造成损害要求赔偿的,诉讼时效为2年。

7.依据法律不同

产品瑕疵纠纷的处理依据《合同法》、《消法》和《产品质量法》,而产品缺陷纠纷的处理则要依据《侵权责任法》、《消法》和《产品质量法》。

四、产品责任与产品质量责任

(一)产品责任

1.产品责任的概念

产品责任(Products Liability)即产品侵权责任,是指因产品缺陷造成他人人身、缺陷产品以外的其他财产损害时,生产者或销售者依法应承担的民事赔偿责任。

产品责任的发生是基于产品缺陷而不是产品瑕疵。产品责任在性质上属于法律责任当中的民事责任,是一种特殊的民事侵权责任,是物件致人损害的特殊侵权责任,是人对物所造成的损害负责任,即产品致损害发生后,由产品的制造者、销售者对产品缺陷所造成的损害予以赔偿。产品责任的承担,不以产品的生产者或销售者与受害人之间有无合同存在为要件,受害人既可以向生产者追究产品责任,也可以向销售者追究产品责任。

2.产品责任的特征

产品责任具有以下基本特征:(1)产品责任适用严格责任原则(无过错原则),即责任追究不以生产者或销售者有无过错为要件,对销售者适用过错推定原则,生产者与销售者之间承担连带责任。(2)如果受害人是产品的直接购买人,则此时出现产品责任与违约责任的竞合。

(二)产品质量责任

产品质量责任是指违反《产品质量法》的法律责任,包括民事、行政和刑事责任。

(三)产品责任与产品质量责任的联系和区别

产品责任与产品质量责任的联系:在外延上,产品质量责任大于产品责任,产品责任包含于产品质量责任之中。产品质量责任中的民事责任部分既包括产品瑕疵的担保责任即合同责任,也包括用产品缺陷引起的产品侵权赔偿责任,即侵权责任。其中因产品缺陷引起的产品侵权赔偿责任即为产品责任。从总体上讲,产品质量责任包含了合同责任和侵权责任两种民事责任形式,而产品责任仅指侵权责任。

产品责任与产品质量责任的区别:(1)责任性质不同。产品责任属于一种特殊的民事侵权责任;而产品质量责任属于综合法律责任。(2)判定责任的依据不同。判定产品责任的依据是产品是否存在缺陷,即产品是否具有危及人身、财产安全的不合理的危险,其依赖于法律法规的直接规定,并不考虑当事人之间是否存在合同关系。而判定产品质量责任的依据是生产者或销售者是否违反默示担保(依法律规定产生的质量保证义务)或明示担保(依生产者和销售者的承诺产生的质量保证义务)以及产品是否存在缺陷。即除依赖于法律的规定外,还可根据当事人之间是否具有合同关系进行判定。如果由于生产者或销售者的过错造成违约,即使没有给对方造成损害,也要承担违约责任。(3)责任的承担条件不同。承担产品责任的条件是产品存在缺陷,并且造成了他人的损害后果。产品责任是一种事后救济,是产品造成损害后的消极责任。而产品质量责任可以存在于产品生产、销售过程中任何环节,只要是违反产品质量义务的行为,无论是否造成损害,均应承担产品质量责任。产品质量责任既是事前责任,也是事后责任;既有救济功能,也有预防功能。

五、《产品质量法》的概念及其适用范围

(一)《产品质量法》的概念

产品质量法,是调整在生产、流通以及监督管理过程中,因产品质量而发生的各种经济关系的法律规范的总称。

(二)《产品质量法》的调整对象

1. 产品质量责任关系

产品质量责任关系即生产者、销售者与用户、消费者之间进行商品交易所发生的经济关系。

2. 产品质量监督管理关系

产品质量监督管理关系即行政机关因执行产品质量管理职能而与生产者、销售者之间发生的经济关系。

(三)《产品质量法》的适用范围

1. 主体

《产品质量法》的适用主体包括生产者、销售者;用户、消费者;国家质量监督管理机关。

2. 客体

《产品质量法》的适用客体即《产品质量法》第二条规定的产品范围。

第二节　产品质量监督

产品质量监督是国家技术监督行政部门以及地方技术监督行政部门依据法定的行政权力,以实行国家职能为目的,对产品质量进行管理的制度。

一、产品质量监督机构及其职责

(一)产品质量监督机构的设置

1.国务院产品质量监督管理部门

国务院产品质量监督管理部门即国家质量监督检验检疫总局(简称国家质检总局),是国务院主管全国质量、计量、出入境商品检验、出入境卫生检疫、出入境动植物检疫和认证认可、标准化等工作,并行使行政执法职能的直属机构。按照国务院授权,将认证认可和标准化行政管理职能,分别交给国家质检总局管理的中国国家认证认可监督管理委员会(CNCA)和中国国家标准化管理委员会承担。

2.县级以上各级人民政府产品质量监督管理部门

县级以上各级人民政府产品质量监督管理部门即各级质量技术监督局。省级以下各级产品质量技术监督系统实行垂直管理,地(市)、县(市)质量技术监督局是上一级质量技术监督局的直属机构。

3.其他县级以上各级人民政府有关部门

其他县级以上各级人民政府有关部门是指产品质量监督管理部门之外的其他依法对产品质量监督管理负有责任的政府有关部门,如各级工商行政管理部门。

(二)产品质量监督机构的职权

国务院产品质量监督管理部门主管全国产品质量监督工作,具有宏观性、政策性、指导性和组织协调性等特点。地方政府产品质量监督管理部门主管本行政区域内的产品质量监督工作,包括依法查处生产、销售伪劣商品等产品质量违法行为。

产品质量监督管理部门即各级质量技术监督局对涉嫌违反《产品质量法》规定的行为进行查处时,可以行使以下具体执法权:即现场检查权、调查权、查阅复制权、查封扣押权、责令改正权、责令停业整顿权、责令停止生产销售权、警告权、没收权、罚款权、吊销营业执照权、取消检验资格认证资格权。

县级以上工商行政管理部门对涉嫌违反《产品质量法》规定的行为进行查处时,可以行使上述职权中的前四项职权,即现场检查权、调查权、查阅复制权、查封扣押权。

(三)产品质量监督机构与工商行政管理部门的分工

质量技术监督局和食品药品监督部门负责组织查处生产和流通领域中的产品质量违法行为,需要工商行政管理部门协助的,应予以配合;工商行政管理部门负责组织查处市场管理即流通领域中的假冒伪劣行为,需要产品质量监督管理部门协助的,应予以配合;对于流通领域中发现的假冒伪劣产品,两部门都有查处的权力,但同一问题,不得重复检查、重复处理。

二、产品质量监督检查制度

(一)产品质量检验制度

产品质量检验制度包括生产者自检和第三方检验两个方面的内容。

1. 生产者自检

生产者生产的产品,产品质量应当检验合格,才能出厂销售,不得以不合格产品冒充合格产品。

2. 第三方检验

第三方检验是指由生产方委托生产方和购买方以外的产品质量检验机构对产品质量进行的检验。

产品质量检验机构是指依法对生产和销售的产品抽查的样品进行质量检验的第三方社会中介机构。(除个别特殊产品的质量检验机构外,产品质量检验机构与国家机关没有隶属关系和利益关系)

根据《标准化法》的规定县级以上政府的产品质量监督管理部门,可以根据需要设置产品质量检验机构。

国家级的产品质量检验机构包括国家安全玻璃及石英玻璃质量监督检验中心、国家电线电缆质量监督检验中心、国家灯具质量监督检验中心、国家电子计算机质量监督检验中心等。某些产品质量检验机构既具有一般产品质量检验的职能同时又承担产品质量认证检验的职能。上面提到的这些机构就具有 3C 认证产品检验的职能,其中国家电子计算机质量监督检验中心还具有 CE 认证产品检验的职能。

地方级的产品质量检验机构包括质检中心、质检所、质检站等。

产品质量检验机构必须具备相应的检测条件和能力,经省级人民政府产品质量监督部门或者其授权部门考核合格后,方可承担产品质量检验工作。

产品质量检验机构向受检单位或个人出具的客观、公正的检验结果报告单,是消费者举报、投诉的客观依据,也是质检部门和法院审理消费者权益纠纷和产品质量纠纷案件的重要依据。产品质量检验机构对自己检验的产品质量检验结果承担法律责任。

(二)产品质量标准制度

产品质量标准制度与产品质量检验制度、产品质量认证制度和产品质量责任制度之间密不可分、相互关联。产品质量的优劣要以产品质量标准为依据进行检验和判别,产品质量标准又是判定产品质量责任的重要依据。所以没有产品质量标准,产品质量检验、产品质量认证、产品质量责任的确认都无法进行。

标准是指对重复性的事物和概念所做的统一规定,标准具有科学性、民主性、法制性和权威性的特征。

产品质量标准,是指为了适应科学发展和合理组织生产的需要,对产品质量的要求规定的统一的技术标准。

产品质量标准按其制定的部门或者单位以及适用范围的不同,分为国际标准、国家标准、行业标准、地方标准和企业标准。其中国家标准、行业标准又分为强制性标准和推荐性标准。涉及保障人体健康,人身、财产安全的标准和法律、行政法规规定强制执行的标准都是强制性标准,其他标准是推荐性标准。省、自治区、直辖市标准化行政主管部门制定的工业产品的安全、卫生要求的地方标准,在本行政区域内是强制性标准。

强制性标准,必须执行。不符合强制性标准的产品,禁止生产、销售和进口。具体如3C 产品质量认证、QS 食品质量认证都属于强制性标准。推荐性标准,国家则鼓励企业自愿采用。

企业对有国家标准或者行业标准的产品,可以向国务院标准化行政主管部门或者国务院标准化行政主管部门授权的部门申请产品质量认证。认证合格的,由认证部门授予认证证书,准许在产品或者其包装上使用规定的认证标志。已经取得认证证书的产品不符合国家标准或者行业标准的,以及产品未经认证或者认证不合格的,不得使用认证标志出厂销售。

(三)企业质量体系认证制度

企业质量体系认证,是指依据由国际标准化组织(ISO)提出并为国际社会所普遍接受的企业质量管理标准,由国家认可的认证机构对自愿申请认证的企业的质量体系进行审核、颁发认证证书,证明企业质量保证能力符合相应标准要求的活动。

《产品质量法》第十四条规定:"国家根据国际通用的质量管理标准,推行企业质量体系认证制度。企业根据自愿原则可以向国务院产品质量监督部门认可的或者国务院产品质量监督部门授权的部门认可的认证机构申请企业质量体系认证。经认证合格的,由认证机构颁发企业质量体系认证证书。"

1. ISO 与 ISO9000 质量管理和质量保证系列标准

ISO 是国际标准化组织(International Organization for Standardization)的简称,该组织是一个全球性的非政府组织(非联合国机构)。ISO 成立于 1946 年,当时来自 25 个国家的代表在伦敦召开会议,决定成立一个新的国际组织,以促进国际的合作和工业标准的统一。于是,ISO 这一新组织于 1947 年 2 月 23 日正式成立,总部设于瑞士的日内瓦。其成员由来自世界上 100 多个国家的国家标准化团体组成,代表中国参加 ISO 的国家机构是国家质检总局。ISO 与国际电工委员会(IEC)有密切的联系,中国参加 IEC 的国家机构也是国家质检总局。ISO 和 IEC 作为一个整体担负着制定全球协商一致的国际标准的任务,ISO 和 IEC 制定的标准实质上是自愿性的,这就意味着这些标准必须是优秀的标准,会给工业和服务业带来收益,所以他们自觉使用这些标准。ISO 和 IEC 有约1 000 个专业技术委员会和分委员会,各会员国以国家为单位参加这些技术委员会和分委员会的活动。ISO、IEC 每年制定和修订 1 000 个国际标准。标准的内容涉及广泛,从基础的紧固件、轴承各种原材料到半成品和成品,其技术领域涉及信息技术、交通运输、农业、保健和环境等。ISO 目前已经发布了 9 200 个国际标准,著名的 ISO9000 标准就是其中之一。

ISO9000 是 ISO 制定的企业质量管理和质量保证系列标准。"ISO9000"不仅指一个标准,而且是一族标准的统称。

具体讲,"ISO9000 族标准"是由 ISO/TC176 制定的所有国际标准。TC176 即 ISO中第 176 个技术委员会,全称是"质量保证技术委员会",1987 年更名为"质量管理和质量保证技术委员会"。TC176 专门负责制定质量管理和质量保证技术的标准。

ISO 于 1994 年发布了 ISO9000 至 9004 质量管理和质量保证系列的 5 个标准。到目前为止,近百个国家和地区都采用了 ISO9000 系列标准,全球已有 20 多万家企业通过了 ISO9000 认证,我国已经有 27 354 家企业通过了 ISO9000 认证。

2. 企业质量体系认证机构

按《产品质量法》第十四条的规定,企业质量体系认证机构是指国务院产品质量监督部门认可的或者国务院产品质量监督部门授权的部门认可的认证机构。中国认证机构国家认可委员会(CNAB),是中国国家认证认可监督管理委员会依法授权设立的国家认可机构,负责对从事各类管理体系认证和产品认证的认证机构进行认证能力的资格认可。

3. 企业质量体系认证的目的和意义

通过 ISO9000 质量认证,已经成为国际贸易中买方对卖方的一种基本要求。符合 ISO9000 族标准,就取得了一张通向国际市场的通行证。一个现代企业,要使自己的产品能够占领并巩固国内外市场,就一定要把质量管理作为工作的重点。由于 ISO9000 体系是一个市场机制,很多国家为了保护自己的消费市场,鼓励消费者优先采购获得 ISO9000 认证的企业产品。可以说,通过 ISO9000 认证已经成为企业产品质量、工作质量的一种证明。具体来说,其意义有两点:第一,对内而言,可以加强企业内部质量管理,实现质量目标,创优质产品;第二,对外而言,可以提高企业质量信誉。

(四)产品质量认证制度

产品质量认证是依据产品标准和相应技术要求,经国家认可的第三方认证机构确认,并通过颁发认证证书和认证标志来证明某一经鉴定的产品符合相应技术标准和相应技术要求的活动。《产品质量法》第十四条规定:"国家参照国际先进的产品标准和技术要求,推行产品质量认证制度。企业根据自愿原则可以向法定的认证机构(国务院产品质量监督部门认可的或者国务院产品质量监督部门授权的部门认可的认证机构)申请产品质量认证。经认证合格的,由认证机构颁发产品质量认证证书,准许企业在产品或者其包装上使用产品质量认证标志。"

除了《产品质量法》之外,国务院又于 2003 年 9 月 9 日发布了《认证认可条例》,统一规范了企业质量体系认证制度和产品质量认证制度。1991 年 5 月 7 日国务院发布的《产品质量认证管理条例》同时废止。

1. 产品质量认证制度的起源与发展

产品质量认证制度是商品经济发展的产物。在产品质量认证制度产生以前,卖方为了推销产品,往往用合格声明的方式来博取买方的信任,但这种声明缺乏权威性和公正性,鉴于此,由第三方来证实产品质量的产品质量认证,便应运而生。1903 年,英国出现了世界上第一个产品质量认证标志——风筝(BS)标志。继英国之后,产品质量认证得到了广泛发展。为了消除认证制度不统一所形成的国际贸易技术壁垒,协调各国认证制度,1971 年,ISO 成立了认证委员会,1985 年更名为"合格评审委员会"。

2. 产品质量认证的分类

我国产品质量认证分为合格认证和安全认证两类。实行合格认证的产品,必须符合标准化法规定的国家标准或行业标准的要求;实行安全认证的产品,必须符合标准化法中有关强制性标准的要求。

3.产品质量认证方式与认证机构

我国产品质量认证方式采用国际上通行的第三方认证制度。即由认证机构作为独立于生产方和购买方之外的第三方机构,公正地证明某一产品的质量符合规定的标准。

按《产品质量法》的规定,同企业质量体系认证机构一样,产品质量认证机构也是指国务院产品质量监督部门认可的或者国务院产品质量监督部门授权的部门认可的认证机构。有些认证机构,既具有产品质量检验的职能,又具有产品质量认证的职能,如国家安全玻璃及石英玻璃质量监督检验中心。而有些认证机构,则兼具产品质量认证和企业质量体系认证多种职能,如中国质量认证中心(CQC)、方圆标志认证中心等。

4.产品质量认证的种类

根据认证机构的不同以及认证的对象即产品的类别不同,产品质量认证的具体种类有很多,如3C认证、QS认证、方圆认证、长城认证、CE认证等。

5.产品质量认证的目的和意义

推行产品质量认证制度是为了保证产品质量,提高产品信誉,增强产品竞争能力,更好地保护消费者权益。扩大和促进对外贸易,发展国际产品质量认证合作,提高我国产品在国际市场上的地位。产品质量认证制度实质上是一种提高产品信誉的标志制度。通过产品质量认证标志向社会和购买者提供产品质量的明示担保,表明产品的质量是合格的、安全的、可靠的,购买者可以放心使用。认证标志的信誉代表着产品质量的信誉。

6.企业质量体系认证与产品质量认证的区别

(1)前者认证的对象是企业的质量管理体系,后者认证的对象则是企业的某一产品;前者认证的依据是企业质量管理标准,后者认证的依据是产品质量标准。

ISO9000认证是一个生产过程、管理体系的认证,它不是一个产品的认证,它是一个让产品生产出来并使之合格的管理过程。ISO9000质量认证只要求企业的生产过程是按照国际标准来制定和约束的,但并不涉及具体的产品质量如何。也就是说,ISO9000认证只是针对企业的质量而非产品质量。

(2)申请产品质量认证的企业,其企业质量体系应符合国家质量管理和质量保证标准及补充要求。但不要求必须通过ISO9000标准。

(3)获得企业质量体系认证的企业,并不等于直接获得产品质量认证,后者还须具备必要条件,并根据一定程序获取。因此获得企业质量体系认证的企业,不得在其产品上使用产品质量认证标志,但在申请产品质量认证时可免除对企业质量体系的审查,两种认证制度互不为前提。

(4)企业质量体系认证属于自愿认证而非强制认证,而产品质量认证既有自愿认证,又有强制认证。对于某些关系到人体健康,人身、财产安全的产品,实行强制认证制度,即不通过强制认证,该产品就不允许生产和销售,如前面说到的3C认证和QS食品质量安全认证。凡是获准认证的产品,除接受国家法律和行政法规规定的检查外,免予其他检查,并享有优质优价、优先推荐参加国优产品评定等优惠条件。

（五）产品生产许可证制度

1. 工业产品许可证制度

为了从源头上提高产品质量，保证产品安全，保护环境，国家对重要工业产品实施生产许可证制度。1984年4月7日国务院发布了《工业产品生产许可证试行条例》，2002年4月19日国家质检总局又发布了《工业产品生产许可证管理办法》。这两个法规对工业产品许可证制度做了明确的规定。

工业产品生产许可证是国家产品质量监督管理部门通过对法律规定范围内的企业生产产品质量的检测和质量体系的审查，确认其符合生产合格产品的条件而许可其生产该产品的一种资格证书。

国家统一制定并公布《实施工业产品生产许可证制度的产品目录》。对于实行生产许可证管理的产品，任何企业、单位和个人，必须取得生产许可证后才具有生产该产品的资格，未取得生产许可证不得生产《实施工业产品生产许可证制度的产品目录》中的产品。

国家产品质量监督管理部门是工业产品生产许可证的主管机构。国家质检总局统一管理、组织实施全国工业产品生产许可证工作，省级质量技术监督局在国家质检总局的领导下对本行政区域内生产许可证工作进行日常监督和管理。

企业取得生产许可证必须具备一定的基本条件，生产《实施工业产品生产许可证制度的产品目录》所列产品的企业，应当向省级质量技术监督局提出申请。省级质量技术监督局应在受理企业申请后组织对申请取证企业的生产条件进行审查并现场抽封样品。申请企业应当在封样后将样品送达指定的检验机构。检验机构收到样品后，应当按照规定的标准和要求进行检验。经审定，符合发证条件的，由国家质检总局颁发生产许可证。凡取得生产许可证的产品，企业必须在产品、包装或者说明书上标注生产许可证标记和编号。

2. 食品生产许可证制度

2003年6月19日国家质检总局发布的《食品生产加工企业质量安全监督管理办法》规定，从事食品生产加工的企业（含个体经营者），必须按照国家实行食品质量安全市场准入制度的要求，具备保证食品质量安全必备的生产条件，按规定程序获取食品生产许可证，所生产加工的食品必须经检验合格并加印（贴）食品质量安全市场准入标志后，方可出厂销售。国家质检总局授权省级质量技术监督部门组织开展本辖区食品生产许可证的受理、企业必备条件审查、产品质量检验和食品生产许可证发证工作。食品生产加工企业按照地域管辖和分级管理的原则，到所在地的市（地）级以上质量技术监督部门提出办理食品生产许可证的申请。

（六）产品质量抽查与召回制度

1. 产品抽查

质监机构随机抽取，不重复抽查，结果向社会公布，不合格产品依法处理。

2. 产品召回

产品召回（Defect Product Callback）制度，是指缺陷产品的生产商、销售商或进口商对于其生产、销售或进口的存在危及消费者的人身、财产安全的缺陷产品从市场上收回，并免费对其进行修理或更换的制度。产品召回的目的是及时消除或减少缺陷产品的危害。

我国《产品质量法》目前无产品召回规定。但《侵权责任法》第四十六条规定:"产品投入流通后发现存在缺陷的,生产者、销售者应当及时采取警示、召回等补救措施。"这一规定适用所有产品。此外《消法》第十九条规定:"经营者发现其提供的商品或者服务存在缺陷,有危及人身、财产安全的不合理的危险的,应当立即向有关行政部门报告和告知消费者,并采取停止销售、警示、召回、无害化处理、销毁、停止生产或者服务等措施。采取召回措施的,经营者应当承担消费者因商品被召回支出的必要费用。"

第三节　生产者、销售者的产品质量义务

一、生产者的产品质量义务

(一)保证产品质量

生产者应当对其生产的产品质量负责,生产者生产的产品质量应该符合下列要求:

1. 不存在危及人身、财产安全的不合理的危险,有保障人体健康和人身、财产安全的国家标准、行业标准的,应当符合该标准;

2. 具备产品应当具备的使用性能,但对产品存在使用性能的瑕疵做出说明的除外;

3. 符合在产品或者其包装上注明采用的产品标准,符合以产品说明、实物样品等方式表明的质量状况。

(二)产品包装标志符合要求

产品包装标志必须真实,并符合下列要求:

1. 有产品质量检验合格证明;

2. 有中文标明的产品名称、生产厂厂名和厂址;

3. 根据产品的特点和使用要求,需要标明产品规格、等级、所含主要成分的名称和含量的,用中文相应予以标明;需要事先让消费者知晓的,应当在外包装上标明,或者预先向消费者提供有关资料;

4. 限期使用的产品,应当在显著位置清晰地标明生产日期和安全使用日期或者失效日期;

5. 使用不当,容易造成产品本身损坏或者可能危及人身、财产安全的产品,应当有警示标志或者中文警示说明。

但并非所有产品的包装均须同时符合以上五项要求。裸装食品和难以附加标志的裸装产品,可不附加产品包装标志。

(三)特殊产品包装符合要求

易碎、易燃、易爆、有毒、有腐蚀性、有放射性等危险物品以及储运中不能倒置和其他有特殊要求的产品,其包装质量必须符合相应要求,依照国家有关规定做出警示标志或者中文警示说明,标明储运注意事项。

（四）不得从事法律禁止的行为

生产者不得有下列行为：

1.生产者不得生产国家明令淘汰的产品；

2.生产者不得伪造产地，不得伪造或者冒用他人的厂名、厂址；

3.生产者不得伪造或者冒用认证标志等质量标志；

4.生产者生产产品，不得掺杂、掺假，不得以假充真、以次充好，不得以不合格产品冒充合格产品。

二、销售者的产品质量义务

（一）建立并执行进货检查验收制度，验明产品合格证明和其他标志

销售者应当建立并执行进货检查验收制度，验明产品合格证明和其他标志。进货检查验收包括产品标志检查、产品感官检查和必要的产品内在质量的检验。

（二）保持销售产品的质量

销售者应当采取措施，保持销售产品的质量。销售者应该根据产品的特点，采取必要的防雨、防晒、防霉变，对某些特殊产品采取控制温度、湿度等措施，保持产品进货时的质量状况。

（三）销售产品的标志符合要求

销售者销售的产品的标志应当符合《产品质量法》第二十七条的规定，即销售者与生产者有同样的义务。但销售者还有自己应注意的问题，如应"严把产品标志关"，应当向生产者索要合法、齐全的标志和说明，不可妥协地接受其不合格甚至假冒的产品标志。销售者尤其不可"另起炉灶"，搞假冒产品标志。销售者对用户、消费者更负有直接的告知产品警示标志和说明的义务。

（四）不得从事法律禁止的行为

销售者不得有下列行为：

1.销售者不得销售国家明令淘汰并停止销售的产品和失效、变质的产品；

2.销售者不得伪造产地，不得伪造或者冒用他人的厂名、厂址；

3.销售者不得伪造或者冒用认证标志等质量标志；

4.销售者销售产品，不得掺杂、掺假，不得以假充真、以次充好，不得以不合格产品冒充合格产品。

第四节　违反产品质量法的法律责任

一、产品质量的民事责任

（一）产品瑕疵的民事责任

产品瑕疵的民事责任又称产品瑕疵担保责任（以下简称瑕疵责任），这里所说的担保，

是指生产者、销售者应当对产品的质量做出的保证,可以分为明示担保和默示担保两类。

明示担保是基于生产者、销售者做出的承诺而产生的,它是生产者、销售者对其产品符合规定标准的声明或陈述,包括通过产品说明、广告、实物样品或者标签等方式来表明产品的质量状况。

默示担保是指依据法律规定产生的,生产者、销售者必须对产品的使用性能进行无条件的担保,不以书面的形式出现,也不像明示担保那样公开地做出承诺,但自产品投入市场之时起,这种默示的担保就依法自动产生。《美国统一商法典》规定默示担保要保证产品适于销售、保证产品适合于某一种通常用途。

1. 承担瑕疵责任的前提

销售者和主张权利的权利人之间要有买卖合同的存在。所以产品瑕疵担保责任的实质是合同违约责任。

2. 承担瑕疵责任的主体

由于瑕疵责任实际上是合同产生的卖方必须向买方承担的合同违约责任,因此承担瑕疵责任的主体是销售者而不是生产者。

3. 承担瑕疵责任的条件

销售者售出的产品有下列情形之一的,即构成承担瑕疵责任的条件:

(1)不具备产品应当具备的使用性能而事先未做说明的;

(2)不符合在产品或者其包装上注明采用的产品标准的;

(3)不符合以产品说明、实物样品等方式表明的质量状况的;

(4)产品不符合契约约定的效用或卖方保证的品质的。

上面第一项违反了我们前面所讲的默示担保,后两项则违反了明示担保。只要存在上述几种情形,不论是否造成损害后果,不论销售者主观是否有过错,销售者都应当承担民事责任。在产品瑕疵担保责任中,买方负有对产品瑕疵的举证责任,即对上述三种情形进行举证。

4. 承担瑕疵责任的方式

销售者售出的产品有上述几种情形之一的,销售者应当负责修理、更换、退货;给购买者造成损失的,销售者应当赔偿损失。赔偿损失后,属于生产者的责任或者属于向销售者提供产品的其他销售者(以下简称供货者)的责任的,销售者有权向生产者、供货者追偿。

(二)产品缺陷的民事责任

产品缺陷的民事责任即我们在本章第一节里提到的产品责任。

1. 生产者应当承担的产品责任

因产品存在缺陷造成人身、缺陷产品以外的其他财产(以下简称他人财产)损害的,生产者应当承担赔偿责任。生产者应当承担的产品责任实行无过错原则,也称严格责任原则。即生产者的产品责任不以过错为构成要件。

严格责任原则是美国法院首创的一项原则。其基本含义是:生产者生产的产品因缺陷造成他人人身和财产损害时,不论生产者主观上是否有过错,均应向受害人承担损害赔偿责任。按照这一原则,产品责任的构成,不以生产者对其产品存在的缺陷有过错为条件;受害人也无须对生产者的过错承担举证义务。但是,对于产品存在缺陷以及产品缺陷与损害后果之间的因果关系,受害人仍负有证明义务。

随着社会的发展,产品越是复杂,消费者保护自己免受损害的机会越少。严格责任原则明显对消费者有利,适应了社会经济高度社会化、技术化的现实,最大限度地保护了消费者的权益,因此是目前世界各国产品责任立法的主流趋向。

生产者产品责任的构成要件有三项:(1)产品存在缺陷;(2)造成了他人人身、他人财产损害(存在损害事实);(3)缺陷与损害事实之间有因果关系。这三方面的要件要由受害人举证。

《产品质量法》同时也规定了生产者不承担产品责任的除外情况即法定免责条件,生产者能够证明有下列情形之一的,不承担赔偿责任(举证责任倒置):

(1)未将产品投入流通的;

未将产品投入流通的是指产品根本没有投入销售,因为《产品质量法》第二条规定的产品是经过加工、制作,用于销售的产品,未将产品投入流通的当然不适用本法。

(2)产品投入流通时,引起损害的缺陷尚不存在的;

(3)将产品投入流通时的科学技术水平尚不能发现缺陷的存在。

由于科学技术的发展,根据新的科学技术,可能会发现过去生产并投入流通的产品会存在一些不合理的危险。对这种不合理的危险在产品投入流通时的科学技术是不能发现的,是生产者难以预见的,对其免除责任也是合理的。但要注意,评断产品是否能为投入流通时的科技水平所发现,是以当时整个社会所具有的科学技术水平来认定的,而不是依据产品生产者自身所掌握的科学技术水平来认定的。

2. 销售者应当承担的产品责任

销售者应当承担的产品责任分为以下两种情况:

第一种情况实行过错责任原则,即由于销售者的过错使产品存在缺陷,造成人身、他人财产损害的,销售者应当承担赔偿责任。

第二种情况实行无过错责任原则,即销售者不能指明缺陷产品的生产者和供货者的,销售者承担赔偿责任。

对消费者来讲,因销售者的原因造成产品存在缺陷并致消费者人身、他人财产损害而引起的责任,既有产品责任又有合同责任,存在两种责任的竞合。

3. 产品责任追究程序

因产品存在缺陷,造成人身、他人财产损害的,受害人可以向产品的生产者要求赔偿,也可以向产品的销售者要求赔偿。《产品质量法》的这一规定与《消法》相关规定是一致的。

生产者、销售者履行赔偿责任后,其相互之间的责任追究问题,实行过错原则,非责任方可向过错方追偿。即属于产品的生产者的责任,产品销售者赔偿的,产品的销售者有权向产品的生产者追偿。属于产品的销售者的责任,产品的生产者赔偿的,产品的生产者有权向产品的销售者追偿。

4. 产品责任的赔偿方式和赔偿标准

(1)造成人身伤害的:侵害人应当赔偿医疗费、治疗期间的护理费、因误工减少的收入等费用;造成残疾的,还应当支付残疾者生活自助费、生活补助费、残疾赔偿金以及由其抚养的人所必需的生活费等费用;造成受害人死亡的,并应当支付丧葬费、死亡赔偿金以及由死者生前抚养的人所必需的生活费等费用。

（2）造成财产损失的:侵害人应当恢复原状或者折价赔偿。受害人因此遭受其他重大损失的,侵害人应当赔偿损失。

5. 产品责任时效

（1）诉讼时效

产品责任的诉讼时效为2年。

（2）请求权时效

①没有明示产品安全使用期的产品,因产品存在缺陷造成损害要求赔偿的请求权期限为十年(在造成损害的缺陷产品交付最初消费者手中起为第一年)。即产品在交付最初消费者手中起十年之内因产品缺陷造成损害的,生产者和销售者承担产品责任;十年之后因产品缺陷造成损害的,生产者和销售者不承担产品责任,受害人丧失提起损害赔偿的请求权。

②有明示安全使用期的产品,其请求权时效就为该产品明示的安全使用期。假设某产品明示其安全使用期为两年,其请求权期限就为两年(食品和药品的安全使用期为其保质期或其有效期)。假设某药品有效期为两年,在这两年之内因该药品缺陷造成损害的,生产者和销售者承担产品责任;两年之后因药品缺陷造成损害的,生产者和销售者不承担产品责任,受害人丧失提起损害赔偿的请求权。

（3）请求权时效和诉讼时效的关系

请求权时效是诉讼时效存在的基础,丧失请求权时效即丧失诉讼时效。两个时间期间的性质并不相同,只有同时满足请求权时效和诉讼时效的,法院才会立案。

（三）产品质量纠纷争议的处理

《产品质量法》规定了因产品发生民事纠纷的解决途径,包括协商、调解、仲裁和诉讼四种途径。因产品质量发生民事纠纷时,当事人之间可以通过协商或者调解解决。当事人不愿通过协商、调解解决或者协商、调解不成的,可以根据当事人各方的协议向仲裁机构申请仲裁;当事人各方没有达成仲裁协议或者仲裁协议无效的,可以直接向人民法院提起诉讼。

《产品质量法》授权产品质量监督部门、工商行政管理部门及有关部门对消费者就产品质量问题的申诉"负责处理",主要的形式为行政调解。但这种行政调解没有当然的法律效力,即消费者不服行政调解的,还可以根据当事人各方达成的仲裁协议向仲裁机构申请仲裁或直接向人民法院提起诉讼。产品质量部监督部门对无须追究刑事、行政责任的产品质量申诉,根据申诉人或被申诉人的请求,可采用调节方式予以处理。

二、产品质量的行政责任

产品质量的行政责任是指生产者、销售者因违反产品质量监督管理法律法规,而应承担的法律后果。产品质量的行政责任由技术监督部门、工商行政管理部门追究和制裁。产品质量的行政责任只适用过错责任原则。

按照《产品质量法》的规定,生产者、销售者应当承担的产品质量行政责任具体包括下列情形:

1. 生产、销售不符合保障人体健康和人身、财产安全的国家标准、行业标准的产品的，责令停止生产、销售，没收违法所生产、销售的产品，并处违法生产、销售的产品（包括已售出和未售出的产品，下同）货值金额等值以上 3 倍以下的罚款；有违法所得的，并处没收违法所得；情节严重的，吊销营业执照。

2. 在产品中掺杂、掺假，以假充真、以次充好，或者以不合格产品冒充合格产品的，责令停止生产、销售，没收违法生产、销售的产品，并处违法生产、销售产品货值金额 50％ 以上 3 倍以下的罚款；有违法所得的，并处没收违法所得；情节严重的，吊销营业执照。

3. 生产国家明令淘汰的产品的，销售国家明令淘汰并停止销售的产品的，责令停止生产、销售，没收违法生产、销售的产品，并处违法生产、销售产品货值金额等值以下的罚款；有违法所得的，并处没收违法所得；情节严重的，吊销营业执照。

4. 销售失效、变质的产品的，责令停止销售，没收违法销售的产品，并处违法销售产品货值金额 2 倍以下的罚款；有违法所得的，并处没收违法所得；情节严重的，吊销营业执照。

5. 伪造产品产地的，伪造或者冒用他人厂名、厂址的，伪造或者冒用认证标志等质量标志的，责令改正，没收违法生产、销售的产品，并处违法生产、销售产品货值金额等值以下的罚款；有违法所得的，并处没收违法所得；情节严重的，吊销营业执照。

6. 产品标识不符合《产品质量法》规定的，责令改正；有包装的产品标识不符合《产品质量法》规定，情节严重的，责令停止生产、销售，并处违法生产、销售产品货值金额 30％ 以下的罚款；有违法所得的，并处没收违法所得。

7. 拒绝接受依法进行的产品质量监督检查的，给予警告，责令改正；拒不改正的，责令停业整顿；情节特别严重的，吊销营业执照。

对产品质量问题的行政争议，被处罚方可通过行政复议或者行政诉讼的程序处理。

三、产品质量的刑事责任

生产者、销售者实施下列违法行为，构成犯罪的，应该追究刑事责任：生产、销售不符合保障人体健康和人身、财产安全的国家标准、行业标准的；在产品中掺杂、掺假，以次充好，或者以不合格产品冒充合格产品的；销售失效、变质的产品的。我国《刑法》对有关产品质量的刑事责任做出了更为详细的规定。《刑法》专门规定了"生产、销售伪劣商品罪"，对生产、销售伪劣商品应该承担的刑事责任做出了明确的规定，加大了打击生产、销售伪劣商品犯罪行为的力度。

﹨﹨﹨本章相关法律依据 ◀◀

1. 《中华人民共和国产品质量法》，1993 年 2 月 22 日第七届全国人民代表大会常务委员会第三十次会议通过，根据 2000 年 7 月 8 日第九届全国人民代表大会常务委员会第十六次会议《关于修改〈中华人民共和国产品质量法〉的决定》修正。

2. 《关于实施〈中华人民共和国产品质量法〉若干问题的意见》，2011 年 2 月 22 日国家质检总局发布。

3. 《中华人民共和国食品安全法》，2009 年 2 月 28 日第十一届全国人大常委会第七次会议通过。

第十四章

招标投标法律制度

第一节　招标投标法概述

一、招标投标的概念

招标投标是以订立招标采购合同为目的的民事活动,属于订立合同的预备阶段。招标和投标是交易活动中的两个主要步骤。招标(Tender)是指招标人为购买商品或者让他人完成一定的工作,通过发布招标公告或招标邀请书的形式,公布特定的标准和条件,公开或书面邀请投标人投标,从中选择中标人的行为。投标是指投标人按照招标公告或招标邀请书的要求,提出自己的报价及相应条件的要约行为。

从合同法意义上讲,招标人的招标公告是一种要约邀请,通过招标的形式向特定或者不特定的人发出要约引诱,希望其向自己发出要约。[①] 投标是一种法律上的要约行为,是指投标人按照招标人提出的要求和条件,在规定的期限内招标人发出的包括合同主要条款的意思表示。

是否采用招标投标形式签订合同由合同当事人决定,但法律也规定部分项目必须进行招标。明确哪些项目必须进行招标,哪些项目可由当事人选择招标方式,是推行招标投标制度的前提条件。我国立法必须招标的标的限制为三类具体工程项目:

1. 大型基础设施、公共事业等关系社会公共利益、公共安全的项目;

2. 全部或者部分使用国有资金投资或者国家融资的项目;

3. 使用境外贷款、援助资金的项目。

根据《招标投标法》第三条的规定,招标的内容涉及上述三类工程项目的各个环节,包括项目的勘察、设计、施工、监理以及与工程建设有关的重要设备、材料的采购,必须进行招标。但是,涉及国家安全、国家秘密、抢险救灾或者属于利用扶贫资金实行以工代赈、需

---

① 黄月华.经济法通论.北京:法律出版社,2003:363.

要雇用农民工等特殊情况,不适宜进行招标的项目,按照国家有关规定可以不进行招标。

凡不属于法律明文规定必须采用招标投标方式交易的项目,当事人可自己决定是否采取招标方式。

二、招标投标法的概念与立法目的

招标投标法是调整因市场竞争中招标投标活动而产生的社会关系的法律规范的总称。《招标投标法》于 2000 年 1 月 1 日起实施。此外,在其他法律、法规中也有涉及招标投标的内容。如《合同法》《建筑法》《反不正当竞争法》《国家基本建设大中型项目实行招标投标的暂行规定》等。

根据《招标投标法》的规定,凡在中华人民共和国境内进行的招标投标活动,均应适用《招标投标法》。但是,对于利用外资的项目,亦可适用资金提供方对招标投标的特殊规定。使用国际组织或者外国政府贷款、援助资金的项目进行招标,贷款方、资金提供方对招标投标的具体条件和程序有不同规定的,可以使用其规定,但不得违背中华人民共和国的社会公共利益。

制定《招标投标法》的根本目的是完善社会主义市场经济体制。从这一根本目的出发,《招标投标法》的立法目的有以下三点:

(一)规范招标投标活动

改革开放以来,我国的招标投标事业得到了长足发展,推行的领域不断拓宽,发挥的作用也日趋明显。但是,当前招投标活动中存在一些突出问题,如:推行招标投标的力度不够,不少单位不愿意招标或想方设法规避招标;招标投标程序不规范,做法不统一,漏洞较多,不少项目有招标之名而无招标之实;招标投标中的不正当交易和腐败现象比较严重,吃回扣、钱权交易等违法犯罪行为时有发生;政企不分,对招标投标活动的行政干预过多;行政监督体制不顺,职责不清,在一定程度上助长了地方保护主义和部门保护主义。为了克服种种弊端,规范招标投标活动,《招标投标法》用较大的篇幅规定了招标投标程序,并在第五章规定了违反这些程序性规则应承担的法律责任。

(二)提高经济效益

招标的最大特点是通过集中采购,让众多的投标人进行竞争,以最低或较低的价格获得最优的货物、工程或服务。从这一目的出发,《招标投标法》中特别规定了强制招标制度,即规定某些类型的项目必须通过招标进行,否则项目单位要承担法律责任。

(三)保证项目质量

由于招标的特点是公开、公平和公正,将采购活动置于透明的环境之中,有效地防止了腐败行为的发生,也使工程、设备等采购项目的质量得到了保证。从某种意义上说,招标投标制度执行得如何,是项目质量能否得到保证的关键。从我国近些年来发生的重大工程质量事故看,大多是因为招投标制执行差,搞内幕交易,违规操作,使无资质或者资质不够的施工队伍承包工程,造成建设工程质量下降,事故不断发生。因此,通过推行招标投标,选择真正符合要求的供货商、承包商,使项目的质量得以保证,是制定《招标投标法》的主要目的之一。

第二节　招标投标的当事人及招标代理机构

一、招标投标的当事人

(一)招标人

招标人是指依照《招标投标法》的规定提出招标项目、进行招标的法人或者其他组织。招标人不得为自然人。招标人作为招标投标活动的当事人,应当具备进行招标的必要条件:第一,招标人应当有进行招标项目的相应资金或者资金来源已经落实,并应当在招标文件中如实载明;第二,招标人提出的招标项目按照国家有关规定需要履行项目审批手续的,应当先履行审批手续,取得批准。

(二)投标人

投标人,是指相应招标、参加投标竞争的法人或者其他组织。对于参加投标的自然人,法律做出不同于招标人的特殊规定,即依法招标的科研项目允许个人参加投标的,投标的个人适用《招标投标法》有关投标人的规定。为保证投标人成为中标人后能顺利履行合同,必须对其权利能力和行为能力提出要求。《招标投标法》规定:投标人应当具备承担招标项目的能力;国家有关规定对投标人资格条件或者招标文件对投标人资格条件有规定的,投标人应当具备规定的资格条件。

(三)中标人

中标人是投标人之一,是指经对投标人的投标进行评议后,从投标人中最终选定并与其签订合同的投标人。中标人应符合的条件是:能够最大限度地满足招标文件中规定的各项综合评价标准;能够满足招标文件的实质性要求,并且经评审的投标价格最低;但是投标价格低于成本的除外。

二、招标代理机构

招标代理机构是指依法设立、从事招标代理业务并提供相关服务的社会中介组织。招标代理机构应当拥有从事招标代理业务的营业场所和相应资金;有能够编制招标文件和组织评标的专业力量;并拥有符合《招标投标法》规定条件、可以作为评标委员会成员人选的技术、经济等方面的专家库。从事工程建设项目招标代理业务的招标代理机构,其资格由国务院或者省级人民政府的建设行政主管部门认定,从事其他招标代理业务的招标代理机构,其资格认定的主管部门由国务院规定。

招标人有权决定自行办理招标事宜或者委托招标代理机构代为办理；委托办理的，招标人有权自行选择招标代理机构。因为招标投标活动是一种组织性、规范性及专业性较强、具有较高难度的交易运作方式，许多建设单位难以凭借自己的力量进行招标投标，发展招标代理机构很有必要。

第三节 招标投标的环节

一、招标

(一)招标的方式

招标的方式分为公开招标和邀请招标两种。

1.公开招标(A Public Tender)

这是指招标人以招标公告的方式邀请不特定的法人或者其他组织投标。其特点是能保证其竞争的充分性，具体体现在：①招标人以招标公告的方式邀请投标；②邀请投标的对象为不特定的法人或者其他组织。

2.邀请招标(An Invitation for Tender)

这是指招标人以投标邀请书的方式邀请特定的法人或者其他组织投标。其特征为：招标人向三个以上具备承担招标项目能力、资信良好的特定法人或者其他组织发出投标邀请；邀请投标的对象是特定的法人或者其他组织。

《招标投标法》第十一条规定，国务院发展计划部门确定的国家重点项目和省级人民政府确定的地方重点项目不适合公开招标的，要经国务院发展计划部门或者省级人民政府批准，才可以进行邀请招标。

(二)招标程序

1.招标公告与投标邀请书

招标方式不同，发布招标信息的方法亦不同，根据《招标投标法》，有以下两种情况：公开招标的，应发布招标公告。招标人采取公开招标方式的，应当通过国家指定的报刊、信息网络或者其他媒介发布招标公告。招标公告应当载明招标人的名称和地址、招标项目的性质、数量、实施地点和时间以及获得招标文件的方法等事项；邀请招标的，应发出投标邀请书。招标人采用邀请招标方式的，应当向三个以上具备承担招标项目能力、资信良好的特定的法人或者其他组织发出投标邀请书。投标邀请书应载明的事项与招标公告应载明的事项相同。

2.对投标人的资格审查

由于招标项目一般都是大中型建设项目、"交钥匙"项目和技术复杂的项目，为了确保建设工程的质量以及避免招标工作上的财力和时间的浪费，法律允许招标人要求潜在的投标人提供有关资质证明文件和业绩情况，并对其进行资格审查。

为了体现公正原则，招标人不得以不合理的条件限制或者排斥潜在投标人，不得对潜在投标人实行歧视待遇。

3.编制招标文件

招标文件是要约邀请内容的具体化。招标文件不同于《合同法》意义上的一般的要约邀请。一方面,招标人应当根据招标项目的特点需要编制招标文件。另一方面,考虑到招标中存在着共性,法律规定招标文件必须包括下列内容:招标项目的技术要求、招标人资格审查的标准、投标报价要求和评标标准等所有实质性要求和条件以及拟签订合同的主要条款。

招标文件不得要求或者表明特定的生产供应商,不得含有排斥潜在投标人的内容及含有排斥潜在投标人倾向的内容。招标人不得向他人透露已获得招标文件的潜在投标人的名称、数量以及可能影响公平竞争的有关招标投标的其他情况;招标人设有标底的,标底必须保密。

二、投标

(一)投标文件

投标人应当按照招标文件的要求编制投标文件。投标文件应当对招标文件提出的实质性要求和条件做出响应。招标项目属于建设施工的,投标文件的内容应当包括拟派出的项目负责人与主要技术人员的简历、业绩和拟用于完成招标项目的机械设备等。

投标人应当在招标文件要求提交投标文件的截止时间前,将投标文件送达投标地点。招标人收到投标文件后,应当签收保存,不得开启。投标人少于三个的,招标人应当重新招标。在招标文件要求提交投标文件的截止时间后送达的投标文件,招标人应当拒收。投标人在招标文件要求提交投标文件的截止时间前,可以补充、修改或者撤回已提交的投标文件,并书面通知招标人。补充、修改的内容为投标文件的组成部分。投标人根据招标文件载明的项目实际情况,拟在中标后将中标项目的部分非主体、非关键性工作进行分包的,应当在投标文件中载明。

(二)联合体投标

1.联合体投标的含义和特征

联合体投标是指两个以上的法人或者其他组织,共同组成一个非法人的联合体,以该联合体的名义,作为一个投标人,参加投标竞争。

联合体投标具有以下特征:联合体的主体包括两个以上的法人或者其他组织;联合体是为了进行投标及中标后履行合同而组织起来的一个临时性的非法人组织;联合体以一个投标人的身份共同投标。就中标项目,联合体各方对招标人承担连带责任。

2.联合体投标的资格条件

为了确保联合体投标的质量,防止利用联合体的方式规避法律,使不具备投标资格者投标甚至中标,《招标投标法》规定,联合体的各方均应当具备承担招标项目的相应能力;国家有关规定或者招标文件对投标人资格条件有规定的,联合体各方应当具备相应的资格条件。由同一专业的单位组成的联合体,按照资质等级较低的单位确定资质等级。

3.联合体各方的权利、义务及与招标人的关系

首先,在联合体内部,联合体各方应当签订共同投标协议,明确各方在招标项目中权

利、义务关系，并将共同投标协议连同投标文件一并提交招标人。其次，联合体中标后，应当由各方共同与招标人签订合同，就中标项目向招标人承担连带责任。这样规定的目的，在于避免出现问题时，联合体各方相互推诿责任，从而损害招标人的权益，不利于中标项目的完成。

4. 招标人不得强制投标人联合共同投标

《招标投标法》规定，招标人不得强制投标人联合共同投标，不得限制投标人之间的竞争。投标人之间的联合投标应当是出于自愿。实践中，有些地方公共工程项目，招标人是地方政府或者其授权的部门，他们往往基于地方保护主义或者部门保护主义，强制当地实力不够的单个的投标人共同联合投标，以阻止外地的企业中标，这是法律所不允许的。

（三）投标人不得从事的行为

1. 投标人不得相互串通投标或者与招标人串通投标。

2. 投标人不得以行贿的手段谋取中标。

《招标投标法》规定：禁止投标人以向招标人或者评标委员会成员行贿的手段谋取中标。

3. 投标人不得以低于成本的报价竞标。

4. 投标人不得以他人名义投标或者其他方式弄虚作假骗取中标。《招标投标法》要求中标人应亲自履行合同约定的义务，不得转让或者变相转让中标项目，分包亦受到严格限制。

三、开标

开标（Bid Opening），是指招标人将所有的投标文件启封揭晓，有开标主持人逐一宣读投标文件。[1] 开标使招标人和全体投标人能够了解实际参加投标的人有哪些、各投标人的投标价格及其投标文件的其他主要内容，以便在此基础上评价并确定中标人。

（一）开标的时间和地点

"开标应当在招标文件确定的提交投标文件截止时间的同一时间公开进行"，是指提交投标文件截止之时（如某年某月某日几时几分），即是开标之时（也是某年某月某日几时几分）。之所以这样规定，是为了防止投标截止时间之后与开标之前仍有一段时间间隔。如有间隔，也许会给不端行为造成可乘之机（如在指定开标时间之前泄露投标文件中的内容），即使供应商或承包商等到开标之前最后一刻才提交投标文件，也同样存在这种风险。

开标地点应与招标文件中规定的地点一致，是为了防止投标人因不知地点变更而不能按要求准时提交投标文件。这也是为维护投标人的利益而做出的规定。

（二）开标的参加人

开标既然是公开进行的，就应当有一定的相关人员参加，这样才能做到公开性，让投标人的投标为各投标人及有关方面所共知。一般情况下，开标由招标人主持；在招标人委托招标代理机构代理招标时，开标也可由该代理机构主持。主持人按照规定的程序负责

---

[1]　何红锋著：《招标投标法研究》，南开大学出版社，2004年1月版，第128页。

开标的全过程。其他开标工作人员办理开标作业及制作纪录等事项。

邀请所有的投标人或其代表出席开标,可以使投标人得以了解开标是否依法进行,有助于使他们相信招标人不会任意做出不适当的决定;同时,也可以使投标人了解其他投标人的投标情况,做到知己知彼,大体衡量一下自己中标的可能性,这对招标人的中标决定也将起到一定的监督作用。此外,为了保证开标的公正性,一般还邀请相关单位的代表参加,如招标项目主管部门的人员,评标委员会成员,监察部门代表等。有些招标项目,招标人还可以委托公证部门的公证人员对整个开标过程依法进行公证。

(三)开标程序

开标时,首先应该当众检查投标文件的密封情况;招标人委托公证机构的,可由公证机构检查并公证。一般情况下,投标文件是以书面形式、加具签字并装入密封信袋内提交的。所以,无论是邮寄还是直接送到开标地点,所有的投标文件都应该是密封的。这是为了防止投标文件在未密封状况下失密,从而导致相互串标,更改投标报价等违法行为的发生。只有密封的投标,才被认为是形式上合格的投标,才能被当众拆封,并公布有关的报价内容。投标文件如果没有密封,或发现曾被打开过的痕迹,应被认定为无效的投标,不予宣读。

为了保证投标人及其他参加人了解所有投标人的投标情况,增加开标程序的透明度,所有投标文件的密封情况被确定无误后,应将投标文件中投标人的名称、投标价格和其他主要内容向在场者公开宣布。考虑到同样的目的,还需将开标的整个过程记录在案,并存档备查。开标记录一般应记载下列事项,由主持人和其他工作人员签字确认:(1)有案号的,其案号;(2)招标项目的名称及数量摘要;(3)投标人的名称;(4)投标报价;(5)开标日期;(6)其他必要的事项。

四、评标

评标(Bid Assessment)是指对投标文件,按照规定的标准和方法,进行评审,选出最佳投标。评标是招标投标活动中最重要的环节。

(一)评标委员会

为了保证评标的公正性,防止招标人左右评标结果,评标不能由招标人或其代理机构独自承担,而应组成一个由有关专家和人员参加的委员会,负责依据招标文件规定的评标标准和方法,对所有投标文件进行评审,向招标人推荐中标候选人或者直接确定中标人。评标委员会由招标人负责组织。

评标委员会除招标人或其代理机构的必要的代表外,还应包括技术、经济、法律等方面的专家。由于评标是一种复杂的专业活动,非专业人员根本无法对投标文件进行评审和比较,同时为了保证评标的公正性和权威性,《招标投标法》规定,专家人数不得少于成员总数的三分之二。在专家成员中,技术专家主要负责对投标中的技术部分进行评审;经济专家主要负责对投标中的报价等经济部分进行评审;而法律专家则主要负责对投标中的商务和法律事务进行评审。考虑到上述几方面的专家和招标人及其代理机构的代表,因此评标委员会人数一般应为5人以上单数。之所以规定5人以上单数,主要是为了避免评委在投票决定中标候选人或中标人时,出现相反意见票数相等的情况。

评标工作的重要性,决定了必须对参加评标委员会的专家的资格进行一定的限制,并非所有的专业技术人员都可进入评标委员会。《招标投标法》规定了专家的资格条件:(1)从事相关领域工作满8年。这是对实际工作经验和业务熟悉程度的要求。(2)具有高级职称或具有同等专业水平。这是对专业水准或职称方面的要求。两个条件的限制,为评标的顺利进行提供了人员素质保证。这些条件,也是与其他有关法律对有关专业人员的要求相一致的。

为了防止出现招标人在选定评标专家时有主观随意性的情况,招标人应从国务院或省级人民政府有关部门提供的专家名册或者招标代理机构的专家库中,确定评标专家。一般招标项目可以采取随机抽取的方式确定,有些特殊的招标项目,如科研项目、技术特别复杂的项目等,由于采取随机抽取的方式确定的专家不能胜任评标工作,或者只有少数专家能够胜任评标工作,因此招标人可以直接确定专家人选。专家名册或专家库,也称人才库,是根据不同的专业分别设置的该专业领域的专家名单或数据库。进入该名单或数据库中的专家,应该是在该领域具备上述条件的所有专家,而非少数或个别专家。

为了保证评标的公正性,《招标投标法》还确定了评标委员会成员的回避更换制度。所谓回避更换制度,即指与投标人《有利害关系》的人应当回避,不得进入评标委员会;已经进入的,应予以更换。根据有关法律规定,有下列情形之一的,可以认定为与投标人有利害关系:(1)是投标人或其代理人的近亲属;(2)与投标人有其他社会关系或经济利益关系,可能影响对投标的公正评审的。

评标委员会成员的名单,在中标结果确定前,属于应当保密的内容,不得泄露。

(二)评标的保密性和独立性

评标应在封闭状态下进行,评标委员会成员不得与外界有任何接触,有关检查、评审和授标的建议等情况,均不得向投标人或与该程序无关的人员透露。由于招标文件中对评标的标准和方法进行了规定,列明了价格因素和价格因素之外的评标因素及其量化计算方法,因此,所谓评标保密,并不是在这些标准和方法之外另搞一套标准和方法进行评审和比较,而是这个评审过程是招标人及其评标委员会的独立活动,有权对整个过程保密,以免投标人及其他有关人员知晓其中的某些意见、看法或决定,而想方设法干扰评标活动的进行,也可以制止评标委员会成员对外泄露和沟通有关情况,造成评标不公。当然,如果投标人在中标结果确定后对中标结果有异议,甚至认为自己的权益受到了招标人的侵害,有权向招标人提出异议,如果异议不被接受,还可以向国家有关行政监督部门提出申诉,或者直接向人民法院提起诉讼。

(三)询标

1. 询标的含义

询标是指评标委员会对投标文件内容含义不明确的部分向投标人所做的询问。为了使评标委员会能够公正、公平、有效地评审投标文件,《招标投标法》第三十九条规定,评标委员会可以要求投标人对投标文件中含义不明确的内容做必要的澄清或者说明。

提交投标截止以后,投标文件即不得被补充、修改,这是一条基本规则。但评标时,若发现投标文件的内容有含义不明确、不一致或明显打字(书写)错误或纯属计算上的错误的情形,评标委员会则应通知投标人做出澄清或说明,以确认其正确的内容。对于明显打字(书写)错误或纯属计算上的错误,评标委员会应允许投标人补正。澄清的要求和投标人的答复均应采取书面的形式。投标人的答复必须经法定代表人或授权代理人签字,作为投标文件的组成部分。

2. 对澄清或者说明的限制

根据法律的规定,投标人的澄清或者说明不得超过投标文件的范围或者改变投标文件的实质性内容。这种限定是为了防止投标人的澄清或者说明变成实质上的新要约。投标人的澄清或说明,仅仅是对上述情形的解释和补正,不得有下列行为:①超出投标文件的范围。如,投标文件没有规定的内容,澄清的时候加以补充;投标文件规定的是某一特定条件作为某一承诺的前提,但解释为另一条件,等等。②改变或谋求、提议改变投标文件中的实质性内容。所谓改变实质性内容,是指改变投标文件中的报价、技术规格(参数)、主要合同条款等内容。这种实质性内容的改变,目的就是为了使不符合要求的投标成为符合要求的投标,或者使竞争力较差的投标变成竞争力较强的投标。

(四)评标标准和中标条件

评标委员会应当按照招标文件已经确定的评标标准和方法来评审。对设有标底的,还应该参考标底。所谓标底,是指招标人根据招标项目的具体情况所编制的完成招标项目所需的基本概算。标底价格有成本、利润、税金等组成,一般应控制在批准的总概算及投资包干的限额内。[①]

评标委员会完成评审后,以书面形式向招标人报告,并推荐合格的中标人,由招标人或者其授权的评标委员会确定中标人。

中标人的投标应当符合下列条件:(1)能够最大限度地满足招标文件中规定的各项综合评价标准;(2)能够满足招标文件的实质性要求并且其投标价格最低。可见,我国对中标条件没有做具体的限定。实践中,采用何种条件由招标人确定。在中标人确定前,法律禁止招标人与投标人事先就投标实质性内容谈判。

(五)废标

通常情况下,招标文件中规定招标人可以废除所有的投标。废除所有的投标一般有两种情况:一是缺乏有效的竞争,如投标不满三家;二是大部分或全部投标文件不被接受,又主要有以下几种情况:(1)投标人不合格。(2)未依招标文件的规定投标。(3)投标文件为不符合要求的投标。(4)借用或冒用他人名义或证件,或以伪造、变造的文件投标。(5)伪造或变造投标文件。(6)投标人直接或间接地提议给予、给予或同意给予招标人或其他有关人员任何形式的报酬或利益,促使招标人在采购过程中做出某一行为或决定,或采取某一程序。(7)投标人拒不接受对计算错误所做的纠正。(8)所有投标价格或评标价大大高于招标人的期望价。

---

① 卞耀武.中华人民共和国招标投标法实用问答.北京:中国建材工业出版社,1999;81.

判断投标符不符合招标文件的要求,招标人及评标委员会可以有两个标准:第一个标准是,只有符合招标文件中全部条款、条件和规定的投标才是符合要求的投标;第二个标准是,即使投标文件有些小偏离,但并没有在根本上或实际上偏离招标文件载明的特点、条款、条件和规定,即对招标文件提出的实质性要求和条件做出了响应,仍可被看做是符合要求的投标。这两个标准,招标人在招标文件中应事先列明采用哪一个,并且这种偏离应尽量数量化,以便评标时加以考虑。

所有投标都被废除(否决)了,招标人应该重新招标,这是无疑义的。如果废标是因为缺乏竞争性,应考虑扩大广告的范围。如果废标是因为大部分或全部投标不符合招标文件的要求,则可以邀请原来通过资格预审的投标人提交新的投标文件。这里需要注意的是,招标人不得单纯为了获得最低价而废标。

6.评标委员会成员应遵守的准则

(1)客观、公正地履行职务。评标委员会成员应当客观、公正地履行职务,遵守职业道德,对所提出的评审意见承担个人责任。评标委员会的评标结果是评标委员会全体成员的集体意思表示。评标结果应当综合全体委员会成员意见而形成。

(2)禁止非法接触。在招标投标活动中,有些投标人为了中标,不惜采取各种不正当的手段来达到其目的。为了防止这些行为对评标的影响,评标委员会成员不得私下接触投标人,不得收受投标人的财务或者其他好处。

(3)保密义务。评标委员会成员和参与评标的有关工作人员不得透露对投标文件的评审和比较、中标候选人的推荐情况以及与评标有关的其他情况。

五、定标和中标

定标是指招标人自己或者评标委员会经授权确定中标人。中标是投标人经招标人评标最终被确定为中标人。招标人根据评标委员会提出的书面评标报告和推荐的中标候选人确定中标人。招标人也可以授权评标委员会直接确定中标人。国务院对特定招标项目有特别规定的,从其规定。招标人通知投标人中标的行为,对招标人来说是授标,对投标人而言是中标。授标应是向中标人表示对投标的完全接受,是承诺。中标人确定后,招标人应当向中标人发出中标通知书,并同时将中标结果通知所有未中标的投标人。中标通知书对招标人和中标人具有法律效力。中标通知书发出后,招标人改变中标结果的,或者中标人放弃中标项目的,应当依法承担法律责任。

中标通知书实质上就是招标人对其选中的投标人的承诺,是招标人同意某投标人的要约的意思表示。但《招标投标法》对于中标通知书的规定,有两点不同于《合同法》关于承诺的规定。一是《合同法》规定承诺通知到达要约人时发生法律效力,而中标通知书只要发出后即发生法律效力。在中标通知书发出以后,如果招标人改变中标结果,或者中标人放弃中标项目,应当承担法律责任。二是《合同法》规定承诺生效时合同成立,而中标通知书发出后,承诺虽然发生法律效力,但在书面合同订立之前,合同尚未成立。《招标投标法》这种特殊的规定,是为了适应招标投标的特殊情况,更加有利于招标人对投标人的约束,保护招标人的权利。

中标通知书发出后,如果招标人改变中标结果或者中标人放弃中标项目,应当依法承担法律责任。这种法律责任是指缔约过失责任。由于招标人或者投标人的上述行为在订立合同时违背诚实信用原则,给对方造成损失,应当承担赔偿责任。

六、订立招标合同

招标合同,是指招标人和中标人依照招标文件和投标文件订立的确定招标人和中标人之间的权利和义务关系的书面协议。合同订立的时间,是自中标通知书发出之日起30日内。招标合同的形式,必须采用书面形式。招标合同的内容,应该是对招标文件和投标文件中所载内容的肯定。招标人和投标人不得再行订立背离合同实质性内容的其他协议。

履约保证金是指招标人要求投标人在接到中标通知书后提交的保证履行合同各项义务的担保。一旦中标人不履行合同义务,该项担保用于赔偿招标人因此所受的损失。招标文件要求中标人提交履约保证金的,中标人应当提交。

合同订立后,中标人应当按照合同约定履行义务,完成中标项目;中标人不得转让或变相转让中标项目。中标项目的转让,是指中标人将中标项目倒手转让他人,是他人称为该中标项目实际上的完成者。

中标项目虽然不能转让,但可以分包。所谓分包中标项目,是指对中标项目实行总承包的中标人,将中标项目的部分工作,再发包给其他人完成的行为。从原则上讲,中标人应该独立地履行中标人义务。但是,由于有的招标项目比较庞大、复杂,为使中标项目能够更好地完成,法律允许中标人在一定的条件下,将中标项目分包给他人。这些条件是:合同中有允许分包的约定或者分包已经招标人同意;分包给他人完成的是中标项目的部分非主体、非关键性的工作;接受分包的人应该具备相应的资格条件,并不得再次分包。

中标人应该就分包项目向招标人负责。分包中标项目中存在着招标投标合同与分包合同两个不同的法律关系。中标人应当就中标的项目向招标人承担全部责任,即使分包出去的项目是根据合同约定或者经招标人同意的,也并不能因此而免除中标人的责任。中标人要慎重选择分包人,并加强对分包项目的管理。一旦分包项目出了问题,中标人向招标人承担全部责任,而不得推诿给分包人。

根据合同法原理,在分包合同关系中,分包人只与中标人有合同关系,而与招标人没有合同关系。分包人仅就分包合同的履行向中标人负责,而不直接向招标人承担责任。但是,由于分包人的工作直接关系到整个中标项目的完成及其质量,有必要适当加重分包人的责任,以维护招标人的权益。《招标投标法》对此做出特殊规定,接受分包的人就分包项目承担连带责任。即分包项目出现问题时,招标人既可以要求中标人承担全部或者一部分责任,也可以直接请求分包人承担分包项目这部分责任。

第四节 违反招标投标法的法律责任

一、民事责任

违反《招标投标法》的民事责任,分为中标无效,转让、分包无效,履约保证金不予退还,承担赔偿责任等。

在下列情况下,中标无效或者转包、分包无效;如果给他人造成损失的,依法承担赔偿责任:

(1)招标代理机构泄密或者与招标人、投标人串通影响中标结果的;

(2)招标人向他人泄密影响中标结果的;

(3)投标人相互串通或者投标人与招标人串通投标,以及投标人用行贿手段谋取中标的;

(4)投标人弄虚作假、骗取中标的;

(5)招标人就投标的实质性内容与投标人进行谈判影响中标结果的;

(6)招标人自行确定中标人的;

(7)中标人转让中标项目,或者中标人非法分包的。

中标人不履行合同的,履约保证金不予退还,给招标人造成损失超过履约保证金数额的,赔偿超过部分;没有提交履约保证金的,承担赔偿损失责任。因不可抗力不能履行合同的,不适用该条规定。

二、行政责任

违反《招标投标法》的行政责任,分为责令改正、警告、罚款、暂停项目执行或者暂停资金拨付、对主管人员和其他直接责任人员给予行政处分或者纪律处分、没收违法所得、吊销营业执照等。

(一)招标人的违法行为及其行政责任

招标人对必须招标的项目规避招标的,责令限期改正,可并处罚款;对使用国有资金的项目,暂停项目执行或者暂停资金拨付;对单位直接负责的主管人员和其他直接责任人员给予行政处分或者纪律处分。

招标人向他人泄密的,给予警告;可以并处罚款;对单位直接负责的主管人员和其他直接责任人员依法给予处分。

招标人与投标人违法进行实质性内容谈判的,给予警告;对单位直接负责的主管人员和其他直接责任人员依法给予处分。

招标人违法确定中标人的,责令改正;可以并处罚金;对单位直接负责的主管人员和其他直接责任人员依法给予处分。

(二)投标人的违法行为及其行政责任

投标人与招标人串通投标以及用行贿手段谋取中标的,对单位处以罚款;对单位直接负责的主管人员和其他直接责任人员处以罚款;有违法所得的,并处没收违法所得;情节严重的,取消投标资格直至吊销营业执照。

投标人弄虚作假、骗取中标的,处以罚款;没收违法所得;情节严重的,取消投标资格直至吊销营业执照。

(三)中标人的违法行为及其行政责任

中标人转包或者违法分包中标项目的,处以罚款;有违法所得的,并处没收违法所得;

可以责令停业整顿；情节严重的，吊销营业执照。

中标人和招标人背离投标规则，不订立合同或者违反规定订立其他协议的，责令改正；可处罚款。

中标人不履行合同情节严重的，取消其2年至5年参加依法必须进行招标的项目的投标资格并予以公告，直至吊销营业执照。

（四）其他行政责任

任何单位和个人违法限制和排斥正常投标竞争或者妨碍招标人招标的，责令改正；对单位直接负责的主管人员和其他直接责任人员依法给予行政处分。

有关国家机关工作人员徇私舞弊、滥用职权或者玩忽职守，不构成犯罪的，依法给予行政处分。

（五）行政罚款的双罚制与罚款幅度

行政罚款的双罚制是指当违法人是一个单位时，《招标投标法》规定不仅对该单位可以进行罚款，同时还要追究直接负责的主管人员及直接责任人员的经济责任，即对个人进行罚款。

《招标投标法》规定的罚款，一般以比例数额表示，其罚款幅度为招标或者中标项目金额的5%以上10%以下；个人罚款数额为单位罚款数额的5%以上10%以下。另外，在下列三种情况下，罚款以绝对数额表示：一是招标代理机构违反《招标投标法》，可处5万元以上25万元以下的罚款；二是招标人对投标人实行歧视待遇或者强制投标人联合投标的，可处1万元以上10万元以下的罚款；三是评标委员会成员收受投标人的好处或者有其他违法行为的，可处3000元以上5万元以下的罚款。

三、刑事责任

违反《招标投标法》的刑事责任主要涉及招标投标活动中严重的违法行为。可能的罪名主要有侵犯商业秘密罪，串通投标罪，合同诈骗罪，行贿罪，受贿罪，渎职罪等。例如，《招标投标法》第六十三条规定，对招标投标活动依法负有行政监督职责的国家机关工作人员徇私舞弊、滥用职权或者玩忽职守，构成犯罪的，依法追究刑事责任。

本章相关法律依据 ◀◀

1.《中华人民共和国招标投标法》，1999年8月30日第九届全国人民代表大会常务委员会第十一次会议通过。

2.《中华人民共和国合同法》，1999年3月15日中华人民共和国第九届全国人民代表大会第二次会议通过。

3.《中华人民共和国反不正当竞争法》，1993年9月2日中华人民共和国第八届全国人民代表大会常务委员会第三次会议通过。

4.《中华人民共和国建筑法》，1997年11月1日第八届全国人民代表大会常务委员会第二十八次会议通过。

第十五章

价格法律制度

第一节　价格法概述

一、价格与价格法

价格是价值的货币表现,是商品同货币的交换比例。价格,在社会经济生活中具有极为广泛的影响,牵动着生产、生活的脉搏;在国民经济运行中,是最重要的经济杠杆之一;在经济改革中,处于中心的位置;在社会主义市场经济的完善与发展中,价格更是有关键的作用。

商品价格作为商品价值的货币尺度,能把各种不同的社会必要劳动转化为货币量,使等量劳动交换表现为等价交换。因此,它直接关系到社会生产各个方面的经济利益[①],在经济活动中的作用至关重要。

价格法(The Price Law)是调整价格关系的法律规范的总称。价格关系是因价格的制定、执行和监督等而在国家、经营者和消费者之间形成的社会关系。

二、我国的价格立法

中华人民共和国建立以后,国家长期采用行政手段对价格实行集中控制和管理,决定了国家没有也不需要制定价格法。其间,虽然也制定了一些价格管理规范,但无论是其宗旨,还是其内容,都集中体现了为计划服务的指导思想。

十一届三中全会后,我国开始了全面的经济体制改革,尝试引进市场机制,大力发展社会主义商品经济。与此相适应,价格改革的历程也随之开始,价格立法提上议事日程。其后,国家先后制定了一系列价格法律法规,逐步建立价格法律体系。

1997年12月29日,《中华人民共和国价格法》获得通过,成为我国价格法律体系的基本法。该法分七章四十八条,基本确立了价格立法的宗旨、适用范围以及价格工作的基本原则,全面系统地规范了经营者的价格行为和政府的定价行为,并对价格总水平调控、

[①]　漆多俊.经济法学.武汉:武汉大学出版社,2004:549.

价格监督检查以及各类价格违法行为的处罚给予了明确的规定。

1999年7月10日国务院批准实施了《价格违法行为行政处罚规定》,并先后于2006年和2008年两次修订,进一步完善了对价格违法行为的处罚制度。

2008年12月1日起,《政府制定价格听证办法》正式颁布施行。为规范政府制定价格听证行为,提高政府价格决策的民主性、科学性和透明度提供了制度保障。

三、价格管理体制

价格管理体制(Price Management System)是指价格管理机构的设置和职能划分。价格管理体制取决于国家对价格的基本态度或者控制程度,因而是价格立法必须首先要考虑的一个基本问题。根据国家对价格的控制程度,价格管理体制可分为三种:即集中统一型的价格管理体制、分散型的价格管理体制和混合型价格管理体制。《价格法》中所规定的我国目前的价格管理体制属于混合型价格管理体制。这种类型的价格管理模式介于集中统一型价格管理体制和分散型价格管理体制之间。其特点是多种价格形式并存,既有政府的统一定价,又有经营者自行确定的价格。在管理方法上,实行直接管理和间接调控相结合的方法,并采取多样的价格管理手段。这种管理体制既保证了国家宏观调控措施的贯彻执行,又能充分发挥价格的杠杆作用,它克服了上述两种价格管理体制的弊端,同时又发扬了它们的优点。

根据我国《价格法》的规定,国家实行并逐步完善宏观经济调控下主要由市场形成价格的机制。价格的制定应当符合价值规律,大多数商品和服务价格实行市场调节价,极少数商品和服务价格实行政府指导价或者政府定价。

四、价格法的作用

(一)规范价格行为,维护价格秩序

随着价格改革的不断扩大和深入发展,我国价格决策的主体多元化了。价格决策和决定主体的多元化、分散化,价格形成方式的市场化,需要有统一的规则来规范各市场主体的价格行为,使之有法可依,有章可循。[1] 用法律形式规范价格行为,这是由于法律具有普遍性、权威性、强制性的特点。实施价格行为的任何单位和个人,都必须遵守法律,受法律的约束,违法的要受到惩处。这样,就可以有效地规范价格行为,从而使微观价格、宏观价格都能处于有规则、有秩序的状态中。

(二)保障价格发挥合理配置资源的作用

在社会主义市场经济中,市场机制对资源配置起到决定性作用,而市场机制的作用又是通过价格来体现的。人们在知道了各种资源的价格后,就会对所有的购买可能性进行权衡,比较货币的各种用途,然后进行认真的评估和计算,力求使所投入的资本获得尽可能大的收益。这样就有力地引导着资源的配置,使资源流向利用率高、效益好的地方,而利用率低、效益差的生产经营者只会占用较少的资源,从而使资源的配置趋于合理。但是

---

[1]　王守渝,弓孟谦.经济法教程.北京:北京大学出版社,2001:420.

价格受多种因素的影响,如政府不合理定价,过度垄断,市场失灵等都会使价格过度偏离价值,进而误导市场,对经济发展产生消极反作用。价格法的意义就在于肯定价格合理配置资源的作用,并通过制度为价格正常发挥作用提供保障。

（三）稳定市场价格总水平

市场价格总水平,就是指市场上各种商品和服务价格的总和所形成的水平与所反映的趋势,这种状况反映了国民经济运行的总的状况。为了保证国民经济能够持续、快速、健康地发展,就必须保持市场价格总水平的稳定。市场价格总水平如果剧烈地波动,就难以保证生产的正常进行和人民生活安定,也不利于社会的稳定。因此《价格法》专列一章,名为价格总水平调控,确定了稳定市场价格总水平是国家重要的宏观经济政策目标。同时,确定了为实现这一目标应采取的常用措施、行政干预措施和紧急措施等。

（四）保护消费者和经营者的合法权益

消费者和经营者是价格活动的当事人,他们在商品交换中有各自的利益,并且对于这种利益是较为敏感的。因为参加市场竞争,各有自身的物质利益的追求,对于这种依法取得的利益,《价格法》在立法中是明确予以保护的。《价格法》保护了消费者、经营者的合法权益,就是保护了社会主义市场经济中以价格形式形成的经济关系,维护了正常的价格秩序,也只有这样,价格机制才能发挥应有的调节作用,将不同领域的经济活动联结起来,保持有效的持续不断的商品交换。

第二节　价格行为

一、经营者的价格行为

我国确立了市场调节价,即经营者自主定价在价格形成中的主导地位,使生产经营者能够直接根据市场价格和供求变化,决定生产经营活动,这对促进企业及其他经济主体的发展具有重大意义。因此,《价格法》第二章专门对经营者的价格行为进行规范。

（一）市场调节价的概念及特征

市场调节价,是指由经营者自主制定,通过市场竞争形成的价格。对于市场调节价的含义可以从以下几个方面理解:

1.调节价是由经营者自主制定的价格

这里所说的经营者是指经营商品或提供有偿服务的法人、其他组织和个人。市场调节价是由经营者依法根据生产经营成本和市场供求状况,按照自己的意志制定的价格。经营者的定价权不受任何单位和个人的干涉。

2.市场调节价是一种竞争价格

让经营者具有自主的定价权,只是市场调节价发挥作用的必要条件,而非充分条件。让市场调节价发挥合理配置资源作用,还要求经营者之间有充分的竞争关系。因为经营者有了自主权后,就开始寻找一种对自己有利的经营条件,经营者之间将会产生排他性,如果没有竞争,经营者的定价自主权有可能变为垄断权。

3.市场调节价是经营者依法确定的价格

经营者虽然自主制定价格,不受任何单位和个人的干涉,但经营者必须遵守国家的法律、法规及有关政策,不得实施任何价格违法行为,否则要受到法律惩罚。

(二)经营者定价的范围

《价格法》第六条规定:"商品价格和服务价格,除依照本法第十八条规定适用政府指导价或者政府定价外,实行市场调节价,由经营者依照本法自主制定。"按照这一条规定,市场调节价的范围是指未列入政府指导价和政府定价范围内并适应在市场竞争中形成的商品和服务价格。具体是指:商品和服务比较丰富,不属于资源稀缺的范围;商品和服务不具有自然垄断性,是可以由多个经营者同时经营的商品和服务品种;商品和服务不属于关系国计民生的特别重要的品种。

(三)经营者的价格权利

1.自主定价权

自主定价权是指经营者有权按照《价格法》的规定自主确定商品和服务的价格。这是经营者作为社会主义市场经济条件下的独立市场主体所享有的最基本权利。该权利包括以下几个方面:(1)经营者有权自主制定属于市场调节的价格。这种价格形式能够及时反映市场的供求变化和竞争状况,自由灵活。(2)经营者有权在政府指导价规定的幅度内制定价格。这种价格形式,是经营者能够在国家规定的基准价或浮动价的幅度内,根据市场供求关系和竞争状况,在允许的范围内行使定价权。(3)经营者有权制定属于政府指导价、政府定价产品范围内的新产品的试销价格,特定产品除外。

2.建议权

建议权是指经营者有权对政府指导价和政府定价提出意见或建议。这是实现政府价格决策、价格管理民主化、科学化的必要条件。该权利包括两个方面的内容:(1)经营者有权对政府价格主管部门和其他有关部门在制定政府指导价、政府定价时提出意见。经营者提意见的途径有三种:一是参加政府举办的价格听证会;二是在政府进行价格、成本调查时提出意见;三是直接向政府价格主管部门和其他有关部门反映意见。(2)经营者有权对政府指导价及政府定价提出调整建议。

3.检举、控告权

检举、控告权是指经营者有权检举、控告侵犯其依法自主定价权利的行为。这是经营者依法自主定价权实现的要求。经营者依法自主定价,是社会主义市场经济健康发展的客观要求,法律必须保障经营者这一权利的实现。

(四)经营者的价格义务

1.依法定价的义务

遵守法律、法规是经营者的基本义务。这里所说的法律、法规包括价格管理方面的法律、法规,如《价格法》以及与其配套的行政法规、地方性价格管理法规;还有其他与价格管理有关的法律、法规,如《中华人民共和国消费者权益保护法》、《中华人民共和国产品质量法》、《中华人民共和国反不正当竞争法》、《中华人民共和国民法通则》以及《中华人民共和国刑法》等。

2.执行依法制定的政府指导价和政府定价

经营者必须执行依法制定的政府指导价和政府定价。对于经营属于政府指导价范围内的商品和服务的,经营者必须遵守政府价格主管部门及有关部门规定的基准价及其浮动幅度。对于经营属于政府定价范围内的商品和服务的,经营者必须严格按照政府价格主管部门及有关部门制定的具体价格经营,不得擅自制定或调整价格。

3.执行法定的干预措施和紧急措施

为了及时有效地处理价格总水平的不正常剧烈波动,《价格法》规定政府可以实施价格干预措施和紧急措施,对此,经营者必须严格执行。干预措施是指当重要商品和服务价格显著上涨或者有可能显著上涨,而一般正常措施仍达不到调控目的时,由国务院和省、自治区、直辖市人民政府所采取的限定差价率或者利润率、规定限价、实行提价申报制度和调价备案制度等措施。紧急措施是指当市场价格总水平出现剧烈波动等异常状态,而一般正常措施难以见效,干预措施也为时已晚时,由国务院在全国范围内或者部分区域所采取的集中定价权限,部分或者全面冻结价格等措施。

4.明码标价的义务

《价格法》第十三条规定:"经营者销售、收购商品和提供服务,应当按照政府价格主管部门的规定明码标价,注明商品的品名、产地、规格、等级、计价单位、价格或者服务的项目、收费标准等有关情况。经营者不得在标价之外加价出售商品,不得收取任何未予标明的费用。"经营者对法律规定的应当公布的项目必须如实公布。消费者有权知悉其购买、使用的商品或接受的服务的真实情况。而经营者这一义务直接关系到消费者知情权的实现。

5.不得从事不正当价格行为的义务

经营者在进行经营活动过程中,不得利用价格手段,进行不正当竞争损害国家利益或者其他经营者、消费者的合法权益。按照我国《价格法》第十四条规定,经营者不得有下列不正当价格行为:(1)相互串通,操纵市场价格,损害其他经营者或者消费者的合法权益;(2)在依法降价处理鲜活商品、季节性商品、积压商品等商品外,为了排挤竞争对手或者独占市场,以低于成本的价格倾销,扰乱正常的生产经营秩序,损害国家利益或者其他经营者的合法权益;(3)捏造、散布涨价信息,哄抬价格,推动商品价格过高上涨;(4)利用虚假的或者使人误解的价格手段,诱骗消费者或者其他经营者与其进行交易;(5)提供相同商品或者服务,对具有同等交易条件的其他经营者实行价格歧视;(6)采取抬高等级或者压低等级等手段收购、销售商品或者提供服务,变相提高或者压低价格;(7)违反法律、法规的规定牟取暴利;(8)法律、行政法规禁止的其他不正当价格行为。

二、政府的定价行为

在市场经济条件下,虽然市场调节价成为价格体系的主体,但为了保障国计民生的需要,仍需要对部分商品和服务实行政府定价和政府指导价。政府定价(Government Pricing),是指依照《价格法》规定,由政府价格主管部门或者其他有关部门按照定价权限和范围制定的价格。其基本特征是政府作为定价主体对必要的商品和服务直接制定价格,具有强制性和稳定性。政府指导价,是指依照《价格法》规定,由政府价格主管部门或者其他有关部门,按照定价权限和范围规定基准价及其浮动幅度,指导经营者制定的价格。这两种价格形式主要是通过政府的定价行为最终实现的。

(一)政府定价的依据

政府在依法实施价格行为时,必须遵照科学的定价依据。政府定价行为至少应以如下三个方面为客观依据:第一,社会平均成本。这是制定政府定价和政府指导价的基本依据。制定政府指导价应当依据有关商品或者服务的社会平均成本,而不是依据某一商品或者服务的个别成本。属于政府指导价的商品和服务项目,多属于关系国计民生的重要品种或具有自然垄断性的品种,只有以社会平均成本为依据制定价格,才能鼓励经营者通过加强管理、更新技术、降低个别成本、扩大生产等方式获得较多利润。第二,市场供求状况。商品的价格是在竞争中实现的,市场供求状况不仅是经营者制定市场调节价的重要依据,也是政府指导价和政府定价的重要依据。国家价格宏观调控的目的是引导市场,而不是扭曲市场。第三,国民经济与社会发展需求以及社会承受能力等。政府管理价格,一方面要注意保护经营者的利益,另一方面要从宏观上注意如何才能有利于国民经济和社会的发展,只有这样,才能使价格的宏观调控作用得以充分发挥。

(二)政府定价的范围

为规范政府的定价行为,建立科学的市场价格体系,保证政府定价权的正确行使,需要对政府定价的范围进行明确的界立,即明确哪些种类的商品和服务需要实行政府定价和政府指导价,以及由哪些部门来具体行使政府定价权。

我国《价格法》规定了政府定价行为的五个基本领域,对于这些领域的商品或服务价格,在必要时可以实行政府指导价或政府定价。第一类是与国民经济发展和人民生活关系重大的极少数商品。在现实生活中,与国民经济发展和人民生活关系重大的商品数量很多,这类商品并不都要实行政府指导价或政府定价。判断是否有必要对其实施政府定价行为的标准是供求状况。严重供不应求的重要商品,如果不对其价格进行限制,价格大幅上涨,就不利于保护广大人民群众的利益,价格变动会对生产和生活造成重大影响,因此政府应适当控制,实行政府指导价或政府定价。第二类是资源稀缺的少数商品。如果只由价格机制发生作用,则稀缺的资源会集中到那些出价虽高但并非迫切需求的买主手中,导致稀缺资源的垄断和浪费。第三类是自然垄断经营的商品。自然垄断主要是由于资源条件、技术条件以及规模经济的要求而无法竞争或不适宜竞争形成的垄断。但是,为防止该行业经营者抬高价格,政府必须进行价格管制。第四类是重要的公用事业,即为适应生产和生活需要而经营的具有公共用途的服务行业。第五类是重要的公益性服务。这些行业关系到全体社会公众的福利,多数由政府投资兴办,其经营目的不是营利而是提供服务,因此,应由政府规定收费标准。

关于政府定价权限划分和分工问题,我国《价格法》未做具体规定,而是在该法的第十九条规定了处理这种权限划分和分工的依据,即"政府指导价、政府定价的定价权限和具体适用范围,以中央的和地方的定价目录为依据"。

中央定价目录是规定国务院价格主管部门的定价权限和具体适用范围以及其他有关行业主管部门及地方之间在制定政府指导价、政府定价方面权限范围的划分。中央定价目录由国务院价格主管部门制定、修订,报国务院批准后公布实施。

地方定价目录则是规定省、自治区、直辖市人民政府价格主管部门的定价权限和具体适用范围以及与其他有关行业主管部门在制定政府指导价、政府定价方面权限和具体作用范围的划分。地方定价目录由省、自治区、直辖市人民政府价格主管部门制定,但必须依据中央定价目录规定的定价权限和具体适用范围制定,经本级人民政府审核同意,并报国务院价格主管部门审定后才能公布实施。

中央和地方的定价目录关系到社会主义市场经济条件下政府直接管理价格的程序和范围问题,因此必须随着市场经济的发展而及时调整,以保障定价目录与社会主义市场经济发展程序相适应。

(三)政府定价行为的程序

为有效规范政府的定价行为,减少政府定价的盲目性和随意性,除明确政府定价的依据,政府定价的范围与权限划分之外,还要通过立法对政府的定价行为在程序上提出要求,以保障政府的定价行为有序运行,对社会经济的发展起到适时、正确的调控作用。根据《价格法》的规定,政府定价需要经过调查、听证、公布等程序。

1. 调查

政府价格主管部门和其他有关部门制定政府指导价、政府定价,应当开展价格、成本调查,听取消费者、经营者和有关方面的意见。这里的价格和成本调查是指对商品和服务生产经营过程中价格和成本构成因素情况的了解、审核,是定价的一项基础工作,是提高政府制定价格科学性的重要保证。

2. 听证

制定关系到群众切身利益的公用事业价格、公益事业价格、自然垄断经营的商品价格等政府指导价、政府定价,须依法建立听证会制度,由政府价格主管部门主持,征求消费者、经营者和有关方面的意见,论证其必要性及可行性。

3. 公布

政府指导价和政府定价制定后,由制定价格的部门向消费者、经营者公布。公布从形式上划分,有书面形式和口头形式;从时间上划分,有事前公布和事后公布。对于不宜造成抢购的,可事前公布;对于事前公布容易引起抢购的,可事后公布。实行价格公布制度,可以规范政府的定价行为,提高定价的透明度,便于经营者执行,也便于消费者监督。

(四)价格听证制度

1. 价格听证制度的概念

价格听证制度是指政府在制定和调整公用事业价格、公益事业价格、自然垄断经营的商品价格等价格时,有政府价格主管部门主持,邀请社会有关方面对其必要性、可行性、科学性进行论证,以形成合理价格的制度。目前,规范我国价格听证制度的主要法律文件是2008 年 12 月 1 日起施行的由国家发展和改革委员会制定的《政府制定价格听证办法》。

2. 价格听证制度的意义

(1)促进经济民主。价格听证制度是社会主义市场经济条件下政府管理价格的新形式。听证制度建立起价格决策部门、申请方与利益相关人共同参与、相互制约的新关系,通过公开听证的程序,可以避免因调查不充分、论证范围过窄导致的定价不合理、群众意见大的矛盾,同时可以加强全社会对政府价格决策行为的监督,促使企业改善经营管理,降低成本。

(2)有利于依法行政。听证也是我国政府依法行政的一项重要举措。对价格主管部门适应社会主义市场经济的要求和加入 WTO 的需要,进一步改进价格工作,有着重要意义。它对于实现政府价格决策的制度化、法制化,进一步推进社会主义民主法制建设也具有重要意义。

(3)更加全面地了解信息并科学决策。价格听证会确立了一个由政府、调定价申请人以及消费者三方共同参与论证、相互制约的价格形成机制,听证制度是现代行政程序法的重要制度。以往的价格决策,虽然也召开座谈会、专家评审会等,但是由政府和企业、行业谈判来决定,消费者没有充分参与意见。

(4)促进价格决策的科学化。听证会的代表意见将成为政府价格决策的重要依据。如果出现听证会代表多数不同意调定价方案,或者对调定价方案分歧较大时,价格决策部门应协调申请人调整方案,也可以再次组织听证,或者完全否定申请人的方案。从而将政府制定价格的行政行为纳入法定的轨道和规范的程序,为决策结果更加民主、科学和公正创造条件。

(5)防止垄断行业的不当定价行为。从经济学意义上说,价格听证会是改进政府对垄断程度较高行业的管制,从而提高社会总福利的一种重要方法。国家计委公布的须由国家计委进行价格听证的项目目录都是垄断行业。从这些领域的竞争程度来看,有的是垄断,有的是寡头垄断,竞争程度高的基本没有。

(6)保护消费者权益。实行价格听证制度,进行科学、民主定价,可以有效防止乱涨价等侵害消费者权益的行为。

3. 价格听证制度的适用范围

制定关系群众切身利益的公用事业价格、公益事业价格、自然垄断经营的商品价格等政府指导价、政府定价,应当建立听证会制度,由政府价格主管部门主持,征求消费者、经营者和有关方面的意见,论证其必要性及可行性。

制定关系群众切身利益的公用事业价格、公益事业价格、自然垄断经营的商品价格等政府指导价、政府定价,应当实行定价听证。听证的具体项目通过定价听证目录确定,但容易引发抢购、囤积,造成市场异常波动的商品价格,通过其他方式征求意见,不纳入定价听证目录。

中央定价听证目录由国务院价格主管部门依据中央定价目录制定并公布;地方定价听证目录由省级人民政府价格主管部门依据地方定价目录制定并公布。

法律、法规、规章规定实行定价听证的项目自动进入定价听证目录。

制定定价听证目录以外的政府指导价、政府定价,定价机关认为有必要的,也可以实施定价听证。

4. 定价听证的组织

定价听证由政府价格主管部门组织。省级以上定价机关制定价格需要听证的,由同级政府价格主管部门组织听证。省级人民政府授权市、县人民政府制定价格的,由市、县人民政府价格主管部门组织听证。制定在局部地区执行的价格需要听证的,政府价格主管部门可以委托下级政府价格主管部门组织听证。委托听证的,应当出具书面委托书。

听证会设三至五名听证人。听证人由政府价格主管部门指定的工作人员担任,部分听证人也可以由政府价格主管部门聘请社会知名人士担任。听证会主持人由听证人中的政府价格主管部门的工作人员兼任。听证人履行下列职责:(1)听取听证会参加人的意见陈述,并可以询问;(2)制作听证报告。

听证会参加人由下列人员构成:(1)消费者;(2)经营者;(3)与定价听证项目有关的其他利益相关方;(4)相关领域的专家、学者;(5)政府价格主管部门认为有必要参加听证会的政府部门、社会组织和其他人员。

听证会参加人的人数和人员的构成比例由政府价格主管部门根据听证项目的实际情况确定,其中消费者人数不得少于听证会参加人总数的2/5。

听证会参加人由下列方式产生:(1)消费者采取自愿报名、随机选取的方式,也可以由政府价格主管部门委托消费者组织或者其他群众组织推荐;(2)经营者与定价听证项目有关的其他利益相关方采取自愿报名、随机选取的方式,也可以由政府价格主管部门委托行业组织、政府主管部门推荐;(3)专家、学者、政府部门、社会组织和其他人员由政府价格主管部门聘请。政府价格主管部门可以根据听证项目的实际情况规定听证会参加人条件。

听证会参加人的权利和义务:(1)可以向有关经营者、行业组织、政府主管部门了解与听证事项相关的情况;(2)出席听证会,就听证事项发表意见、阐明意见;(3)保守国家秘密和商业秘密,遵守听证会纪律。

公开举行的听证会设旁听席。旁听人员由政府价格主管部门根据公民、法人或者其他组织报名情况,按照报名顺序选取或者随机抽取。旁听人员不得进行发言、提问,不得有妨碍听证秩序的行为。

公开举行的听证会设记者席。与会采访的新闻媒体由政府价格主管部门根据新闻媒体报名情况,按照报名顺序选取或者随机抽取。政府价格主管部门可以邀请新闻媒体采访听证会。

5. 定价听证程序

定价听证依据下列情况提起:(1)定价机关是政府价格主管部门(含与其他部门联合定价)和市、县人民政府,由政府价格主管部门提起;(2)定价机关是其他部门的,由该部门向政府价格主管部门提起。

定价听证方案应当包括下列内容:(1)拟制定价格的具体项目;(2)现行价格和拟制定的价格,单位调价额和调价幅度;(3)拟制定价格的依据和理由;(4)拟制定价格对经济、社会影响的分析;(5)其他与制定价格有关的资料。

听证会举行30日前,政府价格主管部门应当通过政府网站、新闻媒体向社会公告听证会参加人、旁听人员、新闻媒体的名额、产生方式及具体报名办法。

听证会举行15日前,政府价格主管部门应当通过政府网站、新闻媒体向社会公告听证会举行的时间、地点,定价听证方案要点,听证会参加人和听证人名单。

听证会举行15日前,政府价格主管部门应当向听证会参加人送达下列材料:(1)听证会通知;(2)定价听证方案;(3)定价成本监审结论;(4)听证会议程;(5)听证会纪律。

听证会应当在 2/3 以上听证会参加人出席时举行。出席人数不足出席人总数 2/3 的,听证会应当延期举行。

听证会可以一次举行,也可以分次举行。听证会按照下列议程进行:(1)主持人宣布听证事项和听证会纪律,介绍听证会参加人、听证人;(2)定价听证方案提出人陈述定价听证方案;(3)定价成本监审人介绍定价成本监审结论及相关情况;(4)听证会参加人对定价听证方案发表意见,进行询问;(5)主持人总结发言。

听证会举行后,听证人应该根据听证笔录制作听证报告。听证报名包括下列内容:(1)听证会的基本情况;(2)听证会参加人对定价听证方案的意见;(3)听证人对听证会参加人意见的处理建议。处理建议应当包括对听证会参加人主要意见采纳与不采纳的建议和理由说明。

定价机关做出定价决定应当充分考虑听证会的意见。定价机关根据听证会的意见,对定价听证方案做出修改后,政府价格主管部门认为有必要的,可以再次举行听证会,或者采取其他方式征求社会意见。

定价机关做出定价决定后,应当通过政府网站、新闻媒体向社会公布定价决定和对听证会参加人主要意见采纳情况及理由。定价机关需要报请本级人民政府或者上级定价机关批准后才能做出定价决定的,上报定价方案时应当同时提交听证报告。定价机关可以通过政府网站、新闻媒体就听证事项听取社会各方面的意见。

制定在局部地区执行的价格或者降低价格的,听证会可以采取下列简易程序:(1)只设主持人;(2)听证会参加人由消费者、经营者构成;(3)听证会按照下列议程进行:主持人宣布听证事项和听证会纪律,介绍听证会参加人、听证人;听证会参加人对定价听证方案发表意见,进行询问;主持人总结发言。

6.价格听证程序中的法律责任

定价机关制定定价听证目录内商品和服务价格,未举行听证会的,由本级人民政府或者上级政府价格主管部门宣布定价无效,责令改正;对直接负责的主管人员和其他直接责任人员,依法给予行政处分。

政府价格主管部门违反规定程序组织或者举行听证会,情节严重的,由本级人民政府或者上级政府价格主管部门责令改正,给予通报批评;对直接负责的主管人员和其他直接责任人员,依法给予行政处分。

政府价格主管部门的工作人员在听证会的组织或者举行过程中,玩忽职守、滥用职权、徇私舞弊的,依法给予行政处分;构成犯罪的,依法追究刑事责任。

第三节　价格调控与管理制度

价格调控与管理制度是国家为了保持物价的平稳、保障市场的安全和社会的稳定,保障市场物价秩序,而建立的控制和管理市场价格的各种制度的总称。当前在我国,主要包括如下制度:

一、价格调节基金制度

价格调节基金(Price Regulating Fund)主要用于重要商品市场价格发生波动时平抑价格。在价格主要由市场形成的机制下,价格调控的首选手段就是对与人民生活密切相关的商品建立价格调节基金。在我国,由于农业生产受自然条件制约大,丰收歉收变化无常,因此,对粮食和食品等重要商品建立价格调节基金,意义尤为重大。目前,全国各地已相继建立起了这一制度,下一步就是要尽快把这一制度规范化、系统化。对价格调节基金的筹集管理、使用,机构的设立,决策权的行使等都必须做出具体的法律规定。

二、重要商品储备制度

国家要参与市场价格的调节,就必须掌握、控制一定的物资量。储备制度的主要作用是当市场出现重大的供求不平衡时,通过吞吐储备商品,以平衡供求,进而平衡价格。①

三、价格信息监测制度

建立全国性的价格信息监测网络,对市场价格变化进行跟踪、监测,对重要商品定期发布参考价格,同时又为政府和企业提供市场价格信息,这既有利于企业和政府掌握市场动态,及时调控物价,又有利于企业及时掌握国家价格政策并做出正确价格决策。

四、收费许可证制度

这是国家为了加强收费管理,保护企业、事业单位和公民的合法权益而制定的制度。凡从事交通运输、邮政通信、建筑安装、金融保险、公安司法、城建房管、民政工商、卫生防疫、畜牧检疫、文化娱乐、公共事业,以及一切通过为社会提供劳务、咨询服务和加强社会经济、技术管理而取得行政、事业性收入和经营性收入的单位和个人,都必须领取收费许可证。收费许可证由审批机关审核后颁发,使用人不得转让、租借、涂改或抛弃,必须按规定使用和收费。

五、调价申报制度

这是国家为了加强对某些放开商品价格管理而设立的制度。申报内容主要包括:要求调价的商品名称、规格、型号;商品的成本利润变化情况;要求调价的原因;商品的产量、销量和库存量;拟调价方案和调价日期等。申报办法:一般是按照调价申报范围,报请上级业务主管部门审核,再由该业务主管部门向物价部门申报。物价部门接到申报后应该在规定期限内就是否准许调价或推迟调价做出答复。这一措施有利于国家调控价格水平,安定人民生活。《价格法》第三十条规定,当重要商品和服务价格显著上涨或者有可能显著上涨,国务院和省、自治区、直辖市人民政府可以对部分价格采取限定差价率或者利润率、规定限价、实行提价申报制度和调价备案制度等干预措施。

---

① 吕春燕.经济法律原理与实务.北京:清华大学出版社,2002:293.

六、调价备案制度

凡属于监审范围内的商品和服务项目,由上级政府定价的,价格调整时要向上一级政府物价主管部门备案;属于市场调节价的,调价单位要向当地物价主管部门备案。调价备案制度的执行,有利于国家掌握价格的变动状态,及时采取相关调控措施。《价格法》第三十条规定:当重要商品和服务价格显著上涨或者有可能显著上涨,国务院和省、自治区、直辖市人民政府可以对部分价格采取限定差价率或者利润率、规定限价、实行提价申报制度和调价备案制度等干预措施。

七、明码标价制度

凡在我国境内的所有企业,有收费的国家机关、事业单位、个体工商户和其他组织,在市场收购、销售商品或收取服务费用时,都必须实行明码标价制度。其基本要求是:实行明码标价制度的当事人,必须做到价签价目齐全、标价准确、字迹清楚、一货一签、摆放醒目,价格变动应及时更换;批发企业销售商品时必须开具销售发票和调拨单,必须载明实际批发价格、出厂价格或收购价格;零售商的价格标签,应包括品名、货号、规格、等级、计量单位、零售价格等主要内容。收购废旧物资品和农贸市场有固定摊位的经营者,都应实行明字标价。国家规定有最高限价的商品,应公布最高限价。价格标签的色调要符合国家规定,一律使用阿拉伯数码标明人民币金额,使用外币标价的和特殊行业、特殊商品的标价方式、标签内容由主管机关统一批准或核定。明码标价制度的推行,在于维护正常的市场价格秩序,鼓励正当竞争,方便监督检查和保护消费者合法权益。

八、价格决策制度

价格决策有宏观决策与微观决策之分。微观决策主要是生产经营者依照法律规定和价值规律确立商品价格和收费标准的行为,属于经营自主权的范畴。宏观决策主要是指中央政府及其授权的单位和依法享有决策权的物价管理机关,根据市场监测所获取的价格信息以及紧急、特殊时期的需要所做出的价格调控决定。价格决策制度对于依法决策、依法管理具有重要作用。

九、保密制度

重要商品价格的调整、重要价格管理措施的出台,对经济秩序、人民生活和社会稳定影响甚大。保密制度成为价格调控的重要制度之一,是由其与价格调控目标的密切关系所决定的。保密制度是作为其他制度的重要辅助制度而存在的。因此,建立健全价格调控保密制度,是非常必要的。

十、禁止价格垄断制度

价格垄断(Monopoly of Price)严重损害竞争机制。在市场经济体制条件下,必须建立严密的反暴利、反欺诈、反垄断制度,以利于价格机制的正常运行。禁止价格垄断制度的建立,要与《反垄断法》的规定协调配合。

第四节 价格监督检查

为整顿和建立价格秩序，严明价格纪律，必须严格进行价格的监督检查，建立相应的制度以保障其执行。

一、价格监督检查的概念

价格监督检查，是价格主管部门、各有关部门、社会团体和人民群众，对违反价格政策、法律、法规的行为所进行的监督和检查、审理与处置等活动。

二、价格监督检查的机构及其职责

价格监督检查的执法主体是县级以上各级人民政府的价格主管部门。《价格法》第三十三条明确规定："县级以上各级人民政府价格主管部门，依法对价格活动进行监督检查，并依照本法的规定对价格违法行为实施行政处罚。"

政府价格主管部门进行价格监督检查时，可以行使下列职权：

(1)询问当事人或者有关人员，并要求其提供证明材料和与价格违法行为有关的其他资料；

(2)查询、复制与价格违法行为有关的账簿、单据、凭证、文件及其他资料，核对与价格违法行为有关的银行资料；

(3)检查与价格违法行为有关的财物，必要时可以责令当事人暂停相关营业；

(4)在证据可能灭失或者以后难以取得的情况下，可以依法先行登记保存，当事人或者有关人员不得转移、隐匿或者销毁。

此外，《价格法》还对价格监督检查中双方的责任做了明确规定：

(1)经营者接受政府价格主管部门的监督检查时，应当如实提供价格监督检查所必需的账簿、单据、凭证、文件以及其他资料。

(2)政府部门主管价格的工作人员不得将依法取得的资料或者了解的情况用于依法进行价格管理以外的任何其他目的，不得泄露当事人的商业秘密。

三、社会舆论监督

价格违法活动涉及面广，方式多样，操作灵活，给价格的监督检查带来了巨大的困难。为了使监督检查工作能够更加高效有力，仅仅依靠价格主管部门的工作是不够的，其他社会组织进行的社会监督和舆论监督也非常重要。对此，《价格法》做了相应规定：消费者组织、职工价格监督组织、居民委员会、村民委员会等组织以及消费者，有权对价格行为进行社会监督。政府价格主管部门应当充分发挥群众的价格监督作用。新闻媒体有权进行价格舆论监督。社会监督和舆论监督是对政府价格主管部门的监督检查工作的有力补充。

四、价格违法行为的举报制度

为了使价格监督检查工作更具有广泛性和群众性，《价格法》对建立价格违法活动的举报做了相应规定:政府价格主管部门应当建立对价格违法行为的举报制度。任何单位和个人均有权对价格违法行为进行举报。政府价格主管部门应当对举报者给予鼓励,并负责为举报者保密。

第五节　违反价格法的法律责任

一、经营者的法律责任

1. 经营者违反《价格法》第十四条的规定,有下列行为之一的,责令改正,没收违法所得,并处违法所得 5 倍以下的罚款;没有违法所得的,处 10 万元以上 100 万元以下的罚款;情节严重的,责令停业整顿,或者由工商行政管理机关吊销营业执照:

(1)相互串通,操纵市场价格,损害其他经营者或者消费者的合法权益的;

(2)除依法降价处理鲜活商品、季节性商品、积压商品等商品外,为了排挤竞争对手或者独占市场,以低于成本的价格倾销,扰乱正常的生产经营秩序,损害国家利益或者其他经营者的合法权益的;

(3)提供相同商品或者服务,对具有同等交易条件的其他经营者实行价格歧视的。

行业协会组织本行业的经营者相互串通,操纵市场价格的,对经营者依照前款的规定处罚;对行业协会可以处 50 万元以下的罚款,情节严重的,社会团体登记管理机关可以依法撤销登记。

2. 经营者违反《价格法》第十四条的规定,捏造、散布涨价信息,恶意囤积以及利用其他手段哄抬价格,推动商品价格过高上涨的,或者利用虚假的或者使人误解的价格手段,诱骗消费者或者其他经营者与其进行交易的,责令改正,没收违法所得,并处违法所得 5 倍以下的罚款;没有违法所得的,处 5 万元以上 50 万元以下的罚款;情节严重的,责令停业整顿,或者由工商行政管理机关吊销营业执照。

行业协会有前款规定的违法行为的,可以处 50 万元以下的罚款;情节严重的,社会团体登记管理机关可以依法撤销登记。

3. 经营者违反《价格法》第十四条的规定,采取抬高等级或者压低等级等手段销售、收购商品或者提供服务,变相提高或者压低价格的,责令改正,没收违法所得,并处违法所得 5 倍以下的罚款;没有违法所得的,处 2 万元以上 20 万元以下的罚款;情节严重的,责令停业整顿,或者由工商行政管理机关吊销营业执照。

4. 经营者不执行政府指导价、政府定价,有下列行为之一的,责令改正,没收违法所得,并处违法所得 5 倍以下的罚款;没有违法所得的,处 5 万元以上 50 万元以下的罚款;情节严重的,责令停业整顿:

(1)超出政府指导价浮动幅度制定价格的;

(2)高于或者低于政府定价制定价格的;

(3)擅自制定属于政府指导价、政府定价范围内的商品或者服务价格的;

(4)提前或者推迟执行政府指导价、政府定价的;

(5)自立收费项目或者自定标准收费的;

(6)采取分解收费项目、重复收费、扩大收费范围等方式变相提高收费标准的；

(7)对政府明令取消的收费项目继续收费的；

(8)违反规定以保证金、抵押金等形式变相收费的；

(9)强制或者变相强制服务并收费的；

(10)不按照规定提供服务而收取费用的；

(11)不执行政府指导价、政府定价的其他行为。

5.经营者不执行法定的价格干预措施、紧急措施,有下列行为之一的,责令改正,没收违法所得,并处违法所得5倍以下的罚款；没有违法所得的,处10万元以上100万元以下的罚款；情节严重的,责令停业整顿：

(1)不执行提价申报或者调价备案制度的；

(2)超过规定的差价率、利润率幅度的；

(3)不执行规定的限价、最低保护价的；

(4)不执行集中定价权限措施的；

(5)不执行冻结价格措施的；

(6)不执行法定的价格干预措施、紧急措施的其他行为。

6.经营者为个人的,对其没有违法所得的价格违法行为,可以处10万元以下的罚款。

7.经营者违反法律、法规的规定牟取暴利的,责令改正,没收违法所得,可以并处违法所得5倍以下的罚款；情节严重的,责令停业整顿,或者由工商行政管理机关吊销营业执照。

8.经营者违反明码标价规定,有下列行为之一的,责令改正,没收违法所得,可以并处5 000元以下的罚款：

(1)不标明价格的；

(2)不按照规定的内容和方式明码标价的；

(3)在标价之外加价出售商品或者收取未标明的费用的；

(4)违反明码标价规定的其他行为。

9.拒绝提供价格监督检查所需资料或者提供虚假资料的,责令改正,给予警告；逾期不改正的,可以处5万元以下的罚款,对直接负责的主管人员和其他直接责任人员给予纪律处分。

10.政府价格主管部门进行价格监督检查时,发现经营者的违法行为同时具有下列三种情形的,可以依照《价格法》第三十四条的规定责令其暂停相关营业：

(1)违法行为情节复杂或者情节严重,经查明后可能给予较重处罚的；

(2)不暂停相关营业,违法行为将继续的；

(3)不暂停相关营业,可能影响违法事实的认定,采取其他措施又不足以保证查明的。

11.违法所得,属于《价格法》第四十一条规定的消费者或者其他经营者多付价款的,责令经营者限期退还。难以查找多付价款的消费者或者其他经营者的,责令公告查找。

经营者拒不按照前款规定退还消费者或者其他经营者多付的价款,以及期限届满没有退还消费者或者其他经营者多付的价款,由政府价格主管部门予以没收,消费者或者其他经营者要求退还时,由经营者依法承担民事责任。

12.经营者有《行政处罚法》第二十七条所列情形的,应当依法从轻或者减轻处罚。

13.经营者有下列情形之一的,应当从重处罚:

(1)价格违法行为严重或者社会影响较大的;

(2)屡查屡犯的;

(3)伪造、涂改或者转移、销毁证据的;

(4)转移与价格违法行为有关的资金或者商品的;

(5)经营者拒不按照《价格违法行为行政处罚规定》第十四条第一款规定退还消费者或者其他经营者多付价款的;

(6)应予从重处罚的其他价格违法行为。

二、政府及其部门的法律责任

地方各级人民政府或者各级人民政府有关部门违反《价格法》规定,超越定价权限和范围擅自制定、调整定价或者不执行法定的价格干预措施、紧急措施的,责令改正,并给予通报批评;对直接负责的主管人员和其他直接责任人员,依法给予行政处分。

三、价格执法人员的法律责任

价格执法人员泄露国家秘密、经营者的商业秘密或者滥用职权、玩忽职守、徇私舞弊,构成犯罪的,依法追究刑事责任;尚不构成犯罪的,依法给予处分。

\\\本章相关法律依据◀◀

1.《中华人民共和国价格法》,1997 年 12 月 29 日第八届全国人民代表大会常务委员会第二十九次会议通过。

2.《价格违法行为行政处罚规定》,1999 年 7 月 10 日国务院批准,1999 年 8 月 1 日国家发展计划委员会发布,根据 2006 年 2 月 21 日《国务院关于修改〈价格违法行为行政处罚规定〉的决定》第一次修订,根据 2008 年 1 月 13 日《国务院关于修改〈价格违法行为行政处罚规定〉的决定》第二次修订。

3.《政府制定价格听证办法》,2008 年 10 月 15 日国家发展和改革委员会发布。

第十六章

银行法律制度

第一节　银行法概述

一、中央银行体制的建立和完善

1978年以前我国只有一家银行——中国人民银行。当时的中国人民银行业务广泛，既领导、监督和管理全国的银行和金融事业，又直接办理结算、信贷和储蓄业务，兼有中央银行和商业银行的双重职能。随着改革开放的发展，为了加强对经济的宏观控制和调节，强化中央银行的职能，国务院于1983年9月发布了《关于中国人民银行专门行使中央银行职能的决定》。从此，我国逐步建立起中央银行体制。而原来由中央银行办理的工商信贷和储蓄业务逐渐转入自1979年陆续恢复和设立的中国农业银行、中国银行和中国工商银行等商业银行来承担。

二、商业银行及其他金融机构的建立和发展

目前，我国的商业银行根据其性质可以分为以下三类：一是国有独资商业银行。包括中国银行、中国建设银行、中国工商银行、中国农业银行、中国投资银行；二是股份制商业银行。目前，主要有交通银行、中信实业银行、中国光大银行、招商银行、福建兴业银行、广东发展银行、深圳发展银行、上海浦东发展银行、华夏银行、中国民生银行等；三是合作制银行，包括城市合作银行和农村信用合作社。此外，还有中外合资商业银行、外资商业银行等。

其他金融机构则包括：

(1)邮政储蓄网点；

(2)保险公司及其分支机构、保险经纪人公司、保险代理人公司；

(3)证券公司及其分支机构、证券交易中心、投资基金管理公司、证券登记公司；

(4)信托投资公司、财务公司、金融租赁公司及其分支机构，融资公司、融资中心、金融期货公司、信用担保公司、典当行、信用卡公司。

三、银行监管体制的建立和完善

为了强化金融宏观调控、维护金融稳定、提高银行业监管水平,党中央、国务院做出了分设银行业监督管理委员会(银行业监督管理机构,简称银监会)的决定。2003年12月27日全国人大常委会第六次会议通过了《中国人民银行法》和《商业银行法》的修改决定,通过了《银行业监督管理法》(以下简称《银监法》),以法律的形式肯定了中国金融业改革的成果。

这次修改《中国人民银行法》和《商业银行法》所遵循的原则是从法律上明确了中国人民银行和银行业监督管理机构的职责,为这两个机构依法行政提供了法律依据,同时也为银行业的进一步发展留下空间。为此,在两法修改中最大限度地划分了中国人民银行和银行业监督管理机构的职责,同时也一再强调了双方之间的协调和信息共享,以尽可能地提高货币政策实施的有效性和监管的效率,最大限度地减少金融机构不必要的负担。

第二节　中国人民银行法律制度

一、中国人民银行的法律地位和职能

(一)法律地位

《中国人民银行法》第二条规定:"中国人民银行是中华人民共和国的中央银行。中国人民银行在国务院领导下,制定和执行货币政策,防范和化解金融风险,维护金融稳定。"

(1)中国人民银行是我国的中央银行。它既是国家机关,又是特殊的金融机构,并相对独立于政府。

(2)中国人民银行在国务院领导下依法独立执行货币政策,履行职责,开展业务,不受地方政策、各级政府部门、社会团体和个人的干涉。

(3)中国人民银行的全部资本由国家出资,属于国家所有。中国人民银行实行独立的财务预算管理制度,每一会计年度的净利润全部上缴中央财政,发生的亏损由中央财政拨款弥补。

(二)主要职能

中国人民银行作为我国的中央银行,其职能可以概括为以下三个方面:即政府的银行、发行的银行、银行的银行。

1. 政府的银行

中央银行作为政府的银行,是具有国家机构性质的特殊金融机构,代表国家进行金融调控和管理,贯彻执行财政金融政策,代为管理国家财政收支,为国家提供各种金融服务,包括经理国库;代理国库券的发行;持有、管理、经营国家外汇储备和黄金储备,进行外汇和黄金的买卖管理;制定、发布并监督执行有关金融监督管理和业务的命令和规章;负责金融业的统计、调查、分析和预测;代表国家参加国际金融组织,进行国家和国家间的金融合作。

2.发行的银行

货币发行是中国人民银行向流通领域投放货币现金的行为。中央银行是货币发行的银行,即垄断银行券的发行权,是代表国家掌管货币发行的唯一机关。任何单位和个人不得印制、发售代币票券,以代替人民币在市场上的流通。中国人民银行就年度货币供应量、利率、汇率和国务院规定的其他重要事项做出的决定,报国务院批准后执行。国家批准的货币发行计划,必须严格执行,不得突破。我国货币政策的目标就是保持币值的稳定,并以此促进经济增长。

3.银行的银行

中央银行作为银行的银行,是指中央银行与商业银行之间带有管理与被管理性质的特殊业务关系,银行的"存、放、汇"业务在中央银行则体现为,中央银行以商业银行和其他金融机构为业务对象,办理存款、放款,提供票据清算和资金结算服务。中央银行可通过此种业务对商业银行和其他金融机构的活动施加影响。具体包括以下三方面的职能:即集中存款准备金、票据清算、最终贷款人。

二、中国人民银行的职责

1.发布与履行其职责有关的命令和规章;

2.依法制定和执行货币政策;

3.发行人民币,管理人民币流通;

4.监督管理银行间同业拆借市场和银行间债券市场;

5.实施外汇管理,监督管理银行间外汇市场;

6.监督管理黄金市场;

7.持有、管理、经营国家外汇储备、黄金储备;

8.经理国库;

9.维护支付、清算系统的正常运行;

10.指导、部署金融业反洗钱工作,负责反洗钱的资金监测;

11.负责金融业的统计、调查、分析和预测;

12.作为国家的中央银行,从事有关国际金融活动;

13.国务院规定的其他事项。

中国人民银行为执行货币政策,可以依法从事有关的金融业务活动。

三、中国人民银行的组织机构

(一)中国人民银行总行

中国人民银行设行长一人,副行长若干人。其中,行长的人选,根据国务院总理提名,由全国人民代表大会决定;在全国人民代表大会闭会期间,由全国人民代表大会常务委员会决定,中华人民共和国主席任免。副行长由国务院总理任免。

中国人民银行实现行长负责制,行长领导中国人民银行的工作,副行长协助行长工作。中国人民银行设立货币政策委员会。

(二)中国人民银行分支机构

中国人民银行根据履行职责的需要设立分支机构。目前,全国共设立9个分行,它们分别是中国人民银行天津分行、中国人民银行沈阳分行、中国人民银行上海分行、中国人民银行南京分行、中国人民银行济南分行、中国人民银行武汉分行、中国人民银行广州分行、中国人民银行成都分行、中国人民银行西安分行。此外,中国人民银行还下设两个营业管理部,分别为中国人民银行营业管理部和中国人民银行重庆营业管理部。

中国人民银行各分支机构是中国人民银行总行的派出机构,中国人民银行对其实行统一领导和管理。作为派出机构,根据中国人民银行的授权,负责本辖区的金融监督管理。中国人民银行各分支机构没有独立的法人资格,不享有独立的权力。在行政隶属、业务经营上与地方政府不发生直接关系。

四、中国人民银行的业务

中国人民银行作为我国的中央银行,为实现其职能,制定和实施货币政策,防范和化解金融风险,必然要开展相应的业务活动。中国人民银行由于其特殊的性质,其业务具有以下特点:

1.中国人民银行开展业务活动不以营利为目的,而是通过提供业务服务来稳定币值、稳定金融,调节宏观经济的发展;

2.中国人民银行的业务对象特定,即主要是银行业金融机构,而不直接对一般企业和个人开展业务;

3.开展业务时,以国家的名义和身份进行。

中国人民银行的法定业务范围如下:

1.为了实现货币政策目标,可以运用一系列货币政策目标;

2.经理国库;

3.国债和其他政府债券的代理发行和兑付;

4.为银行业金融机构开立账户,提供清算服务;

5.对商业银行的贷款服务。为了确保中国人民银行宏观调控职能的实现,《中国人民银行法》还规定了中国人民银行的禁止业务:中国人民银行不得对政府透支,不得直接认购、包销国债和其他政府债券;中国人民银行不得向地方政府、各级政府部门提供贷款,不得向非银行金融机构以及其他单位和个人提供贷款;中国人民银行不得向任何单位和个人提供担保。

五、金融监督管理

2003年12月27日修订通过的《中国人民银行法》将原属于中国人民银行的对银行业的监管职能划分了出来,移交给新成立的银行业监督管理机构。中国人民银行不再直接审批、监管金融机构,而主要专注于货币政策的制定与执行,维护币值的稳定以及对宏观市场的调控,促进金融市场的繁荣发展。

但为了正确地实施货币政策和维护金融稳定,中国人民银行也需保留必要的监管职责,同时还要保证银行业监管机构的监管与中国人民银行监管之间的协调统一,以便更好地监测金融市场的运行情况,对金融市场实施宏观调控,促进其协调发展。

中国人民银行的监管职能包括以下几个方面:

(一)监督检查权

中国人民银行有权对金融机构以及其他单位和个人的下列行为进行检查监督:

1.执行有关存款准备金管理规定的行为;

2.与中国人民银行特种贷款有关的行为;中国人民银行特种贷款,是指国务院决定的由中国人民银行向金融机构发放的用于特定目的的贷款;

3.执行有关人民币管理规定的行为;

4.执行有关银行间同业拆借市场、银行间债券市场管理规定的行为;

5.执行有关外汇管理规定的行为;

6.执行有关黄金管理规定的行为;

7.代理中国人民银行经理国库的行为;

8.执行有关清算管理规定的行为;

9.执行有关反洗钱规定的行为。

当银行业金融机构出现支付困难,可能引发金融风险时,为了维护金融稳定,中国人民银行经国务院批准,有权对银行业金融机构进行检查监督。

(二)建议检查监督权

中国人民银行根据执行货币政策和维护金融稳定的需要,可以建议国务院银行业监督管理机构对银行业金融机构进行检查监督。国务院银行业监督管理机构应当自收到建议之日起30日内予以回复。

(三)资料查阅和信息共享权

中国人民银行根据履行职责的需要,有权要求银行业金融机构报送必要的资产负债表、利润表以及其他财务会计、统计报表和资料。

中国人民银行应当和国务院银行业监督管理机构、国务院其他金融监督管理机构建立监督管理信息共享机制。

(四)数据统计与公布权

中国人民银行负责统一编制全国金融统计数据、报表,并按照国家有关规定予以公布。

第三节　　商业银行法律制度

一、商业银行法概述

(一)商业银行的概念

商业银行是指依照《商业银行法》和《公司法》设立的吸收公众存款、发放贷款、办理结算等业务的企业法人。商业银行是经营货币和资金的金融企业。商业银行具有独立的民事权力能力和民事行为能力,依法自主经营、自负盈亏,以其全部法人财产独立承担民事责任。

商业银行的组织形式有两种:第一种是有限责任公司,股东以其出资额为限对银行的债务承担责任,银行则以其全部资产对银行的债务承担责任;第二种是股份有限公司,其全部资本划分为等额股份,股东以所持股份为限对银行承担责任,银行以其全部资产对银行的债务承担责任。

(二)商业银行的职能

1. 信用中介职能

信用中介职能是指商业银行通过各种方式和借助各种金融工具吸收存款,把社会上闲散的资金集中到银行,再通过放款业务借贷给社会各经济实体和消费者。通过信用中介职能,可以使资金从盈余单位转向赤字单位,在不改变社会资本总量的条件下,通过改变资本的使用量,提供扩大再生产所需的资金。

2. 支付中介职能

支付中介职能即货币经营的职能,主要表现在商业银行的中间业务上:包括汇兑业务,代收业务和代理融洽业务等,这是商业银行吸引客户和提供社会财务服务最主要的方式。

3. 信用创造职能

商业银行在吸收存款的基础上发放贷款,在票据流通和转账结算的基础上,贷款又转化为存款,在这种存款不提取的情况下,就增加了商业银行的资金来源。最后,整个银行体系形成了超过于原始存款的派生存款,这就是信用创造功能。

4. 创造金融工具的职能

商业银行在其负债业务和中间业务中不断地创造着各种金融工具,如可转让定期存单,各种金融债券、银行支票、本票、银行汇票等。

5. 金融服务职能

金融服务职能也称为商业银行表外业务,这些业务不影响银行资产与负债总额,不列入资产负债表内。其最主要的特征就是只提供金融服务,而不承担任何资金损失的风险,以收取手续费为目的。金融服务业务种类主要有:现金管理,代理保管,代理租赁,信息咨询业务;还有提供商业信用证,银行承兑汇票,备用信用证等。

二、商业银行的设立

(一)设立商业银行的条件

商业银行的设立,需经中国人民银行审查批准。未经中国人民银行批准,任何单位和个人不得从事吸收公众存款等银行业务,任何单位不得在名称中使用"银行"字样。商业银行的设立必须具备法律规定的基本条件:

1. 有符合《商业银行法》和《公司法》规定的章程;

2. 有符合规定的注册资本。《商业银行法》规定:设立全国性商业银行的注册资本最低限额为10亿元人民币,设立城市商业银行的注册资本最低限额为1亿元人民币,设立农村商业银行的注册资本最低限额为 5 000 万元人民币。注册资本为实缴资本。国务院银行业监督管理机构根据审慎监管的要求可以调整注册资本最低限额,但不得少于前款规定的限额。

3. 有具备任职专业知识和业务工作经验的董事长(行长)、总经理和其他高级管理人员;

4. 有健全的组织机构和管理制度;

5. 有符合要求的营业场所、安全防范措施和与业务有关的其他设施。

(二)商业银行设立的程序

1. 申请

申请筹建阶段,申请人须向国务院银行业监督管理机构提交下列文件、资料:(1)申请书,申请书应当载明拟设立的商业银行的名称、所在地、注册资本、业务范围等;(2)可行性研究报告;(3)国务院银行业监督管理机构规定提交的其他文件、资料。根据中国人民银行 1994 年 8 月发布的《金融机构管理规定》,筹建申请经批准后方可筹建,筹建期限为 6 个月。筹建期内不得从事银行业务活动。

设立商业银行的申请经审查符合要求的,申请人还应当填写正式申请表,并提交下列文件、资料:(1)章程草案;(2)拟任职的高级管理人员的资格证明;(3)法定验资机构出具的验资证明;(4)股东名册及其出资额、股份;(5)持有注册资本 5% 以上的股东的资信证明和有关资料;(6)经营方针和计划;(7)营业场所、安全防范措施及其与业务有关的其他设施的资料;(8)国务院银行业监督管理机构规定的其他文件、资料。

2. 审批

国务院银行业监督管理机构收到申请人开业申请后,应认真审查即将开业的商业银行是否符合设立商业银行的法定条件,是否符合国民经济和区域经济发展的需要,经审核后,做出是否批准的决定。经批准设立的商业银行,颁发经营许可证。

3. 登记公告

经批准设立的商业银行,凭国务院银行业监督管理机构颁发的经营许可证,向工商行政管理部门办理登记,领取营业执照。商业银行取得营业执照后即可营业。经批准设立的商业银行及其分支机构,由国务院银行业监督管理机构予以公告。

三、商业银行的变更

商业银行涉及下列事项的变更,应得到国务院银行业监督管理机构批准,才能办理变更手续:

1. 变更名称;

2. 变更注册资本;

3. 变更总行或分支行所在地;

4. 调整业务范围;

5. 变更持有资本总额或者股份总额 5% 以上的股东;

6. 修改章程;

7. 国务院银行业监督管理机构规定的其他变更事项。更换董事、高级管理人员时,应当报经国务院银行业监督管理机构审查其任职资格。

四、商业银行的分立与合并

商业银行的分立,是指商业银行依照法律法规的规定,分成两个或两个以上的银行的法律行为。商业银行的合并,是指两个或两个以上的银行,依照法律规定归并为一个银行或创设一个新的银行的法律行为。商业银行的分立、合并,适用《公司法》的规定。商业银行的分立与合并,应当经国务院银行业监督管理机构审查批准,并按法律法规规定的程序进行。

五、商业银行的终止

商业银行的终止,是指商业银行因解散、被撤销和宣告破产等法律规定的情形,而消灭主体资格的法律行为。

商业银行的终止是重大的金融活动,须经国务院银行业监督管理机构的批准在先,以及按照《商业银行法》、《公司法》、《公司登记条例》等法律法规的规定办理。商业银行终止的情形有三种:一是因解散而终止;二是因被撤销而终止;三是因宣告破产而终止。

商业银行因分立、合并或者出现公司章程规定的解散事由需要解散的,应当向国务院银行业监督管理机构提出申请,并附解散的理由和支付存款的本金和利息等债务清偿计划。经国务院银行业监督管理机构批准后方可解散。

商业银行解散的,应当依法成立清算组,进行清算,按照清偿计划及时偿还存款本金和利息等债务。国务院银行业监督管理机构监督清算过程。

商业银行因吊销经营许可证被撤销的,国务院银行业监督管理机构应当依法及时组织成立清算组,进行清算,按照清偿计划及时偿还存款本金和利息等债务。

商业银行不能支付到期债务,经国务院银行业监督管理机构同意,由人民法院依法宣告其破产。商业银行被宣告破产的,由人民法院组织国务院银行业监督管理机构等有关部门和有关人员成立清算组,进行清算。

商业银行破产清算时,在支付清算费用、所欠职工工资和劳动保险费用后,应当优先支付个人储蓄存款的本金和利息。

六、商业银行的法定业务范围

商业银行通常有三大业务,即负债业务、资产业务和中间业务。负债业务是筹措资金以形成其经营资产的业务,如吸收存款、承兑票据、发行债券等。资产业务是运用自己的资产获得利润的业务。如放款、票据贴现、投资、认购债券等。中间业务是不动用自己的资产,而是凭借自己的业务条件经营的业务,如结算、咨询、代理证券募集与买卖、信托保管等。我国《商业银行法》从两方面对商业银行的业务范围做了规定:一是商业银行可以经营的业务,二是禁止商业银行经营的业务。

（一）商业银行的业务范围

商业银行可以经营下列部分或者全部业务:(1)吸收公众存款;(2)发放短期、中期和长期贷款;(3)办理国内外结算;(4)办理票据承兑与贴现;(5)发行金融债券;(6)代理发行、代理兑付、承销政府债券;(7)买卖政府债券、金融债券;(8)从事同业拆借;(9)买卖、代理买卖外汇;(10)从事银行卡业务;(11)提供信用证服务及担保;(12)代理收付款项及代理保险业务;(13)提供保管箱服务;(14)经国务院银行业监督管理机构批准的其他业务。商业银行经营范围由商业银行章程规定,报国务院银行监督管理机构批准。商业银行经中国人民银行批准,还可以经营结汇、售汇业务。

(二)商业银行的禁止业务

商业银行在中华人民共和国境内不得从事信托投资业务和证券经营业务;不得向非自用不动产投资;不得向非银行金融机构投资;不得向企业投资。

七、商业银行的经营原则和基本业务规则

(一)商业银行的经营原则

《商业银行法》除了以具体条款规定商业银行的行为准则外,还列举了以下原则:自主经营、自担风险、自负盈亏和自我约束的经营原则;按照国家的产业政策和发展政策的要求开展信贷业务,业务往来遵循平等、自愿、公平和诚实信用的原则;保障存款人利益的原则;独立经营的原则;公平竞争原则;依法接受中央银行监管的原则;以及业务经营原则:安全性、流动性和盈利性原则。

(二)商业银行的基本业务规则

1. 存款业务的基本规则

(1)商业银行应当保障存款人的合法权益不受任何单位和个人的侵犯。

(2)商业银行办理个人储蓄存款业务,应当遵循存款自愿、取款自由、存款有息、为存款人保密的原则。

(3)商业银行应当保证存款本金和利息的支付,不得拖延、拒绝支付存款本金和利息。

(4)商业银行应当按照中国人民银行规定的存款利率上下限,确定存款利率,并予以公告。

(5)商业银行应当按照中国人民银行的规定,向中国人民银行交存存款准备金,留足备付金。对个人储蓄存款,商业银行有权拒绝任何单位或个人查询、冻结、扣划,但法律另有规定的除外。对单位存款,商业银行有权拒绝任何单位或者个人查询、冻结、扣划,但法律、行政法规另有规定的除外。

2. 贷款业务的基本规则

贷款业务是商业银行的资产业务和利润来源,商业银行贷款业务的经营情况,贷款资产的质量高低,直接影响商业银行的经营业绩和安全。因此,《商业银行法》对商业银行经营贷款业务做了原则性规定:

(1)贷款的指导思想。商业银行应当根据国民经济和社会发展的需要,在国家产业政策的指导下,开展贷款业务。

(2)贷款自主权。商业银行依法开展业务,不受任何单位和个人的干涉。任何单位和个人不得强令商业银行发放商业贷款。商业银行有权拒绝任何单位和个人强令要求其发放商业贷款。

（3）贷款的审查。商业银行的贷款实行审贷分离,分级审批制度。审查的内容:借款用途、偿还能力、还款方式。对贷款项目实行贷前调查,贷时审查和贷后检查。任何单位和个人不得强令商业银行发放贷款或者提供担保。

（4）贷款的担保。商业银行贷款,借款人应当提供担保,商业银行应当对保证人的偿还能力,抵押物、质物的权属和价值以及实现抵押权、质权的可行性进行严格的审查。经商业银行审查、评估,确认贷款人资信良好,确能偿还贷款的,可以不提供担保。

（5）借款合同管理。商业银行贷款,应当与借款人订立书面合同。借款合同应当约定贷款种类、用途、金额、利率、还款期限、还款方式、违约责任以及双方认为需要约定的其他事项。

（6）利率管理。商业银行不得违反规定提高或者降低利率以及采用其他不正当手段,吸收存款,发放贷款。《贷款通则》对贷款利率也做出了规定,即贷款人应当按照中国人民银行规定的贷款利率的上下限,确定每笔贷款的利率,并在借款合同中记载清楚。

（7）资产负债比例管理。商业银行贷款,应当遵守下列资产负债比例管理的规定:①资本充足率不得低于8％;②贷款余额与存款余额的比例不得超过75％;③流动性资产余额与流动性负债余额的比例不得低于25％;④对同一借款人的贷款余额与商业银行资本余额的比例不得超过10％;⑤国务院银行业监督管理机构对资产负债比例管理的其他规定。

（8）对关系人贷款的限制。商业银行不得向关系人发放信用贷款。向关系人发放担保贷款的条件不得优于其他借款人同类贷款的条件。所谓关系人是指:①商业银行的董事、监事、管理人员、信贷业务人员及其近亲属;②前项所列关系人投资或者担任高级管理职务的公司、企业或其他经济组织。

（9）对借款人的限制。借款人应当按期归还贷款的本金和利息。借款人到期不归还担保贷款的,商业银行依法享有要求担保人归还贷款本金和利息或者就该担保物优先受偿的权利。商业银行因行使抵押权、质权而取得的不动产或者股权,应当自取得之日起2年内予以处分。借款人到期不归还信用贷款的,应当按照合同约定承担违约责任。

（10）建立贷款主办行制度。借款人应当按中国人民银行的规定,与其开立基本账户的贷款人建立贷款主办行的关系。

银团贷款应当确定一个贷款牵头行,并签订银团贷款协议,明确各贷款人的权利义务,共同评审贷款项目。牵头行应当按照协议确定的比例监督贷款的偿还。

八、商业银行的监督管理

（一）加强对商业银行监管的必要性

1.商业银行是资金融通的主渠道,其畅通与否,不仅关系到资金融通的效率,而且关系到金融秩序是否稳定有序。

2.商业银行直接面对社会公众吸收存款,与广大存款人的利益密切相关。

3.商业银行创造派生存款,直接参与货币供应,其向社会提供的支付服务,事关商品流通的秩序和效率。

（二）商业银行的监管体制

对商业银行的监督管理，各国银行法，包括《中央银行法》、《普通银行法》和《银行业监管法》均有规定，对商业银行实行特别的监督管理。从《人民银行法》、《银行业监管法》、《商业银行法》以及其他法律规定来看，我国商业银行的监管体制由四个方面组成：国务院银行业监督管理机构的监督、中国人民银行的监督、商业银行的内部监督、审计机关的监督。

2003年4月，中国银行业监督管理委员会成立，统一监管银行、金融资产管理公司、信托投资公司等金融机构。人民银行的主要职能转变为制定和执行货币政策，不断完善有关金融机构的运行规则，更好地发挥作为中央银行在宏观经济调控和防范与化解系统性金融风险中的作用。即由过去主要通过对银行业金融机构的设立审批、业务审批和高级管理人员任职资格审查和日常监督管理等直接监管的职能转变为履行对金融业宏观调控和防范与化解系统性风险的职能，即维护金融稳定职能。

现在，中国人民银行不再履行对银行业金融机构的市场准入及业务范围审批等监督管理职责，维护金融稳定主要包括以下几个方面：一是作为最后贷款人在必要时救助高风险金融机构；二是共享监管信息，采取各种措施防范系统性金融风险；三是由国务院建立监管协调机制。

具体而言，《中国人民银行法》第一条、第二条和第十三条明确规定了中国人民银行及其分支机构负有维护金融稳定的职能；第四条和第二十七条要求中国人民银行维护支付、清算系统的正常运行，促进金融稳定；第三十条明确了中国人民银行提供再贷款化解金融风险，维护金融稳定；第三十一条"中国人民银行依法监测金融市场的运行情况，对金融市场实施宏观调控，促进其协调发展"，要求中国人民银行从维护金融市场稳定的角度，做好金融稳定工作；第三十四条明确"当银行业金融机构出现支付困难，可能引发金融风险时，为了维护金融稳定，中国人民银行经国务院批准，有权对银行业金融机构进行检查监督"，从分析风险性质及严重程度这一角度出发，赋予中国人民银行为化解金融风险而享有的检查监督权；第三十五条要求中国人民银行与银行业监督管理机构等金融监督管理机构建立监管信息共享机制，从信息共享、及时沟通情况角度出发，为中国人民银行维护金融稳定提供信息基础。此外，考虑到维护金融稳定还涉及银行、证券及保险等专业监管部门以及国家财政部门，要求在更高层次对相关政策措施进行协调，建立防范和化解金融风险的长效机制。

银行业监督管理机构作为银行业监管部门，对银行类金融机构具有机构监管的权力，但不排斥人民银行对金融机构的功能监管权。而且，银行业监督管理机构的机构监管与人民银行的功能监管也各有不同的侧重点，两者在现实操作中是完全可以加以区分的，依据法律的分工协调对金融机构的检查，不会导致对银行业金融机构的重复监督检查，增加其负担。

1. 中国人民银行对商业银行的监管

（1）信息获取权。中国人民银行有权获取与商业银行的经营活动有关的信息，尤其是财务信息。商业银行应当定期向中国人民银行报送资产负债表、损益表以及其他财务会计报表和资料。

(2)检查稽核权。中国人民银行有权依照《商业银行法》的有关规定,随时对商业银行的存款、贷款、结算、呆账等情况进行检查监督。商业银行应当按照中国人民银行的要求,提供财务会计资料、业务合同和有关经营管理方面的其他信息。

2.国务院银行业监督管理机构对商业银行的监管

(1)监管的内容。从监督管理的基本环节来看,监督的内容主要包括设立审批管理、业务范围管理、内部控制制度管理、资产负债比例管理、风险管理以及对各种具体业务合法合规性的管理等。

(2)监管方式。一是要求商业银行定期报送资产负债表、损益表以及其他会计报表和资料;二是随时对商业银行的存款、贷款、结算、呆账等情况进行检查监督。

(3)国务院银行业监督管理机构对商业银行的接管。接管是金融主管机关对商业银行进行监督和管理的一种手段,是为了稳定银行业,避免商业银行走向破产,对已经或者可能发生信用危机的商业银行采取的整顿和改组措施。接管的目的是对被接管的商业银行采取必要措施,以保护存款人利益,恢复商业银行的正常经营能力。

①接管的条件。银行业监督管理机构对商业银行实行接管,须具备下列条件之一:已经发生信用危机。已经发生的信用危机是指商业银行的经营管理存在严重问题,业务和财务状况严重恶化,银行资金无法收回,债务无法履行,存款到期存款人不能兑现,这种状况商业银行自身已无力改变,继续下去,将会破产;可能发生的信用危机。可能发生的信用危机是指商业银行从目前看可以支付到期债务,满足存款人的提款要求,但由于发生了重大事项,如巨款无法收回,有可能发生挤兑现象,使银行无法应付,支付能力丧失。

②接管的目的。银行业监督管理机构对拟被接管的商业银行采取必要的措施,以保护存款人的利益,恢复商业银行的正常经营能力。

③接管决定与执行。银行业监督管理机构认为商业银行出现危机时,可以决定对其接管,并组织实施。接管决定由银行业监督管理机构予以公告,公告应载明下列主要内容:被接管的商业银行的名称;接管的理由;接管组织;接管期限。接管的执行,由银行业监督管理机构组织实施。

④接管的法律后果。自接管开始之日起,由接管组织行使商业银行的经营管理权力,接管组织的组成人员由银行业监督管理机构指定。被接管的商业银行的债权债务关系不因接管发生变化。接管期限届满,银行业监督管理机构可以决定延期,但接管期限最长不得超过2年,以维持金融行业的稳定。

⑤接管的终止。接管的终止是指由于发生法律规定的情形,停止接管工作。《商业银行法》第六十八条规定接管终止的情形包括:接管决定规定地方期限届满或者国务院银行业监督管理机构决定的接管延期届满;接管期限届满前,该商业银行已恢复正常经营能力;接管期限届满前,该商业银行被合并或者被依法宣告破产。

3.《商业银行法》对商业银行内部控制制度的要求

商业银行基本的内部控制制度,属于商业银行立法和中央银行监管的范畴。《商业银行法》从三方面做了规定:

(1)建章立制。商业银行应当按照中国人民银行的规定,制定本行的业务规则,建立、健全本行的业务管理、现金管理和安全防范制度。

（2）内部稽核检查。商业银行应当建立、健全本行对存款、贷款、结算、呆账等各项情况的稽核、核查制度，并对其分支机构进行经常性的稽核和检查监督。

（3）财务制度。根据《商业银行法》的规定，商业银行应当遵循并建立或执行下列财务制度：①商业银行应当按照法律和国家统一的会计制度，以及中国人民银行的有关规定，建立健全本行的财务会计制度；②按照国家有关规定，真实记录并全面反映其业务活动和财务状况，编制年度财务会计报告，及时向中国人民银行和财政部门报送会计报表；③商业银行不得在法定的会计账册之外，另立会计账册；④商业银行应按照中国人民银行的规定，定期公布其上一年度的经营业绩和审计报告；⑤商业银行应当按照国家有关规定，提取呆账准备金，冲销呆账。

4. 审计机关对商业银行的审计监督

根据我国《宪法》和《审计法》的规定，我国实行审计监督制度，县级以上各级政府都设有审计机关。对商业银行进行审计监督是审计机关的重要职责之一，根据《审计法》规定，审计机关对国有金融机构的资产、负债、损益，以及其财务收支的真实性、合法性和效益依法进行审计监督，商业银行不得拒绝和拖延。对商业银行进行审计监督，有利于严肃财经法纪，提高商业银行的经济效益，也有利于加强宏观调控和管理。

九、违反《商业银行法》的法律责任

（一）侵犯存款人利益应承担的法律责任

商业银行有下列情形之一，对存款人或者其他客户造成财产损害的，应当承担支付迟延履行的利息以及其他民事责任：(1)无故拖延、拒绝支付存款本金和利息的；(2)违反票据承兑等结算业务规定，不予兑现，不予收付入账，压单、压票或者违反规定退票的；(3)非法查询、冻结、扣划个人储蓄存款或者单位存款的；(4)违反本法规定对存款人或者其他客户造成损害的其他行为。有前款规定情形的，由国务院银行业监督管理机构责令改正，有违法所得的，没收违法所得，违法所得5万元以上的，并处违法所得1倍以上5倍以下罚款；没有违法所得或者违法所得不足5万元的，处5万元以上50万元以下罚款。

（二）逃避监管应承担的法律责任

1. 商业银行有下列情形之一，由国务院银行业监督管理机构责令改正，有违法所得的，没收违法所得，违法所得50万元以上的，并处违法所得一倍以上五倍以下罚款；没有违法所得或者违法所得不足50万元的，处50万元以上200万元以下罚款；情节特别严重或者逾期不改正的，可以责令停业整顿或者吊销其经营许可证；构成犯罪的，依法追究刑事责任：

(1)未经批准设立分支机构的；(2)未经批准分立、合并或者违反规定对变更事项不报批的；(3)违反规定提高或者降低利率以及采用其他不正当手段，吸收存款，发放贷款的；(4)出租、出借经营许可证的；(5)未经批准买卖、代理买卖外汇；(6)未经批准买卖政府债券或者发行、买卖金融债券的；(7)违反国家规定从事信托投资和证券经营业务、向非自用不动产投资或者向非银行金融机构和企业投资的;(8)向关系人发放信用贷款或者发放担保贷款的条件优于其他借款人同类贷款的条件的。

2.商业银行有下列情形之一,由国务院银行业监督管理机构责令改正,并处20万元以上50万元以下罚款;情节特别严重或者逾期不改正的,可以责令停业整顿或者吊销其经营许可证;构成犯罪的,依法追究刑事责任:(1)拒绝或者阻碍国务院银行业监督管理机构检查监督的;(2)提供虚假的或者隐瞒重要事实的财务会计报告、报表和统计报表的;(3)未遵守资本充足率、存贷比例、资产流动性比例、同一借款人贷款比例和国务院银行业监督管理机构有关资产负债比例管理的其他规定的。

3.商业银行有下列情形之一,由中国人民银行责令改正,有违法所得的,没收违法所得,违法所得50万元以上的,并处违法所得1倍以上5倍以下罚款;没有违法所得或者违法所得不足50万元的,处50万元以上200万元以下罚款;情节特别严重或者逾期不改正的,中国人民银行可以建议国务院银行业监督管理机构责令停业整顿或者吊销其经营许可证;构成犯罪的,依法追究刑事责任:(1)未经批准办理结汇、售汇的;(2)未经批准在银行间债券市场发行、买卖金融债券或者到境外借款的;(3)违反规定同业拆借的。

4.商业银行有下列情形之一,由中国人民银行责令改正,并处20万元以上50万元以下罚款;情节特别严重或者逾期不改正的,中国人民银行可以建议国务院银行业监督管理机构责令停业整顿或者吊销其经营许可证;构成犯罪的,依法追究刑事责任:(1)拒绝或者阻碍中国人民银行检查监督的;(2)提供虚假的或者隐瞒重要事实的财务会计报告、报表和统计报表的;(3)未按照中国人民银行规定的比例交存存款准备金的;(4)商业银行有《商业银行法》第七十三条至第七十七条规定情形的,对直接负责的董事、高级管理人员和其他直接责任人员,应当给予纪律处分;构成犯罪的,依法追究刑事责任。

5.有下列情形之一,由国务院银行业监督管理机构责令改正,有违法所得的,没收违法所得,违法所得5万元以上的,并处违法所得1倍以上5倍以下罚款;没有违法所得或者违法所得不足5万元的,处5万元以上50万元以下罚款:(1)未经批准在名称中使用"银行"字样的;(2)未经批准购买商业银行股份总额5%以上的;(3)将单位的资金以个人名义开立账户存储的。

6.商业银行不按照规定向国务院银行业监督管理机构报送有关文件、资料的,由国务院银行业监督管理机构责令改正,逾期不改正的,处10万元以上30万元以下罚款。商业银行不按照规定向中国人民银行报送有关文件、资料的,由中国人民银行责令改正,逾期不改正的,处10万元以上30万元以下罚款。未经国务院银行业监督管理机构批准,擅自设立商业银行,或者非法吸收公众存款、变相吸收公众存款,构成犯罪的,依法追究刑事责任;并由国务院银行业监督管理机构予以取缔。伪造、变造、转让商业银行经营许可证,构成犯罪的,依法追究刑事责任。

(三)侵犯商业银行权利的法律责任

1.借款人采取欺诈手段骗取贷款,构成犯罪的,依法追究刑事责任。

2.有《商业银行法》第八十一条、第八十二条规定的行为,尚不构成犯罪的,由国务院银行业监督管理机构没收违法所得,违法所得 50 万元以上的,并处违法所得 1 倍以上 5 倍以下罚款;没有违法所得或者违法所得不足 50 万元的,处 50 万元以上 200 万元以下罚款。

3.商业银行工作人员利用职务上的便利,索取、收受贿赂或者违反国家规定收受各种名义的回扣、手续费,构成犯罪的,依法追究刑事责任;尚不构成犯罪的,应当给予纪律处分。有前款行为,发放贷款或者提供担保造成损失的,应当承担全部或者部分赔偿责任。

4.商业银行工作人员利用职务上的便利,贪污、挪用、侵占本行或者客户资金,构成犯罪的,依法追究刑事责任;尚不构成犯罪的,应当给予纪律处分。

5.商业银行工作人员违反本法规定玩忽职守造成损失的,应当给予纪律处分;构成犯罪的,依法追究刑事责任。违反规定徇私向亲属、朋友发放贷款或者提供担保造成损失的,应当承担全部或者部分赔偿责任。

6.商业银行工作人员泄露在任职期间知悉的国家秘密、商业秘密的,应当给予纪律处分;构成犯罪的,依法追究刑事责任。

7.单位或者个人强令商业银行发放贷款或者提供担保的,应当对直接负责的主管人员和其他直接责任人员或者个人给予纪律处分;造成损失的,应当承担全部或者部分赔偿责任。商业银行的工作人员对单位或者个人强令其发放贷款或者提供担保未予拒绝的,应当给予纪律处分;造成损失的,应当承担相应的赔偿责任。

8.商业银行违反《商业银行法》规定的,国务院银行业监督管理机构可以区别不同情形,取消其直接负责的董事、高级管理人员一定期限直至终身的任职资格,禁止直接负责的董事、高级管理人员和其他直接责任人员一定期限直至终身从事银行业工作。商业银行的行为尚不构成犯罪的,对直接负责的董事、高级管理人员和其他直接责任人员,给予警告,处 5 万元以上 50 万元以下罚款。

9.商业银行及其工作人员对国务院银行业监督管理机构、中国人民银行的处罚决定不服的,可以依照《中华人民共和国行政诉讼法》的规定向人民法院提起诉讼。

第四节　银行业监督管理法律制度

2003 年 12 月 27 日第十届全国人大常委会第六次会议通过的《中华人民共和国银行业监督管理法》(以下简称《银监法》),是我国颁布的第一部关于银行业监督管理的专门法律。《银监法》对银行业监管的目标、监管的对象、监管的原则、监管的独立性、监管者的保护、监督协调机制、监督管理机构的设置和要求、监督管理机构的具体职责、监督管理机构的权限、法律责任等均做了明确的法律规定。

一、《银监法》的主要特点

1.《银监法》适应了我国金融监管体制改革的需要,符合完善监管制度、强化监管手

段、加大监管力度、提高监管水平的精神,着眼于解决银行业监管中的实际问题;

2.《银监法》遵循世贸组织规则,吸收和借鉴西方发达国家的先进监管理念和通行做法,注重提高我国银行业监管的独立性、权威性和有效性;

3.《银监法》在强化监管权力和手段的同时,注意保护银行业金融机构和其他当事人的合法权益,明确规定了监管机关履行职责的法定程序和法定期限,严格规定了监管机关和监管人员的法律责任。

二、监管的对象

（一）银行业金融机构

1.商业银行。

2.城市信用合作社。

3.农村信用合作社。

4.政策性银行。

（二）其他金融机构

1.金融资产管理公司。

2.信托投资公司。

3.财务公司。

4.金融租赁公司。

三、银行业监督管理机构和监督管理职责

（一）监督管理机构

国务院银行业监督管理机构——中国银行业监督管理委员会(银监会),根据授权统一监督管理银行、金融资产管理公司、信托投资公司以及其他存款类金融机构,维护银行业的合法、稳健运行。银行业监督管理机构自 2003 年 4 月 28 日起正式履行职责。

银行业监督管理机构根据履行职责的需要设立派出机构。银行业监督管理机构对派出机构实行统一领导和管理。目前,银行业监督管理机构已在全国各省、自治区和直辖市设立了 36 个银监局。银监局在银行业监督管理机构的授权范围内,履行监督管理职责。

（二）监督管理职责

1.依照法律、行政法规制定并发布对银行业金融机构及其业务活动监督管理的规章、规则。

2.审批银行业金融机构及分支机构的设立、变更、终止及其业务范围。

申请设立银行业金融机构,或者银行业金融机构变更持有资本总额或者股份总额达到规定比例以上的股东的,银行业监督管理机构应当对股东的资金来源、财务状况、资本补充能力和诚信状况进行审查;银行业金融机构业务范围内的业务品种,应当按照规定经银行业监督管理机构审查批准或者备案。需要审查批准或者备案的业务品种,由银行业

监督管理机构依照法律、行政法规做出规定并公布。未经银行业监督管理机构批准,任何单位或者个人不得设立银行业金融机构或者从事银行业金融机构的业务活动。

3.对银行业金融机构实行现场和非现场监管,依法对违法违规行为进行查处。

4.审查银行业金融机构高级管理人员任职资格。银行业监督管理机构对银行业金融机构的董事和高级管理人员实行任职资格管理。具体办法由银行业监督管理机构制定。

5.负责统一编制全国银行数据、报表,并按照国家有关规定予以公布。

6.会同有关部门提出存款类金融机构紧急风险处置意见和建议。

7.负责国有重点银行业金融机构监事会的日常管理工作。

8.依照法律、行政法规制定银行业金融机构的审慎经营规则。审慎经营规则包括风险管理、内部控制、资本充足率、资产质量、损失准备金、风险集中、关联交易、资产流动性等内容,银行业金融机构应当严格遵守审慎经营规则。

9.承办国务院交办的其他事项。

四、监督管理措施

《银监法》对银行业监督管理机构履行监督管理职责的具体方法和程序做了明确规定,从而使银行业监管部门的权力行使有了切实的法律依据。

(一)材料报送

银行业监督管理机构根据履行职责的需要,有权要求银行业金融机构按照规定报送资产负债表、利润表和其他财务会计、统计报表、经营管理资料以及注册会计师出具的审计报告。

在法律上赋予金融监管机构根据履行职责的需要,有权要求金融机构提供全面的、涉及自身经营的重要信息,为金融监管机构及时、准确地了解金融机构真实的经营状况,进行非现场监管、建立监督管理信息系统以及进行统计调查,进而为更好地防范和化解金融风险提供了制度措施和有效保障。

(二)现场检查

银行业监督管理机构根据审慎监管的要求,可以采取下列措施进行现场检查:

1.进入银行业金融机构进行检查;

2.询问银行业金融机构的工作人员,要求其对有关检查事项做出说明;

3.查阅、复制银行业金融机构与检查事项有关的文件、资料,对可能被转移、隐匿或者毁损的文件、资料予以封存;

4.检查银行业金融机构运用电子计算机管理业务数据的系统。

进行现场检查,应当经银行业监督管理机构负责人批准。现场检查时,检查人员不得少于2人,并应当出示合法证件和检查通知书;检查人员少于2人或者未出示合法证件和检查通知书的,银行业金融机构有权拒绝检查。

银行业金融机构作为一个特殊的行业,一般情况下是不允许外人进入的。但是,对于银行业监督管理机构而言,仅凭金融机构报送的各种报表来进行判断,难以达到审慎监管的要求,因此,《银监法》对监管机构进入现场检查和监管的权利与程序做了明确而具体的规定。

(三)监管会谈制度

银行业监督管理机构根据履行职责的需要,可以与银行业金融机构董事、高级管理人员进行监督管理谈话,要求银行业金融机构董事、高级管理人员就银行业金融机构的业务活动和风险管理的重大事项做出说明;而该银行业金融机构被要求参加监管会谈的董事、高级管理人员则有义务按照监管部门的要求,准时参加并对相关业务活动和风险管理的重大事项做出说明。

监管会谈是介于非现场检查与现场检查之间的重要监管手段之一,它有助于提高监管部门的监管权威,确保监管部门能定期与银行类金融机构董事会或高级管理人员举行严肃认真的监管会谈,使监管部门可以持续跟踪监管,了解其经营状况,预测其发展趋势,提高监管效率。

(四)信息披露

银行业监督管理机构应当责令银行业金融机构按照规定,如实向社会公众披露财务会计报告、风险管理状况、董事和高级管理人员变更以及其他重大事项等信息。银行业金融机构应当按照监管部门规定的原则、内容、方式和程序,真实、准确、及时、完整地向投资者、存款人和利益相关人披露反映其经营状况的主要信息,不得有虚假记载、误导性陈述和重大遗漏。

完善银行业金融机构的信息披露制度,有利于投资者、存款人和利益相关人了解其财务状况、风险管理状况、法人治理等重要信息,分析、判断其经营管理和风险状况,维护自身权益;同时也有利于从外部加强对银行业的监管,促使其完善法人治理,加强风险管理和内部控制,增强金融运行的透明度,提高经营管理和盈利能力。

(五)违反审慎经营规则的处理

所谓审慎经营规则是指银行业金融机构应该使其所从事的业务的性质、规模及其所承担的风险水平与风险管理能力相匹配,从而将业务所涉及的风险控制在可以承受的范围内。银行业金融机构应遵守法人治理、风险管理、内部控制、资本充足率、流动性、资产质量、损失准备金、风险集中、关联交易等审慎经营规则。

审慎经营规则可以帮助和指导银行业金融机构有效地识别、计量、检测和控制在业务经营过程中所承担的信用风险、市场风险、流动性风险、操作风险、法律风险和声誉风险等各类风险,从而在合理的风险水平下稳健经营。

银行业金融机构违反审慎经营规则的,银行业监督管理机构或者其省一级派出机构应当责令限期改正;逾期未改正的,或者其行为严重危及该银行业金融机构的稳健运行、损害存款人和其他客户合法权益的,经银行业监督管理机构或者其省一级派出机构负责人批准,可以区别情形,采取下列措施:

1.责令暂停部分业务、停止批准开办新业务；

2.限制分配红利和其他收入；

3.限制资产转让；

4.责令控股股东转让股权或者限制有关股东的权利；

5.责令调整董事、高级管理人员或者限制其权利；

6.停止批准增设分支机构。

银行业金融机构整改后，应当向银行业监督管理机构或者其省一级派出机构提交报告。银行业监督管理机构或者其省一级派出机构经验收，符合有关审慎经营规则的，应当自验收完毕之日起3日内解除对其采取的前款规定的有关措施。

（六）银行业金融机构的接管、重组与撤销

银行业金融机构已经或者可能发生信用危机，严重影响存款人和其他客户合法权益的，银行业监督管理机构可以依法对该银行业金融机构实行接管或者促成机构重组，接管和机构重组依照有关法律和国务院的规定执行。

银行业金融机构有违法经营、经营管理不善等情形，不予撤销将严重危害金融秩序、损害公众利益的，银行业监督管理机构有权予以撤销。

银行业金融机构被接管、重组或者被撤销的，银行业监督管理机构有权要求该银行业金融机构的董事、高级管理人员和其他工作人员，按照银行业监督管理机构的要求履行职责。

在接管、重组或者撤销清算期间，经银行业监督管理机构负责人批准，对直接负责的董事、高级管理人员和其他直接责任人员，可以采取下列措施：

1.直接负责的董事、高级管理人员和其他直接责任人员出境将对国家利益造成重大损失的，通知出境管理机关依法阻止其出境；

2.申请司法机关禁止其转移、转让财产或者对其财产设定其他权利。

经银行业监督管理机构或者其省一级派出机构负责人批准，银行业监督管理机构有权查询涉嫌金融违法的银行业金融机构及其工作人员以及关联行为人的账户；对涉嫌转移或者隐匿违法财产的，经银行业监督管理机构负责人批准，可以申请司法机关予以冻结。

五、违反《银监法》的法律责任

（一）从业人员的法律责任

银行业监督管理机构从事监督管理工作的人员有下列情形之一的，依法给予行政处分；构成犯罪的，依法追究刑事责任：

1.违反规定审查批准银行业金融机构的设立、变更、终止，以及业务范围和业务范围内的业务品种的；

2.违反规定对银行业金融机构进行现场检查的；

3.未依照《银监法》第二十八条规定报告突发事件的；

4.违反规定查询账户或者申请冻结资金的；

5.违反规定对银行业金融机构采取措施或者处罚的；

6.滥用职权、玩忽职守的其他行为。

银行业监督管理机构从事监督管理工作的人员贪污受贿、泄露国家秘密或者所知悉的商业秘密，构成犯罪的，依法追究刑事责任；尚不构成犯罪的，依法给予行政处分。

擅自设立银行业金融机构或者非法从事银行业金融机构的业务活动的，由银行业监督管理机构予以取缔；构成犯罪的，依法追究刑事责任；尚不构成犯罪的，由银行业监督管理机构没收违法所得，违法所得50万元以上的，并处违法所得1倍以上5倍以下罚款；没有违法所得或者违法所得不足50万元的，处50万元以上200万元以下罚款。

（二）银行业金融机构的法律责任

银行业金融机构有下列情形之一，由银行业监督管理机构责令改正，有违法所得的，没收违法所得，违法所得50万元以上的，并处违法所得1倍以上5倍以下罚款；没有违法所得或者违法所得不足50万元的，处50万元以上200万元以下罚款；情节特别严重或者逾期不改正的，可以责令停业整顿或者吊销其经营许可证；构成犯罪的，依法追究刑事责任：

1.未经批准设立分支机构的；

2.未经批准变更、终止的；

3.违反规定从事未经批准或者未备案的业务活动的；

4.违反规定提高或者降低存款利率、贷款利率的。

银行业金融机构有下列情形之一，由银行业监督管理机构责令改正，并处20万元以上50万元以下罚款；情节特别严重或者逾期不改正的，可以责令停业整顿或者吊销其经营许可证；构成犯罪的，依法追究刑事责任：

1.未经任职资格审查任命董事、高级管理人员的；

2.拒绝或者阻碍非现场监管或者现场检查的；

3.提供虚假的或者隐瞒重要事实的报表、报告等文件、资料的；

4.未按照规定进行信息披露的；

5.严重违反审慎经营规则的；

6.拒绝执行《银监法》第三十七条规定的措施的。

（三）其他

银行业金融机构不按照规定提供报表、报告等文件、资料的，由银行业监督管理机构责令改正，逾期不改正的，处10万元以上30万元以下罚款。

银行业金融机构违反法律、行政法规以及国家有关银行业监督管理规定的，银行业监督管理机构除依照《银监法》第四十三条至第四十六条规定处罚外，还可以区别不同情形，采取下列措施：

1.责令银行业金融机构对直接负责的董事、高级管理人员和其他直接责任人员给予纪律处分;

2.银行业金融机构的行为尚不构成犯罪的,对直接负责的董事、高级管理人员和其他直接责任人员给予警告,处5万元以上50万元以下罚款;

3.取消直接负责的董事、高级管理人员一定期限直至终身的任职资格,禁止直接负责的董事、高级管理人员和其他直接责任人员一定期限直至终身从事银行业工作。

＼＼ 本章相关法律依据 ◀◀

1.《中华人民共和国中国人民银行法》,1995年3月18日第八届全国人民代表大会第三次会议通过,2003年12月27日第十届全国人民代表大会常务委员会第六次会议修正。

2.《中华人民共和国商业银行法》,1995年5月10日第八届全国人民代表大会常务委员会第十三次会议通过,第十届全国人民代表大会常务委员会第六次会议修正。

3.《中华人民共和国银行业监督管理法》,2003年12月27日第十届全国人民代表大会常务委员会第六次会议通过。

4.《金融机构管理规定》,1994年8月5日中国人民银行发布。

5.《贷款通则》,1996年8月1日中国人民银行发布。

参考文献

1. 李昌麒.经济法学.2 版.北京:法律出版社,2014.

2. 杨紫烜.经济法.5 版.北京:北京大学出版社,高等教育出版社,2014.

3. 潘静成,刘文华.经济法.3 版.北京:中国人民大学出版社,2008.

4. 漆多俊.经济法基础理论.4 版.北京:法律出版社,2013.

5. 漆多俊.经济法学.武汉:武汉大学出版社,2004.

6. 顾功耘.经济法教程.上海:上海人民出版社,2002.

7. 吕春燕.经济法律原理与实务.北京:清华大学出版社,2002.

8. 中国注册会计师协会.经济法.北京:中国财政经济出版社,2015.

9. [日]金泽良雄.经济法概论.满达人译.兰州:甘肃人民出版社,1985.

10. 刘文华,肖乾刚.经济法律通论.北京:高等教育出版社,2000.

11. 李曙光.经济法学.2 版.北京:中国政法大学出版社,2013.

12. 符启林.经济法学.北京:中国政法大学出版社,2005.

13. 黄月华.经济法通论.北京:法律出版社,2003.

14. 史际春,温烨,邓峰.企业和公司法.北京:中国人民大学出版社,2001.

15. 沈四宝.新公司法修改热点问题讲座.北京:中国法制出版社,2005.

16. 李国光.新企业破产法条文释义.北京:人民法院出版社,2006.

17. 韩长印.破产法学.北京:中国政法大学出版社,2007.

18. 雷兴虎.商法学.北京:人民法院出版社,2003.

19. 王利明,房绍坤,王轶.合同法.北京:中国人民大学出版社,2002.

20. 利明钊.竞争法学.北京:高等教育出版社,2004.

21. 全国人大常委会法制工作委员会经济法室.中华人民共和国反垄断法条文说明,立法理由及相关规定.北京:北京大学出版社,2007.

22. 王江云,谢次昌,雷存柱.消费者的法律保护问题.北京:法律出版社,1990.

23. 张严方.消费者保护法研究.北京:法律出版社,2003.

24. 赵化勇.权益的证明.北京:中国财政经济出版社,2003.

25. 曲振涛,赵大利,王富友.产品责任法概论.北京:中国财政经济出版社,2002.

26. 何红锋.招标投标法研究.南开大学出版社,2004.

27. 卞耀武.中华人民共和国招标投标法实用问答.北京:中国建材工业出版社,1999.